U0820420

《“疑难问题解决”丛书》编委会

丛书主编　沈剑光

丛书副主编　张力鸣　徐文姬　周　波

丛书编委(按姓氏笔画排序)

丁耀方　何琪得　张力鸣

张建国　沈剑光　周　波

倪国君　徐文姬　章才根

褚树荣

本书主编　励汾水

本书审稿　褚树荣

本书编委　丁莉萍　方亮辉　方蓉飞

邹　丰　陈　燕　张敏华

张晨瑛　张　燕　金晓润

金感芳　励汾水　励洪英

胡华杰　卓超波　赵培敏

徐长军　唐福兵　崔丽霞

黄海晔　嵇益萍　蔡君英

“疑难问题解决”丛书

小学语文有效练习探析

主　编　励汾水

宁波出版社
Ningbo Publishing House

图书在版编目(CIP)数据

小学语文有效练习探析 / 励汾水主编. — 宁波：宁波出版社，2013.11

（“疑难问题解决”丛书 / 沈剑光主编）

ISBN 978-7-5526-1211-0

Ⅰ.①小… Ⅱ.①励… Ⅲ.①小学语文课—教学研究 Ⅳ.①G623.202

中国版本图书馆 CIP 数据核字(2013)第 244376 号

小学语文有效练习探析

丛书主编　沈剑光
本书主编　励汾水
出版发行　宁波出版社
地址邮编　宁波市甬江大道 1 号宁波书城 8 号楼 6 楼　315040
选题策划　吴　波
责任编辑　黄　彬　王晓君
网　　址　http://www.nbcbs.com
印　　刷　浙江开源印务有限公司
开　　本　787 毫米×1092 毫米　1/16
印　　张　21.75
字　　数　430 千
版　　次　2013 年 11 月第 1 版
印　　次　2013 年 11 月第 1 次印刷
标准书号　ISBN 978-7-5526-1211-0
定　　价　36.00 元

如发现缺页或倒装，影响阅读，请与我社发行部联系调换　电话：0574-87286804

总序

教学是教师职业的基本活动。随着课程改革的不断深入,广大教师对教学的认识不断深入,对基础教育课程改革的实践探索不断创新,对课程改革理论与实践问题的解决,也已经走出传统的研究范式。

宁波市教育局教研室以“问题解决”为抓手的教学研究形式,着眼教师专业发展,追求轻负高效,引导教师关注课堂教学,鼓励教师参与问题解决的实践与研究。在“问题解决”的过程中,教师的“问题意识”得到强化,“问题解决”的思路和形式不断创新,教学研究的形式与内容结构有了很大的变化。教师们以研究者的心态置身于教学情境,以研究者的眼光审视已有的教学理论与现实问题,积极捕捉解决问题的机会,思考解决问题的策略,展现智慧,实现自身发展。

在“问题解决”的过程中,广大教师不断思考与实践,在设计、创造、实施新的教学方案中,不断改进、优化自己的教学行为,积累了许多好的经验和做法,取得了明显的效果。《“疑难问题解决”丛书》第三辑,是在前几年所编第一辑、第二辑的基础上,对课改的各种基本问题的进一步的梳理、提炼和总结,它真实地记录、描述了教师的困惑和思考,汇集了解决问题的思路、过程与方法。

本书具有以下特点:

真实性。

本书所呈现的“疑难问题”以及“疑难问题解决”的过程,都曾经在教学中真实地发生过,是教师在真实情景中发现和经历的。比如,如何减轻学生的学业负担,做到轻负高效;如何选择教学内容和学习方式,让学生乐学会学;如何实施教学评价,体现教师的指导引领作用……本书比较详细地记录了这些问题的解决过程,具有在相似的情景中再现的可能性,因而也具有参考性具有可操作性,可模仿、可借鉴,有着进一步研究的价值和空间。

针对性。

编入本书“疑难问题解决”的典型案例，是宁波市义务段各个学科自下而上，在广泛征求基层教师意见的基础上，各门学科对来自全市各个县(市)区的问题的汇集与提炼；参与撰写的人员中，既有教研员、特级教师、名教师，也有青年教师，学科骨干，他们都呈现了对教学问题的思考与实践。各门学科，各个地区、各个层次的老师都能根据自己的需要，有针对性地在本套丛书中找到问题解决的方法和途径。

可读性。

本套丛书内容丰富，具体、直观、形象地记录了义务段各学科的教师对“疑难问题”的思考和解决过程。全书以通俗易懂的语言，深入浅出地描述了如何把对教育教学理论的思考回置到教学实践中，自觉解决教学实践中的问题，改善教学行为的种种经历，充分展现了各学科教师的教学探索，彰显了具有实践特色的教学智慧，值得参考和借鉴。

希望本套丛书能为广大教师实践新课程、提高专业水平提供一定帮助，也希望广大教师不断拓展自己的学习领域和学术视野，不断改善教学行为，促进发展，迎接挑战。

以此为序。

沈剑光

2013年5月

前 言

以“问题解决”为着力点的教学研究形式,着眼教师专业发展,追求轻负高效,引导教师关注课堂教学,鼓励教师参与问题解决的实践与研究。正是在“问题解决”的过程中,教师的“问题意识”得到强化,“问题解决”的思路和形式不断创新,教学研究的形式、结构与内容有了很大的变化。教师们以研究者的心态置身于教学情境,以研究者的眼光审视教学理论与现实问题,积极捕捉解决问题的机会,思考解决问题的策略,展现智慧,实现自身发展。

在“问题解决”的过程中,广大教师不断思考与实践;在设计、创造、实施新的教学方案中,他们不断改进、优化自己的教学行为,积累了许多好的经验和做法,取得了明显的效果。《小学语文有效练习探析》一书是在2010年6月编写出版的《实施有效的教学——基于课例研究的小学语文疑难问题诊断与解决策略》、2012年4月编写出版的《彰显规范落实目标——基于课例的小学语文有效教学研究与实践》的基础上,针对教师们在语文课程评价中的问题和困惑,对如何设计有效的练习,促进学生的学习,提高教学的有效性所进行的积极而有成效的探索。

本书分两大部分。第一部分是实践研究篇。这一部分内容对“练习设计”中的相关问题作了比较系统的梳理、提炼和总结,真实地记录、描述了教师在教学中的困惑和思考,汇集了解决问题的思路、过程与方法。从有效练习的设计、有效练习的实施方法、有效练习的评价等三方面进行阐述。第二部分是课例研究篇。分为识字与阅读、口语交际与写话、综合性学习与特色学习等三部分,通过30多个课例,详尽地展现了练习的设计、实施、评价的过程,为广大教师提供了解决问题的思路和相关的课例,具有较强的理论性、针对性、实用性和操作性。

本书所呈现的“疑难问题”以及“疑难问题解决”的过程,都曾经在教学中真实地发生过，是教师亲身经历的，是在真实情景中发现、研究的问题。本书比较详细地记录了这些问题的解决过程，因为这些过程具有在相似的情景中再现的可能，因而也具有参考性和可操作性，是可模仿、可借鉴的，有进一步研究的价值和空间。

编入本书“疑难问题解决”的典型课例，是宁波市小学语文学科“疑难问题解决”研训团队，在广泛征求基层教师意见的基础上，对来自全市各县(市)区的问题的汇集与提炼。参与撰写的人员，有各县(市)区的教研员，有特级教师、名教师、学科骨干教师，呈现的是他们对“小学语文有效练习”的思考与实践。因此，各个层面的教师都能根据自己的需要，有针对性地在本书中找到“问题解决”的方法和途径。

在编写的过程中，作者们投入了大量的精力和时间，吸收意见，整理内容，几易其稿，力求把“问题解决”的过程说清说透。通过他们的努力，全书以通俗易懂的语言，深入浅出地描述了解决教学实践中疑难问题的方法和过程，充分展现了宁波市小学语文学科研究的优势和潜力，彰显了具有实践特色的教学智慧，有很多的成功经验值得参考和借鉴。

宁波市小语界前辈、宁波市小语会会长纪育华先生不仅对本书的编写提出了很好的建议，还亲自撰写了“实践研究篇”的相关内容，在此深表谢意。

希望本书为广大教师实践新课程、提高专业水平提供理论和实践的参照，也希望广大教师不断拓展自己的学习领域和学术视野，不断改善教学行为，促进发展，迎接挑战。

编　者

2013年5月

目 录

【第二部分 课例研究篇】

第一部分　实践研究篇

第一章

有效练习的设计

以语言发展为核心的拼音有效练习设计

一、问题呈现

(一)学情调查

某校一年级学前拼音调查表

调查日期:9月3日

全年级学生数:158人(借读生,即外来务工人员子女,人数占半数)	
入学前是否学过拼音	学过的占80.9%,没学过的占19.1%。
23个声母认读	全对68.9%,对15个以上20.3%,不会读4%。
24个韵母认读	全对46.7%,对15个以上14.4%,不会读6%。
42个音节	全对22.7%,对20个以上40.4%,不会读24.7%。

某校一年级两个班学前识字量调查表

调查日期:9月3日

识字量测查2500个,来自2011年版《语文课程标准》附录5——字表一		
班级情况	101班:三分之二是地段生	104班:三分之二是借读生
班级人数	41人	40人
最多识字量	2456个	2450个
最少识字量	8个	4个
平均识字量	632个	391个

从以上两张调查表中,我们清晰地看到学生现状两极分化:一类学生学前已经学会了拼音,识字量多达数百上千;另一类学生拼音学习几乎为零,或是学会了声母、韵母,但音节拼读尚不熟练,识字量也较少。

(二)教学现状

在现实的教学中,教师教学方法一般分为两种:一种是按部就班,根据教材内容,按照传统方法，一课时一课时教学，教学时间需 6 ~ 7 周；一种是教学速度很快，5 周左右时间就把拼音教完了。从笔者的调研结果来看，城区大多数教师属于第二种。第一种教学，对于一些已掌握拼音且识字量多的孩子，无疑是炒冷饭，浪费时间不说，更是在磨损孩子们学习的兴趣；第二种教学，对于一些没有拼音基础的孩子来说，走马观花，根基不牢。

（三）引发思考

美国教育心理学家奥苏伯尔曾说过："如果我不得不把教育心理学还原为一条原理的话，我将会说，影响学习的最重要的原因是学生已经知道了什么，我们应当根据学生原有的知识状况去进行教学。"但是目前的拼音教学无法满足入学儿童已有的学情，如果仍然按照传统的教学进行，必会泯灭儿童孕育着的求知欲，错过语文学习兴趣的最佳启蒙时间。

那么，如何赋予汉语拼音教学新的活力呢？如何依托"学情——学生原有的起点"设计有效的拼音教学练习，让汉语拼音教学真正着眼于学生个体的言语发展呢？

二、问题解决

《义务教育语文课程标准》(2011 年版)指出：汉语拼音教学要尽可能有趣味性，宜多采用活动和游戏的形式，应与学说普通话、识字教学相结合，注意汉语拼音在现实语言生活中的运用。为此，在拼音内容编排上，教材中出现了部分的词语、句子和儿歌，其主要意图是让学生在学习拼音的同时认识部分汉字，把学拼音、识汉字结合起来，让学生尽早获得成就感。

儿歌，是婴幼儿最早接受的启蒙教材。它以短小的形式、浅显的内容、简单的结构、朗朗上口的韵律，表达出不同的情趣。一年级学生具体思维占主导地位，对于抽象、晦涩的拼音存在一定的"排斥性"。在一年级拼音教学过程中如果正确把握儿歌的特点，以"儿歌"为主线来构建拼音教学，不但激发了学生学习拼音的兴趣，而且也激发了学生的阅读兴趣，提高了语言表达能力，为孩子"听说读写"综合语文素养打下基础。

基于课标的理念、学生的学情以及儿歌的特点，几年来，笔者着眼于学生言语的发展，开展了以"儿歌"为主线来构建拼音教学的实践，取得了较好的效果。本文试图总结出一些教学策略，以供教师们在教学中参考。

（一）运用儿歌，学习拼音

课例：拼音第 1 课单韵母《ɑ o e》

单韵母几乎每一个学生都会读，如果教师还是停留在传统的教学方法上，先用"张大嘴巴 ɑɑɑ，圆圆嘴巴 ooo，扁扁嘴巴 eee"这样的顺口溜指导发音，再识记字形，然后进行四声练习，这样的教学对学生来说是非常无趣的。那么运用儿歌，来设计"ɑ"的教学呢？

出示儿歌《花花画画》(如果条件允许，最好是每个学生人手一份)

花花画画

huā　huā　huà　huà
花　花　画　画，

huā　duǒ　hóng　huā
花　朵　红　花。

hóng huā hóng huā
红 花 红 花 ，
sòng gěi mā mā
送 给 妈 妈 。

教学设计环节如下：

第一步：听老师读儿歌（“听”的能力培养）；接着跟老师读，老师读一句，学生跟着读一句，并要求学生指着读（用无意注意来认读拼音和汉字）。

第二步：指名读，齐读。（每一次朗读都渗透朗读能力的培养，如个体读声音响亮，齐读时声音要控制整齐；读熟练后指导学生读出儿歌的节奏等。）

第三步：认读生字、词语。出示带拼音的词语“花花、画画、妈妈”。（用有意注意来识字学词，但不要求每一个学生都掌握。）

第四步：拼读音节，学单韵母“ɑ”。出示音节“huā、huà、mā”，老师可以教学生拼读，但不检测学生是否掌握；然后从这两个音节中提取出单韵母“ɑ”，教会学生单韵母“ɑ”发音的特点。

第五步：指导书写“ɑ”。

在这些板块中，采用“儿歌—词语—音节—字母”的练习设计。老师出示儿歌《花花画画》，采用听教师示范读、跟读、指名读、齐读等多种形式，培养学生的倾听能力、朗读能力，同时也培养了语感。接着出示儿歌中的词语：花花、画画、妈妈，运用有意注意来识字学词，然后引出词语中的音节：huā、huà、mā。这里需要指出的是，这3个音节的拼读仅仅是跟读，不要求学生学会，只是让学生第一次接触，也不需要花费很多时间，然后从这3个音节中提取出单韵母“ɑ”。以上教学设计中，儿歌、词语、音节、字母，层层抽丝剥茧，把拼音字母教学置于丰富广阔的儿童母语教学的情境中，让学生在适宜的语言环境中学习汉语拼音，学生学得生动，听说读写的能力也在拼音教学的第一课就开始潜移默化地培养起来了。

（二）利用儿歌，巩固拼音

学习汉语拼音是枯燥的，但是在学习过程中，“儿歌”这一鲜活的文学形式却给枯燥的拼音学习带来了新的活力。几年的教学实践，让笔者深切感受到：儿歌是巩固所学拼音的好媒介，孩子们表现出了对儿歌独有的热情。在学完拼音后选择一些好的儿歌让学生充分地自主诵读，在诵读过程中能很好地巩固所学拼音。

1．借助情境图，编成儿歌，巩固发音

在《义务教育课程标准实验教科书·语文·一年级·上册》（人教版）13篇拼音课文中，每一篇课文都配有插图，许多教师也会利用插图教学，一来是培养学生的观察和说话能力，二来是引入本节课的拼音字母教学或是来巩固拼音字母的字音、字形。但是实际效果并不是很好，说话表达有时成了个别学生的表演，部分没有学过拼音的学生只是机械被动地跟着模仿读音。如笔者就听过一位老师教学的拼音第6课《j q x》：“小朋友，大家看课文插图，有什么？”个别学生答：母鸡、气球、西瓜。“对，图中的母鸡的‘鸡’就跟声母j的读音一样，所以我们看到j就念母鸡的‘鸡’。”接下来，个别学生开始说：“声母q读气球的‘气’；声母x读西瓜的‘西’。”再接下来的教学就是念顺口溜："一只母鸡 j j j，一只气球 q q q；一个西瓜 x x x。"——很多时候，课堂教学就成了少部分学生的表演课。

在拼音教学中，教师都能有意识地借助情境图激发学生的学习兴趣和参与热情，但在课堂操作中往往会因为关注形式而忽略了进行拼音练习的实质，练习的时间不够，练习面对的往往只是个别孩子，影响课堂教学实效。我们是否应该将教学重点放在如何增加练习的机会，如何改进练习的设置让每个孩子都能全程参与练习，使拼音课堂成为每一个孩子的课堂。所以借助生动形象的情境图，创编儿歌，运用插图情境中的儿歌来巩固发音是一种有效的练习策略。

如拼音第 6 课《j q x》："j q x，j q x，三个朋友在一起(q)。蝴蝶飞来找小鸡(j)，七(q)个气(q)球齐(q)飞起(q)。右刀左刀切西(x)瓜，大家吃得笑嘻嘻(x)。"

又如拼音第 1 课《ɑ o e》："草青青，水碧碧，风吹树绿好空气。妞妞练唱 ɑ ɑ ɑ，公鸡伴奏 o o 啼。大白鹅(e)，真美丽，领着小鸭水中戏。"

再如拼音第 2 课《i u ü》："红屋顶，黄墙皮(i)，草儿青青树儿绿(ü)。妈妈洗衣我喂鱼(ü)，乌(u)鸦和我是邻居(ü)。"

上文中出现的儿歌全文都注音。这些儿歌中的一些生字音节都带有单韵母，这样既能巩固所学的拼音字母，又是看图说话内容精华部分的提炼，每一个学生都是在习得母语的言语场中学习拼音的，高效而又充满情趣。

2. 教学中引入儿歌，巩固音节

心理学研究表明，儿童对一种复合刺激物的感知，总是从整体到部分的。音节是最自然的语言单位。对刚入学的儿童来说，整体的音节是具体可感的，声韵母是抽象的。正因为拼音字母是抽象的，所以，其中一个最重要的方面就是加强音节教学与语言训练的联系。同时针对目前一年级学生学前知识结构状态的差异，如果一味机械地反复让学生进行读拼音字母、拼读音节，学生定会感到枯燥乏味。在教学中，恰当地引入儿歌，就会改变这种状态。

如拼音第 10 课《ɑo ou iu》，在学习了复韵母 ou 后，就可以让学生读儿歌《青蛙种豆》："清水塘，水悠悠(yōu)，青蛙妈妈来种豆(dòu)。种下颗颗黑豆豆(dòu)，黑豆发芽还会游(yóu)。喔！原来是群小蝌蚪(dǒu)。"

又如拼音第 9 课《ɑi ei ui》，在学习了 ɑi 的四声后，读读儿歌《小老鼠上灯台》："小老鼠，上灯台(tái)。偷油吃，下不来(lái)。叽里呱啦叫奶奶(nǎi)，叽里咕噜滚下来(lái)。"

读着这样的儿歌，学生的情绪是兴奋的：从对清水塘中黑豆豆的好奇，到原来是小蝌蚪的惊讶；从小老鼠蹑手蹑脚偷油吃的样子，到下不来灯台叫奶奶的慌张样子，最后叽里咕噜滚下来的可爱滑稽的画面，通过孩子的表演朗读尽情地展示出来。读完儿歌，教师可以让学生圈圈刚才读的儿歌中藏着几个复韵母，分别是哪些字或词语？学生找到了"悠、豆、游、蚪、台、奶、来"这些生字及其音节，然后让学生再重点拼拼这几个音节，读读带有这些音节的词语，再把这些音节放到儿歌中去，好好地读一读、背一背。这样的教学做到了"拼不离字、拼不离词、拼不离句"，学过的音节就在这兴趣盎然的儿歌诵读声中得到巩固。

（三）运用儿歌，突破发音难点

汉语拼音教学中教会学生准确发音和熟练拼读是两个重点。虽然现在很多孩子都在入学前学习过拼音，但学习的渠道各不相同，音准还是存在一定的问题，特别是处于不同方言区的学生，存在着不同的发音障碍。入学前，我们对一年级的学生进行拼音口头测试，学校在反馈表中填写最多的问题是：一是前后鼻音区分不清；二是平翘舌音区分不清，特别是 r 的发音不准。因此教师要花较大力气来正音，为学生掌握普通话奠定基础。教学中，恰当地运用儿歌，就能较好地突破这个难点。

如儿歌《红心和红星》："红心和红星，in、ing要分清；木盆和木棚，en、eng念分明；in、en 前鼻音，ing、eng后鼻音，你要分得清，认真学拼音。"在这首儿歌中，"心、分、念、盆、音、认、真"等字拼音中的韵母是前鼻韵母，"红、星、清、棚、明"等字拼音中的韵母是后鼻韵母，在教完后鼻韵母，在区别"an—ang、en—eng、in—ing"前、后鼻韵母的读音不同时，出示儿歌《红心和红星》，通过学生在不同形式中多次的诵读，这个难点就较快地解决了。

又如学习特殊韵母 er，在教学正确发音之前，教师可以先出示儿歌《两只耳》："一只耳，两只耳，两个儿童四只耳。你说二，我听二，听声要用两只耳。"这首儿歌中有"儿、耳、二"3 个生字，这 3 个字的读音包括了"er"的第二、三、四声 3 个声调，在反复朗读《两只耳》这首儿歌时，特殊韵母 er 的读音特点也就自然而然地学会了，这样突破 er 的读音难点，可谓巧妙。

（四）利用儿歌，识记汉字，积累语言

汉语拼音的功能之一是为识字、阅读服务。现行人教版教材在拼音内容的编排上是这样的：在学习汉语拼音的同时，认识最常见的 70 个汉字，诵读 10 首儿歌，把学习拼音、巩固汉语拼音与识字、进行初步的语言训练结合起来。为此，笔者在教学实践中，把拼音教学与儿歌教学结合起来，学生既学会了拼音，又利用无意注意和有意注意认识了汉字，积累了词语，习得了语言。

如在教学拼音第 10 课《ao ou iu》，设计了 3 首儿歌。这些儿歌是用来巩固"ao ou iu"的音节拼读和识字学词的。第 1 首押 ao 韵："小松鼠，练弹跳，一跳跳上松树梢。头一抬，眼一瞧，那枝还比这枝高。腿一蹬，尾一翘，一枝一枝往上跳。"第 2 首押 ou 韵："清水塘，水悠悠，青蛙妈妈来种豆。种下颗颗黑豆豆，黑豆发芽还会游。喔，原来是群小蝌蚪。"第 3 首巩固 iu："小柳树，头发长，天天河边梳头忙。谁来梳，风来梳，小河当镜亮光光。梳好了，风走了，柳树弯腰行个礼，谢谢风儿来帮忙。"

因为这些儿歌全部注音，学生在朗读时，一方面巩固了拼音，一方面在与儿歌中的汉字反复见面后，无意认识了许多字，积累了许多词语，良好的语感也在朗朗的儿歌诵读中培养起来了。在教学中，教师可以这样去操作：第一步，让学生在儿歌中圈出本节课所学的拼音字母或音节；第二步，再让学生圈出带有这些音节的生字，或者圈出 3～5 个他们最喜欢的想去认识的生字宝宝或词语朋友，读读记记这些生字宝宝或词语朋友，然后同桌互相交流；第三步，教师在黑板上出示 3～5 个生字或词语，让学生认一认，读一读；第四步，在下一节语文课上课时利用 1～2 分钟时间再次读读儿歌，读读这几个生字或词语。设计的时候可以根据学情需要，确定出现的生字、词语的数量，当然也不必要求每一个学生都掌握。这样就利用了有意注意来识字、学词，积累语言。每一堂课这样做,如此日积月累,学生识字量、词语的积累量是非常可观的。如今年某校一年级采用以“儿歌”为主线构建拼音教学的课堂,在拼音教学结束后,对学生识字量进行测查:

某校一年级两个班9月3日与10月30日识字量测查对比

识字量测查2500个,来自2011年版《语文课程标准》附录5——字表一				
班级情况	101班:三分之二是地段生		104班:三分之二是借读生	
班级人数	41人		40人	
检测日期	9月3日	10月30日	9月3日	10月30日
最多识字量	2456个	2489个	2450个	2488个
最少识字量	8个	125个	4个	115个
平均识字量	632个	878个	391个	675个

从上述数据对比中可以发现,学完拼音后,短短的一个多月时间,学生的平均识字量比入学前增加了几百字,101班是246个,104班是284个。除去教材中要求掌握的70个识字量,每个学生在儿歌中又认识了200个左右的生字。这个学校的每个学生都能诵读《日有所诵》(长春出版社)的50余首儿歌和笔者编写的《一年级儿歌集锦》中的50余首儿歌,一共达到100余首。“绿荷叶,圆又圆,漂漂展展河上面。小蜻蜓,尾巴尖,轻轻划着大唱片。”“小丫丫,往溪边一蹲,柳条儿,朝水里一伸。妈妈问她干什么,丫丫回答顶认真:‘春天藏在小溪里,我用柳条儿来钓春。’”……像这样充满画面感、意境丰富的儿歌充盈着孩子们的心田。通过这样的设计与教学,真正达到了语文新课标提出的“汉语拼音教学与学说普通话、识字教学相结合,注意汉语拼音在现实语言生活中的运用”等要求,孩子们的语言积累一入学就得到了良好的发展。

(五)运用儿歌,激发兴趣

程颐曾说:“教人未见意趣,必不乐学。”从心理学角度来说,培养学生良好的注意能力,对于发展学生的智能和个性,顺利完成教学任务,是非常重要的。心理学研究表明:年龄特点决定注意力的持久,小学生有效注意一般在15分钟至20分钟,而一年级学生生性好动,很难做到坚持40分钟专心听讲,在课堂中经常会发现学生产生“疲劳”的现象,上课内容难以吸引学生的注意力,上课效果变得不佳。如何在一年级的课堂中做到有效地克服学生的“听课疲倦”现象,吸引学生的注意力呢?这时候引入生动有趣的儿歌会大大吸引学生的注意力,使枯燥的拼音教学富有童趣。

如学生在读了课文中“ɑi ei ui ”和声母拼读的音节练习之后,可以设计“读儿歌,猜一猜”练习活动。出示儿歌《猜猜它是谁》:

猜(cāi)猜它是谁(shéi)
说你呆(dāi),你不呆(dāi),
长着胡子像小孩(hái)。
推(tuī)一推(tuī),歪(wāi)一歪(wāi),
睡(shuì)下去呀又站起来(lái)。

不许出声、不许交流，猜出了举手示意。教室里静悄悄的，只有孩子们在心中默默地念着，一只手举起来了，另一只小手举起来了，一双双小眼睛里充满了喜悦。这样的谜语儿歌，孩子们喜欢得不得了。在这个环节中，汉语拼音就像一个个快乐的小精灵，快乐地蹦到孩子的心里。刚刚学习的复韵母“ai ei ui”在这首儿歌中反复出现，不仅巩固了本节课学习的知识，又潜移默化地发展了孩子的语言。

儿歌——这一节奏鲜明、妙趣横生的文学形式变成了学习拼音的好媒介，在拼音学习过程中，孩子们表现出了对儿歌独有的热情。儿歌，让“拼音学习与听说读能力整合”，让“拼音学习与良好习惯整合”，让“拼音学习与识字整合”，让“拼音与语言积累整合”，学生在诵读儿歌的过程中，不仅能巩固所学拼音知识、积累生字词，而且在儿歌的熏陶下，学生对语言文字（中文）的兴趣会更加浓厚。所以在拼音教学的课堂上，构建以“儿歌”为主线的拼音课堂，可以让孩子们踏歌而行，赏文字魅力，享语文之美。

（江东区教育局教研室　黄海晔）

有针对性的写话有效练习设计

——第二学段有效习作设计策略

一、问题的产生与理解

纵观当前习作教学,尤其是小学中年级的习作教学,高耗低效,不容乐观,表现在:

(一)盲目型

教学目标把握不准,习作练习无针对性。“习作”不等于“习作教学”。“教学”必须得有目的、有计划地引导学生掌握习作基本功。第一学段写话教学是随机穿插在阅读教学的各个环节之中的,三年级是习作教学的起始年级。第二学段的习作教学如何做好与第一学段的衔接过渡,又为第三学段奠定扎实的习作基本功呢?尽管教师也知道中年级主要落实段落的训练,可在具体操作的过程中,不知道该抓哪些练习的点以及如何把握练习要求的度——这是教师把握教学目标的难点问题,于是盲目成了必然。大部分教师拔苗助长,荒了自家的园,也没种好人家的田,还扼杀了学生的习作兴趣。

(二)分析型

重导轻练,重形式轻内容,脱离习作内容,以空洞的理性说教替代学生说写练习。从现代心理学来看,“写作能力是由陈述性知识(写作的内容知识)、程序性知识(写作技能)和策略性知识构成的学习结果”。其中陈述性知识(写作的内容知识)是可以用语言表达传递的。而程序性知识(写作技能)只可意会,无法言传,它是一种技能技巧(智慧技能、动作技能),就像体育运动、绘画技能、唱歌技巧等,只有通过长期体悟,方可习得。策略性知识(听说读写方法的知识)“是构成个体创新能力的核心”,其镶嵌于实践活动之中,主要通过他人示范,学生观察、模仿和感悟而习得,也不是靠教师说会的。所以,在习作教学中仅注重教师如何分析,或让学生死记硬背写作方法,忽视学生对程序性知识、策略性知识的掌握,是造成习作教学高耗低效的关键。

(三)肤浅型

在练习要求的表面徘徊。如看图写话,应引导学生大胆想象,却就图描图,内容干瘪;该教会学生修改自己的习作,却草草带过,或眉毛胡子一把抓,无针对性地拔高要求,肤浅落实。写真实、写具体是小学阶段习作的基本要求,训练得有一个过程,要在不断练习和讲评中逐步达到，可是结合课文阅读进行的小练笔，往往基于"这里可设计一处写话练习"，很少关注学生言说的兴奋点会在哪里，他们可以用哪些方式来表达自己的观点。因而写话练习常常能见到学生口号式、标语式的语言，或停留在一二年级的句式练笔上，导致"能不拘形式地写下自己的见闻、感受和想象"，成了表达不出见闻、感受和想象的"放羊"式或"打水漂"式的习作状态。不知写什么其实是学生习作的难题，拓展思路非常重要，很多教师不注重习作素材的积累，又忽视习作前开拓习作思路，常常在明确要求后，如蜻蜓点水般将交流习作素材一带而过，或是干脆直接进入写法指导，然后让学生习作，造成学生皱眉头、咬笔头，一开始习作便犯愁。

（四）重课内，轻课外

重知识本身的传授，轻社会实践和创新能力的培养，将作文教学与参与生活、观察生活隔离，忽视作文教学的人文性，导致作文教学质量低下。为了得高分，又想出了许多"良方"，逐渐形成"个性发展被忽视，理性分析得重视，假话空话成形式，抄袭拼盘作模式"的风气。

二、解决策略

（一）把握年段目标，明确练习序列

1．明确第二学段习作目标要求

内容目标	能力与策略	习惯与态度
三年级	1. 小练笔以片段练习为主。 2. 学习按一定的顺序观察事物。 3. 能把自己的见闻、感受和想象写清楚。 4. 能写出意思连贯的一段话。 5. 能对阅读材料进行仿写、续写。 6. 写简单的日记、留言条、请假条。 7. 学习使用冒号、引号。 8. 初步学习修改有明显错误的字和词。	1. 初步学习观察周围事物。 2. 乐于书面表达，增强习作的自信心。 3. 愿意与他人分享习作的快乐。 4. 书写端正、规范、整洁。
四年级	1. 抓住特点观察事物。 2. 能不拘形式地写下自己的见闻、感受和想象。 3. 写一段或几段意思连贯的话，能抓住重点，把自己觉得新奇有趣或印象最深、最受感动的内容写清楚。 4. 学写简单的书信和通知。 5. 学习使用顿号。 6. 学习使用修改符号，修改有明显错误的词和句。	1. 初步养成留心观察周围事物的习惯。 2. 书写端正、规范、整洁。

2. 钻研教材，把握习作目标螺旋上升的“序”

中年级习作教学，首要任务是拓宽学生的思路，调动生活的积累，激发学生习作兴趣。其以片段练习为主，写实、想象、日记并重。

纵向：各单元习作安排有序进行。一是从“纪实”到“想象”，如三年级上册通过第1—4单元的纪实作文实践，到第5单元才安排想象作文，再经过第6单元的纪实训练，第7单元又安排写童话，第8单元安排既可纪实也可想象的自由写作，其他各册类似；二是从“写作”到“修改”，如三年级上册第3、第8单元就提出“写好后读给同桌听，根据他的意见改一改”，第4、第5单元还要求写好后“评一评谁写得具体”。

横向：与阅读教学中多种形式的读写、小练笔交融整合。许多单元在“阅读提示”和“习作指导”中都明确提出写法的具体要求。教师应根据单元习作要求，结合单元阅读教学，开发读写“融合”点，进行多种形式练笔，夯实“语用”功。

写事习作的“序”

单元习作话题	要求	内容	小练笔
三上第1单元“课余生活”	只要能用自己的话表达一个较为完整的意思即可。重点是拓宽思路，让学生有话可说，乐于表达，增强习作的自信心。	课余活动、趣事、高兴事、愿意写的其他事。有哪些收获和感受。	记录课余生活素材；积累描写草地变化的句子；积累心理描写的段落。
三下第4单元“学习本领”	把学本领的过程写清楚、写具体。表达自己的真情实感。 修改自己的习作。	我学会了…… 重点内容：学本领的过程、趣事和体会。	结合单元课文阅读，学写对话；学写动作；积累文章中对自己有启发的句子。
三下第5单元“父母的爱”	抓典型的事例，表达真情实感。学习把重点段落写具体的方法。与父母交流，根据他们的意见修改习作。	父母对自己的爱，或发生在自己和父母之间的感人事。	记录父母关心自己的典型素材；结合课文阅读，学习通过表情，或动作，或心理活动，或语言把重点段落写具体的方法。
四上第7单元“成长的故事”	选材：选自己印象最深刻、对自己的成长有帮助或启示的事。 写清楚：事情的起因、经过、结果。 写具体：将事情的经过写具体。 写真实：事情真实，感情真实。	关于自己或别人的成长故事，如家务劳动、公益劳动、帮助别人、文体活动、淘气的事、学习活动、长知识懂道理的事……	结合课文阅读，学用习作修改符号；积累四字词语或成语；学习书信格式和回信写法。

看图(照片)写话的"序"

单元习作话题	要求	内容	小练笔
三上第3单元"秋景"(画)	景色,静态。按一定的顺序观察和写话。写清楚,写通顺。从色彩、声音等不同角度进行观察、想象,用积累的词句来写景。读给同桌听,把习作和画贴在教室里。	选一幅或画一幅秋天的画,可以是秋天的景物,也可以是秋季里的活动场面。	积累描写心情的词;结合课文阅读,学写比喻句;学会简单地联想。
四上第6单元"胜似亲人"(画)	人物,两个,动态。仔细观察画面,再根据图意进行广泛的想象:推理事情的前因后果;抓住画面的细节,根据自己的感受从不同的角度进行想象,把静止的图画写活。语言表达要得体,符合人物性格。	据图编故事。	结合课文阅读,学会描写"美"的场景;练习有针对性地想象;积累关爱他人的生活素材。
四下第4单元"南站被炸"(照片)	环境、人物、情感。按照一定的顺序整体观察感知图画,并能进行合理想象。抓重点人物,合理运用语言,表达自己的真情实感。	联系照片的人和景,把看到的和想到的写下来。	结合课文阅读,试用"首尾呼应"的形式写段落;学用小标题;学写不同感情色彩的比喻句。

写人习作的"序"

单元习作话题	要求	内容	小练笔
三上第2单元"熟悉的人"	写清楚一个熟悉的人的一件事,并从这件事上能看出这位熟人的品质。通过人物动作、神态、语言,把事情写清楚,读给那个人听。	一个熟悉的人的一件事。	结合课文阅读,学习通过对话续编故事;学习对话的4种形式;学习怎样按事情发展顺序写。
三下第3单元"介绍自己"	特点,真实:抓自己的特点写,可以突出自己某一方面的特点,也可以多角度介绍自己。要真实,写完后再加个题目。把习作读给了解自己的人听,听意见并认真改一改。	写自己。自己的性格、兴趣爱好、优缺点……	积累比喻句;积累写人物的词语。

续表

单元习作话题	要求	内容	小练笔
四下第7单元“敬佩的人”	中心，情感：选择身边值得佩服的人，通过一件具体事例表达敬佩之情；通过人物的语言、动作、神态、心理活动，表现人物特点。内容具体，语句通顺，写完后认真修改。	我敬佩的一个人。	结合课文阅读，学习通过人物的语言、动作、神态、外貌表现人物品质。

写景习作的“序”

单元习作话题	要求	内容	小练笔
三上第6单元“风景优美的地方”	初步学习按一定的顺序介绍景色。抓景色吸引人的地方，把景物或景物的变化写清楚、写具体。	自己去过的一个地方，或想去的地方。	结合课文阅读学写：总分顺序；并列结构；时间顺序；游览顺序。
三下第1单元“美景如画”	按一定的顺序写；写出景物的特点；表达热爱家乡的感情(选用的词句要与作者情感表达有联系)；学习观察和想象的方法。	家乡的景物；其他感兴趣的景物。	结合课文阅读学“法”：由近及远；由点及面；总分总；运用想象的方法等。
四上第1单元“自然景观”	进一步巩固按一定顺序写景的方法；突出奇特之处，从几个方面进行描写；学会使用连接句。	写自己游览过或了解到的一处自然景观。	结合课文阅读学“法”：空间顺序；过程变化顺序；学写过渡句；运用联想的方法等。
四下第1单元“美丽校园”	仔细观察校园内的一处景物，可以任选一种，按顺序表达的方式写；把景物写具体：抓住景物的特点，寄情于景，在观察中加上自己的想象和情感。	校园里的一处景物。	结合课文阅读学写：移步换景顺序；纪实+联想。

写观察日记的"序"

单元习作话题	要求	内容	小练笔
三上第4单元"观察中的发现"	一则。巩固写日记的格式;选自己最想写、最感兴趣的事物,写观察日记：写出观察中的新发现;激发观察的兴趣,初步培养留心周围事物,认真观察思考与写日记的习惯。	交流平时观察的日记。再写一则观察日记。	结合课文阅读,学写拟人手法;学习观察周围事物,写观察日记;写玩中的快乐或收获;培养学生观察的兴趣与写日记的习惯。
四上第2单元"学会观察"	X则,有连续的过程。学会观察。写出平时观察中的新发现或观察中发生的事。用"观察日记X则"为题,把自己对某一事物连续观察的情况以日记的形式整理出来。	观察中的新发现,或观察中发现的事。	结合课文阅读,学习按顺序、抓细节等观察方法;记录观察结果;积累拟人佳句。

想象习作的"序"

单元习作话题	要求	内容	小练笔
三下第6单元"神奇的科技世界"	学习想象的方法。选择自己最感兴趣的一样东西,根据生产和生活的需要展开想象。修改不满意的地方。	想象将来的衣食住行。	结合课文,学习怎么把想象的内容写得有条理;怎么写自己新颖、独特的想象。
三下第8单元"神话故事和传说"	给自己一次"变"的机会,可以变成任何人、任何物,展开想象,编一个故事。	我会变……	结合课文阅读,积累夸张手法的句段;写读神话故事的感受。
四上第8单元"奇思妙想"	想象丰富,内容具体,语句通顺;自拟合适的标题;修改。	自己的奇思妙想,或受别人启发想到的内容,或科幻故事。	积累科技素材;学习如何用生动的语言描写想象的场景。

(二)融写话练习于阅读教学之中

即以课文内容作为习作素材,把语言形式的运用与课文内容的理解有机整合,糅看、听、思于一体,熔读、说、写于一炉。这种将写话练习无痕地交融于阅读教学之中,天天"零售"的做法,既不增加学生学习负担、延长学习时间,又能使读写相得益彰,发挥1+1>2的整体功效。主要形式有:

1．积累、运用交融的练习设计。即从教材中丰富的词汇入手，引导学生进行词语归类，然后运用其中的某一组词语进行创造性地写句、写段练习。

2．转换语言式练习设计。即“借鸡生蛋”，让学生借助课文的语言转换角色，加工改造，重组表达。

3．迁移模仿式练习设计。儿童具有模仿的天性，他们在学习语言和表达技能的过程中，常常借助于模仿，发展自己感知、理解、表达事物的能力。中年级儿童以文本为范例进行模仿练笔的形式很多，如搭支架、抓点子、写片段。既完成了阅读教学的目标，同时又为提高学生的写作水平打下了扎实的基础。

4．补白式练习设计。即填补空白式。许多文学作品使用的语言常常是一种具有审美功能的模糊性语言，包含着许多“不明确”与“空白”，把这些内容留给读者自己，调动读者的思维积极性。学生通过读、说、补，读中有写，以写带读，使人文和工具交相辉映。

5．简画式练习设计。即利用简笔画再现文本情境式。教某些写景（或场景）记事类的文章，常可用此法。这种练习设计图文结合，声情并茂，学生借助课文内容与影视中的图式积累，再造想象，然后外化表达，既是课文语言的重组运用，又加入了个体语言，使课文内容更加丰满。

6．批注式练习设计。在阅读时，一边读一边在自己疑惑之处、思考之处作批注，便于读后整理自己的思路，这既是一种读书方式，也是一种学习能力的培养，更是一种最经济、最随意的课内练笔形式。

7．续写式练习设计。合理安排续写，可续故事结局，也可续编故事下集。

8．单元滚球式练习设计。即将整个单元中不同写作特色的几篇课文串起来，交互迁移，进行滚球式的连环读写。

9．总结式练习设计。通常学完一篇课文，我们都要通过课堂小结或全文总结来梳理知识，进行巩固，这些小结一般都是由教师进行的。这样做比较呆板，学生也无兴趣。其实，我们可以把这种课堂小结改成学生随课而进行的小练笔。既可满足学生个性表达的需要，又能提高学生的写作能力。

10．综合式练习设计。课内读写交融的种种形式在教学中常常不是孤立存在的，我们可视具体情况灵活组合、综合运用。

千式万式，总而言之，融习作于阅读教学之中必须遵循如下原则：

一是准确定位。阅读课中的练笔是阅读教学的有机组成部分，它应该为阅读教学的目标服务，通过练笔帮助学生进一步把课文读懂、读透、读好，即“以写促读”。它和单元习作中的写，不管是目的还是要求都不相同。

二是读写整合。将读（阅读理解）写（运用表达）自然巧妙地整合在一起，如同鱼与水。倘若“读”为“水”，那么“写”便是“鱼”了。水赋予鱼生命，鱼又使水更有灵性。切忌读写“两张皮”。

三是切忌说教，即让学生在具体的读写实践中感悟方法，提高能力，切忌理性说教。

（三）将“评”、“导”、“改”交融于习作之中

学生习作是观察、积累、构思、表达、修改等能力的综合表现，语文能力发展心理学指出：

"知识转化为能力必须经历理解、吸收和运用几个阶段。"将"评"、"导"、"改"有机交融于写话练习之中，让理解、吸收、运用有机结合，不断反复、拓展，从而使知识不断得到运用。如此练习设计方可高效。

写人记事是小学习作的重点，而学生对文章的重点部分却写不具体，若能学会写人物的语言，再扩展内容：在写人物语言的同时，加入体现人物特点的动作、神态、心理活动等，便可为写这类文章的重点段打下扎实的基础。练习时可按下列步骤进行：

1. 听写一个简单句。小明说："老师，我错了。"然后引导学生订正标点的错误。

2. 变换提示语的位置，使表述活泼，不呆板。

3. 扩展句子内容。教师可演示小明说话的样子，要求学生注意观察，将小明的动作、神态描写加到人物的语言描写中去。通过讨论，互相补充，学生将原句扩写成一段生动、具体的话。

4. 小结：观察得细致，描写才能具体生动。而在写人物语言时加入人物动作、神态描写，使一句话扩展成几句，这也是把文章写具体生动的方法之一。

5. 观察小品。据要求选好内容，有时也可采用游戏、演示、放幻灯片、放录音等多种形式。这一环节重在运用所学的观察知识，也可视实际情况灵活处理，将其与学生习作结合进行。

6. 利用已学方法，抓事情重点部分，把所见所闻写具体生动。教师巡视，选好评讲材料。

7. 评导修改。

上述练习设计，第 1 ~ 4 步从句子入手诱导方法，使理解、吸收、练习、运用有机地结合，化讲为练。第 5 ~ 6 步练习设计意在着眼整体，寓学于练。第 7 步意在使学生所学知识深化提高——人物的语言、动作、神态、心理活动得体现人物的特点，不是只要写了就可。一般来说，教师素质越高，学生在阅读与小练笔中吸收的营养越多，讲评的效果也越佳。在讲评中要注意不能面面俱到，得紧扣每次练习的中心要求。这个中心要求既是习作前指导的依据，也是习作后讲评、修改的凭借。

导、练、评、改不应该是按序排列的四个分离的环节，也不能重指导、习作，轻评议、修改。应在学生习作的全过程中随机安排引导、评议、修改。这里的"导"不能只限于指导习作中的问题，还应有所拓展。初期可结合讲评范例，有意识地用作文修改符号作修改习作的示范，传授评批、修改习作的方法。随着知识的不断丰富，能力的不断提高，逐步过渡到要求学生分小组评批、修改，还可紧扣习作要求和学生情况，在知识的广度、深度上作进一步引导练习。"练"，既要练说，也要练写、练修改。这样评中有指导，导中有修改，改中有提高，导、练、评、改有机整合，融于一体，让学生在说、写、评、改的练习中将学来的东西不断内化、提升。

（宁波市新城第一实验学校　柴冬青）

促进语文能力综合提高的有效课堂练笔设计

“课堂练笔”，已是语文教师耳熟能详的训练，它机动灵活、形式多样、切入口小、难度低，打开了学生“阅读”与“表达”的通道，成为课堂教学的一道亮丽的风景线。那么，在阅读教学中，如何处理好“读”与“写”的关系，既深化文本阅读，又培养学生说、写的表达能力，使读、写相得益彰呢？关键在于根据文本找到恰当的读写结合点，有效启动学生的练笔训练。

一、纵观一次课堂练笔改进过程的发现

如何把握读写结合点呢？纵观一次学校教研组《跨越百年的美丽》磨课过程中课堂练笔的探究，笔者有了相应思考。教师在执教时，为了让学生感悟到居里夫人的人物形象，不断挖掘细节，深入研读事例，学生已经被居里夫人形象感动。学生的情感已经逐渐到了高潮，在这样的教学前提下，执教教师设计了练笔。四次磨课，设计了以下四次练笔：

第一次教学练笔

同学们，大家结合书中写到的事例和我们感悟的这份美丽，想想，此时此刻，你想对居里夫人说些什么，写下来。

第二次教学练笔

同学们，最后想请你们一起来将这首小诗补写完整。请大家结合书中写到的事例和我们感悟的这份美丽，或借用课文中的语句，或用自己的语言改写，将小诗补充完整。

她

一个(　　　　)的女子

她(　　　　　　　　)

她(　　　　　　　　)

第三次教学练笔

三年零九个月啊，镭终于提炼成功了。时间似乎就此定格在1902年的年底。当居里夫人凝视着这点美丽的淡蓝色的荧光，她思绪万千，她想到了……她还想到了……她在日记本上写

道……

第四次教学练笔

经过了漫长的三年又九个月,居里夫人终于看到了镭,那极美丽的,略带淡蓝色的荧光。她思绪万千,她想起了＿＿＿＿＿＿＿＿＿＿＿＿,她还想起了＿＿＿＿＿＿＿＿＿＿＿＿＿＿。她觉得自己所做的一切都是＿＿＿＿＿＿＿＿＿＿＿＿＿＿＿＿＿＿＿＿＿＿＿＿＿＿。

以上四次课堂教学练笔让我们看到有些教师还存在对语文课上小练笔价值取向的曲解或误解,以致不能根据文本找到恰当的读写结合点,使得“课堂小练笔的有效性”大打折扣。这不得不引起我们的反思:

第一次教学练笔:千人一面——特色泛化

不同的文章蕴含着不同的内容和情感。学生在阅读这些课文时,往往会产生不同的情感体验。可是,此次练笔设计却落俗套,这样套用模式作训练,不能把学生所学的文本表达特点和对课文内容的理解有机地结合起来,彼此交融,相互促进,形成简单有效的随文练笔。这样的练笔充斥着陈词滥调,学生无真情可抒。

第二次教学练笔:虚晃一招——失落目标

学了课文有感而发的小练笔,有些确实起到了画龙点睛的作用。但是为什么迁移到这堂课的教学中,却有着重复啰唆的嫌疑呢?因为纵看整堂课,当学生对居里夫人的敬佩已在不同层次中淋漓尽致地抒发了,再让他们总的来说一说,学生是很难再有认识的提升、情感的升华。同时,也没有文本特有表达方式的迁移。这样的一个教学环节也就成了空架子,是一次内容的重复,虚晃了一招,迷惑了一下大家的眼睛,缺乏练笔的目标:读与写的提升。

第三次教学练笔:望尘莫及——文思枯竭

叶圣陶先生曾说过:“生活如源泉,文章如流水。源泉丰富而不枯竭,流水自然会活泼地流个不息。”叶老的话正是学生练笔的教学实质,练笔应贴近学生实际,让学生易于动笔,乐于表达。在这次练笔中,我们不难发现无论是时间、空间都与学生有着遥远的距离感。由于偏离了学生实际,尽管学生搜索枯肠,勉强草成,但总是缺乏真情实感,往往成了平淡空洞之作。

第四次教学练笔:避实就虚——语味失却

在阅读教学中,课堂小练笔的采用,似乎已经成为一种流行的趋势,小练笔似乎变成了将情感诉诸笔端的一个代名词。第四次练笔设计,努力将文本表达(通过事例说明道理)与文本情感结合起来,但因为缺乏对文本表达形式的深入解读,练笔设计呈现的形式还是文本内容、情感的盘点,缺乏表达方式的迁移,缺失语文味。

二、横观许多课堂练笔操作的思考

由纵向探究中我们发现,训练目标不明,不能准确把握读写的结合点,使课堂小练笔不能联结读写,实效失落。《语文课程标准》指出:“语文课程应……指导学生正确地理解和运用祖国语文。”理解和运用在程序上并不是隔离断开的,理解中运用,运用中理解,螺旋式上升,循序渐进,是语文学习的规律。因此,课堂小练笔,是探索阅读教学有效性的重要途径。那么如何用课堂小练笔来夯实我们的阅读课堂呢?

反思这次课堂练习设计后,我们开展了多次课堂练笔案例研究。横向观察不同教师的练笔操作,我们发现:有效的课堂练笔,是语文阅读教学中的一种综合性练习,课堂小练笔的切入设计要科学合理,要根据小学生的年龄特点,结合他们的阅读经验,确定明确的训练目标,这样才能更有效;有效的课堂练笔,还要因文而宜,找准课内小练笔的切入点,积极引导学生多角度、全方位地思考问题,让学生在读写训练中,看到一片新天地,获得一种新认识,养成一种好习惯。在教学中,课堂练笔应该找准这样的读写结合点:一个联结学生文本个性解读、独特思维以及表达方式应用的、充满灵性的生成点;一个推动学生对文本进一步的深入解读、思维的发展、表达能力的提高的、动态的生成点。因此,笔者认为课堂练笔的设计应该注意以下几点:目标明确,情感与表达融合;形式多样,训练和评价结合;循序渐进,原点和提高相宜;启发思维,探究和想象并重。

三、探究课堂练笔优化策略的落实

在具体的教学中,我们把握读写的结合点进行课堂练笔实践,并进行了策略优化的探究。

策略一:概括文本,从解读到提炼

概括文本内容,必须建立在文本的整体解读、分析的基础上,提炼材料中的关键语段,然后对这些内容进行归纳。将阅读教学的这一训练点与练笔结合在一起,就把学生对文本的理解、概括、个性解读与表达能力训练结合起来。同时,又为从感悟内容,到深入领会文本内涵,做了恰当的引渡。但在教学中容易出现的趋向往往是重结果轻过程:注重文本解读、概括的结果,忽略解读提炼的过程;注重情感的领悟,忽略对情感表达特色的关注。

如有教师在教学《金钱的魔力》时,安排了这样的练笔:

1. 像这样的精妙的对托德或老板的描写文中还有很多,请同学们找一找,把你认为最精彩的、最能揣摩到人物内心想法和性格特点的一句或两句话摘录下来,把揣摩到的内心想法写下来,最后提炼出人物特点。能行吗?请大家边默读边完成表格中的练习。

2. 完成表格,教师巡视指导。

找出课文中1—2句描写托德或老板语言、神态、动作的句子。联系上下文,仔细研读、揣摩人物当时的内心想法,提炼出人物特点,填写下表。

人物	具体表现	内心想法	人物特点

3. 交流反馈:让学生把自己写的东西,通过交流补充完整。教师作适当的点拨。

以上片段中的练笔设计,为我们展示了过程和结果的结合。在表格的填写中,既有抓住突出语言研读文本的方法,又在最后得到情感的领悟;既提高了学生抓住关键词句进行解读的能力,又融入了人物形象感悟的方法指导。更令人赞叹的是在训练的操作中,教师通过"练笔"让学生全员参与整体解读文本和领会语言表达的活动,消除优秀学生的霸语权,让学生深入思考,使其读写能力得到了有效发展。

策略二:延伸文本,从感悟到抒情

学生在阅读过程中感于言而动于心,而"言有尽而意无穷"往往是一篇好课文审美价值的体现。所以,教师应把握许多课文结尾意犹未尽的特点,关注学生的情感细微变化,顺着作者的思路或情感发展的方向,顺势引导,对文本进行延伸。将文本的情感升华与表达训练结合在一起,进行练笔。通过精心设置氛围、情境,让学生置身于这样一个情感场中,让他们直抒胸臆、一吐为快!如一位教师在教学《普罗米修斯》时是这样做的:

1. 自主积累

我积累的句子。交流:指名四个学生到讲台前来读。

教师相应进行评价:

你积累了描写普罗米修斯不屈的那段话!

你积累了课文中描写普罗米修斯被解救的语言!

你积累了课文中生动的描写!

你积累了关于普罗米修斯接受惩罚的描写!

2. 颂英雄

教师在板书课题前面加上横线,然后引导:

现在,你想用怎样的语言来赞美普罗米修斯?写一写。

教师随机评价学生的语言(从学生的表达上来评价):你用上了几个词语来评价这位英雄!你的评价很流畅!你不仅说出了他的品质,还说了他的英雄事迹!……

这位教师在教学中不仅为我们展示了如何准确把握情感延伸与语言表达的结合点,而且在训练中,善于创设情境,让课文包含的精神品格融进了学生的心田。在交流中,用出神入化的点拨,使置身于此情此景中的学生兴趣盎然地运用课文语言自主表达。实现了情境、情感的升华与语言积累运用能力的同步提高的目标。

策略三:拓展文本,从感受到想象

教材中许多内容留有发挥的余地,存在着文本的空白召唤力。在教学中,教师精心挑选有价值的"空白点",将深入体验文本语言情境和合理想象表达相结合进行练笔,可促进学生读写能力的协调发展,使学生的发散思维得到训练。但教学中容易出现的问题是:注重文本内容补白,忽略文本写作特色的把握,使补白内容与文本表达风格迥异。

某教师在执教《青山处处埋忠骨》时有这样的精彩设计：

1. 自由读读最后三个自然段，你有什么问题向主席提出？

2. 这一切的一切似乎都可以从这两段话中找到答案。配乐默读拓展内容。

练笔：岸英牺牲后，主席度过了无数个不眠之夜。夜深人静的时候，主席会做些什么，想些什么，或者说些什么呢？请你学习课文的细节描写，写下来。

文本拓展必须立足文本，先让学生内化文本语言表达特色，再提供丰富的想象空间，让学生围绕教学主旨自由发挥。这样在依凭文本的同时超越文本，才能活化、深化学生对文本的解读，真正提高学生的阅读和表达能力。这位教师的教学利用了文章关键处的空白“精耕细作”，进行了文本拓展，引导学生从情景到想象进行补白，在表达中运用文本表达特色——细节描写，既使学生加深了对课文的理解，又体会到细节描写的妙处，同时保证了学生表达的主动性和创造性。

策略四：深化文本，从理解到描述

教学时，可以词语、句子、语段的理解为基点，结合文本潜心体会语意，感悟词语的情感内涵。然后激发学生的想象和联想，结合文本阅读，开展词语意象的练笔，或用语言对其进行具体描述，或运用创设的语言情境。那么，词语的内涵和精神就会灵动起来，化抽象为形象。但教学中容易将词语描述孤立化，忽略与文本整体情感、内容的联系。

在一次磨课过程中，某教师教学《西门豹》时，是这样进行从理解到描述的课堂练笔的：

1. 第四段：读着“硬逼”这个词，想想他们会怎样硬逼老百姓交钱，谁来用语言描绘一下当时的情景？

2. 从中你体会到了官绅可恶、残暴、欺压百姓……让你同样有深刻感受的词还有吗？（抓住“眼睁睁”等重要词语进行体会。）

3. 官绅和巫婆“硬逼”着老百姓出钱，“硬逼”着女孩儿去送死，没钱人家的父母只好“眼睁睁”地看着女孩儿被他们拉走。

4. 练笔：请你根据“硬逼”、“眼睁睁”这两个词展开想象，写写这样揪心的场面。

这位教师在第一次教学中，单就“眼睁睁”让学生展开练笔，结果学生的表达只停留在“百姓”的无奈中，练笔与文本主题有距离。第二次，通过两个词语的联系，将整体情感与词语意象结合，在培养学生表达能力、想象力的基础上，让词语解读更形象，让练笔的情境想象更契合文本情感，读写结合更紧密有效。

策略五：迁移文本，从领悟到运用

运用是语文学习的重要环节。迁移文本中的精彩表达方式，结合文本情境进行课堂练笔，能让语文运用鲜活起来。“为迁移而教”，既能促进学生对文本的深刻领悟，归纳值得模仿借鉴的独特之处，提高学生阅读能力；又能让学生举一反三，活学活用已获得的知识，促进表达能力的发展。但在实践操作中，教师引导学生体会文本表达过于整体粗略，缺乏具体化，使文本表达方式的迁移因粗略、泛化而只出现“见其形不见其神”的低效。

一位教师在教学《长城》时，是这样进行迁移、运用的。

拓展：

1. 师：孩子们，你们发现了没有，其实作者在介绍这些内容时，是按一定顺序的。你发现了吗？观察角度有什么不一样？

师：作者是由远到近地看长城。（板书：由远到近）

2. 师：远看，作者写长城的“长”用了哪些方法？近看又是用了什么方法呢？

生：远看，用上了比喻、列数字；近看，是通过具体描写，举例比较说明的。

3. 练笔

（1）出示五龙潭的图片、资料。

学着课文的样子，由远到近，运用列数字、打比方等方法来介绍一下我们家乡的五龙潭瀑布。

从远处看，____。

（2）交流。

这一课堂练笔，在迁移运用中体现了由模仿迁移到创造的过程。最初的设计，教师没有观察角度和说明方法的归纳指导，直接在自读自悟的基础上，让学生自仿、自说，学生的表达无所适从。后来修改之后，呈现的练笔细化迁移过程，牢固建立了知识结构，既让学生真正把握了文本语言表达特色，又为学生创造性思维留足了空间，使学生在有的放矢中学有所获，完全符合小学生迁移应用的心理过程。

策略六：重组文本，从深化到创造

在阅读教学中进行语言重组的课堂练笔，可以引导学生从新的角度，按新的要求去探索，达到对文本核心知识的深化理解，将课文的知识内化。又通过说写训练将这些重组创新、合理表达，让文本的吸收内化与表达倾吐相辅相成，使学生在组织语言的过程中深化文本阅读，学习表达方法，提高思维的灵活性。在具体操作中，重组文本的角度较难把握，容易出现“照本宣科”和“天马行空”两种偏离训练目标的倾向。

有教师在教学《电脑住宅》时改变叙述的角度、叙述的角色、叙述的方法，重组文本表达时的教学方法，收效甚好：

师：通过电子住宅的示意图填写表格，电脑住宅的设施、工作情况、功能都弄明白了吗？现在请你们写一写。写什么呢？（板书“自述”两个字）“自述”是什么意思？对，就是自己介绍自己。现在我把全班分为五组，第一组写“住宅外的设施”，第二组写“会客室”，第三组写“厨房”，第四组写“卧室”，第五组写“浴室”。现在你们都是各处的电脑了。请把你们各自的特点、作用写出来，为自己推销。看谁会夸自己。

交流：下面，我请同学到前面来读自己写的“自述”，注意语气哦。

这一次练笔告诉我们，在这言辞吐纳创新之间，教师训练点定位、训练点拨尤为重要。这种重组表达不是简单的内容复述，而是合理的创新表达。在进行自述中，既要内化文本（实事求是地把自身的特点、功能说清楚），又要具有创造性（能够得到听众的喜欢，带有自我介绍、推销的实用意义）。这一训练设计激发了学生读、写、说的兴趣，切实提高了学生的语文实践运用能力。

综上研究，优化课堂练笔，在不同的教学内容下，需要教师准确把握读写的结合点，智慧地、合理地采用相应的策略。此外，在教学中，我们还要把握课堂练笔的适时适量，在课内要留给学生充分的练习时间、动笔过程，将尊重学生的个性化评价贯穿于教学的全过程。抓好课堂练笔，不仅能落实《语文课程标准》中的读写目标，使阅读教学得到进一步提高，更能确保所有学生语文能力都得到很好的发展，进而培养学生的创新思维能力。

（海曙区教研室　张敏华）

以“生本课堂”为主旨的有效练习设计

当前小学语文教学中，“以师为本”、“以教定学”的教学现象普遍存在。教师中“扛着‘新理念’，走着‘老路子’”的大有人在：说的是“以生为本”，其实是“以师为本”；说的是“以学定教”，其实是“以教定学”。“以生为本”的课堂教学并没有完全落到实处，诸如“课标意识缺乏”、“教学理念陈旧”、“目标编制模糊”、“教学内容选择随意”、“教学方法老旧”、“教学评价笼统” 等问题仍然存在。相当一部分教师的教学仍然局限于已经形成并习惯了的“师本课堂”育人模式和“以教定学”的教学经验之中。基于以上的调研与思考，笔者立足“生本课堂”，以“‘生本课堂’设计有效练习”为研究专题，结合人教版小学语文教材部分教学课例进行了研究探索。

一、何为“生本课堂”

“生本课堂”，是基于新课程理念和新课改实践经验，顺应教学改革发展而提出的一种全新的课堂教学形态描述。它以“学生发展”为中心，营造了民主、平等、激励、和谐的课堂环境，善待学生在课堂学习中的差异性，尊重学生的学习主体地位，尊重学生学习的独特体验，重视学生的可持续学习和发展，体现了“以生为本、以学定教”的教学理念。“生本课堂”也是教师在尊重教材的基础上，基于学生发展对教材进行的“二次开发”和“课堂重构”，目的是为了解放学生，解放教师，解放课堂，创新教学，提高课堂学习效率。

二、“生本课堂”的教学理念是什么

体现“以学定教，以教导学”的教学理念。所谓“以学定教”，即课堂教学，突出学生作为课堂教学的主体地位，让学生成为课堂学习的主人；关注学生的学习需求，教学的起点源自学生；积极评价学生的学习活动，尊重学生的学习体验；引导学生的学习发展，重视学法指导，培养学生的学习能力；强化教学实践，培养学生交流学习、人际沟通的能力。所谓“以教导学”，即课堂教学，发挥教师在课堂教学中的主导作用，教师通过研究文本，明确学习任务和学习方法，组织、引导、帮助学生带着方法有目的地进行自主学习、合作探究，培养学生的自主学习的意识、合作学习的能力以及创新探究的精神。

体现“自主学习、合作探究”的教学理念。课堂教学，重视学生自主学习能力的培养；重视学生合作意识和合作习惯的养成；给予学生自主学习的时间、空间和权利以及自主学习的任务；给予学生自主学习的目标指引和过程指导；组织学生参与小组合作、探究学习；教师积极参与学习过程并给予积极评价和激励。

体现“训练为本、学教同行”的教学理念。课堂教学以言语“训练”为根本，重视有效练习的设计，突出语文学习的语言习得。另外，课堂教学既重视学生学习中的自主学习、合作探究和实践训练，也重视教师的组织、引导、指导和评价作用。课堂教学兼顾学法指导和教法创新，“学”与“教”相互促进，和谐发展，教师与学生合作学习，共同发展。

体现“创新培养、强化实践”的教学理念。“生本课堂”重视学生创新意识和创新能力的培养。课堂教学中，教师要积极创设问题情境，搭建探究平台，激发学生勇于提出问题，鼓励学生积极思辨，拓展思维空间，探究获取新知。另外，“生本课堂”教学重视语言的实践运用，尤其是要强化“写”的训练，提倡读写结合，随文练笔。如果说“读”是汲取，那么“写”就是反哺。学生的语言实践做到了“汲取”与“反哺”相结合，其语文能力和素养会有质的飞跃。

三、“生本课堂”有哪些实践误区

（一）扬“学”而抑“教”

基于“生本课堂”的教学改革误区之一，是扬“学”而抑“教”。一些课改，为了突出“以生为本”、“以学定教”的新理念，强制性地规定课堂师生的时间占用比例，模式化地框定教学环节，如一节课教师只能讲 5 分钟，课堂上学生的合作学习不少于 25 分钟等；如一节课必须按照“预习”、“展示”等环节一步步做下来才行。这样的做法值得商榷。课堂是动态的，是灵动的，圈片画线让教师和学生去活动，无疑是画地为牢，不符合也不利于新课程理念的推广实践。

笔者认为，教学改革如果强化“学”而弱化“教”，相当一部分教师会因为本身的学识和经验在新的教学模式下得不到充分地发挥而感到不适应，在模式化的课堂教学中，往往会沦落为看客或跑腿，造成教学资源的浪费。扬“学”抑“教”式的课改，不利于课堂教学改革的持续发展。基于“生本课堂”的教学实践探索，“教”与“学”的改变要同步、适度、均衡。

（二）改“学”而不改“教”

基于“生本课堂”的教学改革误区之二，是只改“学”而不改“教”。诸如“先学后教”之类的改革，多将改革的突破口选在了学生的“学”上，围绕“学”字做文章，创新出了很多以“学”为核心的课堂教学模式。笔者认为，这样的改革固然是一种进步，但还不够，课堂教学改革在改变“学”的同时，也要改变“教”。改变教师的“教”（教育观念、执教理念、实践的策略方法等），有助于推动教师主动改变学生的“学”，反过来，改变学生的“学”，有助于促使教师创新教学，改变教学行为。“生本课堂”环境下，“学”与“教”的改革要充分结合起来，同现活力，相互促进，均衡推进，和谐发展。

四、“生本课堂”如何设计有效练习

(一)练习设计体现课标对学段的要求

《语文课程标准》关于学段学习有明确的要求,依托课标对学段的要求设计练习,有三个方面的好处:一是指导教师正确把握教学目标,设计教学;二是指导教师合理组织教学活动,有效实施课堂练习;三是指导教师正确把握评价标准,科学评价练习效度。

从识字练习的角度看,课标关于第一、第二、第三学段的要求是不同的。第一学段突出“喜欢识字”,第二学段突出“主动识字”,第三学段突出“独立识字”。教学中,设计练习时,要结合课标的要求。如第一学段设计识字练习,要突出识字的趣味性练习,以单字识字法为主,如“拆字法”、“拼字法”、“猜字法”等。如第二学段,要突出识字的积累性练习,以集中识字为主,如通过“自主认读”、“榜样领读”、“合作互读”等多种形式的学习,强化学生的识字积累。而第三学段,要突出识字的迁移性练习,以随文识字为主,如通过“语境识字”、“拓展识字”等形式,提高学生的识字迁移能力。

从阅读的角度看,第一学段突出“爱读”和“试读”,即培养阅读兴趣,让学生爱上阅读,让学生通过尝试阅读,初步学会朗读,并能初步了解文本内容。第二学段突出“会读”和“知读”,即让学生初步掌握正确朗读的方法,把握文章主要内容,感知文章表达的思想感情。第三学段强调“品读”和“悟读”,即让学生品读语言,领悟方法,体会情感,感悟道理。生本课堂设计练习时,要结合学段特点。以科普说明文教学为例,《回声》、《花钟》和《鲸》分别是第一、第二、第三学段的科普说明文,教学时,练习的设计是有区分度的。如教学《回声》时,有教师设置了一个小组分角色朗读比赛的练习,让学生分组分角色朗读“小青蛙”和“青蛙妈妈”的对话。这个练习设计,符合第一学段的特点,目的很明确,就是让学生通过情境朗读、情节揣摩,喜欢上阅读。如教学《花钟》时,有教师就设计了“我读我自己”这样一个练习,让学生自主选择“花”,读出自己的特点。这个练习设计符合第二学段的特点,学生通过换位朗读、感知到了文本的内容,体会到了文章表达的思想情感。如教学《鲸》时,为了帮助学生正确理解和把握说明文语言的特点,有教师把课后练习三(读下面的句子,说说有无加点的词语、句子的意思有什么不同,你从中受到什么启发?)引入教学设计,让学生小组合作,讨论分析。这个练习设计,符合第三学段的学习要求,突出了对学生品读、悟读能力以及合作探究能力的训练。

(二)练习设计体现对教材的正确把握和有效利用

1. 练习设计要体现对教材的正确把握

不同文体的文本之间,设计练习会有明显不同。如童话、散文、科普文等,练习设计各有指向。

如童话教学,设计练习重在培养学生的“说话”和“想象”能力,让学生借助句式和教师的指导,学会想象,练习说话。如教学《从现在开始》时,教师设计了这样一个练习:借助“从现在开始,猫头鹰说:______……”这个句式说话。这个练习,实际上是指导学生借助文本说话。另外,教师还设计了一个想象说话练习:借助“大家听了议论纷纷,公鸡说:______;小熊说:______;斑马说:______”这个练习,目的就是培养学生的想象能力和说话能力。

又比如散文教学，主要是通过教学，让学生不仅明白文本的内容，更要知道文本蕴含的语言形式，让学生品悟作者的遣词造句，并设计符合文本特质的言语实践，从而实现“生本课堂”的特点之一——教师对文本的二次开发。如教学《黄果树瀑布》时，在学生学习了作者描写黄果树瀑布声音特点的基础上，领会了作者“联想与比喻”的写作特色之后，教师设计了一个贴合文本的练习：“请同学们用联想或比喻的方法写一写瀑布的形态。”并提供句式：“瀑布水激出的水花，雨雾腾空而上，随风飘飞，漫天浮游，高达数百米，______。”学生对文本进行充实，富有实效。

再比如科普文教学，重在培养学生的阅读兴趣、观察能力和获取知识的能力，设计练习时，要尽可能地体现这一文本特质。如教学《回声》时，可以这样设计：创设情境，小组合作模拟回声形成过程，尝试有序讲述这个有趣的故事。这个练习符合第一学段科普文教学的目标要求，突出了阅读兴趣的培养和说话能力的训练。

2．练习设计要体现对教材的有效利用

对于一篇课文的教学来说，完整的教材内容应包括“单元导读”、“文本本身”和“课后练习”三部分。

教学时，可借助单元导读设计练习。以科普说明文《爬山虎的脚》教学为例，分析发现，单元导读的关键词是“观察”：一是体会观察过程，二是学习观察方法，三是尝试观察。那么，教学时，可以利用单元导读设计一个关于“观察”的练习：小组合作，借助三个小问题（你读到的“爬山虎”是怎样的？你读到的“爬山虎的脚”是怎样的？爬山虎是怎样爬的？）完成表格，另外，选择一个问题，用自己的话说说你的阅读发现。设计这个练习的目的是引导学生通过初步阅读文本，了解内容，学习观察方法，为后面的阅读探究和尝试观察打好基础。

教学时，可依托文本内容设计练习。比如，《全神贯注》一课的第二自然段，对罗丹工作时的全神贯注的动作和神态，刻画得酣畅淋漓，让人读着读着就会有身临其境之感。这样传神的语言描写，教学时，可以抓住这些重要的内容设计练习，组织学生品读学习，习得语言。教学中，对“好像跟谁在说悄悄话”“似乎在跟谁激烈地争吵”“像喝醉了酒一样”“对着女像痴痴地微笑”等语言，让学生边朗读边想象当时的情境，高潮之处，戛然而止。设计一个有效练习：在罗丹修改塑像的这段时间里，茨威格可也是全神贯注地站在边上呀，那他又在干什么呢？他心里会想些什么？让我们也学习作者抓住人物的语言、动作、神态等描写，写写悄悄站在一边的茨威格。请大家仿照例句写一个句子。这样紧紧依托文本内容的练习设计，既突出了对学生语言品读能力的培养，也使得教学充满了浓浓的文学气息。

可借助课后练习设计练习。如三年级上册《翠鸟》一文，课后第二题：“从哪些地方可以看出作者特别喜欢翠鸟？我们来讨论讨论。”研读文本发现，课文主要就是从“外形、叫声、动作”三方面来描写翠鸟，而且在写法上非常有特色，因此，设计练习时，就有机地利用了课后这道练习题，引导组织学生阅读文本，教学时，重点抓住翠鸟的外形、叫声和动作的特点进行品读，引导学生发现作者是怎么抓住事物的特点来进行描写的。利用课后练习设计有效练习，是对文本的利用和开发，有利于教学的实施和目标的达成。

(三)练习设计体现对学生语文学习能力的培养

1．基于学生阅读兴趣的培养设计有效练习

培养学生的阅读兴趣,让学生爱上阅读,爱上语文,形成可持续发展的语文学习能力,是小学语文教学的一项重要任务。“生本课堂”设计有效练习,要基于学生的阅读兴趣培养。以科普说明文教学为例,小学语文教材中的科普说明文,多为叙事性的,介绍的内容多是学生比较感兴趣的话题,知识性和趣味性兼具,是非常适合培养学生阅读兴趣的文本。教学时,要积极创设情景,设计问题,积极拓展学习空间,延伸教学链条,激发学生的阅读期待,培养学生的阅读兴趣和阅读习惯。如教学《恐龙的灭绝》时,有教师就设计了这样的导入环节:观看电影视频《恐龙宝贝》,引发思考,导入教学。5分钟后视频结束,学生已经沉浸在“恐龙世界”之中,有学生提出一个问题:电影中的恐龙消失了,原因究竟是什么呢?教师顺势抓住这个问题,切入教学。教师说:我们的课本中就有一篇《恐龙的灭绝》,里面介绍了好几种关于恐龙灭绝的说法。你相信哪一种呢?让我们阅读课文,解开谜底。一段视频,一个问题,创设了一个情境,既激发了学生的阅读兴趣,也成功地为学生导读。这既是成功的课堂导入,也是有效练习得到实施的体现。小学语文教学,首先考虑的是如何激发学生阅读文本的兴趣,培养学生热爱阅读的兴趣和习惯,然后才是“知识学习”和“语言积累”。

2．基于学生自主阅读能力的培养设计有效练习

“生本课堂”体现的“以生为本”、“以学定教”的教学理念,对学生的自主阅读能力要求非常高。学生的自主阅读能力不是与生俱来的,是需要培养的。课堂教学设计有效练习,要重视和培养这种自主阅读能力。

通过练习培养学生的自主预习能力。预习是生本课堂教学的起始和基础。这一环节的学习,主要靠学生自主完成。教师在设计预习练习时,除了要考虑学情外,还要考虑到预习练习的检测和展示。预习练习的形式可以多样化,如导学案、预习卡等。设计的预习练习,要有明确的任务和达成要求。另外,教学中,在课前要进行预习作业批阅,在课始要进行预习成果的展示。如有教师在教学《花钟》时,让学生自主设计个性化的预习卡“花钟”,就是将阅读任务体现在设计好的“花钟”上,让学生通过预习阅读,将重要的生字、生词以及与课文内容相关的“花”的名称、开花的时间、开花的样子等内容填写在这张预习卡上。这样的预习练习设计,符合学生的学习特点,有趣味,有任务,可检测,可展示。教学时,学生展示交流了各自的预习成果,体会到了学有所得的快乐。另外,教师借助其中的典型设计,顺势切入教学,完成了教学,效果不错。

通过练习培养学生的自主品读语言的能力。语文教学的根基是言语习得和言语运用。语文课堂是发现语言、品味语言、习得语言的过程。小学语文教学不要执拗于知识的获取,更应该重视培养学生品读语言、习得语言的能力。在“生本课堂”环境下,小学语文教学有效练习的设计,要着力培养学生的自主品读语言的能力。一提到“生本课堂”,很多教师就想到“自主、合作、探究”,而实际教学中却往往偏重“合作”和“探究”,忽视了“自主”。其实,阅读教学中,学生的自主品读能力是最重要的。没有自主品读语言的能力,便谈不上“合作”与“探究”。因此,课中学习时,教师要将更多的精力放在培养学生的自主品读语言能力上。如教学《爬山虎的脚》时,教师

为了让学生准确理解“触着”的意思，就设计了这样的练习：小组合作，讨论辨析“触着(zháo)”与“触着(zhe)”在词义上有什么不同？课文“爬山虎的脚触着墙的时候”一句中的“着”该读什么音？学生通过讨论明确：“触着(zháo)”是轻碰并贴在墙上，而“触着(zhe)”只是碰到墙的意思。课文中的句子应该读“触着(zháo)”。这类练习设计，既突出了对学生语言品读能力的培养，也使得科普说明文充满了浓浓的语文味。

通过练习培养学生的思维拓展和知识迁移能力。思维训练和知识迁移能力的培养，是学生语文学习能力的重要组成部分，是小学语文教学中很重要的一环。这类练习设计，比较常用，也比较实用的方法是“随文练笔”。如第一学段的童话教学，设计“想象说话”练习，能够拓展学生思维，迁移运用知识；如第二学段的神话教学，设计“想象情节”练习，能够帮助学生感知、表达、拓展思维，训练语言实践能力。除了“随文练笔”，思维拓展与知识迁移能力的训练，还可以通过“阅读链接”和“情境迁移”等方法进行。如第三学段的文言文《杨氏之子》教学，有的教师设计了“阅读链接”练习，让学生阅读与课文相似的文言小故事，讲述内容；有的教师设计了“情境迁移”练习，让学生改变原文中的内容，如把“孔君平”改成“柳君平”或“梅君平”等，组织学生模仿课文中的样子说话。这类练习，对学生的思维拓展与知识迁移能力的训练都大有好处。

五、“生本课堂”多元化教学评价的建议

教学评价是课堂教学很重要的组成部分，它是学生学习体验的检测和反馈，对学生的后续学习与发展起着相当重要的作用。“生本课堂”实施教学的有效性评价，要破旧立新，改变以往单一扁平的评价模式，形成多元、立体的评价体系。对此，笔者有如下几点建议：

评价的目标和视角要多元。以往课堂教学的评价目标和视角相对单一，主要是知识性评价，从教师的视角切入，关注的是学生是否通过课堂学习完成了教师所安排的教学任务。“生本课堂”教学评价的目标和视角要多元：如知识性评价，即学生通过课堂学习是否完成了一个知识形成的过程；如思维性评价，即学生通过课堂学习是否生发出新的问题并进行探究形成新的知识；如情感性评价，即学生通过课堂学习是否体验到了学习的乐趣，得了积极的情感体验；如过程性评价，即学生在课堂学习中是否有主动参与、合作探究、自主表达等学习行为。

评价的主体和方式要多元。以往课堂教学评价的主体主要是教师，评价方式主要是教师评价学生。“生本课堂”要突出评价主体和评价方式的多元化。教师、学生均是评价的主体。评价过程中，可以有教师评价，也可以有学生评价；教师可以评价学生，学生也可以评价教师；学生可以评价自己，学生也可以互相评价；可以有语言评价，也可以有行为评价；可以有知识评价，也可以有情感评价。

评价的指向和态度要多元。以往课堂教学评价多为激励性评价，评价态度多为“一赞到底”。“生本课堂”评价的指向和态度要多元化：如激励性评价，对学生的成功之处予以表扬；如批判性评价，对学生的错误之处予以否定和纠正；如甄别性评价，对学生的反馈作出公正合理的鉴别与分析；如指正性评价，对学生偏颇之处予以引导归正；也要有指导性评价。对学生的不足之处予以点拨指导。

“生本课堂”主旨下有效练习的设计，需要重构教学理念，重新解读和建构课堂教学，重新建立评价体系，并进行深入持久的实践探索，是一个漫长而艰巨的过程。本文只是粗线条探索的经验总结，在后续研究中，笔者将通过分段、切块的方式，集中研究探索某一学段、某一文体或某一课型的“生本课堂”练习设计的模式和经验，丰富和创新教学。

（宁波国家高新区教研室 唐福兵）

综合性练习的设计

——以小学语文期末复习设计为例

一到期末,学生的作业负担和心理负担总会无形加重。因此,对于教师和学生来说,复习工作如何轻负高效显得尤为重要。笔者在实践中运用“三免”措施,有效提高复习效果,减轻学生负担。这里所谓的“三免”就是指:避免“复习 = 题海”,减免复习过程中的练习数量,“赦免”苦不堪言、债务缠身的“另类”学生。下面,笔者就复习过程中如何运用“三免”,例谈复习练习的设计。

一、周密计划,避免“复习=题海”

缺乏计划的教学过程,必定是一个反复摸索、极为忙碌、盲目乐观的过程。严重的甚至把复习与一天一张试卷等同起来,这样的教学注定是失败的。如何规范复习,避免“复习 = 题海”?毋庸置疑,复习前必须要有周密计划。

(一)教师周密制订复习计划

首先,计划要全面。

计划是行动的纲领。复习计划能使教师统筹安排,节约学生的时间,提高复习的有效性。下表是笔者为四年级上册学生制订的复习计划:

表 1　复习计划表

学生情况分析	学生基础薄弱,尤其是句式变换、阅读理解方面,学生差异大。
复习教学目标	保住底线,确保学生通过复习,在弱项上扎实过关,在强项上有所拓展和突破。
复习重点难点	能对词语进行逻辑归类;结合语境理解字、词。
	巩固各类句式,会修改简单的病句。
	复习本册的重点语段、“日积月累”和古诗。
	把握文章的主要内容,体会作者表达的思想感情。
	初步领悟表达方法,能写简单的纪实作文、书信、想象作文。

续表

具体措施	组建复习小组，在学生自主合作的基础上，通过案例点评归纳解题方法，搭建"疑难问讯"，澄清知识要点，以竞赛形式完成验收工作，达到复习的高效性目的。
时间安排	第一阶段(共4课时)：分单元复习 第二阶段(共6课时)：归类梳理 疑难解惑 第三阶段(共5课时)：综合复习 模拟考试

在复习进行中，要始终贯穿着一个长期目标。复习什么？怎样复习？复习要达到什么目标？该如何达到这些目标？这些问题在复习前教师都必须心中有数。

其次，计划要有针对性。

只有从学生出发，才能有的放矢，事半功倍，避免出现无目标地重复建设。以四年级上册古诗复习为例，本学期计划重点放在古诗文的积累上：

(1)通过小组合作方式，背诵并默写本册课文和"语文园地"中出现的诗句。

(2)以运用形式检测古诗文积累的掌握情况。下表为古诗文检测卷：

表2 四年级上册古诗文检测卷

1.昨天下午，张老师布置了一道数学思考题。晚上，我绞尽脑汁，百思不得其解，经爸爸点拨，我豁然开朗，真是"____________________"，于是迅速地解开了这道难题。 2.我们的教师指导大家写作时，常常引用宋代著名诗人苏轼的《题西林壁》中的两句诗，"____________________________"，强调习作是心灵的放飞，写法要不拘一格，要有自己的个性。 3.俗话说："当局者迷。"说明这个道理的诗句是"________________________"。 4.形容给人带来意想不到的惊喜的诗句是"____________________________"。 5.李白与友人送别时，写下了"________________"表达了与友人依依惜别之情！ 6.王维与友人送别时，写下了"________________"表达了与友人依依惜别之情！ ……

提前制订计划，及早拟编各项检测卷，以便扎实落实复习目标，提高复习针对性。

(二)学生合作制订复习计划

《浙江省小学语文教学建议30条(征求意见稿)》第7条再次把引导学生开展自主、合作、探究的学习摆到重要位置，提出合作学习的学习任务要恰当，角色分配要明确。这条建议同样适用于我们的复习工作。

1.与谁合作？——组建小组

全班按学习程度和友好关系分成8大学习小组，每组6人，两个优秀的，两个中等的，两个需要辅导的。每组有响亮的名称，如"学富五车组"、"一鸣惊人组"、"书香门第组"等等，各组实行组长负责制，分工合作。

2.怎样合作？——制订计划

各小组按复习主题分别制订针对性计划,像“书香门第组”和“龙马精神组”针对词语积累,从优势、不足和具体措施制订复习计划,操作性强,下表就是“龙马精神组”制订的四年级上册词语复习计划：

表3　目标与计划——词语积累篇

组别:龙马精神　组长:魏翔宇　组员:张、付、林、徐、刘

我们的优势	本册要求掌握的词语默写过关,总体不错,组长号召力强,小组成员团结。
我们需要提高的地方	近义词的区别应用;不同构词方式的积累;据词定义。
我们的具体措施	活动时间:周二至周四中午12:00—12:30。 任务分配:魏、张负责搜集近义词选词填空;付、林整理本册出现的典型的据词定义;徐、刘负责不同构词方式的积累。

我们要充分利用期末阶段的紧张心境,培养学生的自我规划意识,使他们在复习面前变得更加自信,更加有方向感。

教师和学生有了周密的计划：第一,避免了无意识、无目标。第二,避免了无策略、无方法。确保教师有序复习,确保学生了解学习目的,有效避免了“复习＝题海”的现象。

教师感言:给孩子减负,要做到计划、计划再计划,避免重复建设。

学生感言:计划是行动的前提,小组合作让我的行动更有效了！

二、精心安排,减免练习数量

心理学研究认为:练习的数量(即频数),既不是学习的必要条件,也不是学习的充分条件。这里就存在如何安排练习量的问题。《浙江省小学语文教学建议30条(征求意见稿)》第6条也明确提出要根据教学目标精心设计多样化的作业,合理安排书面作业、口头作业和体验作业。中段学生每天课外作业的时间以30分钟为最佳,这是一个值得参考的数据。

怎么减免？这不是简单的数量减少,也不是一味地免除,而要从精心安排复习过程入手。

(一)在学生必须过关的典型训练点上精心安排举一反三的训练

以句子复习为例,根据四年级上册的年段目标,特别安排下列句式复习：

表4　典型句式练习

年段目标	类型	范例	基础训练	拓展训练
	句式变换	把陈述句改成反问句。 例句:不劳动,连棵花也养不活,这是真理。 改成:不劳动,连棵花也养不活,这难道不是真理吗？	把陈述句改成反问句：雅鲁藏布大峡谷必将成为世界人民关注的一个热点。(选自课文《雅鲁藏布大峡谷》)	把反问句改成陈述句：太没有分寸了，难道我们不是到珠宝铺子里去的吗？(选自选读课文《小青石》)

续表

年段目标	类型	范例	基础训练	拓展训练
能按要求改变句式；初步认识句子的修辞手法；开始学习修改病句。		把直接叙述改成转述句。 例句：凡卡说："我在给爷爷写信。" 改成：凡卡说，他在给爷爷写信。	屋里的内部没有什么布置，墙壁很光滑。（选自课文《蟋蟀的住宅》）	鹅的步调从容，颇像京剧里的净角出场。（选自《白鹅》课后练习）
	扩句	照样子把句子写具体。 例句：恐龙学会了飞翔。 改成：一种带羽毛的恐龙，在奔跑中学会了飞翔。		现在很危险，李博士仍然坚持工作。（选自课文《跨越海峡的生命桥》）
	合并句子	把两句话合并成一句话。 例句：科学改变着人类的物质生活。科学改变着人类的精神生活。 改成：科学改变着人类的物质生活和精神生活。		
	照样子写句子	照样子改写句子。 例句：它屏息凝视，一定要把老鼠等出来。 改成：它屏息凝视，非把老鼠等出来不可。		
	修改病句	用修改符号修改病句。 例句：这道题，他估计一定能做出来。 改成：①这道题，他一定能做出来。②这道题，他估计能做出来。		
	初步认识句子的修辞手法	说说这样描写的好处。 例句：宽阔的钱塘江横卧在眼前。（选自《观潮》课后练习）		

续表

年段目标	类型	范例	基础训练	拓展训练
	掌握句子关联词的使用	用上恰当的关联词语，体会它的作用。 例句：爬山虎的脚没有触着墙,不几天枯萎了。 改成:爬山虎的脚要是没有触着墙,不几天就枯萎了。		

复习中,教师依托教材,归类指导,举一反三,轻松提升学习效果,这是最具性价比的时间投资。

(二)在疑难问题聚焦的地方精心安排举一反三的训练

具体做法:每个学习小组按复习的主题把疑难问题在组内进行交流,再由组长整理写在题卡上。以阅读复习为例,下表是根据年段目标和学生实际整理的四年级上册阅读复习难点:

表5　疑难问讯卡之阅读篇

年段目标	训练难点	解决方法列举	拓展训练	评价
能联系上下文，体会课文中关键词句在表情达意方面的作用；能初步把握文章的主要内容，体会文章表达的思想感情；初步感受作品中生动的形象和优美的语言。	概括主要内容	方法1:按事情的起因、经过、结果概括。 例文:《为中华之崛起而读书》。 方法2:段意归并法。 例文:《飞船上的特殊乘客》。	巩固用方法1概括选读课文《一个苹果》。 巩固用方法2概括《火烧云》。	
	构段方法	学习总分段式的段意归纳。 例文:《猫》。	巩固总分段式概括《秦兵马俑》第二自然段。	
	理解句子含义	方法1:结合上下文理解。 例文:《跨越海峡的生命桥》的结尾句。 方法2:抓住重点词理解。 例文:《长城》——多少劳动人民的血汗和智慧，才凝结成这前不见头、后不见尾的万里长城。	对《那片绿绿的爬山虎》最后一句话的理解。 对《搭石》中心句的理解。	
	品词析句	体会关键词语的表达效果。 例文:《长城》的课后练习。	体会加点词的意思：《呼风唤雨的世纪》课后练习。	
	体会表达方法	体会明贬实褒法的表达效果:鹅吃饭时,非有一个人侍候不可,真是架子十足。例文:《白鹅》。	学习用“明贬实褒法”来表达：爸爸经常加班,妈妈怎么说?	

从问题卡归到问题本，第一，让教师清楚地看到问题，发现学习上的症结所在，节省师生双方的时间。第二，通过暴露的问题，查漏补缺，实现弱项为强项的复习目的。

正是练习的精心安排，学生避免了沉入题海。教师避免了眉毛胡子一把抓，对不同的学生给予相应的“待遇”，部分学生的练习数量就减下来了：

1. 学生可以申请作业项目的减免。对复习中单项过关的学生，可以免去相关作业一项。如前面提到的句子练习中，王同学修改病句过关，可以免当天布置的修改病句的作业。

2. 可以申请作业数量的减免。如程度好的学生在句式训练时，可以直接选择拓展训练，减免基础训练的数量。

3. 可以申请用简略的形式替代。以作文复习为例，习作优秀的学生在家庭作业中可以免写全文，列提纲即可。如在复习“我被______了”记叙文时，对班上的12个孩子免于全文练习。提纲训练既是对他们的鼓励，也是对其他孩子的促进。

“减免”促进学生复习的积极性和兴趣，提高了学习效率，也在无形中培养了学生充分利用时间，认真完成作业的良好习惯。“减免”为优生解除了不必要的负担，为他们提供了更多的自主选择空间和自由支配的时间。

教师感言：给孩子减负，要让学生感受到自己是学习的主人，给孩子舒展的空间。

学生感言：精练巧练能够减免数量，复习的劲头更足了！

三、欲擒故纵，赦免时间的“罪人”

因种种原因，总有个别学生在学习中养成了不良习惯，早已习惯成了浪费时间的“罪人”。这些学生大致分三类：第一类“推”，今天的任务推明天，明天又推后天。第二类“赖”，长此以往，要补的窟窿越来越大。第三类，干脆不做，真可谓债多不愁型。

常规做法：中午、晚上留下来，语文、数学、英语教师争相抢人。

专家建议，对这类学生要用蜂蜜捉住蜜蜂，允许其偷工减料，将惩罚作为最后的手段。

根据不同情形，措施如下：

（一）全部“赦免”，欲擒故纵

情景回放：12月2日，我布置3项作业：①誊抄作文；②默写第一、第二单元的日积月累；③背诵古诗2首。小强同学又只完成第1项。是继续把他留在身边补，还是试试专家的建议？权衡后，我在他的家校联系册上写下如下清单：①书面作业全部免做；②看电视2小时；③游戏1小时；④上交当天作息一份。全部“赦免”或许让小强出其不意，12月3日作业如数上交。

原因分析：复习毕竟是一项艰苦的活动，需要付出脑力、体力，需要克服自身的惰性。他们一看到试卷、练习就打退堂鼓，心理上放弃学习。可真不让做，他们像孤单失群的大雁，害怕失去学习的权利，会竭力寻找归宿感，形成心理上的期待。

（二）部分“赦免”，允许“偷懒”

前面的小强只是个例，但对于更多的这类孩子，一定要做到晓之以理、动之以情，从三方面入手，努力提高复习效率，进而转变习惯。

1．交换法

观察发现，这类学生的学习行为需要一种“报酬”，而且需要的是外在的报酬。为了得到报酬，可以有较大的变化。以小强为例，可以不抄写词语盘点，置换条件——听写过关准确率75%以上；可以不写周记，置换条件——每天写简单的日记。孩子参与的情感不一样，学习的效果自然也不一样了。

2．选择法

对这类孩子做到保住底线，与其硬逼着还不做，不如适当放权给学生。如前面布置的三项作业，允许其选择一项不用做。

3．递增法

他们缺乏战胜困难的体验，我把大目标分解为一个个小目标，三周的复习时间里，第一周允许有3项作业“赦免”，第二周只允许2项作业“赦免”，第三周只允许1项作业“赦免”。这样既有具体性，又有模糊性，在不知不觉中，改变了他们的学习习惯。

4．榜样法

通过小组合作，巧妙运用心理学上的“三对一效应”，众口铄金，积极性就慢慢带动起来了。我还设立“蓝色之星”评比，对这类学生，只要进步明显，愿意“归队”就颁发“蓝色之星”。小强同学是这样告诉我的：“我不想跟同学不一样了，我想跟大家做一样的作业。”

教师感言：给孩子减负，就要倾听孩子的心声，善待“另类”学生。

学生感言：心态平和了，心情轻松了，习惯改变了！

结语

期末复习，从“三免”入手，孩子的负担在一定意义上轻下来了，但更多的思考、梳理和行动研究转嫁给了教师。作为一名语文教师，应常读《浙江省小学语文教学建议30条（征求意见稿）》和《宁波市小学语文教学常规（试行稿）》，规范自己的教学行为，全面提高教学质量。当复习效果不理想时，我们不要总埋怨学生的不努力，而是要反思自己的复习行为，更要不惜一切地避免打击学生的学习积极性，引领孩子走上轻负高效的复习大道，让学生在“三免”中赢得精彩时空！

（江东区中心小学　余永永）

第二章

有效练习的实施方法

策略型语文练习的实施方法

一、语文练习现状剖析

语文课程是一门学习运用语言文字的综合性实践课程。语文课程的这种语用特质决定了学生语言习得、语感培养的基本途径——必须通过言语实践来实现。在这样的教学理念指导下,语文练习的开发和实施再次成为当前语文课堂教学关注的焦点。语文练习在原有的巩固和检测学习成果的基础上,被赋予和开发了更多的功能,形态和方式也不断创新,以练促学,以练导学,先练后学等不一而足,甚至有“构建以作业与练习为主线”的阅读教学模式研究。可见,练习的价值与功能在教学中越来越凸显。

可是,目前语文课堂上充斥的大量练习,情况却不容乐观。

(一)标签式——有形无质

现实的课堂上,相当一部分语文练习是针对内容情节或者是人文感悟来设计的,空泛无物,缺乏语用价值。比如“三年级学了《鹬蚌相争》,你有什么想对鹬和蚌说的,写下来”,“五年级学了《梦想的力量》,对于自己的梦想,你有什么想法,写在作业本上”,“二年级《燕子专列》,我想对贝蒂说几句话”等,类似练习都侧重人文价值感悟,不是针对文章语用价值而进行的练习,缺乏质地;而且内容宽泛,要求模糊,学生的表达天马行空,后续的评价也不置可否。

(二)理科式——有质无神

虽然有些练习具有语用价值,但是操作的方式方法过于理性、生硬,缺乏语文教学的形象感与情感性。比如《观潮》的朗读训练,将写潮声的句子集中出示,然后就句子而句子,反复朗读,朗读后就是填空式的背诵。朗读的过程缺乏想象活化的指导,也缺乏相应背景资料的形象链接,就读而读,就背诵而背诵,给人感觉就如在背诵乘法口诀表。我们的语文练习如果剥离了特有的形象元素、情感因子,脱离语境,违背心境,机械操作,机械训练,则不免重蹈过去“双基训练模式”的覆辙,使语文练习陷入重复、枯燥、理性、冷漠的“题海”之中,失去学科特有的人文关怀和语感神韵。

（三）一刀切——缺乏层次

缺乏层次意味着缺乏循序渐进的过程，缺乏对“认知心理”的把握。急功近利，忽略过程的递进，同样达不到有效的效果。比如归纳课文主要内容，这是一种语文能力，属于程序性知识。如果仅仅满足于课文主要内容的表述结果，忽略学生归纳过程中的方法运用和演练，那么无疑是舍本求末。另一种情况是，在缺乏对内容感知、理解的情况下，就跨越式地对语文形式进行感悟、运用，其结果难免有东施效颦的尴尬。

（四）植入式——割裂断层

这种“植入式”的语文练习，在当下并不鲜见，所暴露的本质违背认知规律。突兀地插入语境以外的练习，人为地割裂原有的学路，破坏原有的文路与情感发展线索。如《卡罗尔和他的小猫》与之配套的语文课堂作业本中安排了两次练笔：其中一次是用“有的……有的……还有的……”对一缸金鱼进行描写。如果在学习此课的中途，跳出文本，突兀地插入单一的关联句式的运用练习，课堂的流畅度和情境感就被打破，学生的学习思维和当下情感难免出现断层，练习与原文学习出现两张皮的现象。

当然，语文课堂练习的问题不仅限于上述几种。综观种种，探究形式背后的归因，折射的是执教者对语文练习特质的认识缺位，忽略语文练习特质与认知过程的关联性思考。

二、语文练习本质思考

研究表明，现代教育理念的练习概念，不仅仅是指巩固与检测，不仅仅是以练固学或者是以练测学，练习其内涵和外延都已经发生了重大改变。特级教师盛新凤说过这样一段话，“除了要巩固和检测，还要让它发挥导学促学的功能，叫作以练导学，以练促学。‘以练导学’这个词语当中有三个关键词，‘练’是一个载体，‘导’是路径，‘学’是落点，最终就是走向学的”。由此我们理解语文练习的本质，就是以学习语文的方式来进行语文练习，以语文练习来促进语文学习。语文学习的方式是什么？从母语教育的规律出发，重视积累、感悟、熏陶，通过品词析句、咬文嚼字、揣摩写法、领悟神韵等语言实践活动，感受语文知识和语法规则，促进语感的培养，并用之读写听说实践。语文练习的理想境界是糅熏陶感悟与言语实践为一体，糅理解领悟与表达训练为一体。

其次，运用课程之父泰勒的理论来解读语文练习，也不失为一种科学的思维方式。泰勒提出“从内容和行为两个方面来界定课程教学目标”。他运用认知心理学理论，认为“内容”与“行为”相对应的就是“知识”与“认知过程”，学生对“知识”执行一定的“认知过程”，就是教学目标；所有认知领域中习得的能力本质上是学生对不同类型的知识的掌握与运用。由此，语文练习的价值在于促进学生对语文不同类型知识的掌握与运用。

由此，必须强化对语文练习特质的三点认识：

（一）语文练习应该拥有两个维度

语文练习的设计与评价都可以依据认知心理学的两维目标理论，从“知识”与“认知过程”两个维度来甄别目标和效度。高效的语文练习必然包含“语文内容”与“语文行为”，两者和谐融合才是理想境界。

(二)语文练习应该符合言语发展图式

语文练习必须加强对“知识选择”与“认知过程”的研究。从语言内容到语言形式,从潜文涵泳到积累表达,从感知感悟到抽象概括,从模仿迁移到创造运用,这些都是语言学习的规律,不可颠覆,不可倒序。一句话,语文练习需要经历从理解到内化、从模仿到创用的认知过程,这符合由形式结构到情境结构再到意向结构的内部心理的发展图式。

(三)语文练习应该讲究合理匹配

布鲁姆认知目标分类学的思想,为语文练习两个维度的匹配与对应奠定了理论基础。

布鲁姆认知目标分类学(修订版)的两个维度

知识维度	认知过程维度					
	记忆	理解	运用	分析	评价	创造
事实性知识						
概念性知识						
程序性知识						
元认知知识						

这一两维的分类表不仅适用于分析知识类型,适用于分析认知过程,还可用于分析知识类型与认知过程的匹配程度,即内容与方法的匹配。比如学习“比喻句”,在低年级是属于事实性知识,只要求认识这样的句子,能够进行适当的记忆、积累,在教师提供的语境中进行完型补白;到了第二学段,那就是概念性知识,知道这是比喻句,并在语境中感受表达效果;到了第三学段,那就是程序性知识乃至是元认知知识,通过甄别比较、评价欣赏,学生能够为了增强表达效果有意识地去运用。所以,语文练习讲究内容与方法的匹配,是有效练习的追求。

三、语文练习策略探求

基于上述认识与思辨,在语文练习的策略探究上,我们提出这样四点:

(一)目标与过程的统一

从布鲁姆认知分类学两维目标观看语文练习,“目标”与“行为”应该是统一的。过程基于目标,目标依赖过程。基于目标的练习,应该具有时时观照目标的意识。

《记金华的双龙洞》的第一课时,重点突出“抓住个体的感受和联想来写孔隙的小”。围绕这个“知识点”,具体的“认知过程”包含了感受“孔隙的小”—理解“孔隙的小”—表达“孔隙的小”—迁移练笔“‘一线天’的小”。我们发现,教师以“如何表达空隙的小”为落点,分阅读与表达、输入与输出两个步骤，系统、完整地展示了与之相关的"认知过程"，拉点成线，构线成体，没有旁骛，练习目标的达成度很高。

难能可贵的是，教师在引领学生感悟并运用"如何表达孔隙的小"这一核心训练时，一直遵循语文学习的规律，都是基于文本，糅于文本，源于语境。这是语文练习过程与语文学习这一大目标的匹配与对应。因此，对于语文练习的基本形式，如说话、朗读、默读、背诵等，不应该仅仅作为手段与形式，应该从语文学习的特质出发，既是手段同时又作为是"程序性知识"这一目标来做实。

（二）语用性与人文性共振

《语文课程标准》指出，"阅读是运用语言文字获取信息、认识世界、发展思维、获得审美体验的重要途径"。"语文课程……促进学生和谐发展，提高思想道德修养和审美情趣……"语文教育的人文性、实践性、民族性等，决定了语文练习必须融合工具性与人文性，汉语言文字的交际性、形象性、生活性等特点，决定了语文练习可以实现语用性与人文性的共振。

比如教学《临死前的严监生》，"抓住特写动作揣摩人物内心"这是高段很重要的阅读策略之一，通过对三次摇头的内心补白练习，既是阅读策略的强化，也是描写人物表达策略的渗透，这两者都属于语用性的价值。在这一补白交流的过程中，不同程度地感受和体味了严监生这一典型人物的典型性格，由此激发阅读经典的兴趣，感受传统文化的魅力，这些审美体验都属于人文性。

有人说"认知过程"的审美体验像一趟美妙的旅程，具有强大的张力。所以，力求语文练习具有情感性是促成语用性与人文性共振的基础。通过"情感点"的触发，深入学生内心，点燃认知热情，让情感伴随着练习自然、活泼地流转。

要实现语用性与人文性共振，还要注意语文训练的情境性。因为语言学习在建模过程中，需要依赖情境性的表象。比如《欢乐的泼水节》，"开始泼水了，大家互相追赶，你拿瓢往我的衣领里灌，我端盆向你身上泼。老人、孩子、姑娘、小伙儿，个个身上湿淋淋，人人脸上笑开了花"。抓住"灌、泼"动词，通过互文比较，想象情境，演示与朗读，还原文字形象，活化文字表象，把傣族人民的狂欢情景推到学生眼前。同时，又积累了"你……往我……""我……向你……"这一言语图式。整个过程感性而立体，是语文性的想象、表演与朗读的过程。

（三）言语与思维同步发展

为思考而教学，是优质教育的主要目标之一。帮助学生完善思维就是赐予他们成长的力量。语文教学要促使学生的知识、语言、智力、情感等多方面和谐发展，而智力的核心是思维创造力的培养。李吉林老师曾说过："训练儿童的头脑，最好的手段莫过于语言。"如何通过练习，促使言语学习和思维发展紧密联系在一起，这是需要深入思考并努力践行的。

在设计语文练习时，应该有意识地增加分析性思维、创造性思维和实用性思维的含量。比如，进行"概括归纳"或者是"缩写梗概"练习时，务必让学生经历这样的练习过程："列出所有信息、删除无关紧要而无需理解的材料、考虑相关的信息、用'高等位词汇'替换并列的多个'低等位词汇'、挑选或者创造一个主题句"，让思维参与全过程，才能促使言语与思维的同步发展。又比如进行类比练习，要选择富有逻辑性的练习材料。试举例说明，教师示例："温度计对于温度，就如同里程表对于里程"，请学生类比完型："海啸对于海浪，如同地震对于______"既具思维探究的挑战性，又具言语表达的逻辑性。

又如学习《卡罗尔和她的小猫》，课堂练习一是"写一则征求自己喜欢的动物广告"，课堂练习二是"延续课文情节，写一则免费赠送小猫的广告"。两者同为发布广告练习，指向"广告"语言的范式积累与运用，都展示了"认知过程"，其实际效果如何呢？前者学生常常以自己喜欢的小狗、小鸡等作为对象，替换小猫，然后就是照搬课文的语言范式，整个练习呈现的是积累语言范式的认知形态，认知程度比较浅，思维含量不高。而后者在理解广告范式的基础上，还要通过阅读理解、发挥想象、联系生活情景等，来进一步丰富和表现小猫的活泼可爱，体现了创造性的认知形态，具有更高的思维含量。

（四）主流价值观与多元理解的协调

语文练习与数学等理科的练习有本质的区别。数学练习的答案指向客观、标准，思维过程是求异后的趋同或者是求同后的趋同。而语文练习的思维过程更趋个性化，答案往往是开放的、多元的、个性的。语文练习的这一特性，决定了语文练习要在尊重主流价值观与满足学生个性化理解之间做协调、搞平衡。

为此，在练习设计上，要尽量开发有利于学生个性化表达和实践的形态，比如，同为概括课文内容，采用填充式的练习，就远不如选择关键词、用关键词连词成句的练习。后者在练习的宽度和效度上更具有开放性、自主性，在练习过程中包含更丰富的个性感悟和思维含量，具有更加深厚的语用训练元素。在练习评价上，不要用"一把尺"去衡量学生的练习结果，不要囿于主流价值观的选择，要尊重学生的个性化理解，欣赏学生"在语文学习过程中的独特体验"。同时，又不能过犹不及失缺规范性，一味地迁就学生的多元理解。当学生的多元理解、个性化表达与主流价值观发生严重悖谬时，还是要引导学生进行优化选择。只有有意识地协调平衡，才能凸显语文练习的张力，张扬语文练习的多元功能——发展语言、发展思维、提升情感态度价值观。

诚然，语文练习策略研究的维度是多元的，认识也是多元的，语文练习领域可供研究与深入的空间也是非常广阔而具个性化的。但是，不管如何，语文练习基于语文教育的特质，是殊途同归的规律；语文练习必须把握与遵循语言学习的规律，也是殊途同归的定律；语文练习基于学生的认知心理，进行科学定位、过程匹配，更是殊途同归的要义。

（奉化市教研室　卓超波　张晨瑛）

任务驱动型语文练习的实施方法

一、审视课堂，引发思考

课堂教学是师生双边参与的动态变化的过程，每个学生都是生动、独立的个体，是课堂上主动求知、主动探索的主体；而教师是这个变化过程的设计者、组织者、引导者和合作者，是为学生服务的。可是，在小学语文阅读教学中，教师往往过多地关心自己的教学思路，很少考虑学生的实际需要，尽管课堂上也精彩不断，但是学生常常处于“被参与”、“被接受”的状态，主动探究问题、自主构建知识、独立寻求方法的能力是相当欠缺的。那么，造成学生自主阅读能力普遍低下的原因是什么呢？通过分析，笔者认为主要有以下几种原因：

（一）重教学预设，轻阅读过程

绝大多数教师目前依然在日复一日地重复演绎：课上，按照现成的教学设计无的放矢、全线出击，较少地关注学生的阅读方法和能力的培养；课后，极少思考学生在课堂上的收获和发展，缺少对教学方法、教学行为的反思。现实中，我们常常会听到这样的对话：“课上得怎么样？”“还可以，比较顺。”“比较顺”是教师踢出去的球学生都接得住，途中没有出现障碍，即教师的问题、预设的程序，学生都能很好地应对和配合。细看学生在一堂课中的阅读经历，似乎是“对对子”的过程，而不是从不会到会的逐步提高和发展的过程。

（二）多显性互动，少潜心会文

阅读教学，应引导学生沉下心来，自主阅读，潜心会文，然后通过有准备的交流，通过师与生、生与生的互动，加深对文本的感悟和理解，体会语言的精妙，领悟写法的特点。然而在实际教学中，师生间显性的互动对话占据了课堂太多的时间，导致学生阅读实践不足，思维深度不够，阅读能力弱化。

阅读教学的目的是提高学生的综合思维能力，是为学生的发展服务的，而服务的质量则取决于课堂教学。上述的阅读教学现状，对于提升学生的语文阅读素养收效甚微，无法满足学生日益增长的阅读需求。阅读教学的课堂该如何转身？

二、学习课标，突破疑难

学习2011年版的《语文课程标准》，“课程目标和内容”具体陈述了学生阅读方法和阅读能力的培养目标：“具有独立阅读的能力，学会运用多种阅读方法。有较为丰富的积累和良好的语感，注重情感体验，发展感受和理解的能力。能阅读日常的书报杂志，能初步鉴赏文学作品，丰富自己的精神世界。”可见，阅读教学的终极目标就是要教学生“会独立阅读”，培养学生具有独立阅读能力是需要教师从学生“学”的角度来定位、思考、改变教学模式和教学行为的。

2011年版《语文课程标准》还从语文教学指向性上作了大幅调整，集中指向于语言文字的学习与运用。语文课程，其本质是学习语言文字的运用，是实践性的课程，是综合性的课程。小学语文教学的首要目标是学习、运用和实践语言文字，在此过程中，得到情感熏陶、思想启迪和精神成长。由此可见，培养学生的言语探究能力，通过听、说、读、写的各种形态的课堂练习，引导学生学习、运用和实践语言文字，真正习得语言与文字，成为语文学习的主人，才是理想的阅读教学。

笔者认为，紧扣小学语文学科本位目标，从“以练导学”这个角度，开展“任务探究驱动式阅读”的实践研究是一项积极而有意义的探索。“以练导学”意识下的课堂阅读教学应做到以下几点：

（一）“以练导学”意识下的教材解读——应紧扣教材的“语用”价值

上海师范大学吴忠豪教授明确提出了语文课应该“教语文，而不是教课文”的主张，他明确主张：“语文课须围绕本体性教学内容组织教学。”教师在解读教材时，首先要弄清楚教材中的语文本体性教学内容的价值取向，才能紧扣教材的“语用价值”来展开教学设计。于永正老师上《高尔基和他的儿子》的教学内容非常清楚：一是学习有感情朗读；二是在感动之处学写批注；三是根据课文内容，以“儿子”的身份给父亲（高尔基）写一封信。这三项教学内容紧扣“语言学习、实践、运用”这一语用价值，以板块式练习，逐步推进并一以贯之；而课文的情感思想和哲理内涵，这些非主体性教学内容则是渗透在朗读、批注和写信的过程之中。

（二）“以练导学”意识下的目标设置——应关注学生的阅读探究能力

“以练导学”意识下的阅读教学的核心目标，应该是促进学生获得阅读方法，培养学生阅读能力，注重学习和探究的过程，注重方法的习得和迁移运用。

下面是《金色的脚印》第一课时中“能力、方法”层面的教学目标调整前后的对比。

调整前教学目标	调整后教学目标
研读重点语段，感受人与动物、动物与动物之间的真情实感；学习抓住细节表情达意的写作方法，续写狐狸一家团聚后的场景。	用自主研读、批注感悟的方法研读重点语段，感受人与动物、动物与动物之间的真情实感；品味抓住细节表情达意的写作方法，并尝试运用这样的写法续写狐狸一家团聚后的场景。

细细分析，不难发现调整后的阅读目标更集中指向于学生的自主学习、自主探究能力；指向于学习过程中运用“批注感悟”、“品味写法”的阅读方法；指向于“读写迁移”的言语实践，而目标的达成则是通过学生自主研读写批注和品味语言续场景，这两大练习来推进的。

（三）“以练导学”意识下的教学设计——应优化课堂练习的设计

一篇教材，设练的点很多，有在词句积累中设练、概括提炼中设练、理解感悟中设练、读写迁移中设练、评价鉴赏中设练……在设计练习时，要围绕主体目标，围绕阅读教学中心任务，优化“练习”，引导学生进一步学习和探究，将学生引向阅读方法的习得和阅读能力的提升；而不是为练而练，为掌握某个知识点而练。节外生枝、游离于阅读主体目标的练习会让阅读教学低效甚至无效。

在教学实践研究中，较为困惑的是一堂课的练习琐碎且无目的，但又不知道如何删繁就简，优化练习。通过课例研究，优化课堂练习可以这样做：

1．围绕核心目标——化零为整

在深入解读文本的基础上抓住核心阅读目标，筛选主体性练习内容，让主体性练习统整泛化，牵引并推动整个阅读过程。根据文本特点和学生实际，有以阅读技能的训练为主体练习来推进的，有以表达方式的迁移为主体练习来推进的，有以语言欣赏积累为主题练习来推进的。

2．关注学生需求——循序渐进

练习的设计要推动学生阅读能力的逐渐形成、阅读方法的逐渐掌握，就应该有“坡度”，让学生能拾级而上，体现学生阅读感悟和言语习得过程的层次性，如《揠苗助长》一课的教学围绕“复述课文”这一主体性练习展开时，呈现了“感知文本、尝试复述—圈画词语、体会情感—渗透方法、再次复述”的循序渐进的过程。

3．凸显言语实践——强化运用

练习的设计不能仅仅停留在内容的理解和情感的体会上，更要发挥言语实践、言语运用的功能。优化练习设计，更多地指向于引导学生发现文本中的言语规律和言语特质，架设起语言积累与运用之间的桥梁，从而提升学生的语言运用能力。

三、重构课堂，以练导学

“以练导学”意识下的阅读教学特征是：阅读目标集中，课堂板块简约，阅读过程展开，学生活动充分。教与学的展开由教师的教学任务驱动转向于学生的学习探究任务驱动，以主体性练习促发学生积极主动地探究和学习，教师是学习活动中组织、引领、点拨、评价的助学师。“以练导学”意识下的阅读教学，课堂模式发生如下转变和调整：

（一）任务驱动，以练导学，板块推进

任务驱动教学理论指出：围绕任务展开学习，能改变学生的学习状态，使学生主动建构探究、实践、思考、运用、解决的学习体系。在“以练导学”意识下的阅读教学中设置主体式任务，让其发挥阅读教学的最大化价值是至关重要的。

在“以练导学”意识下的阅读教学中，运用板块式教学设计，体现阅读教学的全局性和整体性，能有效解决阅读教学繁杂无序、费时低效等问题，为学生的阅读探究赢得时间和空间，让学生以一种轻松、自主、积极、投入的状态走向阅读探究。下面以《为中华之崛起而读书》第一课时中探究周恩来“立志原因”的练习设计来作简要阐述，如下：

一、聚焦“耳闻中华不振”

1. 走进课文第1—6自然段，困扰在周恩来心头的是什么？读一读，画一画。

2. 伯父的答案是“租借地”和“中华不振”四个字，当周恩来从报刊中读到“租界地”的资料时，他又会引发怎样的思考和疑问呢？同桌一起阅读后相互交流。

要求：阅读“租借地”资料，少年周恩来会有什么疑惑，请同桌交流，选择一个最令人深思的问题记录下来。

租借地就是外国列强在中国领土上霸占的土地，那里建造着华丽的欧式建筑，非常热闹，非常繁华。外国人趾高气扬地生活，行使特权，任意欺凌中国人，肆无忌惮地做着罪恶的勾当。中国人却不能随意进入租借地，更不能在那里居住。有的租借地入口处写着“中国人和狗不能入内”的告示。 ______________________________

二、聚焦“目睹中华不振”

1. 周恩来耳闻了“中华不振”，更在租界地里亲眼目睹了“中华不振”的真相，快速默读课文，想一想是什么事件让周恩来感到“中华不振”？

2. 认真研读第7、第8自然段，引导学生填表并交流。

要求：研读第7、第8自然段，摘抄重点词语，并写下你的感受。	
描写“租借地”	
描写“中国妇女”	
描写“中国巡警”	
描写“围观的中国人”	
描写“洋人”	
感受：	

3. 联系“耳闻”部分的疑惑，说说这“目睹”的一切有没有解开一连串问题？出示第6自然段中的问题，四人小组探究后交流。

要求：四人小组探究解答周恩来心中的疑惑。 周恩来目睹租借地里的一切，心中一连串的问题都有了答案。①租借地的样子是______________________________ ②中国人不能去那儿，而外国人却可以住在那里，是因为______________________________③中国人在外国租借地惹出麻烦没处说理是因为______________________________

三、整合“耳闻目睹”感悟“中华不振”

从“耳闻”到“目睹”，少年周恩来见证了“中华不振”，交流“中华不振”的真正含义并做好批注。

本课的教学重点就是引导学生“在言语实践中充分感悟中华不振”，在这一主体性阅读目标的驱动下，聚焦“耳闻”、“目睹”这两件事，在三个板块中设置的练习是：1. 围绕“中华不振的疑惑”，由读读画画拓展资料再到交流质疑引发共鸣。2. 围绕“中华不振的真相”，由摘录重点词语谈感悟到交流疑惑答案。3. 围绕“中华不振的含义”，交流含义并作批注。很明显，阅读教学以“练习”助推学生探究，既呈现了系统性和整体性，又还给了课堂“由学生的学习行为所决定”的本质。

（二）探究为主，以练促学，让学于生

“以练导学”意识下的课堂是一种让学于生的“学导”课堂模式，即围绕阅读教学主体目标，搭建起供学生阅读实践和言语探究的练习舞台，以学生的“学”和“探”为主，辅以教师的“导”，化教为学、顺学而导、以练促探、以练促学。如《青山不老》一课围绕“老人创造的奇迹”设置三个层面的探究性练习：

1. 内容探究：老人创造的奇迹是什么？为什么称为奇迹？

2. 言语探究：品读课文语言，揣摩作者的表达方法，如何凸显“奇迹”？

3. 言语实践：我们也来写写，让“老人与奇迹”感动中国。

在课文的重难点处探究，要放手让学生习得并非轻而易举，这里的关键在于教师必须有一个能让学生“自求得之”的途径设计。根据这篇课文特点，教师设计了由“内容探究”到“言语探究”再到“言语实践”三大环节，是“以练导学”阅读的关键所在。这条“学路”的设计是得以“化教为学”的关键，它不仅使学生“化教为学”，而且让教师得以“顺学而导”，成为教学主线，具有重构课堂模式的生命力。

课堂中，学生的阅读活动代替了教师的分析讲解，非常有效，且看“言语探究”环节的学生活动。

师：那么，老人的这一“奇迹”，作者的叙述非常质朴却让我们非常感动，请自主研读，你为何而感动，然后把自己的感动和同桌交流一下。

学生自主研读并与同桌交流。

学生汇报（教师引导“对比中的感动”，经整理有以下几点）：

1. 我觉得这奇迹感人在原先的环境是那么恶劣，而今却被老人改造成了一片绿洲。

2. 我觉得这奇迹感人在“一个瘦小的老人”创造的是“8 条沟，7 条防风林带，3700 亩林网”。

3. 我觉得这奇迹感人在“老伴和其他老人相继离世”，而老人依然坚守；女儿劝他去城里享福，他依然坚持。

4. 这奇迹还感人在这绿洲是老人从 65 岁到 81 岁整整 15 年的付出换来的，81 岁的他还有宏伟设想。

师：我们能体会到这一份份感动，这不得不归功于作者精妙的材料安排和对比叙述的表达方法。

师生互动，用图表示作者的写作思路。

环境恶劣

↓

瘦小老人15年起早贪黑 → 创造绿洲奇迹 ← 老伴、同伴离世；女儿劝说

↑

还有宏伟设想

（强烈的对比中凸显“奇迹”的感人）

这里，最值得我们关注的，正是教师引导学生开展自主研读、整理信息、汇报交流的练习，使“对比中凸显奇迹”这一言语特色在阅读探究和实践中自然习得。主体练习促进学生有效探究和学习，给学生足够的学习时空，彰显了让学于生的“生本阅读”理念。

（三）体现层次，展开过程，练中得法

教是为了不教。课堂教学只是一个个例子，主要目的是习得其法，并不断运用于平时以及今后的课外阅读之中，学以致用才是最根本的目的。一位教师执教《不懂就要问》这篇选学课文时，围绕“课文讲了一件什么事”引导学生积累了一种概括课文内容的方法：课题扩充法。通过循序渐进的练习，学生习得方法：第一步，紧扣文章内容质疑课题；第二步，自由说说课文的主要内容；第三步，在方法引领下，教师示范如何利用“课题扩充法”概括主要内容；第四步，学生再次进行书面概括，教师把学生的习题展示在投影上，进行现场修改，鼓励学生自我修改。这样分层训练，步步落实，真正展现了学习的过程，促进学生阅读方法的获取和学习方法的巩固。

以上仅是概括方法的分层训练过程，而在阅读教学实际中，如何让学生习得不同文体的文章阅读方法，以一篇课文的学习带动一批文章的阅读，从而真正掌握阅读方法，也是教师在阅读教学中需要努力实践和探究的。

（四）注重实践，迁移运用，螺旋提能

在阅读教学中，让学生由阅读理解、欣赏积累走向实践运用的过程，是语文教学的最高境界。“以练导学”意识下的阅读教学在做好“篇”的功夫基础上，还应该放眼于整组教材，让主体性练习带动一组课文，发挥练习的核心价值作用，实现“一练牵动整组、有序迁移方法、螺旋提升能力”的目的。

三年级上册有一种典型的语言现象——“引用人物的话，可以根据需要，选择不同形式的提示语”。在教材的“语文园地二”中，“我的发现”里的第二句，选取的是《灰雀》中男孩说的话，一、三两句都是《小摄影师》中的人物对话。园地二“我的发现”则将这三种人物语言表达形式有机整合起来了。据此，对这一册教材作了一个调查摸底，发现这一语言现象在第5课《灰雀》、第6课《小摄影师》和第27课《陶罐和铁罐》中都有明显的表达范例。根据教材中言语范例的特点，将这一句子训练有重点、有梯度地有机穿插安排在这些课文的学习中或学习后，有利于让学生的能力得到螺旋式的提升。

三年级上册园地二"我的发现"

●小男孩摆弄了很久很久，说："一切准备停当。"

●"一定会飞回来！"男孩肯定地说。

●"是的。"小男孩站起来，鞠了个躬，"请让我进去吧！

我发现引用人物的话，可以有不同的形式。

依据三年级上册教材设计有序的句子练习

语言范例	预设目标	课后句子练习设计
5. 灰雀 列宁问："会飞回来？" "一定会飞回来！"男孩肯定地说。	初步掌握提示语在后的人物语言表达方式。能给人物对话补上合适的提示语。	1. 抄写对话，你发现了什么？ 列宁问："会飞回来？" "一定会飞回来！"男孩肯定地说。 2. 请给人物的对话补上合适的提示语。 ____________ "多好的灰雀呀，可惜再也飞不回来了。" "会飞回来的，一定会飞回来的。它还活着。"____________
6. 小摄影师 "是你扔的纸团吗？"高尔基问。 "是的。"小男孩站起来，鞠了个躬，"请让我进去吧！"	初步掌握提示语在中间的人物语言表达方式。能给人物对话补上合适的提示语。	1.抄写对话，你发现了什么？ "是你扔的纸团吗？"高尔基问。 "是的。"小男孩站起来，鞠了个躬，"请让我进去吧！" 2.请给人物的对话补上合适的提示语。 "不是。是一家杂志社的记者。"____________ "请转告他，我很忙。"____________ ____________"不过，来的如果是个小男孩，就一定让他进来。"
27. 陶罐和铁罐 "你敢碰我吗?陶罐子！"铁罐傲慢地问。 "不敢，铁罐兄弟。"陶罐谦虚地回答。 …… "何必这样说呢？"陶罐说，"我们还是和睦相处吧，有什么可吵的呢！"	感受童话角色不同对话形式带来的趣味性，初步运用提示语在前、在中、在后的对话形式进行情境写话练习。	御厨里的碗啊、瓢啊、勺啊听到铁罐这样奚落陶罐，都沉不住气了，他们会说些什么？请你选择两个童话角色写一组对话，用上恰当的提示语、标点。 写提示语时，可以选用以下词语：心平气和　语重心长　温和　慢条斯理　微笑着

这样，依托教材序列和文本言语范例，以园地为中心点，设计了前有铺垫、后有延伸的句子练习，使得这一言语训练得到有效的再现和反复操练，使得这一常用的表达形式有效地被学生吸收、内化和积累。

在“生本阅读”理念的指引下，探究“以练导学”任务驱动式的课堂教学过程中，可喜地发现阅读教学正努力从以“教”为中心逐渐转向以“学”为中心，课堂沉下来了，学生的心静了，思维活了，探究主动了……

（镇海区教研室　嵇益萍）

自主探索型语文练习的实施方法
——“理读单”的设计与应用

一、疑难问题

“人教版语文实验教材”从三年级上册开始安排略读课文，并且数量逐年增加，到四年级之后，略读课文的篇数是全册课文的一半，与精读课文间夹出现，比重十分可观。那么，如何发挥略读课文的作用，为我们的语文教学服务，让学生将精读课文中习得的功夫，在略读时应用，养成良好的阅读习惯，实现自由阅读的目标呢？我们尝试了集体备课、专项研讨、示范教学等种种方式之后，发现这些方式因其理解的差异性、使用的个体性及情境的特定性，都不能在短时间内改变教师的教学认识与观点，达到理想的效果。于是，我们思考可否有一种简单易操作的方式，帮助语文教师正确定位略读课文教学，进行提纲挈领式的教学，使得学生有充分的自主阅读空间。

二、解决策略

在不断研讨思索之后，我们发现好的练习设计能大幅度提高教学质量，特别对于略读课文教学来说，练习能给予更多的学生更多的语言实践的机会。而且练习作业纸的使用，可以使教学过程更具可复制性和可操作性。但是“教学”并不等同于“练习”，我们认为“练习”与“教学”之间的差异，就在于缺少“过程”与“方法”。要使“练习”变成有机的“教学”，那么就需要更多地关注“方法”与“过程”。于是，我们将实践与理论进行整合，利用优秀教师的教学经验与能力，汇编“理读单”，进行基于学生自主学习的理读式略读课文教学。

三、实践操作

（一）“理读单”的概念界定

“理”意即梳理、整理；“理读”就是通过任务形式，激发学生的阅读期待，明确学生的阅读内容，指导学生梳理阅读过程，用合适的方法展开阅读，整理阅读收获，不断提高学生的阅读能力和阅读有效性。“理读单”就是教师编制的指导学生进行自主阅读的任务单，它既是学生开展阅读的步骤与方法,又是学生汇集与整理阅读收获的书面成果。

(二)"理读单"的设计使用

1."理读单"设计的一般原则

提点原则:每一篇略读课文前都有"阅读提示",明确了本课阅读的目标,如何实现这一阅读目标就是"理读单"设计的重点,通过对学生阅读的形式与方法、思维的角度与层次等方面提纲挈领的指导,实现阅读目标。

粗放原则:略读课文只有一课时,相对于精读教学而言,略读教学的目标应该更简明,方法更简单,过程更粗放,给学生留下整块的自主阅读空间,期其自得。

应用原则:略读课应该是精读课的延伸,设计"理读单"应充分考虑本单元教学的重点,将学生必须掌握的阅读方法和技能要求借助略读课文的学习得以运用、内化与巩固,在不同的语言情境中实现迁移,举一反三。

弹性原则:理读任务的设计,要体现对不同层次学生的关照,一定要有适当的梯度,既要层层推进,又要体现差异,挑战优等生,激励中等生,扶持学困生。

2."理读单"的任务形式

细读《语文课程标准》,我们可以看到不同学段的阅读基本从理解、品赏、运用、积累这四个方面提出要求,因此"理读单"的设计我们可以从下面几个任务形式入手:

(1)理解型任务

理解是学生阅读的起点,也是学生必须掌握的最基本的阅读能力。因此,理解型任务应该是每份"理读单"的重要任务。它一般包含词语的理解、句子的理解、段落的理解和篇章的理解。

(2)品赏型任务

品赏可以使阅读充满乐趣,培养学生语言品味与欣赏的能力,就是丰厚学生语文的功底。课程标准在第二学段提出"初步感受作品中生动的形象和优美的语言,关心作品中人物的命运和喜怒哀乐",重在对形象与语言的感受;在第三学段提出"在阅读中了解文章的表达顺序,体会作者的思想感情,初步领悟文章的基本表达方法",重在对表达方法的了解与领悟。但是就品赏而言,课程标准对第二、第三学段的要求并不高,因此"理读单"中的品赏型任务不宜艰深,而应多一些提示与引导,帮助学生了解、感受与领悟,从语言、人物形象、表达方式等方面提高学生的品赏能力。

(3)运用型任务

语文课程必须致力于培养学生的语言文字运用能力,略读课文就是学生进行语言运用的最佳实践基地。运用型任务不必拘泥学段的局限,但必须契合教学内容与学生语言能力,一般可以采用感知、梳理、模仿、拓展等几种形式,引导学生感知课文内容,体会思想感情,受到感染熏陶,领悟表达方法,学习写作技巧,整理阅读思维,实现三维目标的同步发展。

(4)积累型任务

语文课程应注重引导学生多读书、多积累,课程标准明确规定了每一学段积累的数量。略读课文中不乏语言精美、动人动情的名家名篇,不能因为是略读课文而忽略了这些佳句妙语。

在“理读单”中，我们不妨设计不同的任务形式来提高学生的积累热情，进行记忆性积累、运用性积累、感悟性积累练习，引导学生形成积累习惯。

3.“理读单”的年级示例

形式一定要承载内容，好的“理读单”就是一堂好的导读课，设计者必须要具有慧眼与匠心，发现略读课文的精华所在，同时，设计者也必须清楚不同学段既存在着一定的联系与承续，又各有指向与标准。因此在设计“理读单”的任务时，一定要结合略读课文所在单元的教学重点，考虑学段的要求，设计出适合年级特点，能激发学生兴趣与思维的理读任务。

(1)三年级“理读单”设计应关注学生对句段的理解与模仿，培养学生专注阅读、边阅读边思考的能力。以《一幅名扬中外的画》为例：

阅读准备：同学们，我们中华民族有着五千年的历史，这么多年演化和汇集起来的传统文化博大精深。在本组课文中，我们不仅认识了孔子、盘古这些人物，更了解了他们的精神与品质，不仅知道了赵州桥，更了解了它是古代劳动人民智慧和才干的结晶。因此，对于传统文化，我们不仅要学会“观”，更要学会“赏”，在学习的过程中不断品味、欣赏，体会中华传统文化的精髓。

阅读任务一：读了课题，你产生了些什么问题呢？选择1—2个你认为有价值的问题写下来吧。

阅读任务二：通读课文，找到上述问题的答案，在课文内做上记号。

阅读任务三：默读课文，按下列要求摘录词句，再看图仿写几个并填空。

摘录：__________的农民　__________的船工

__________的生意人　__________的道士

__________的医生　__________的摊贩

仿写：__________的官吏　__________的读书人

__________的__________

摘录：走在街上的，是来来往往、形态各异的人：有的__________，有的__________，有的__________，有的__________，有的__________。

仿写：（下面这个空格请看图找一个情景，模仿第四自然段把人物的动作神态写具体）最有意思的是__________

填空：这幅画里的人物真是__________。

阅读任务四：在课文中收集相关信息，制作《传统文化资料卡》。

传统文化资料卡
作品名称__________　创作者__________　朝代__________
作品简介__________
历史价值__________
我的评价__________

这是三年级下册的一篇略读课文，这份“理读单”中的“阅读准备”以陈述的方式对本课的阅读重点做了提点，其后包含了“理解型任务”：任务一、二带着问题读课文，了解课文内容；“积累型任务”：任务三摘录课文中人物描写的相关短语；“运用型任务”：任务三关注文本语言，仿写短语和句子；“品赏型任务”：任务三让学生评价画中的人物，任务四要求发表对作品的评价。这个年级的“理读单”侧重对内容的把握，在品赏方面需要更多地关注语言，运用上多一些仿句、仿段的练习，规范学生的语言。

(2)四年级的“理读单”要更多地关注学生对段与篇的理解与把握，培养学生提取信息与推断信息的能力。以《小木偶的故事》为例：

阅读准备：同学们，本单元我们阅读了很多引人入胜的故事。我们发现，每个故事都有事情发生的起因、经过和结果，十分地生动精彩；每个故事都有一个或多个角色，形象鲜明；每个故事都蕴含了一些道理，耐人寻味。读故事，我们就要把这些读明白，要是你还能把它讲给别人听，那就更棒了。

阅读任务一：读课文，给课文的每个自然段标上序号，并照样子把课文分成四个部分，写出每个部分的主要内容。

第一部分，第 1～10 自然段，老木匠给小木偶添了笑容，让他去外面的世界。

第二部分，第 11～____自然段，小木偶的背包被____________，因为他的____________，警察____。

第三部分，第____～____自然段，小木偶____________，因为他____________，小兔子和老婆婆都____。

第四部分，第____自然段到最后，____。

阅读任务二：会哭，会笑，会生气，会着急，也会向别人表示同情和关心的小木偶在碰到小红狐抢他的背包时，会怎么样呢？请改写课文的相关段落。

小红狐抢了小木偶的包，还向熊警官撒谎说：“报告警官，他抢我的包！”

小木偶____

阅读任务三：联系课文内容，照样子写句子。

笑是很重要的，谁要是不会笑，谁就没办法过快乐的日子。

笑是很重要的，____

笑是很重要的，不过，要是只会笑，那可是远远不够的。

笑是很重要的，不过，____

阅读后续：在合适的时候把这个有意思的故事讲给比你小的孩子听吧。

这是四年级上册的略读课文，在这份“理读单”中出现了对篇章的理解型任务，通过这个任务帮助学生理清了文章的脉络，了解了故事的起因、经过和结果；也出现了对人物形象的品赏型任务，通过对人物状态的改造，构成鲜明的对比，对不会笑的小木偶有更深的认识与感受；还出现了模仿式运用型任务，通过模仿文本语言，帮助学生有深度地表达个性化的阅读感受。四年级的“理读单”较之于三年级，更多地侧重于段落与篇章的理解与感受，本课的阅读指导重点在指导学生如何读故事，语言的训练点落在写段上，强化了学生对阅读感受的表达。

(3)五年级的“理读单”应注重引导学生关注文章的表达顺序，体会作者的思想感情，培养学生的整合与思辨信息的能力。以《猴王出世》为例：

阅读准备：同学们，“小说”不是近代才有的名词，东汉班固在《汉书·艺文志》中就写道：“小说家者流，盖出于稗官。街谈巷语，道听途说者之所造也。”这段话的意思是：“小说家”所做的事，大多是记录街头巷语，道听途说。因此，小说轻松诙谐、用字浅白、情节曲折，作者通过娓娓地叙述，表达思想情感。我们在读小说的时候可以先找出主角，跟随主角进入故事的情节，体会不同的人生经历，挖掘小说背后的含义，欣赏作者布局谋篇、遣词造句的精巧心思。

阅读任务一：自由读课文，画出不懂的词语，或联系上下文，或看文下注解，或查字典理解。下列词语请特别注解。

见风：________________　石窍：________________

阅读任务二：再读课文，理清猴王出世的经过，选择课文中的词句填入下表。

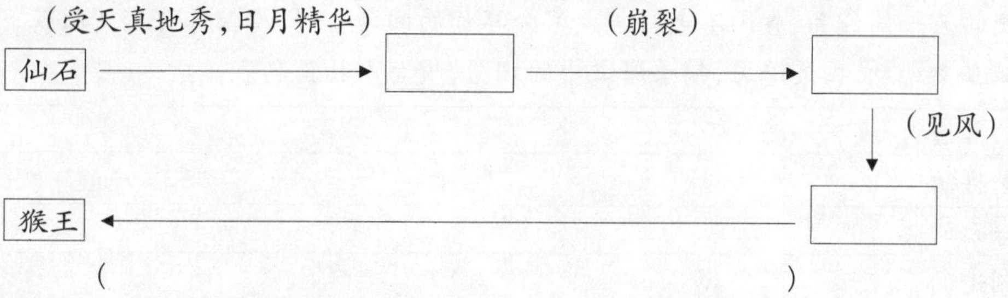

阅读任务三：细读课文，照样子找出写猴子动作的词语，摘抄、诵读、体会。

食草木　________　________　________

拖男挈女　________　________　________

　　　　________　________　________

从这些词语中，你看到了一群________________的猴子。

阅读任务四：作者笔下的石猴平日里看起来与其他猴一般无异，但在关键时刻便显出与众不同来，你觉得文中哪些词句最能体现，请摘录词语，并写出理由。

词句	不同之处

后续阅读：读《西游记》，找找石猴除了“美猴王”，还有哪些称号？这些称号都是怎么来的？你觉得哪个称号最适合它？

《猴王出世》节选自经典名著《西游记》，在五年级下册出现，其目的不仅在于让学生学一篇文章，而是希望通过这一章节的学习，激发学生对经典小说的喜爱之情，培养学生的阅读兴趣。因此，我们在“理读单”中首先向学生介绍了小说的来历，使小说在学生的心目中具有亲和力。

在阅读任务的设计中，理解型的任务侧重训练学生在文章提取信息的能力，但同时也兼顾了学生学习这类半文半白文章时对于某些词汇理解的难点，任务一就是给予学生这方面的帮助；任务三将对语言的品赏与对人物形象的品赏进行了有机的整合，文本内容与语言形式同步进入学生视野，相得益彰；在任务四中又将人物形象的品赏与表达形式的品赏融为一体，让学生体会作者通过对比的方式，更体现出了石猴王的潜质和风范。最后的后续阅读，引导学生运用本课习得的方法去阅读《西游记》，跟随主角进入故事的情节，体会不同的人生经历，挖掘小说背后的含义。

(4)六年级的“理读单”在引导学生体会作品情感的同时，还要指导学生领悟文章的基本表达方法，培养学生评价篇章内容及语言形式的能力。以《青山不老》为例：

阅读准备：同学们，还记得梁衡吗？他的《跨越百年的美丽》将“居里夫人”的崇高、美丽永不褪色地定格在我们的脑海里。他的散文总是这样把充溢的激情蕴藏在深沉的思考中，是那样的厚重与沉实。读这样充满哲理的散文，我们一定要仔细品味文中的内容，关注作者用了哪个例子，这个例子中的人物，表现了怎样的情操，使得你体会到了怎样的道理。试着用上述方法再来品读梁衡的又一篇作品《青山不老》，与大家分享你的阅读心得，相信你会有所收获。

阅读任务一：自由读课文，摘录课文中的词句，填写人物信息表。

人物的身份	
人物的样貌	
人物每天的生活	
人物创造的奇迹	
人物的话语	

阅读任务二：联系上下文，体会字里行间所蕴含的深意，完成填空。

因为他觉得种树是命运的选择，屋后的青山是生命的归宿，所以他＿＿＿＿＿＿＿＿＿＿。

因为他还有宏伟设想，所以他＿＿＿＿＿＿＿＿＿＿＿＿＿＿＿＿＿＿＿＿＿＿＿＿＿＿。

因为保住了黄土，我们才有绿树；有了绿树，我们才守住了这片土地，所以他＿＿＿＿＿＿
＿＿＿＿＿＿＿＿＿＿＿＿＿＿＿＿＿＿＿＿＿＿＿＿＿＿＿＿＿＿＿＿＿＿＿＿＿＿。

阅读任务三：结合“任务一”和“任务二”的内容，思考这个山野老人已经将自己的生命转化为了另一种什么样的东西。

＿＿

阅读任务四：文章意在赞颂老人对青山的一片深情，但在第二自然段中却用了大量的笔墨来描述西伯利亚大风，这样写作者有什么意图呢？请试写2—3条。

＿＿

阅读任务五：请你反复诵读下面的片段，再接写下文，表达你此时的感受。

窗外是参天的杨柳。院子在山沟里，山上全是树。一个手端旱烟袋的瘦小老人和我一起盘腿坐在土炕上，就像坐在船上。四周全是绿色的波浪，风一吹，树梢卷过涛声，叶间闪着粼粼的波光。这位普通的老人让我领悟到：青山是不会老的，还有不会老的是________。

后续阅读：《梁衡散文中学生读本》

这本书是梁衡专为中学生编写的一本散文读本，最大的特点是梁衡亲自挑选了一些适宜中学生阅读的文章，并对每篇文章亲自进行点评，以便让中学生读者能够明白每篇文章的写作背景及写作技巧和方法。全书分为三个部分，第一部分为作者对已入选中学课本的六篇文章进行解读，第二部分为作者挑选的各类文章数十篇及点评，第三部分为其他作家或教师对作者文章的解读与评论。

这篇略读课文是梁衡的作品，这一类富含人生哲思的作品，其深度与厚度距离学生的认知很远。因此在设计这一课的“理读单”时，我们重在对事例的理解，对人物形象的勾勒，促发学生对人生的思考。任务一为梳理式运用，通过填写人物信息表，形成对人物的初步认识。任务二为感知式运用，帮助学生利用文本信息，理解这些含义深刻的句子，并通过因果句式，帮助学生感知人物的思想与行动间的联系。任务三是学生对人物形象的整体品赏，让学生对形象的理解寄托于转化的东西。任务四是对表达方式的品赏，反衬的手法使得人物的形象更为高大。任务五为弹性设计，通过拓展式运用，让那些真正被感动的学生直抒胸臆，实现精神的升华。

4．“理读单”的使用模式

有了“理读单”，教师的教学就不会因为个体水平层次的不同而出现过大的偏颇。每个年级中总会有一到两名骨干教师，他们就可以成为“理读单”的设计者，由这些教师为本学期的略读课文设计好“理读单”初稿，再由同年级的语文教师一起研讨修改，最后定稿。在使用过程中，一般可以采取下列模式：

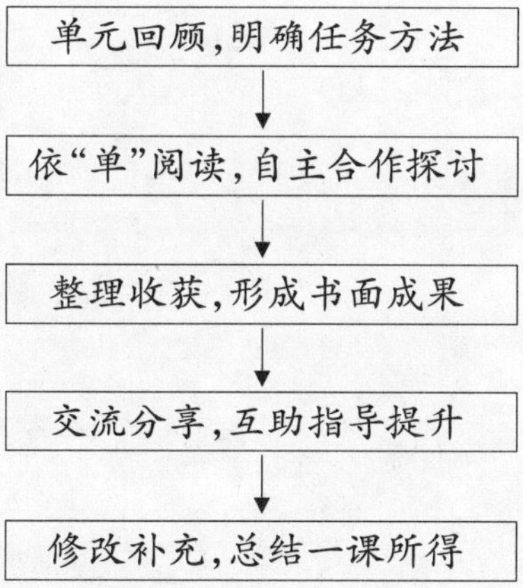

具体到一堂课中，一般可以有以下几个简单的环节：

教学环节一，教师回顾单元的教学重点，略读课文的教学是对前面精读教学的一种检验和延伸。

教学环节二，发下“理读单”，请学生根据“理读单”的指导在课本中圈、点、标、画，如有疑难，可与附近的同学讨论研读。

教学环节三，独立整理阅读收获，完成“理读单”上的各项任务。

教学环节四，与同学交流分享自己的阅读成果，教师进行点拨指导提升。

教学环节五，修改补充“理读单”上的成果。

（三）“理读单”的研发价值

在三年的研发过程中，我们发现“理读单”至少有下列价值：

从学生角度来看：将“简略”转化为“领略”。略读课文因为有了“理读单”的梳理与引领，避免了学生“摸不到门径，辨不清路向，马马虎虎读过”的情况，帮助学生抓住文本的要点与精华更有效地开展阅读，将略读课文教学真正地变成了理解、品赏、运用、积累的语言实践过程，培养了学生把握文本、独立阅读、自主学习的能力。

从教师角度来看：将“理念”转化为“实践”。“理读单”的任务驱动，迫使教师将语文课变成语言实践课。“理读单” 的设计者必须将文本内容转化成切合学生实际水平的语言实践任务；“理读单”的使用者如果在使用过程中用心揣摩体会、积累教学心得，教学的过程就成了学习的过程。使用者也将逐渐提升为设计者，一旦他们成为设计者中的一员，那么略读课文的教学理念就能真正地践于行动了。

从课堂角度来看：将“教学”转化为“学教”。“理读单”的使用推动课堂教学形态发生变化，教师必须抛下“不放心”或“太放心”的心态，借助“理读单”，将艰深的课文变得浅显，让遥远的形象变得亲切，使教师的“教”，在学生的“学”之后变得轻松而又充满惊喜，真正实现“先学后教，以学定教”，让一份好的“理读单”预约课堂的精彩。

有一首歌这样唱道“等到风景都看透，也许你会陪我看细水长流”。“理读单”其实就是风景看透后的质朴回归，但它要求教师必须有一份执着的为学生着想的心，选择留恋不放手，才能看到那细水长流。

（宁波市惠贞书院　崔丽霞）

基础性语文练习的实施方法

——以阅读课句子练习的实施为例

基础性的语文练习包括汉语拼音、字词、句子、标点等方面的练习。“基础不牢，地动山摇。”语文教学，必须有效实施基础性的语文练习，夯实学生的语文基础，从而更好地促进学生语文素养的可持续提升。这里笔者只谈阅读课句子练习的实施，主要谈三个方面的内容：一是存在的主要问题；二是原因分析；三是具体对策。

一、存在的主要问题

1. 目标不明

教师对阅读课应该设计哪些句子练习，心中无数，第一学段还相对明确，到了第二、第三学段则大多跟着感觉走。设计的练习有的超越了年段目标，有的则“重复昨天的故事”。如把“反问句”改成“陈述句”，从二年级一直改到小学毕业，就是目标不明的一个例证。

2. 时机不当

为了进行句子训练，有些练习随意穿插于阅读教学的过程中，如教学某一自然段，教师让学生运用该段出现的“因为……所以……”说话，学生表达的内容和文本情境毫无关联。这样的练习阻碍了学生对课文内容的理解感悟，拉大了教学环节，破坏了教学节奏。

3. 指导不力

有的教师指导时间不足，缺乏策略。有的则任由学生“自生自灭”。

二、原因分析

（一）客观原因

1. 课标的粗疏

《语文课程标准》在阅读目标中关于句子的涉及三条：结合上下文和生活实际了解课文中词句的意思；能联系上下文，理解词句的意思，体会课文中关键词句表达情意的作用；联系上下文和自己的积累，推想课文中有关词句的意思。这三条目标分别在第一、二、三学段出现，体现了一定的层次性，但主要指向于理解句子的意思。而对学生应会的句子表达，《语文课程标准》在各年段的阅读目标中都没有涉及。

2．教材建设的不完善

由于是文选型教材，又以人文主题编排，句子练习缺乏系统性就在所难免了。并且题型较为单调，以“用词造句”、“摘抄句子”、“体会句子写法及表达好处”三种形式为主。

3．考试的导向

任何时候，我们都不能否认考试对教学的导向作用。现行试题中的句子考查样式单调，第二、三学段常常是“老三样”：句式转换、扩句缩句和修改病句，并且年段目标不明。对于这样的句子考试，教师只要从方法上对学生加以指导，就基本上可以以不变应万变了。

（二）主观原因

阅读课以讲问为主，学生少有语言实践的时间。一提到句子练习，一些教师想到的就是脱离于阅读课之外的那种单打独斗的机械式训练，缺乏整合意识。

三、具体对策

在当下课标制订还比较粗疏、教材建设还不完善、试题质量普遍还不高的情况下，改变阅读课句子练习的现状，还需教师转变理念，积极探索。我们主要可从三个方面进行努力：

（一）细化句子练习的目标

这里的句子练习目标包括两方面：一是指句子练习的年级目标；二是指句子练习的课时目标。目标是行动的指南。只有明确了目标，句子练习的实施才会有的放矢，循序渐进。因此，我们有必要根据教材的特点与学生的认知水平，设置一个有梯度的句子练习的年级目标。下表是笔者参考了窦桂梅老师主编的《小学语文质量目标手册》丛书之后制订的。

年级	具体目标
一	初步认识陈述句、疑问句、感叹句；能找到文章中的陈述句、疑问句、感叹句；能根据课文内容把句子补充完整；初步认识比喻句。
二	分清陈述句、疑问句和感叹句；进一步学习比喻句；初步体会反问句表达的意思；练习区分“把”字句和“被”字句。
三	准确认识比喻句中的本体和喻体；理解同一个意思可以用不同的句式表达，但效果不同；学习因果关系、并列关系的句子；初步了解转折关系的句子。
四	初步认识排比句；认识因果句、转折句、并列句，理解因果句中，有前因后果、后果前因等不同形式。
五	认识夸张、设问的修辞手法，认识双重否定句；初步学习对修辞手法进行批注。
六	会辨析学过的句式，区别学过的修辞手法，学习用批注的方法体会它们在文章表达中的作用。

有了年级目标,课时目标的制订就有了依凭,很大程度上减少了随意性。制订句子练习的课时目标时,要把年级目标与文本中的典型句式结合起来考虑。如:

年级及课文	年级目标	文本的句式特点	课时目标
二年级上册《浅水洼里的小鱼》	练习区分“把”字句和“被”字句	有多处“被”字句	能把文中的“被”字句改成“把”字句
四年级下册《一个中国孩子的呼声》	认识转折句	有多处转折句	画出转折句并能有感情朗读,运用转折句式写出自己对世界和平的呼唤
六年级下册《匆匆》	区别学过的修辞手法,学习用批注的方法体会它们在文章表达中的作用	运用排比、比喻、设问等修辞手法	画出写法上有特点的句子并写上批注(句式及作用)

当然,年级目标不可能包含所有的句子练习目标。每个文本也不可能都有典型句式。如果文本中没有什么典型句式,则可以结合文本内容,设计一些学生已接触的句式进行训练,以达到强化巩固的效果,或设计其他形式的句子练习,如造句等。阅读课句子练习的最大特点就是整合。随着年段升高,很多时候句子练习不再独立列为一个目标,而是整合到了片段练习之中。句子练习的目标则成了隐性目标。如要求学生写“总分”形式的一段话,“总起句”的练习就自然包含其中了。

(二)丰富句子练习的形式

有了目标,就要依据目标设计多样的句子练习让学生实践。阅读课句子练习的形式主要有:

1. 排列

“排列”有两类:一类是排列词语,就是将长句子中的词语任意打乱,让学生排列组合。排列后的句子可以和课文中的原句一样,也可以不一样,只要通顺即可。一类是排列句子,就是将彼此相关的几句话任意打乱,让学生按照一定的顺序排列。呈现的句子可以是文本中的原句,也可以是略加改写的句子。这样的练习可训练学生连词成句、连句成段的能力。

2. 添加

“添加”有两类:一类是给句子添加上一些词语,让句子变得更加形象生动。如给提示语加上表示人物说话时“动作”的词语。一类是给句子内部的分句,或给前后两个句子添加上关联词语,以体会彼此之间的逻辑关系。教学《科利亚的木匣》,为了让学生明白科利亚埋木匣的原因,就可用添加的方式:(因为)德国法西斯快打到他们的村子了,(所以)科利亚和妈妈奶奶决定离开村子到喀山去躲避。(因为)家里的东西不能都带走,(所以)妈妈把有些东西放进箱子里,埋在离家门口三十步的地方。(因为)科利亚看见妈妈在家门口三十步远的地方埋下了箱子,(所以)他也把自己的匣子埋在了家门口。

3. 分解

“分解”就是指把长句子分解成几个短句子。《白杨》中有这样一句话:不管遇到风沙还是雨雪,不管遇到干旱还是洪水,它总是那么直,那么坚强,不软弱,也不动摇。教学时,可以引导学生这样分解:遇到风沙,它总是那么直,那么坚强,不软弱,也不动摇。遇到雨雪,它总是那么直,那么坚强,不软弱,也不动摇。遇到干旱,它总是那么直,那么坚强,不软弱,也不动摇。遇到洪水,它总是那么直,那么坚强,不软弱,也不动摇。分解可以让学生更强烈地感受到作者表达的情感。

4. 转换

“转换”有句式转换、化概括为具体、化泛指为确指、正反转换、诗文互换等。《白杨》中有一句话:“哪儿需要它,它就在哪儿很快地生根发芽,长出粗壮的枝干。”句中的“哪儿”就是“泛指”,转化为“确指”可以是“海塘”“沙漠”“荒山”“堤岸”等地方。《赵州桥》从正面写了四个拱形小桥洞的好处。如果从反面来论述,就可以设计为:如果不设计这四个小桥洞,造桥的石料就要比现在(　　　　);发大水的时候,河水只能从(　　　　),桥身受到的冲击力就要比现在(　　　　)。这样的“正反转换”对促进理解、积累语言有事半功倍的效果。《燕子》中有句子:“青的草,绿的叶,各色鲜艳的花,都像赶集似的聚拢来,形成了光彩夺目的春天。小燕子从南方赶来,为春光增添了许多生趣。”显然,郑振铎笔下的语句是化用杜甫诗句“春风花草香,泥融飞燕子”而得。教学时,诗文转换,可以更好地帮助学生感受诗文表达的不同特点。

5. 压缩

“压缩”就是运用抓主干的方法把长句子压缩成几个字,以提取句子的主要意思。《飞向蓝天的恐龙》有一中心句:“在中生代时期,恐龙的一支经过漫长的演化,最终变成了凌空翱翔的鸟儿。”教学时可先引导学生按照“什么怎么样”的句式读成十个字:恐龙的一支变成了鸟儿。再让学生用句子中的两个字来概括这一“变化”过程。这样就把长长的一句话读成了两个字:“演化”。

6. 串联

“串联”就是让学生按照一定的句式将文本相关内容串联成句。教学《活化石》,可以让学生用“(　　　　)、(　　　　)和(　　　　)被科学家称为活化石”“科学家把(　　　　)、(　　　　)和(　　　　)称为活化石”的句式说说课文的主要意思。又如教学《刷子李》,可以让学生用“与其说……不如说……因为……”的句式说说刷子李刷墙的高超本领。有相关句式可依,有利于学生规范表达。

7. 判断

“判断”就是对句子表达的准确性作出判断。这种方法在说明文教学中运用较多。教学《赵州桥》,学生初读课文后,出示两句话让学生判断:1.河北省赵县的洨河上,有一座世界闻名的石拱桥,叫安济桥,又叫赵州桥。2.赵州桥是隋朝的石匠李春设计和建造的。学生先读通两句长句子,再判断对错并说明理由。这样的句子训练融词语教学、句子朗读、理解句意、体会表达于一体，充分体现了“以学为主”的理念。

8. 比较

“比较”主要是指将改写后的句子与课文中的句子进行比较，让学生对句子的表达特点及效果进行品析。另外，由于编者的改动，有些课文中的句子与作者的原文有出入，也可让学生对这两者进行比较。实践证明，比较是培养学生语感的一种好方法。但要注意的是，结论不能总是惊人的相似：课文中的句子写得好。其实事实有时并非如此：可以是改动后的句子精彩；也可以是两者不相上下，都很合适。比较时要鼓励学生不唯书，敢于发表自己的主见。

除了以上形式，还有填空、摘抄、仿写、批注、造句等。

(三)加强句子练习的方法指导

句子练习的形式不同，指导方法也不同。如“压缩长句子”就要引导学生运用“抓关键词”的方法来概括；“迁移仿写”则首先要读懂例句的表达特点。这里仅谈“造句”的方法指导。于永正老师在指导学生造句方面为我们提供了很好的经验。下面就以于老师在《水上飞机》一课中，指导学生用“究竟”一词造句为例谈谈相关策略。

学生找到并读一读课文中带“究竟”的句子。

(小海鸥想：“客轮、货轮，啥样的船我都见过，可就是没见过这种长翅膀的船。”他飞了过去，想问个究竟。)

师：“究竟”在这儿可以换成什么？

生：想问个明白。

师：会动脑筋，究竟在这就是想问个结果。

(师板书：问个究竟)

师：在你们的生活中，有没有想问个明白，想问个究竟的事情？

生1：今天，这道数学题，我做错了，可是始终弄不明白，我决定要到数学老师那儿，问个究竟。

生2：猿猴为什么会变成人呢？我一定要到科学老师那儿问个究竟。

师：如果我们把“问个究竟”的“问”换一个字，换成“看”，我们又可以怎么说一句话呢？在生活中，你在什么情况下想看个究竟？

生1：这个山洞究竟有没有野人，我想去看个究竟。

生2：爸爸回家的时候搬回了一个大箱子，里面不知道装了些什么，我想去看个究竟。

师：如果我们再把“问”换成“探”，“探个究竟”该怎么说一句话呢？

生1：皮球为什么一拍就会跳起来呢？我想查查资料，探个究竟。

生2：山洞里住的是野人还是狼呢？我想进去探个究竟。

师：“春天到扬州来旅游的人究竟有多少呢？没有人能够说得清楚。”这种表示疑问语气，放在句子中间的“究竟”，你会不会用它来说句话呢？

生1：银河里究竟有多少颗星星呢？没有人能够知道。

生2：人的头上究竟有多少根头发，没有人能够数得清。

师：谁会在一句话中出现两个“究竟”，一个在句中，一个在句尾？

生1:宇宙中究竟有没有外星人呢?长大了,我一定要探个究竟。

生2:远古时代,究竟有多少头恐龙,这些恐龙又究竟是什么原因使他们突然灭亡呢?我想到科学老师那儿问个究竟。

课例告诉我们,造句练习重在引导学生把握三点:

一、多读例句。造句之前,引导学生找到例句,读懂词语的意思,领悟句子的表达规律。领悟了规律,就会举一反三。但有些时候,仅靠文本中的一个例句,学生还不易发现规律。这时教师就要多提供同类句子,让学生读多个例句,以便从"三"中发现"一"。

二、联系生活。很多时候,学生不知道造句写什么内容。这时,教师就要启发学生打开思路,进行头脑风暴。"在你们的生活中,有没有想问个明白,想问个究竟的事情?"显然,于老师这是在引导学生联系生活,让学生有话可表达。

三、多样表达。很多词语可以放在句子的不同位置进行表达。就是放在句子的相同位置,也可以运用不同的句式来表达。指导时,我们要引导学生有多样表达的意识,把句子造得与众不同,而不是"千人一面"。为了让学生造出不同的句子,于老师分三步指导:1.先引导学生按照例句把"究竟"放在句尾表达,过程中教师不时变换词语,由"问个究竟"到"看个究竟"再到"探个究竟",让学生联系生活一一表达到位。2."究竟"放在句中表达。于老师也是先提供例句,让学生有"例"可仿。3.最后于老师让学生用上两个"究竟"来造句,一个在句中,一个在句尾。由于有前面的层层铺垫,学生最后表达得如此精彩也在情理之中了。

最后,谈谈句子练习时机的选择。句子练习时机的选择,要根据练习内容来确定。如果练习内容和文本情境结合紧密的,以穿插于阅读教学的过程中为宜;反之,则以安排于课尾独立一个环节进行为宜。

从阅读课句子练习的实施来看,要有效实施基础性的语文练习,重在把握好四点:一是明确练习的目标;二是丰富练习的形式;三是加强练习的方法指导;四是合理安排练习的时机。

(宁海县教研室　徐长军)

功能性语文练习的实施方法

——第三学段课堂练习设计与使用

《义务教育语文课程标准》(2011年版)指出:语文课程是一门学习语言文字运用的综合性、实践性课程。义务教育阶段的语文课程,应使学生初步学会运用祖国语言文字进行交流沟通,吸收古今优秀文化,提高思想文化修养,促进自身精神成长。工具性与人文性的统一,是语文课程的基本特点。这一表述,把语文课程的特质聚焦在"学习语言文字运用"上。

如何让学生在课堂上有更多"学习语言文字运用"的机会?很多教师把练习引入了课堂,改变了原有的以读议为主的课堂形态,令人欣喜。但在具体操作过程中,我们发现还是存在着时机把握不当、操作手法机械等问题,影响了教学效果。在2012年10月慈溪市优质课赛课活动中,三位教师执教的《学会看病》一课颇能说明这个问题。

《学会看病》是人教版小学语文五年级上册第六单元的一篇略读课文。课文浅显易懂,对五年级学生来说理解内容不是难事。容易被忽略的是课文非常细腻的心理活动描写,从中体现出的真实的情感变化,这是文本最大的亮点。教学可以更简洁但特点要突出:这篇课文的特点是前半部分主要通过母子之间的对话,反映母亲坚定而犹豫的矛盾心理,后半部分集中描写了母亲后悔、忐忑、自责的心理活动,反映母亲情感的变化。

第一位教师把练习放在引课和结课时,引课时安排的是听写词语:艰涩、忐忑不安、喋喋不休,然后是写出相关词语"按图索骥、雪上加霜"的解释;结课时安排的是给自己的父亲或母亲写一段话,表达自己的感激之情。

第二位教师设计的练习安排在课中"抓住重点词句,感受母亲心理变化"后,试着"完成下面这首诗":

母爱是________的触摸,
是__________的指教,
是__________的等待,
是等待中深深地______,
是有勇气去经受______。

妈妈，我不会______您，
在我生病时的冷漠，
总有一天我要离您远去，
____________________。

第三位教师设计的练习安排在结课“总结全文，加深体验”环节，设计如下：

根据填空题再次梳理在看病过程中，母亲的情感变化。

（要求学生用上文中一些描写母亲心理活动的语句，准确、有条理地表达。）

儿子生病了，母亲____________________；
儿子出门前，母亲____________________；
儿子刚出门，母亲____________________；
在等待儿子回来时，母亲______________；
儿子回来了，母亲____________________。

诊断：第一位教师的练习设计，是单纯的再现性作业，很难把它看作是一个教学环节。引课时的听写词语、解释词语仅仅起到了检查预习的作用，效益较低。结课时的写话则倾向于情感上的表达，而忽略了课文中的语料运用，缺少应有的综合性。

第二位教师的练习设计呈现在课中理解体悟后，形式机械，内容还是停留在课文理解等浅显层次，“教”学生懂了的东西。练习设计没有顾及课文的特点，没能及时提炼文本的表达方法，缺失从阅读中学习写作的语境。

第三位教师的练习设计有很强的语文意识，但是安排在结课环节，失之于低估学生，不能很好地发挥练习的功能。如果把此练习放在初读自悟环节，学生就能潜心会文，整体感知行文思路，触摸文本的言语特色，体悟母亲的情愫。在接下来的学习中，再以练习为媒介，从“学”的视角构建教学活动，推进课堂的阅读教学。由于练习的呈现时机不当，使教学流程出现断裂层，教学有效性也大打折扣。

基于此，我们设计有效的练习，在课堂中把握使用时机，凸显语言运用的功能，让语文课增值。下面，我遴选课堂不同时机使用的练习设计，加以说明。

一、围绕“把握、概括、运用”实施练习

整体把握、整体回归是学生语文学习的基本规律。上课伊始，特别是第三学段语文课，整体把握主要内容、初步感知人物形象、大致了解文章结构、对事件或人物有自己的评价判断，都是第一层次的语文学习任务。此时，教师应设计有关整体观照全文的练习，并以练习作为一项学习任务，驱动学生反复读文，理清知识点、筛选信息、整理组合、概括表述等。这样，学生对课文就有一个整体的、准确的了解和把握。

（一）把握文章内容

如科普说明文，往往探究两个问题：说明了什么科学知识，即“写什么”；怎样把科学知识写

明白，即“怎么写”。《鲸》这篇课文，关于鲸的知识点散落在文本的各个语段，要解决第一个问题，从整体上把握“课文主要讲了鲸的哪些知识”，有一定的难度。我们可以分三步走：

首先，初读课文，思考：课文介绍了鲸的哪些知识？

学生自主阅读，提取信息，小组互议，补充信息，派代表交流，板书信息，教师指导，归整信息：鲸是世界上最大的动物，从陆地进化到海洋生活；它是哺乳动物，用肺呼吸，胎生；鲸主要有须鲸、齿鲸两大类，须鲸主要吃虾和小鱼，齿鲸主要吃大鱼和海兽；寿命很长，一般可以活几十年到一百年；喜欢聚在一起浮在海面睡觉等。

然后，呈现本组课文单元导读中关于鸵鸟的一则身份材料样式，引导学生进行阅读：这里介绍了鸵鸟的哪些信息？学习用简洁的语言概括表述鸵鸟的信息。

最后，让学生模仿鸵鸟身份材料的写法，用简洁的语言给鲸也写一份。出示鲸的“身份证”，让学生填写：

鲸

哺乳纲　　　鲸目

____

____

____

学生对写鲸的“身份证”这一练习饶有兴趣，他们积极主动地将板书上的信息，用简洁的语言从几个方面有条理地概括，再以鲸的口吻作自我介绍。这样，学生全面了解了鲸的科学知识，从而整体把握了文章内容。

（二）初识人物形象

写人记事类的叙述性文章，除了把握文章大意，还应该关注人物描写，感受呼之欲出的人物形象。如《地震中的父与子》一文，大部分学生初读课文后，能对课文的主要事件有一个整体的了解，并为文中的父亲与儿子所感动。于是，教师直接出示练习：

美国洛杉矶大地震后，父亲________________________，儿子________________________________。这真是一对了不起的父与子。

学生再次独立阅读文本，概括在大地震背景下的主要事件，交流后明了：父亲在废墟中冒着生命危险挖了38小时，救了儿子及儿子的14个同学；儿子在黑暗的废墟下等待救助，安慰同学不要害怕，并让同学先安全出去。学生通过整体把握主要事件初识人物形象：那是一个信守承诺，为了孩子不顾一切，愿意以自己的生命作代价的父亲；那是一个坚信诺言，乐观豁达，勇敢善良的儿子。这真是一对了不起的父与子。同时，练习为聚焦父亲的外貌、语言、动作描写，丰满人物形象，搭建了一个有效的教学环节，也为想象“废墟下，儿子会怎样安慰同学，试着把儿子的外貌、语言、动作写下来”作了伏笔。

(三)触摸行文结构

阅读教学要注意提示阅读思路,教给学生阅读方法。题目是文章的眼睛,往往隐含着丰富的信息。在初读课文时,以练习为载体,抓住题眼,整体感知文章的内容与结构,是一种很好的阅读方法。以《老人与海鸥》为例:

为什么人们都说老人和海鸥像亲人,我们又从哪里感受到老人和海鸥像亲人呢?

老人与海鸥在翠湖边相依相随。老人撮起嘴呼唤鸥群,海鸥________________;老人顺着栏杆边走边放食物,海鸥________________;老人呼唤两只海鸥的名字,两只海鸥________________;海鸥回去了,老人________________。

老人的遗像立在湖边,海鸥__________,而照片上的老人________________……

随着年级的升高,学生渐渐具备了在读中分析、概括、归纳的能力,他们反复读课文后,能找到相关语句加以运用,同时发现课文的叙述结构,内心更真切地感受到老人与海鸥的情谊。课文将老人和海鸥的表现对照着写,他们相亲相爱,画面感人,老人是怎样像照顾孩子一样关心海鸥的,海鸥是怎样通晓人语怀念老人的。课始练习驱动学生整体把握文章内容,又触摸到了双向推进的行文结构。

二、围绕"体悟、表达、运用"实施练习

精读课文、品析语言总是让教师们感到最麻烦,因为想象入境、情景迁移、意义建构、言语转换,这些千头万绪的语言现象,大家不知道该抓什么,怎么抓,一不小心就会碎成一大片,落入分析课文的窠臼。

所以,我们必须关照语文意识,边读边练。也就是说,可以捕捉文本语用点,设计语境创设、比较置换、转述介绍、仿写仿用等练习,以达成言语形式、言语材料、表达方法的体悟、运用等阅读任务。

(一)体悟关键词句

关键词句是文本的密码。有的关键词句指向深入理解课文内容,含义深刻;有的关键词句指向体会表达效果,能起到牵一发而动全身的作用。因此,教师要设计相应的练习,帮助学生进一步理解、体悟。

以《詹天佑》一课第4自然段的句子教学为例:

首先,理解关键词"否则"——连词,"如果不是这样"。再理解句意——这是中国人自己修筑的第一条铁路,一定要把它修好;如果不是这样,不但惹外国人讥笑,还会使中国的工程师失掉信心。"否则"中含着的转折之意说明了修筑铁路的重要性和迫切性,表现了詹天佑的信心和决心,即使困难重重,也一定要把它修好!最后,以"否则"一词设计练习,旨在运用这样的言语形式去体悟相关的言语材料:

仿照文中的句子,根据第4—6自然段内容,用以下句式造句。

________________,否则________________________。

如：

在塞外勘测线路，一定要十分小心，否则有坠入深谷的危险。

工程技术人员的工作首先要精密，否则会造成重大损失。

开凿居庸关隧道时，詹天佑采用了从两端同时向中间凿进的办法，否则会延误时间。

开凿八达岭隧道时，詹天佑采用了中部凿井法，否则工期会延长一半。

在青龙桥附近，詹天佑顺着山势把铁路设计成“人”字形线路，否则火车就会爬不上坡。

……

学生凭借句式，用心阅读第4—6自然段，在理解的基础上加以梳理、组建、概括。句式练习加深了学生对关键词句的理解，也为整合文本建构了阅读教学环节，删繁就简，起到提领而顿、百毛皆顺的作用。

（二）关涉表达方法

王尚文教授指出，语文课是“学习特定的形式如何表达特定的内容”，应聚焦于“怎么说”，他认为，语文课必须“以课文的言语形式为纲”，要“紧紧抓住‘语文’的缰绳”。

第三学段的练习设计更要关注文本表达的方法，如《窃读记》——动作和心理描写的穿插；《落花生》——详略分明，借物喻人；《怀念母亲》——触景生情；《穷人》——环境和心理活动描写；《我的伯父鲁迅先生》——回忆开头和用几件事写一个人；《月光曲》——认识“事物和联想”……

又如《少年闰土》一文的第1自然段，动与静巧妙结合，人与景和谐交融，闰土“少年英雄式”的形象就活灵活现地出现在眼前了。这是一种语文意识。这样一幅完美、富有诗意的画面，并不是作者亲眼所见，而是通过第10、13自然段中闰土的描述想象而来的，且每一个想象的景致、情节皆有出处，恰如其分。可见，文学创作离不开想象。这也是一种语文意识。学习了第1、10、13自然段后，从“看瓜刺猹”这件稀奇事感悟写法，从读学写，设计练习：

比如说雪地捕鸟，是在怎样的环境下，捕鸟是怎样一个过程呢？海边拾贝，海边是一幅怎样的美丽景象，又是怎么拾贝壳的呢？沙地捉跳鱼儿更是新鲜事，带来怎样的无穷无尽的乐趣呢？请大家仿照第一自然段的写法，发挥你的想象，选择你感兴趣的一件事，写下来。

学生自主阅读第6、7、8、15自然段，从闰土的描述中自由想象、表述，再进行交流、讲评、修改。学生有的将静态的环境描写得恰到好处，不但优美，而且符合人物出场的一种氛围；有的将人物的活动写得栩栩如生，如有位学生写“海边拾贝”的场景，在描写了蓝天、白云、海鸥、浪花等构成的一幅非常美好的画面之后，刻画了一个相当传神的闰土形象：

其间，走来一个十一二岁的少年，头戴小毡帽，项带银圈，裤上打着几个补丁，腰间系着一个小竹篓。他的双眼细细地在沙滩上搜寻着，突然他好像发现了什么，向前奔跑几步，拾起一个贝壳，拍掉上面的沙土，小心翼翼地放进小竹篓里……

课中，练习的设计为学生创设了语言实践的机会。就这样，“动与静巧妙结合，人与景和谐交融”的表达方法流淌在学生的笔尖。闰土的童年生活多么令作者向往啊！怪不得，作者把“看瓜刺猹”的画面写得如此之美，让人印象深刻。

（三）学会语言运用

语言运用是语文课程的核心目标。开设语文课程是要让学生学会“运用”或者说“驾驭”语言文字这种工具，是要通过运用语言文字的范例和实践，学习如何在生活中、在本课程和其他课程的学习中以及将来在各种不同工作领域里，运用好语言文字。在阅读教学中，以语言运用为旗帜设计练习，并以练习推进阅读教学，相得益彰。

《山中访友》第五自然段，回环复沓的语言，充满了新奇的想象，有情趣有意蕴。学生品读语段后，内化文本的语言，领悟拟人化的手法。于是，教师设计练习，运用联想描摹山中老友：

读了课文，你的眼前呈现出怎样的一幅美景呢？请从“山泉、瀑布、天空”这些景物中选择一个来描摹一下吧。（不少于30字）

练习给予学生语言外化的桥梁，清凉的山泉、飞流的瀑布、宁静湛蓝的天空，哪一个不是孩子们的老朋友？如有个学生是这样描摹山泉的：

冰雪消融，春暖花开。山泉姑娘睡醒了，捧出一面明镜，邀请火红的杜鹃、尖尖的草芽、俊俏的燕子来梳妆打扮。它穿着一件花衣裳，时而向前奔跑，时而驻足欣赏，一路洒下春天的身影。

鲜亮的语言如活泼的清泉，注入学生的心田。情景交融，师生徜徉在语言的诗情画意之中。好一个“一切景语皆情语”！

在作者亲切的呼唤声中，在作者热情的赞美声中，山中的景物会有怎样的回应呢？试着想象一下，然后以某一种景物的语气给作者写一段回应的话。要恰当地运用修辞手法，注意人称变化，尽量做到生动形象哦！

练习再一次突出语言的语境意义和运用价值。学生置换角色，仿佛就是山中的某一景物，充满灵性和思想，积极应答作者亲切的呼唤和热情的赞美，进入“物我两忘”之境界，实现与教师、编者、文本之间的对话。

三、围绕“积累、拓展、运用”实施练习

课的尾声，学生积累了语言，习得了方法，感受和领悟了汉语表达的基本规律，然后教师设计练习，学生再进行归纳整理，拓展迁移，强化运用，同时升华情感，得言得意得法得能。

(一)侧重于语言积累归整

关于语言积累,教材课后练习采用了灵活安排和指定任务相结合的方法。有的要求比较宽泛,如“把感受最深的部分背下来,抄写喜欢的词句”;有的要求比较明确,如“抄写描写环境的句子”。从中,可以捕捉到语言积累的重要性。教师应匠心独运,创设语言积累的各种途径,学生有主动积累语言的意愿和习惯,并能在语境中灵活运用。

六年级上册第一单元,以感受大自然为专题编排教学内容,充盈着跃动的活力和生命的灵气。如作家对雨的描绘生动形象,李汉荣在《山中访友》中是这样描绘雷阵雨的:“忽然,雷阵雨来了,像有一千个侠客在天上吼叫,又像有一千个醉酒的诗人在云头吟咏”;赵丽宏在《山雨》中是这样写的:“像一曲无字的歌谣,神奇地从四面八方飘然而起……”教师在《山雨》一课结课时,以文本资源为蓝本,设计练习:

文学作品中的雨各具特色。李汉荣在《山中访友》中是这样描绘雷阵雨的:“像____________,又像________________________”,写出了雷阵雨的特点。赵丽宏笔下的山雨像________________________,写出了山雨________________的特点。唐代诗人杜甫是这样描写春雨的:“____________________,____________________”,写出了春雨________________的特点。

积累在于运用。教师通过练习给予学生语言积累的平台,教学生归类整理语言材料。同时唤起学生的旧知,帮助学生梳理、提炼,然后引导学生实践运用加以强化。在以后的学习中,学生可以根据某方面的共同特征,把词句归归类,在课文里学过的词句旁边补充类似词句,形成方法。这样归类整理语言材料,可以帮助学生采撷同类内容,丰富语言系统,有助于提取运用。

(二)侧重于阅读拓展迁移

阅读教学的目的不是读懂“这一篇”课文,而是教给学生阅读这一类课文的方法,会学、能用,即掌握阅读方法和策略,形成独立阅读能力,最终实现从“教课文”向“教语文”的美丽转身。

比如,《月光曲》一文的第9自然段,教师的指导已帮助学生获得了“展开联想和想象进行表达”的方法,并体会其表现力,仿佛听到琴声的跌宕起伏。然后,教师提供相似学习材料进行练习,以促成知识、技能的正迁移,如拓展赵丽宏的《流水和高山》(节选),感受莫扎特和贝多芬的音乐风格。比照阅读,完成练习:

练习1:莫扎特的音乐如流水,那流水________________,我们能感受到莫扎特的音乐风格是____________________;贝多芬的音乐也如流水,那流水________________,我们能感受到贝多芬的音乐风格是______________________。

练习2:赵丽宏听《月光》眼前出现的是________________,盲姑娘兄妹听《月光曲》脑海中浮现的是__________________。联想虽然不同,但我们可以推断,《月光》的前半部分旋律一定是__________________,后半部分则变得______________________。

练习3:仿照画线语段,运用联想写写自己欣赏某件艺术作品(如绘画、书法、歌曲、电影等)的感受。(不少于80字)

联想好比鹊桥，让语言和音乐相融相通，让人浮想联翩。在练习3中，学生运用联想，让事物更加美好，情境更加生动，作品更加鲜活，课内得法，达成课外“不教自能读书”的本领。

（三）侧重于情感抒写升华

人教版教材文质兼美，“情感型课文”占有一定的分量。所谓“情感型课文”，是指那些人文情感倾向性特别强，适合培育学生人文精神的课文，是区别于说明型、写景型课文而独立存在的一类文章。它们蕴含着丰富的情感因素，同时在语言规范、写作技巧、笔法文风等方面有着独特的魅力。

如《圆明园的毁灭》一文，作者在第3、4自然段中浓墨重彩，写了圆明园昔日的辉煌。然而，一把大火让所有美好的一切化为灰烬。对比的手法衬托出遭毁灭后的圆明园的凄凉，更令人痛心疾首。于是，教师设计练习：

1860年10月6日，英法侵略军闯进了圆明园，一把大火之后，__________化成了一片灰烬，__________化成了一片灰烬，__________化成了一片灰烬，__________也化成了一片灰烬。如今，圆明园遗址的那些石柱默默地矗立在乱草丛中，带着__________，带着__________，带着__________。

填写时，要求每个排比句的内容并列，注意句式整齐、节奏和谐，并体会排比句的表达特点。学生通过提取、概括、运用第3和第4自然段信息，更加深刻地体会到圆明园的毁灭是祖国文化史上，也是世界文化史上不可估量的损失，再借石柱抒发了心中的愤慨、悲痛、惋惜、无奈，燃起“不忘国耻，振兴中华”之情。

值得注意的是，面对情感型课文，我们更需要理清思路，立足语言，在传承人文精神的同时，致力于学生言语能力的提高，或“提取信息能力”，或“形成解释能力”，或“作出评价能力”。杜绝脱离文本无病呻吟，浅尝辄止。

练习在课堂中的恰当引入，改变了原有的课堂形态，让“讲台上的学习”变为“课桌上的学习”，多元训练给予学生更多的语言实践的机会。教师应该依标据本，关注学情，有效设计练习，同时，应选择合适的时机以合适的方式呈现，使练习的功能最大化，让学习真正发生，让课堂真正增值。

（慈溪市教研室　邹　丰）

发展性语文练习的实施方法

——以“有效练习”为主线推进阅读教学过程

一、问题呈现

从实施“作业与练习”的主题研讨活动以来，教师们在阅读教学中普遍有了组织学生在课堂中进行练习的意识，而且练的时机比较多，练的形式也较丰富，比较好地加强了学生的语言实践，促进了课堂学习效率的提升。但是，我们也不难发现，练习的设计缺少整体的序列，为练而练的成分在很大程度上存在。如果能够在众多的练习中找到一个核心的练习内容，在课堂上进行渐进式的主线推进，构建一个“认知—实践—迁移”的阅读教学结构，这样对学生语言的学习发展、阅读能力的提高、阅读技能的习得会更有效。

二、问题解决

确立以“有效练习”为主线来推进教学过程，我们需要根据学段目标、文本特点、学生学情去思考核心的练习内容，然后在教学的过程中以这个核心的练习内容为主线来推进，就要对这个核心练习内容进行聚焦、放大、迁移、生成，这就需要在教师有序的引导下展开渐进式的练习过程，从而让学生经历一个由认知、实践到迁移的学习过程。

（一）筛选核心的练习内容为推进主线

入选语文教材的一篇篇课文在不同的学段、不同的单元所承担的目标是不一样的，有些课文侧重于语言的欣赏积累，有些课文侧重于语言形式的学习模仿，有些侧重于培养学生的阅读方法，有些则侧重于学生阅读技能的提高。我们在确定核心练习内容时，必须考虑课文的不同功能，根据学生的学习水平，然后以此为主线来推进教学过程。

1．以“表达方式的迁移”为练习主线

教材中有许多文质兼美的课文，在表达上有许多的特色，有些课文的词句值得细细品尝，有些课文的段落需要好好推敲，有些课文在文章的结构安排上值得迁移。这些需要我们用语文的慧眼去解读、去发现，根据学生的学习水平确定课文在表达方式上最有价值的内容为练习的主线，展开学习过程。

在教学《学会看病》时，根据学生的学习水平和文本特点确定的核心练习内容是：领悟作者运用比喻、关联词描写母亲矛盾心理的方法，尝试运用这种方法描写儿子看病时的心理。在课堂上我们组织了这样的学习过程：

●读懂描写母亲心理活动的语段，感知语言形式

聚焦课文第21、22自然段，研摹形式。

1. 朗读比喻句，与"光阴似箭"对比。

2. 读好关联词，体会用处。

●深化用关联词写母亲矛盾心理的其他段落，进一步体会语言形式

1. 像这样运用关联词表达丰富内心的语段，课文中还有很多。学生根据提示找读语段。

2. 学生自由找读第11、23、27自然段，深入体会用关联词来表现母亲矛盾心理的作用。

●迁移运用关联词描写儿子看病时的心理

你就是文中的儿子，你会怎么想呢？尝试运用关联词的方法，写写儿子的心理：

1. 在医院里，我看到别的孩子有父母陪伴，我想

2. 我终于学会了看病，独自走在回家的路上，我想

把课文的学习统整在一个明确的练习目标中进行，使教学呈现出"感知—深化—迁移"的层层递进态势，语言的学习在这个过程中逐层提升，练习充满了张力。这个"打桩机"式的教学，充分从学生学习语言的角度层层深入来构建练习的过程，有效地达成了练习的目标，发展了学生的语言表达能力。

2. 以"阅读方法的学习"为练习主线

阅读教学虽以课文的形式来组织学习，但在课文的学习中蕴含着阅读知识的承前启后、阅读能力的逐层递进、阅读方法的循序渐进，这些内隐的内容需要教师充分熟悉教材，明确编写的体系，尊重学习的起点，根据课文的特点以阅读方法的学习为练习主线来推进学习过程，这样有序地练习，能让方法的形成从散状走向结构。

《生命的药方》是四年级下册的一篇选读课文，按第五组课文的读写训练重点"理解含义深刻的句子"编入，在教学实施过程中，我们围绕"理解含义深刻的句子"这个核心练习内容组织学习过程：

● 默读课文，对含义深刻的句子质疑

1. 画出你认为含义深刻的句子，聚焦含义深刻的句子。

德诺的妈妈泪如泉涌："不，艾迪，你找到了。"她紧紧地搂着艾迪，"德诺一生最大的病其实是孤独，而你给了他快乐，给了他友情，他一直为有你这个朋友而满足……"

2. 自由读句，学生质疑。

①德诺得的是艾滋病，这是他最大的病，而他的母亲为什么说是"孤独"？

②艾迪为没能为德诺找到治病的药而难过，可德诺的妈妈为什么说艾迪找到了，还说给了德诺快乐和友情？

●用联系上下文、结合具体事例的方法理解含义深刻的句子

1. 在学习第五组课文时，我们知道了理解含义深刻的句子有一个常用方法——联系上下文。现在请你联系上下文找一找，你从哪些语句中能最明显地感受到德诺的孤独？

2. “快乐而满足”又是从哪里感受到的？结合具体事例理解：玩装死游戏、想艾迪的臭球鞋。

●迁移阅读另外的文章，尝试运用联系上下文、结合具体事例的方法理解含义深刻的句子

以学习“理解含义深刻的句子”的方法为练习主线，结合学生前期的学习经验，根据课文的阅读特点，从质疑到解疑中领悟理解含义深刻句子的方法，使教学围绕这条主线展开“学习—内化—运用”的过程，由浅入深，层层递进，在阅读中获得方法的启示，在运用中提升阅读的能力。

3．以“阅读技能的习得”为练习主线

教材中的一些课文，承担着培养学生阅读技能的任务，如从二年级开始的寓言故事、三年级的神话故事、四年级的“故事长廊”一组课文，宜训练学生复述课文的能力，且依次递进；有些课文如四年级上册以“世界遗产”为内容的第五组课文，宜训练学生写导游词、模拟导游进行讲解的技能等。我们在教学这些课文的时候，应努力围绕阅读技能的习得来设计核心练习内容，在不断习得中掌握阅读技能。

《文成公主进藏》作为处在“故事长廊”这组课文中的一篇略读课文，在了解故事内容的基础上要训练学生复述课文的能力，同时围绕第二学段的重点训练目标——段落教学，还要让学生了解构段规律，也能更好地帮助复述这项能力的达成。

以“阅读技能的习得”为练习主线，我们组织了这样的学习活动：

●整体感知故事内容，理清文脉

1. 默读课文，根据课题想想课文重点写了什么？

2. 重点写了“公主进藏”，那么进藏前写了什么？进藏后写了什么？尝试用小标题概括：

________→ 公主进藏 →________

●表格梳理，了解故事经过

1. 默读进藏部分内容，自主完成表格。（纵列：什么地方、遇到什么、公主怎么做、结果怎样）

2. 交流整理表格内容。

3. 引导发现构段顺序，了解民间传说故事的特点——情节相似。

●练习复述，内化运用

1. 指导复述第3个小故事。

2. 4人小组合作，借助表格每人复述一个片段。

3. 4人小组展示合作成果。

这个练习过程，充分体现了“课堂是学生语言练习的场所”，通过一次次全体学生参与的练习活动，感知了课文内容，学习了段落结构，练习了复述的表达技能，课堂呈现了“扶学—合

作—展示”的过程,使技能的学习在学生充分参与的练习活动中慢慢推进。

筛选核心的练习内容为推进主线,我们须着眼以下几方面进行思考:

基于课标的学段目标。《语文课程标准》是我们教学的航标,只有依据学段目标实施,教学才有效。第一学段的重点是识字学词,第二学段重点是段落的教学,在阅读方法上有一条重要的目标——“体会关键词句在表达情意上的作用”;第三学段侧重在篇章的教学,要关注文章的表达方法。所以我们在确定核心练习内容的时候,必须充分关注学段训练重点。

根据教材的表达特色。教材呈现的课文内容是精彩纷呈的,同样,教材的表达方式也是非常有特点的。具有特点的词语、特殊的句式、典型的段落、选材谋篇的方法,都是文章作者在表达时的匠心独具,这些内容都是我们在设计核心练习时思考的聚焦点,也是教学的核心价值所在。

立足学生的学习水平。最有训练价值的练习只有吻合学生的认知和学习水平,才能发挥其真正的价值。有些练习的内容很有特色,但如果学生的学习水平不够,我们就不能实施。遵循学生学习语文的规律,找到文本和学习水平的最佳契合点,这样的练习就能“点石成金”。

(二)展开主线推进核心练习内容的实施策略

1. 重视形象,从内容走向形式

学生学习课文是带着自己原有的认知和生活经验来学习的,往往是感性的。同样,对语言形式的学习我们必须借助内容这个载体,如果剥离了内容,形式的存在就会抽象理性,学生学习语文就会陷入机械枯燥甚至是说教的泥潭。从内容入手,先让学生对内容进行充分的感知,进入课文,体验情感,再从内容出发探究文章的表达形式,这样的教学过程吻合学生学习语文的规律,形式的学习也就水到渠成。

人教版实验教材六年级上册《穷人》是一篇篇幅较长、内涵丰富的课文,环境描写和心理描写是这篇文章在表达上的特色。一位教师在第一课时的教学中确定的核心练习目标是:领悟作者通过心理描写塑造人物形象的写作方法,尝试描写桑娜抱走孩子前的心理活动。在教学的推进过程中,教师没有直接指向形式上的教学,而是引领着学生先达成这样的目标:抓住“忐忑不安”、“揍”等关键词,运用联系上下文、时代背景等方法,读懂桑娜的心理活动,感受桑娜善良的品质;然后体会作者通过心理描写塑造人物形象的写作方法。课堂上引导学生经历了这样的学习过程:

●紧扣忐忑不安,读懂心理活动

1. 读文找找文中描写桑娜心理活动的语段,哪个语段最特别?

2. 引导聚焦课文第9自然段,紧扣“忐忑不安”读懂桑娜的心理活动,随机对这段中的表达形式,特别是省略号、问号和感叹号的用法进行细细揣摩。

●寻找空白,尝试心理描写

1. 寻找空白,想象心理:桑娜在把西蒙的孩子抱回家后作者进行了这样大篇幅的描写,但在西蒙家抱孩子前作家没有写桑娜的心理,当时桑娜会想些什么呢?

2. 迁移形式,尝试描写(可以尝试着用一用省略号、问号和感叹号):

孩子的呼吸均匀而平静,睡得正香甜。桑娜想:________________。想到这儿,桑娜用头巾裹住睡着的孩子,把他们抱回家里。

●反诘引起认知冲突,升华人物品质

1.大家写得非常细致,那是不是作家不会像大家一样写呢?

2.学生顿悟:是因为桑娜当时什么都没想,她觉得必须这样做,这就是一个把善良深深刻入灵魂的穷人。

学生在这堂课的学习中,以内容为载体,感知理解了课文的语言表达形式,并在文本的情境中加以运用,迁移能力的同时升华了情感,获得了内容和形式的同步推进。

2. 有序铺垫,细化练习过程

确定核心的练习内容后,在以课文为背景的教学实施中须对这个内容进行聚焦、放大、迁移、生成,需要放慢教学的节奏,细化学习的过程,从学生的认知水平出发,依据学习的规律,让学生对核心练习内容经历一个由"认知—实践—迁移"的学习过程。

如四年级下册《花的勇气》一课,围绕着核心练习目标"学习'词句传感情'的表达方法,尝试运用这种方法练写'遗憾'时的情景",在课堂上可以这样组织学习过程:

学习板块	内容实施	练习目标:学习"词句传感情"的表达方法,尝试运用这种方法练写"遗憾"时的情景
学习课文第2自然段,感知"词句传感情"的表达方法	1. 聚焦重点句,朗读感悟 2. 比较学习,进一步感悟词句的作用 3. 感知"词句传感情"的表达方法	1. 朗读写小花的句子,说说看到的画面 2. 用成语来表示这样的情景 3. 比较着朗读,感受课文语言的情感,体会词句传达着作者心情的表达方法
学习课文第1、第7自然段,在批注中深化"词句传感情"的方法	1. 按照第2段的写法学习第7段:批注描写情景时能表达作者心情的词句 2. 交流,聚焦词句,体会作者的心情 3. 略读第1自然段,再次感受	1. 读文根据要求批注 2. 交流体会词句描写的情景,深化词句所传达的作者当时的惊奇的心情 3. 略读第1自然段,找出表现作者失望心情的词语,进一步体会表达方法
用"词句传感情"的写法尝试写"遗憾"部分的草地描写	1. 学生尝试写作者感到"遗憾"部分的草地景色 2. 交流评价	1. 随文练笔 2. 评价修正

围绕核心练习目标,层层展开练习过程,先对核心内容进行感知,然后充分实践深化,最后利用文本的空白进行迁移仿写。因为有前面的认知和实践,迁移运用就有章可循,水到渠成。

3. 多向迁移,促进能力提升

迁移运用可以从多个维度进行,表达形式的迁移更多的是从读学写,阅读方法的迁移更多的是阅读拓展中的提升,阅读技能侧重触类旁通,举一反三。

表达方式的迁移运用要充分挖掘文本情境,要利用文章中的相关内容实现迁移,要从文本里找到合适的情境或从文本中延伸情境,这样有助于内容和形式的同步推进,情感的自然升华,而不会因为练习而打破课文的整体。如五年级下册《维也纳生活圆舞曲》我们确定的迁移点是"用丰富的联想表现音乐与生活的写法",可以这样实施:

●精学第一部分

读好"婉转、嘹亮、悠长"

作者想到了什么?——"花腔女高音"

作者抓住事物的相似点,才对鸟叫声展开了联想。

由其他的鸟叫声又想到了什么呢?——有人磕牙、老人叹息、很像猫叫

作者已经用形象的语言把鸟叫声的特点概括出来了,如果把联想部分撤掉,会是怎样的感觉?(学生自读改动后的语段,交流体会,教师引导小结联想的作用)

●迁移运用,练写片段

课文好多地方给我们留下了空白,现在我们也尝试用丰富的联想来写一写,进一步感受维也纳那无处不在的音乐。

车在这些弯弯曲曲又畅如流水的街道上跑着,两边的景物像是突然冒出来的,__________

____

阅读方法的迁移需要由此及彼,如学习了"理解含义深刻的句子"的方法,把这种方法用于其他文章的阅读中,用这样的方法来理解其他文章中含义深刻的句子;又如"把握文章的主要内容",根据不同的文体有不同的方法,迁移同样的文体来把握文章的主要内容,学生在迁移中学会了能力。

三、后续研究

这些"有效练习"的主线并不能穷尽我们现有的小学语文阅读教学的过程推进,这些策略的提出更多的是基于实践层面的总结。怎样根据教育教学理论和心理学理论使阅读教学更科学更有效,练习能更好地促进学生语文能力的发展,是下一步需要研究的内容。

(余姚市教研室　陈　燕)

第三章 有效练习的评价

有效练习的评价策略

随着课程改革的不断深入,注重语文实践这一教学理念得到了普遍的认同,走向运用将成为语文教学的主攻方向。学生在课堂上听说读写等语文历练日趋活跃,在这样的教学形态下,教师的练习设计,学生的积极参与固然十分重要,但还有一个很关键的问题,那就是教师的课堂评价。教学评价是对学生学习活动的价值判断,是对学生思想认识的指引,是教学活动中不可缺失的环节。同时,教学评价也是对教师自身的文化底蕴、对文本的理解程度、思维的敏捷、教学机智等方面的考量。

然而,评价这一环节常常被许多教师忽视,或者随意为之。针对这一问题,笔者搜集了部分优秀教师运用评价手段的成功教例,结合自己的体悟,冠以"策略"为题,期望引发大家的深入思考。

一、注重评价的语言艺术 传递学习正能量

丰富形象的教学语言永远是课堂教学的魅力之源,课堂教学中的评价是师生面对面的交流,对学生的思想感情会有较大的触动,也会产生强烈的内心体验。因此,对教师的评价语提出了更多的要求。

(一)评价语要丰富生动

干巴巴的、没有文味的评语只会让学生产生听觉疲劳。评价也是忌讳词穷。教师必须掌握一定数量的好词好句,跟美文一样,让学生从教师的评价语中得到启发和鼓舞,又能从中享受语文的乐趣。

我们期盼着丰富多彩的精彩点评:

——"说得真好!你充满想象力的看法把我们带进了神秘的境界之中……"

——"是啊,爱如茉莉,生活中的爱有轰轰烈烈的,但生活中更多的是平平淡淡的爱。浓烈的爱是美的,但平平淡淡的也是真。"

——"听了你的朗读,我就知道你的心里是多么的高兴!"

——“这些问题，我课前没有想到。你们不迷信书本，不迷信权威，有自己的思想，的确了不起。”

——“你的回答很精彩，我赞同你的看法。有时靠别人告诉的道理，就好像戴在自身的假发、假牙一样，看上去也很逼真，却没有生命力，而靠自己体验悟出的道理就像扎根沃土的大树一样，生机勃勃。”

教师的评价语有时不妨来一点幽默，或者归谬反诘，让课堂教学妙趣横生。

请欣赏于永正老师的一个点评段子：

（一位男生读书，一位女生表演做动作，逗得大家大笑。）

师：我也跟着成为神仙了。她这样一做，我就想起《西游记》里的孙悟空，他腾云驾雾。（说着，于老师单脚直立，手掌翻遮在前额，作孙悟空远眺状）在你们心里是不是出现孙悟空的形象？这样就读懂了“腾云驾雾”，看了他们的表演，加上自己的想象，大家再读书，就会读得更漂亮……

教师的课堂点评都是临时生成的，如果教师平时没有丰富的积累，是绝对不可能有这样的精彩生成！

（二）评价语要真诚，恰如其分

学生在学习过程中，非常需要得到教师公正、热情的评价，教师的态度、情感会直接影响到学生的学习情绪。因此，教师的评价语多一点激励，用教师的语言技巧创设一种宽松、和谐、愉悦的教学氛围。所谓“诚于嘉许，宽于称道”，对学生寄予厚望，饱含爱生之情，给学生多一份轻松，添一份喜悦，增一份成功。

教师运用激励性的评价语有以下几种：

表扬——肯定成绩，以激励成功欲；

激发——通过问题激疑，激发挑战、进取心理；

期待——对错误给予谅解，并投以殷切期待的目光，以产生对教师的信赖和对知识的追求。

鼓励要真诚，不能无原则地滥用溢美之词。过度的、极端的表扬，给学生不断地戴高帽子，结果往往事与愿违。诸如“你回答得太好了，真是一位伟大的女哲学家”等，这种表扬反而会产生一种负面影响，那些被“你真棒”捧大的孩子今后是不是能承受挫折和压力，这是值得我们深思的。

真诚也应体现实事求是，既不能简单否决，也不能一味迁就。要及时纠正思维偏差，拨正航向。其实，正面鼓励和指出错误是相辅相成的。为了鼓励而不顾是非正误，把学生捧上天，这只能是误人子弟！正面鼓励并不排斥指出错误，当然指出错误并不是粗暴地指责和训斥，如果以委婉、期待的心态去评价学生，一定会收到与夸赞同样的效果。

(三)评价语要有针对性,摒弃空话和套话

评价语不能只是简单的肯定或否定,应该针对学生的学习结果作出有针对性的点评,让学生明白,得到肯定的理由是什么,被否定的原因是什么。只有这样,学生才能得益。就拿对学生朗读的点评来说,我们常常在课堂上听到"你读得很有感情"之类的评价,很显然,这种空洞的评价是苍白的,学生不会真正理解什么是有感情,感情是怎样产生的,到底怎样才是有感情。因此,学生朗读时出现读不由衷、拿腔拿调等情况是不足为奇的了。让我们听听另一种评价语言——

孩子,我在感受着你的朗读,我发现当你读到"眼泪一滴一滴地掉下来"的时候,你读得很轻,语速变得很慢,你是在表达周晔失去伯父的那份悲伤之情吧,是吗?

(四)评价要因人而异,让每一个孩子都得到健康的发展

课堂上,学习成绩优秀、思维活跃、表现欲强的学生能得到教师的肯定和鼓励,而一部分学生往往成了被遗忘的角落。一是有些孩子在练习中经常遇到困难而产生情绪低落,甚至失去学习的意愿;二是有些孩子不愿发言,年级越高,不愿发言的比例也随之提高,这跟他们的心理障碍有关,害怕自己的见解与教师心中的标准答案不符合,担心会受到教师的否定和其他学生的讥笑等。因此,我们在实施鼓励性评价时要做到区别对待,因人而异,对优秀学生从严要求,防止他们因多次得到表扬而飘飘然,而对学习困难的学生则尽量发掘他们的闪光点,哪怕是有那么一点儿正确的成分,都要充分肯定,要建构安全的心理环境,不仅允许他出错,而且要乐意倾听他们的错误,敞开心扉与他们交流,缩短师生之间的距离,让每一个学生都能更好地认识自我,在课堂上自由呼吸。

二、注重评价的协调性,寻求评价与其他教学环节的有机整合

教学作为一个系统,它由许多个环节组成,各个环节的最佳组合是促进有效教学的保证之一。教学评价是教学行为的一个组成部分,要自然地与教学目标、教学内容以及教学氛围保持一致,成功地串联起教学的各个环节,使过渡进退有致、腾挪有序,与听说读写各项练习活动相互交融。

我们要积极寻求评价与文本知识点的融合,形成任务驱动。在相互作用下,师生成为一个共同体,一起完成学习任务。

下面以特级教师靳家彦教学《陶罐和铁罐》为例,看课堂评价的运用。

揭示课题后,让学生自读课文,接着要求学生进行交流:你喜欢谁,不喜欢谁,理由是什么。

学生都说喜欢陶罐,不喜欢铁罐,还说出了不少理由。

点评①:你的发言说明你领悟了寓言的内涵。

(教师以简洁的言语作了肯定,这个肯定具体指向领悟了内涵,并为下面揭示寓意打好了基础。)教师点评后,有一学生自告奋勇地提出:"教师,我想通过朗读表达自我的感悟,可以吗?"

点评②:太好了,请问你想读哪部分?(顺着学情,自然过渡到了下一个环节。)读后,又有一学生提出:“教师,我觉得第1句‘何必这样说呢?’标点用得不对,建议改一下,把问号改成叹号或句号都可以。而且这一段叹号用得太多,干脆用句号吧!”

点评③:大家觉得呢?(教师不急于表态,而是把问题抛给学生,激活学生思维,以引起学生的讨论。)

(学生讨论,纷纷同意刚才提出的意见。)

点评④:同学们一旦把书读进去,就会有许多不同的感受,这是真正用心在读书。就这样读。

(引导学生自己去探究,之后赞同学生的意见,充分体现了教师对学生的尊重,同时对学生的学习方式作了肯定。)

接着,要求自愿组合,组成创作小组,演这个故事。

点评⑤:关键是要深入体会人物的思想感情,台词要熟记,课文中的对话和人物动作、神态都给我们提供了很大的创造机会。

(如何表演,教师作了提示——记熟名词,想象人物的动作、神态。引导学生把书本的语言内化成自己的语言。)

以上是第一个课时。

第二课时,开始让学生读写,读了这则寓言,悟出了什么道理。

学生发言很踊跃。

点评⑥:你们体会出的道理,就是这篇寓言的寓意,寓是寄托的意思。

(深入浅出地告诉学生什么是寓意,与学生的发言自然衔接。)一学生又提出了一个问题——铁罐就没有优点吗?铁罐坚固不易破碎……

点评⑦:大家讨论一下,铁罐和陶罐各有什么优点和缺点,各抒己见,别被课文限制住,放开思路,大胆发言。

(不拘泥于课前教案的预设,爽快地采纳了意见,把学生活动引向深入。)

点评⑧:我们共同改写这则寓言,赞扬铁罐,批评陶罐,赋予它们相反的性格,题目就叫《铁罐和陶罐》(承接学生的讨论,提出新的学习任务,按教师的提示,边议边改,集体创作另一个寓言故事)。寓言就写出来了。

点评⑨:这样学习课文的寓言就融入了你的语言仓库,就变成你能运用的活语言了。

(学生的学习结果得到了赞许,让学生充分享受到成功的喜悦。)课的最后15分钟时间,要求学生根据自己的认识编一则寓言,并提示学生,先想将要告诉别人一个什么道理,然后创编一个寓言故事,证明这个道理,给人以启迪和效益。

学生习作后,教师点评了其中两篇。

一则是《黑猫和白猫》,学生模仿课文写了奶奶家里的白猫瞧不起黑猫,和黑猫之间的一段对白。

点评⑩:完了吗?我给你一点提示,你继续编下去。过了几天,老奶奶决定把其中一个猫送给别人……

以敏锐的教学机智打开学生的思绪,学生受启发后写下了下面一段精彩的文字:白猫想,凭我的美丽洁白,主人一定舍不得让我走,对!一定把黑猫送给别人。结果呢?结果大出白猫所料,主人把白猫送给了别人。临走时,白猫问老奶奶:“我这么洁白,为什么不留我呢?”老奶奶说,不管是白猫还是黑猫,捉到老鼠才是好猫!

点评⑪:篇末是神来之笔,妙不可言。(由衷地赞许!)

第二篇是《梅花和雪花》。

学生是仿照课文写了梅花和雪花的一段对话,最后写的是“这时,走过来一直大狗熊……”

点评⑫:停!这么美妙的意境怎么出来个大狗熊呢?改成:这时,一位诗人踏雪寻梅而来……

学生按教师的提示进行修改。(及时指出问题,并提出建议。)

点评⑬:结尾不太好,我建议用上这首诗,你看好不好?

雪梅争春来肯降,
骚人搁笔费评章。
梅须逊雪三分白,
雪却输梅一段香。

同样给学生提建议,教给结尾方法,学生对这首诗的理解并不透彻,但至少给学生作出了示范,学生一定会得到收获的。

三、注重评价的导向作用,着眼于学生的发展

随着对文本多元解读的理念形成并不断实践,学生的思维日趋活跃,随时会冒出异想天开的想法,一个价值取向的问题就摆在我们面前。对此,应重视发挥教师的主导作用,体现评价的导控性。对此,我们要尊重学生的独特体验,但不能不作评论,或一锤定音,告之答案。如果在课堂上冒出“武松打虎违反保护野生动物的法规”这一类问题时,我们该如何应对?窃以为应让学生畅所欲言,摆出各种观点,然后对这些观点作分析比较,启迪思考,引导学生从文本的时代背景和文学价值等方面加以归纳评价,对不切合文本价值取向的部分进行反思,在批评性的解读中完成对文本的深刻理解。这样,实现了学习方式从接受、理解到心灵体验的转变。

当学生交流发言游离于语言文字时,教师应通过评价引导学生走进文本。如:“你的看法是对的,但不够全面,你再去读读课文的……部分,就会找到更正确、更全面的答案。”要提倡具有语文特色的回答方式:“我从……一段文字中可以看出……” 把学生的注意力引向学习的具体

内容,聚焦到品味、揣摩语言,学习语言文字的运用上来,从而提高学习的效率。

当学生显示出各种不同的学习方式时,教师应通过评价、总结,提炼最适合学习内容的学习方式。当学生在口头表达时出现不规范、格式化的发言等现象时,教师要及时评价并作矫正训练,达到语言健康的目的。

教学评价还要充分发挥拓展学生思维空间和发展语言而的功能。在“平衡—不平衡—新的平衡”的循环中得到不断丰富、提高和发展。

请欣赏一位教师在指导学生用“终于”造句的教学体验。

生:我终于敢一个人睡觉了。

(这是一个没有具体语境的句子,虽然用上了“终于”这个词,但不能准确地表达这个词的意思。)

师:哪些小朋友已经能一个人睡觉了?

(大部分学生举起了手。)

师:谁来谈谈你是在怎么样的情况下开始一个人睡觉的?用上“终于”这个词。

生1:以前,我总是跟爸爸妈妈一起睡觉,现在我终于能自己睡觉了。

生2:我是在妈妈的鼓励下,终于敢一个人睡觉了。

(在教师的点拨指引下,学生造的句子开始变得具体了。)

师:真厉害,这么快就会用“终于”造句了!那么你们会用“终于”来造段吗?

(先作肯定后,再进一步提出造段的要求。)

生:我很怕黑的,不敢一个人睡觉。妈妈给我买了一盏小夜灯,我很快就睡着了。我终于敢一个人睡觉了。

师:谁能把“段”造得再长些?

生1:以前,我从来不敢一个人睡觉。我现在长大了,是一个小学生了,也是一个男子汉了。妈妈说,如果还跟他们睡觉的话,别的小朋友会笑话的。现在,我终于敢一个人睡觉了。

生2:我胆子很小,以前不敢一个人睡,害怕夜里会有怪兽来吃我,一直跟爸爸妈妈睡觉。妈妈把超人、变形金刚放在我床头,说:“如果有怪兽来,超人会保护你的!”听了妈妈的话,我就不害怕怪兽了。现在,我终于敢一个人睡觉了。

(学生的思维趋向从众,说的内容都是睡觉,为了打开学生的思路,教师启发学生另辟蹊径。)

师:说得真好!那你还能用“终于”说别的内容吗?

(说睡觉被“堵”住了,学生的思维开始转向其他内容了,一位学生用“终于”一词造了早上叠被子的事,另一个学生说了写字的事——)

生:一年级的时候,我的字写得不好,经常被爸爸妈妈批评。这学期,老师对我说:“认真写字不仅能写得很好看,还能记住字的样子,以后不会写错字。”我听了,以后每次写字总是一笔一画地写,现在,终于得到了爸爸妈妈和教师的表扬。我非常开心。

师:你们真不简单,不仅会造句,还会造段。为自己鼓掌!

学生在练习的过程中,有时会出现语言阻塞、思维狭窄或者产生偏差等情况。此时,需要运用教学机智,即时给予疏导、开拓,为学生的发展服务,让教师的评价增强学生发展的内部动力,形成奋发向上的精神力量。

四、注重指导和示范等元素的加入,提高评价的有效性

对学生练习的评价绝不是简单的正误、是非的裁决,也不光停留在空洞的说教层面上,应该在评价中结合语文基本的指导、学习方法的传授,使教师的评价更加感性,与学生的思维近距离对接。

请欣赏特级教师王崧舟《与象共舞》的教学片段:

师:第一自然段讲什么?有没有现成的句子帮助我们概括?

生:在泰国,如果你在公路边或树林里遇到大象,那是一件很容易的事。

师:给你一个小建议,去掉表示具体地点的词。

生:在泰国遇到大象,是一件很自然的事。(教给学生如何做到语言简洁的方法)

师:很好!请把它画下来。(给予肯定)

师:像这样能概括这一段大意的现成句子,我们把它叫——

生:中心句。

师:这个中心句在段落的哪个位置?(暗示学生发现规律)

生:第一段第一句。

师:你们发现了一个很重要的规律——

生:中心句是每一段的第一句。(揭示基本规律)

师:按照这个规律,看第三、四、五自然段,看灵不灵?(让学生验证规律)

生:第三段中心句是在第二句。

师:为什么呢?

生:因为这一段的第一句是讲中国的大象,而后面几句其实都是讲泰国的大象。

师:这第一句能概括主要内容吗?

生:不能。(得以验证)

师:所以说,有时候中心句不一定出现在每一段的第一句。有时候是第二句,也有可能是最后一句。所以你发现的这个规律前面,我们要加一个"一般情况下"。我们一起来说——

生:一般情况下,中心句在自然段的第一句,但偶尔也在第二句,或者最后一句。(让学生得出准确结论)

有一种现象值得关注,我们常把学生当作神童似的,要让他们做什么,他们就会做什么,学生只是盲目地练,可以说,这是教师的不作为。如果光凭空洞的、概念化的评价,是很难奏效的。假如能给学生作出具体的示范,其效果就不一样了。

例如朗读课文,有的教师只会表扬学生读得很有感情,或批评不能很好地表达思想感情,

学生听来总觉抽象，如果这时能作一次范读，学生就会心领神会。又如遣词造句，教师不妨写几句范句，学生会觉得“柳暗花明又一村”。还有如何回答问题、如何概括课文内容等，都需要教师下水，作点示范，尤其是对课文进行批注等难度较大的练习，更需要如此。

有教师在教学《我的伯父鲁迅先生》时，先让学生练习课文批注，交流后，教师并没有过多地评价学生的学习结果，而是把自己写的批注发给学生，让学生作比照，从比照中找差距，这样做的效果比单纯的评价好得多。（附教师的批注）

有一天黄昏的时候，呼呼的北风怒号着，天色十分阴暗。街上的人都匆匆忙忙赶着回家。爸爸妈妈拉着我的手，到伯父家去。走到离伯父家门口不远的地方，看见一个拉黄包车的坐在地上呻吟（车夫靠双手和双脚的力气拉车载客奔跑，因痛苦而发出低低的哼声），车子扔在一边。

我们走过去，看见他两只手捧着脚，脚上没穿鞋（与严寒的冬天构成强烈的反差），地上淌了一摊血。他听见脚步声，抬起头来，饱经风霜（人力车夫为了维持生活，都得出卖苦力，在大街小巷奔跑。“饱经风霜”四字刻画出车夫的劳累与艰辛）的脸上现出难以忍受的痛苦（耳闻、目睹，归结为“痛苦”二字）。

“怎么了？”爸爸问他。

“先生，”他那灰白的（因失血造成）抽动着的（因痛苦所致）。嘴唇里发出低微的声音，“没留心，踩在碎玻璃上，玻璃片插进脚底了（如果穿了鞋，就不会这样，但车夫显然穷得连鞋都买不起，或者舍不得穿）。疼得厉害，回不了家啦！”

爸爸跑（急步奔走）到伯父家里，不一会儿，就跟伯父拿了药和纱布出来。他们把那个拉车的扶上车子，一个蹲着，一个半跪着，爸爸拿镊子（给那个拉车的）夹出碎玻璃片，伯父拿硼酸水（消毒用的洗涤液）给他洗干净。（鲁迅学过医，这儿他按医生的方式处理了伤口。）他们又给他敷上药，扎好绷带。

拉车的感激地说：“我家离这儿不远，我真不知道怎么谢你们！”（车夫的话说得朴实、恳挚，感激之情溢于言表。）

当前语文课堂上学生动笔的机会多了，这确实有益于学生语言运用能力的提升，同时，也为教师的评价提供了一个广阔的空间。笔者发现，对学生练笔作出评价的样本采集太少，也许限于教学时间，往往是拿班上最好的几篇向学生作一番展示，是否可以随机抽查或有意识地搜集上中下各个水平层面的作业，让学生共同参与评价。教师则可以针对性地、具体地指导，而不只是简单地展示，尤其通过对较差水平的作业进行修改、补充，在评价的过程中结合教给一些学习方法，如怎样把自己的感悟有条理、有层次地表达出来，如何回答问题，如何使自己的思路更加开阔些等。这样，练笔就起到了真正的作用。千万别把练笔变成课堂的花絮，为练而练，练后不置可否。

五、注重情感交流，做好学生书面作业点评

对于学生的书面练习作业，如习作等，教师可以通过评改、批语等评价方式，促进师生之间

的情感交流。情感在一定条件下可以转化为学习的动力。

评改,可以在学生的作业本上进行,也可以直面学生,让学生朗读自己的"作品",教师认真倾听,边听边评改,用自己饱满的情绪、丰富的知识、敏锐的语感,与学生进行面对面的交流。

请看贾志敏老师的一次课堂评改中的一个精彩片段:

生念《掏鸟窝》。(师插话:这是很有趣的,看你写得乐不乐。)"哥哥,你瞧!"顺着表弟手指的方向一看(师插话:"一看"改成"看去"),只见树枝上有只鸟窝。掏鸟窝的念头顿时浮现在我的脑海里,手也觉得痒痒的。再一看时,不由得愣了一下:原来这棵树又高又大,我可没有这个能耐(师插话:应该说,"树又高又粗","大"跟你爬树的难度没有直接关系)。怎么办呢?表弟在一旁不住地催我:"快去呀!快去呀!"(师插话:应该说"快上呀"。)我脱了鞋,拉紧了裤带(师插话:"拉"字不好,应该用"勒"。学生立即指出,"勒"应当读 lēi),往上一跳,双手抱住大树,一点一点地攀登。爬到树杈上,我已累得满头大汗,气喘吁吁(师插话:应该说"一点一点地爬呀,爬呀,"用"攀登"不恰当)。我翻开鸟窝一看,这里面有好几个鸟蛋(师插话:"这"字可以不用)。我伸手去掏,把它们一个个放进口袋,再顺着树干往下滑(师插话:放进口袋?不会弄破?生答:不会的,我把衣服反系在腰上。师说:真聪明,有实践经验)。"哥,掏了几个?""你数吧!""一个,两个……哈,正好五个!"我们俩个(师插话:用了"俩",后面不跟"个")咯咯地笑起来。

这样的评改直接瞄准感性的语言材料,如医生给病人诊断一样,指出病情,开出药方。当场评改需要教师细心倾听,以敏锐的语感迅速作出反应,这可以说是一种真功夫呀!

教师以满腔的热情、精练的语言,给学生的书面作业书写评语,这些评语犹如柔和的春风、融融的阳光温暖着学生的心灵,激起感情的涟漪,让孩子们得到心理的满足。"无心插柳柳成荫",几句评语会在儿童的心坎里播下文学的种子。

评语力求具评、实在,使学生真正有收获,而不是写那些放之四海而皆准的抽象、空洞的套话、空话,抱着殷切的期望,对作业中的不是之处给予宽容,以缩短与学生的心理距离。

评语可用直接、明白、顺畅的语言来书写,也可引用诗文、警句进行点评,让学生在教师的点评中,潜移默化地接受文化熏陶。

惠贞书院欧如成老师很重视对学生习作的点评,他善于发现学生习作中的闪光点,带着欣赏的眼光去读学生的习作,并从不同的角度赞美学生,写下精彩的评语。现撷取部分以飨各位同仁。

一是以委婉亲切的语言,启发学生开拓思路:

读了这一段,我很想知道:两只小狗长得一样吗?可爱吗?有什么特点呢?大狗是怎么关心和保护它们的?姐姐对它们好吗?小狗看见我是害怕还是亲昵呢?我是怎么亲近它们的?其实这些疑问就是这一段的写作点,需要你一一道来。

二是运用启发和商量的口吻,提出修改的建议:

紧扣题目——《快乐的一天》,写了一篇很好的游记,全文从早晨到夕阳西下,涉及五个时间段。每一个时段都作了记叙，假如你能把其中最有兴趣的两处写具体，写详细，其余可以简单地写，这叫作有详、有略，详略得当。你说是吗？不妨拿起笔来修改一下，好吗？

三是从遣词造句、选择材料、文章结构、人物描写以及习作的思想内容等不同的角度进行点评：

①读了此文，又一次感受“梅花香自苦寒来”的深刻含义。小作者习作的频频获奖来自那一次次不为人知的艰辛和痛苦。学琴的故事吸引着我，我的心也随着作者的“悲惨揌音”而坠入冰谷，又随着作者的“琴声悠扬”而拨云见日。文章的魅力还在于作者精妙的语言描写。用词准确，“路，很远，但是挡不住我和妈妈炽热的求学之心”，只有“炽热”，才如此准确地体现当时的求学之心。语句优美，写与古筝的关系，“对古筝如知心朋友一般”；写得到评委认可时，“也如一束阳光照进了我的小小的心房里”；写对古筝憎恨时，“每次看到琴，我都会狠狠地瞪上几眼，心里恨不得把它踢成碎片”；写到学琴脱胎换骨时，“就像艰难蜕皮的蝴蝶，一点一点地展露出了美丽的翅膀”……这些巧妙独到的语句陡增了文章的可读性。

②这本是生活中司空见惯的小人物、小事情，却如荡漾在生命甘泉中的一丝甜蜜，读来亲切而温馨。文章没有华丽辞藻的堆砌，也没有写作技巧的卖弄，本本色色的描述，却赢得了读者的心。

③家是什么？家是亲人和谐幸福的焦点；家是什么？家是亲人之间的牵挂和呵护。生活在这个家庭里，奶奶是多么幸福：儿子买来手机，一家人抢着教她手机，孙女听不到手机回复焦急地寻找……小作者虽然只选择了“奶奶用手机”这一小事例，却给人“家”的思考，“亲情”的思考，读罢此文，给了我浓浓的暖意。

④本文把“对比”发挥到了极致。有纵向比较：平日里快步如飞，今日却一步一个跟头，满头大汗，满脸是土。更有横向比较：我骨瘦如柴，他身高马大；他背我是轻而易举，我背他却如“泰山压顶；别人轻松自如地越过，而我却浑身骨头“咯噔咯噔”作响等。在小作者自我调侃中，我们也感受到他的“痛并快乐着”，因为这本身就是一种男子汉的游戏。

⑤三段描写，绝不雷同。第一组虽仅用“如风”概述，却尽得神韵；第二组紧扣“绝配”，把一对小胖写得滑稽风趣、活泼可爱；第三组巧用提示语，在对话中展现了活动过程，更是妙不可言！

⑥又是一个很可爱的故事。事例可爱：为了让对方按时还书，竟然要求以书抵书，展现了孩子刁钻精怪的一面；语言可爱：对话再现了孩子间的率真无忌，适当的歇后语、比喻句增添了故事的谐趣；题目可爱：“我当了回精明人”，仿佛看到了小孩子的狡黠窃笑。

⑦够形象！“磨磨蹭蹭递试卷”、“战战兢兢吃完饭”写出了小作者内心的恐惧；妈妈的“怒发冲冠”，爸爸的“连蹦带蹿”真实地再现了“统一战线”：为了女儿的成绩，决不姑息，决不含糊，决不手软啊！

⑧信任是不竭的动力。因为信任，才驱赶了疲惫；因为信任，才驱赶了瞌睡；因为信任，才坚守了成功。

⑨是啊，你就是世界上那最幸福的孩子，你不但沐浴着世上那最柔和、最无私的爱的阳光，而且在被爱中慢慢学会了去爱别人。心中装着爱的人就是世界上最幸福的人。

让恰当的教学点评，播下求知求新的种子，让适时的教学评价控制学习导向，增添课堂教学起承转合的艺术效果。

让精彩的教学评价贯穿始终，成为课堂教学一道亮丽的风景线！

（宁波市小学语文教学研究会　纪育华）

有效练习的设计与评价

语文教材的形态非常丰富，一篇课文中可以教的内容很多，所以，练习以及设计的形态也会很丰富，这是学科教学的优势。不过，由此也引发了大家的思考：虽然教学内容非常丰富，但是教学时间有限，在有限的时间里，应该选什么作为练习的内容？如果设计不当，练习越多，就越偏离语文学习的主线，虽然项目繁多，但是学生的语文能力却得不到提高，学习负担也不断加重。

因此，怎样设计有效的练习已经引起了广大教师的重视。越来越多的教师认识到：在考虑练习的内容、形式、数量的同时，还应该关注练习的基础性与发展性的关系，练习与教学内容、教学目标之间的关联，练习的有效实施等问题。这些思考，也是如何评价练习有效性的视角。

基于以上的思考，本文想要讨论和说明的是：在"关注发展，重视基础"的理念指导下，如何选择教学内容，设计有效练习，并对其有效性进行评价。下面就以《我的舞台》的教学为例，进行说明。

一、有序解读

对教材的解读体现着教师的教学智慧和教学价值取向。它是确定教学内容、设计有效练习的关键。有序解读，要求教师从学科、学段、单元的不同序列理解教材内容、选择教学内容，从标准、内容、目标的不同层次思考教学内容对学生学会知识、习得方法、获得发展的作用和价值。对《我的舞台》的解读，呈现了以下思考：

（一）基于标准的解读

基于标准的教材解读，体现了以《义务教育语文课程标准》(2011年版)为依据，把课程目标中比较宽泛和概括的内容细化、具体化的过程。《我的舞台》的教学内容的选择，根据《义务教育语文课程标准》(2011年版)中"语文课程致力于培养学生的语言文字运用能力，提升学生的综合素养，为学好其他课程打下基础"的要求、课程规划的目标和学科教学的规律，理解《我的舞台》在学科、学段、单元中的作用和地位，选择《我的舞台》的教学内容，设计教学内容的框架。

（二）基于内容的解读

基于内容的解读，是本着提高学生的语言文字运用能力、提升学生综合素养的教学理念，从教材内容和教学内容选择两个层面，对《我的舞台》进行解读。

从教材层面上看，《我的舞台》是一篇适宜于学生独立阅读的文章。六年级的学生已经具备了一定的阅读能力，他们通过自主阅读可以理解文章的大部分内容。如文章的主要人物和所讲述的具体事例；作者通过文章想表达的想法；文中的主人公是一个怎样的人；童年生活对作者成长的影响等。所以，对课文"内容理解"的练习，选择指导学生通过预习独立完成的形式是可行的。

从教学内容选择的层面上，根据课文的特点和学生学习语言的特点，选择了快速浏览、提炼、概括文章的主要信息；学写批注；体会作者用轻松幽默的语言描写自己小时候在"舞台"上的成长经历；运用不同形式的朗读表达对课文中充满生活气息和童趣的描写进行欣赏等练习内容。这些基本的阅读练习，不但对学生学习这一篇课文有帮助，对学生语文学习能力也有帮助，而且能为学生综合能力的提高打下基础。掌握这些方法需要尝试和实践，需要教师的帮助。因此把它们梳理后归纳成以下 7 个项目，作为练习的主要内容：

1	用较快的速度进行阅读。
2	提炼文章的主要信息。
3	对文中的事例进行概括。
4	了解文章的叙述特点，体会作者运用具体的事例进行说明的方式。
5	欣赏课文语言，学习用不同的语气表达不同的内容。
6	学作批注。
7	学作内容整理：对已经学过的课文中、课外读物中、习作中运用轻松幽默的语言描写艰辛生活的语句进行整理、欣赏。

（三）基于目标的解读

基于目标的解读，是在基于标准的解读、基于内容的解读基础上，遵循"用目标指导教学"的理念，从知识、能力、过程、方法、情感等不同的领域，充分考虑教学目标与教学内容的一致性，避免教学内容游离于教学目标，或是教学目标被边缘化。在制订《我的舞台》的教学目标的环节时，从教学目标的可测性、合理性、操作性等不同层面，再一次解读课文，使教学目标与教学内容相互关联，相互对应，体现练习设计的框架和思路。

教学内容	教学目标
用较快的速度进行阅读。	在教师的指导下，借助“阅读表”，用列表、提问等方式梳理、概括文章主要内容，解决问题。
提炼文章的主要信息。	
对文中的事例进行概括。	
学作批注。	
了解文章的叙述特点，体会作者运用具体的事例进行说明的方式。	赏读课文，体会作者轻松、幽默、平实的语言特点。
欣赏课文语言，学习用不同的语气表达不同的内容。	
学作内容梳理：对已经学过的课文中、课外读物中、习作中运用轻松幽默的语言描写艰辛的生活的语句进行整理、欣赏。	在阅读中，感受乐观、向上、积极的生活态度。

二、分类整合

“分类整合”是把所选择的教学内容根据不同的类型进行分类、相互衔接与组合，与教学目标、教学过程、教学方法进行连接，使它们相互联系，形成练习设计的依据，以最大限度地发挥教学内容的作用，体现语文教学促进学生发展的功能。《我的舞台》教学内容整合的具体步骤和练习设计，体现了对上述思考的细化和统筹。有以下几方面值得借鉴：

（一）把教学内容与教学目标进行整合

根据教材和学生需要选择的教学内容一共有 7 项，这些内容对学生的学习和发展都有帮助。如果把它们逐一罗列，作为教学目标，既没有层次，也不规范，实际教学中难以操作。于是，先把这 7 项教学内容进行整合、归类，再根据学段目标和略读课文的要求把它们转化、整合成教学目标。例如，把“用较快的速度进行阅读”、“提炼文章的主要信息”、“对文中的事例进行概括”归纳成“指导学生进行信息的阅读”的要求，然后把它们转化为“用较快的速度阅读课文，借助‘阅读表’，梳理、概括文章内容”的教学目标。这样的整合，使教学目标与教学内容相互联系，有机整合，避免了教学目标制订的随意性，也避免了教学的盲目性。

教学目标的第 2 条“赏读课文，学习做摘录，体会文章轻松、幽默、平实的语言特点”；第 3 条“在阅读中，感受作者积极、乐观、向上的生活态度”也是运用这样的方法整合而产生的。其中第 3 条是对学生已知内容的整合、提升，以进一步强调对作者的人生态度的认同，为学生逐步形成良好的个性和健全的人格打下基础。教学内容与教学目标进行整合，增强了教学目标的针对性、操作性和可测性，也使《我的舞台》的课堂练习更符合“发展语言能力，发展思维能力，学习科学的思想方法”的课程理念。

（二）教学内容之间的整合

《我的舞台》是一篇独立阅读课文，设计的教学思路是把它作为例子，培养学生练习快速浏览、提炼信息、概括内容、整理内容、学写批注等能力。通过对相关的内容按项目和层级进行整合，使各项内容相互联系、相互促进，并梳理成一种认知结构或者一种学生能接受的学习方式、练习形式,如怎样独立阅读一篇文章,阅读一篇文章可以有哪些方法和步骤等。

在设计中,分别把“用较快的速度进行阅读”和“提炼文章的主要信息”、“对文中作者列举的事例进行概括”三项内容进行了整合,成为一项综合性的练习。因为这三项教学内容都指向培养学生进行信息阅读的能力,而“用较快的速度进行阅读”又是“提炼文章的主要信息”、“对文中作者所列举的事例进行概括”的基础。如果逐项练习,虽然也能实施以上教学内容,但是学习的信息量小,学生的学习负担也会很重。根据这样的思路,也把“了解文章的叙述特点,体会作者运用具体的事例进行说明的方式”、“欣赏语言”和“学作批注”三项内容进行整合,进行综合练习。

“用较快的速度进行阅读”和“提炼文章的主要信息”的主要练习过程如下:

1. 学生快速默读课文,根据阅读要求圈出与“舞台”相关的重点词:如娘胎里、小床上、院子里等。

2. 教师对学生的学习结果根据“较快的速度阅读”和“提炼主要信息”两项要求进行评价。

3. 呈现新任务:提炼文章的主要信息。

完成任务的过程:

①请学生思考:我在“舞台”上怎样“表演”?

②以“在娘胎里”这一段为例,在教师指导下,通过快速阅读,摘录“登台唱戏、大闹天宫”等重点词填入表格。

③方法迁移:分别摘录“我”在“小床上”、“剧场里”、“院子里”、“家里”学戏的重点词,分别填入表格:

我的舞台	
在哪里	怎样“表演”
娘胎里	“登台唱戏”　“大闹天宫”
小床上	兴味盎然 场场必到
剧场里	咿咿呀呀地乱唱
院子里	抻、拉、压、拽
家里	认真演戏　老实做人

④交流、评价、修改。

“摘录与舞台相关的重点词”的要求与指导过程,通过“用较快的速度阅读课文”和“提炼文章的主要信息”两项练习,把理解的阅读、有速度的信息阅读结合起来。学生在较短的时间里,边阅读边摘录重点词,梳理课文的基本内容,了解“我的舞台在哪里”,构建起内容框架的基本信息。

在完成这两项练习的同时,教师还根据现场学生的表现,把预设的内容与生成的内容进行了整合,体现对“如何进行表达”这一练习要求的重视:

生:我先是在娘胎“登台唱戏”;在母亲的肚子里“大闹天宫”;我在小床上“演戏”的时候,“咿咿呀呀”地“乱唱”;后来到剧场里看戏,我“兴味盎然”,“场场必到”;再大一点的时候,我在院子里学戏,被师傅“抻、拉、压、拽”;在家里,我“认真演戏”,“老实做人”。

师:你说得很好:第一,你摘录的词语非常形象;第二,你在说的时候用上“先……后来……然后……”表达很有条理;第三,你把摘录的词语写得很整洁……同学们也可以像她一样练一练。

(三)教学内容与教学方法的整合

根据“提炼文章的主要信息”、“用较快的速度进行阅读”、“对文中的事例进行概括”、“欣赏课文语言”、“学习用不同的语气表达不同的内容”、“学作批注”的教学内容,我们再次思考:运用什么教学方法,可以让学生在学习这些内容的过程中既经历探索实践的过程,又能享受到学习的快乐,始终保持学习的兴趣?

因为所选择的教学内容需要学生进行实践,所以,教学中选择“练习”作为主要的教学方法。首先,把练习的项目设计好,使它与教学内容相关联。其次,做到练习形式的多样化,避免单调与枯燥。再次,保证学生的练习时间。最后,对练习进行评价。这样,在练习“提炼主要内容”、练习“概括”、练习“填写工作表”、练习“抓重点词赏读”、练习“作批注”,练习与教师、同学交流自己的学习成果时,虽然项目多,但是学生在参与、在努力,有提高,感到阅读是一种有意义的经历。在这样的练习中,学生成为了课堂的主角。

三、适度拓展

作为《我的舞台》的教学内容之一,怎样进行练习内容的“拓展”是我们根据对教材的解读和学生的需要确定的。“适度拓展”,是在综合考虑拓展的内容与教材内容的适切性和融合性,以及拓展的程度、数量、时间等因素的基础上,对如何进行练习内容“拓展”的限制和要求。具体的做法有以下几点值得借鉴:

(一)事先有规划

在教材解读中,根据《我的舞台》轻松、幽默、风趣的语言表达方式和略读课文教学的要求,规划了“指导学生在阅读中发现这一特色,并能联系之前所学的课文和所阅读的文章中相同或接近的描写,甚至是自己的习作中的类似描写,进行比较和归类”的教学内容、练习过程和教学评价目标。有了这样的规划,再把练习重点放在“语言欣赏”、“倾听和表达”上,指导学生以练习为载体,回顾以往的学习内容,对分散在不同材料中“用轻松幽默的语言描写艰辛的生活”的材料进行选择和整理。这样,使拓展什么内容、怎样进行拓展性练习做到有过程、规范化、系统化。同时,有关“拓展”的设计,也能够与教学目标对接,成为教学内容的补充和延伸,成为一项能在课内落实的有效练习。

(二)选择有重点

在“拓展练习”中,教师要求学生从已经学过的课文中、课外读物中、习作中找到运用轻松幽默的语言描写艰辛生活的语句,进行整理和再次欣赏,这是一个开放的教学环节。无论是教材还是课外读物,用轻松幽默的语言描写的内容很多,如果不加引导,完全开放,犹如大海捞针,学生将无从下手,如果安排一个“自由交流”的环节,虽然气氛活跃但收效甚微。基于这样的考虑，教学中先让学生根据练习要求“在我们学过的课文中，也有那些‘以轻松幽默的语言表现生活’的表达方法”进行思考，当学生有困难时，再呈现学生学过的、熟悉的课文，如《窃读记》、《夜莺之歌》等，在学生喜欢的课外读物中，如《女生贾梅》等，有重点地选择了语言风格与《我的舞台》相同或者接近的描写，然后把这些内容作为范例，指导学生学习以新的视角去看学过的课文和读过的作品、自己的习作。

（三）落实有过程

拓展练习，相对于根据课文内容的练习，常被视为“点心”，没有像“正餐”那样受到重视。虽然经过精心选择，也容易被当作点缀，一掠而过，草草收场。为了发挥经过选择、经过规划的练习作用，让“内容拓展”的练习真正成为学生学习语言的过程，教学中也落实了环节。下面是拓展“轻松、幽默、风趣”的语言的练习过程：

师：同学们，我们通过摘录重点词、写批注的方法，感受了作者轻松、幽默、风趣的语言。大家能不能回忆一下在我们学过的课文、读过的课外书，甚至自己的作文中有哪些这样的描写？

（学生思考。）

师：大家暂时想不起来没关系，教师先把自己找到的与大家交流。（出示《夜莺的歌声》片段）引读：刚刚一开火，村子就着火了，大家都喊——

生：野兽来了，野兽来了！

师：我们再一次感受了“小夜莺”幽默、风趣和机智勇敢。再看——（出示《窃读记》的片段。）

师引读：其实，我的心里却高兴地喊着——

生：大些！再大些！

师：她的经历跟我们小吴霜的经历有些相似。

师：这些是课文中学过的，课外书中这样的描写也很多。（出示《女生贾梅》片段后，请学生欣赏、朗读。）

师：同学们，这些风趣、幽默、轻松的语言，体现了作者积极、乐观的人生态度，我们可以好好欣赏。有兴趣的同学，可以再去找一找，同学之间做个交流。

这一练习过程，教师首先精心选择了课内、课外，包括学生习作中的“轻松、幽默、风趣”的内容，然后从课内到课外，分步呈现，师生共同欣赏，让学生感受语言风格和魅力，最后对为什么拓展这些内容进行了说明和小结。如果说，《我的舞台》的教学是一出戏剧，那么，在快要落幕之时，这些内容的拓展犹如又一个精彩的情节吸引了学生，“舞台”上余音绕梁，回味无穷，学生与“舞台”相互融合。

以上是以《我的舞台》为例，对有效练习的设计和评价所作的说明。语文是为学生成长和发展奠基的课程，合适的教学内容，规范、合理的练习，对于学生掌握语文学习的基本方法，获得基本的语文素养，都有很大的促进和帮助作用。所以，关于“有效练习的设计与评价”，值得我们进一步深入研究和实践。

（宁波市教研室 励汾水）

有效练习的比较评价

——对“中小学生学业水平测试”小学语文阅读题与PIRLS阅读题的比较分析

2011年10月27日，教育部“中小学生学业质量分析、反馈与指导系统”项目组对宁波小学四年级的学生进行了语文学业水平的测试，其中的阅读题命题借鉴了国际学生评估项目(PISA)、国际阅读能力发展研究(PIRLS)的命题方式，是一套完全区别于我们印象中的传统意义上的阅读题。这套阅读题有没有从根本上改变以往阅读题不考阅读理解能力的弊端，体现先进的阅读能力评价理念？

这里，笔者想以宁波学生学业水平测试的阅读题(以下简称“宁波卷”)和PIRLS阅读题《倒立的老鼠》为样本，从阅读材料、阅读题型及数量、阅读能力要素、问题题干等方面作一些比较分析，为小学语文阅读题的设计提供参考。

一、阅读材料的比较

据华东师范大学课程与教学系董蓓菲介绍，PIRLS评估卷采用两种体裁的阅读材料，一类是信息类文章，也就是我们常说的说明文、实用文；另一类为文艺类，比如叙事故事、小说、诗歌等。这两类文体的阅读材料在测试卷中各占50%的比例。

宁波卷共有三篇文章，其中《购买上帝的男孩》为叙事故事，《松鼠与红松》为童话故事，同属文艺类体裁；第三篇是关于字典中的汉字排列次序的说明文，属于信息类文章。

由此可见，在阅读材料的选择上，宁波卷汲取了PIRLS测试的研究成果，改变了以往小学阅读测试偏重文学类作品的倾向，兼顾了功能性阅读，体现了为学习、为生活而阅读的理念，倡导了贴近生活的多元化的阅读，相信这将为我国阅读教学的改革引导正确的方向。

但是，稍显不足的是缺少非连续性文本的阅读测试。笔者在网上搜到学业水平测试A卷，这套题中就有一道非连续性文本阅读题：

学校为了丰富同学们的课余生活，组织了很多个课外兴趣小组。刚上三年级的小明也想参加一个兴趣小组，但是他只有周五下午有时间。根据下面的课外小组活动时间，你认为小明能参加哪个兴趣小组呢?

兴趣小组	活动时间	参加条件
围棋小组	周二、五下午	限有一定围棋基础者参加,且每周的两次活动都必须参加
游泳小组	周五下午	凡有兴趣者都可参加
足球小组	周一、三、五下午	报名后,无特殊情况,每周的三次活动都须参加
科技小组	周五下午	仅限四年级以上同学参加

小明可以参加的是(　　)

A. 围棋小组　　B. 游泳小组　　C. 足球小组　　D. 科技小组

这样的文本阅读是学生日常生活阅读的一个重要内容,对学生今后的发展有重要影响。因而,我们今后的阅读测试要拓展阅读材料的选择范围,强调基于生活的阅读。

二、阅读题型及数量比较

宁波卷和PIRLS阅读题《倒立的老鼠》题型及数量对比如下表:

数量及分布 / 类型 / 题型		单项选择题	封闭结构应答题（填空题）	开放结构应答题（开放题）	合计
宁波卷	数量	12	0	0	12
	分布百分比	100	0	0	100
PIRLS阅读题《倒立的老鼠》	数量	7	3	4	14
	分布百分比	50	21	29	100

从表中可以看出,在题型上,宁波卷极为单一,只有单项选择题,这虽然为阅卷带来了极大方便,但与语文学科的特质不符,使得本来丰富的文、丰厚的意、丰满的形,都被单一化、格式化了,违背了课程标准提出的“要珍视学生独特的感受、体验和理解”“提倡多角度的、有创意的阅读”的理念。

PIRLS中的开放结构应答题约占29%,这一类题目“要求学生建构较长的回答,允许有范围广、多样的、个性化的回答和不同观点”,注重考查阅读理解的过程,因此,较之单项选择题和封闭结构应答题,它更容易检测学生的实际阅读水平。所以,我们应学习PIRLS中开放题的设计技巧,让阅读测试更趋科学。

比如,宁波卷第一篇《购买上帝的男孩》就可以增加这样的开放结构应答题:

你认为文章的最后一段能不能删掉?请说出你的观点,并说明理由。

宁波卷第二篇《松鼠与红松》也可以增加这样的开放结构应答题:

1. 文中,红松妈妈的心情发生了怎样的变化?

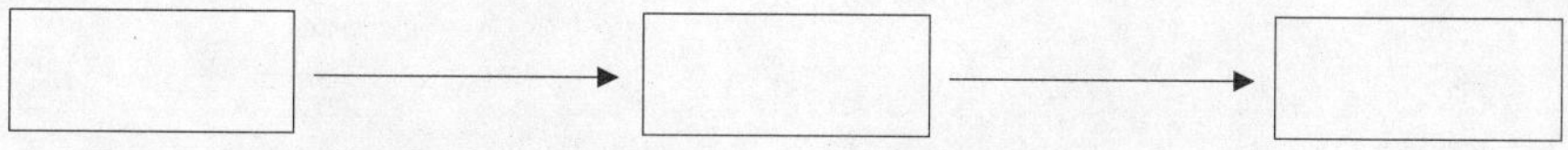

她的心情为什么会发生这样的变化？请写出理由。

2. 请用文章中的相关信息来描述松鼠在播种红松中的作用。

三、阅读能力层次比较

PIRLS 认为，阅读能力就是学生理解并运用书面语言，从所读的文章中建构意义的能力。PIRLS 将阅读能力分解为四个层次：获取信息、直接推论、诠释并整合观点、评价文章内容和表达形式。获取信息是指从文中找出文章明确传递的信息；直接推论是指要求学生联系两个以上的信息作出推测；诠释并整合观点要求学生运用已有的知识，联系文中未直接表达的信息，建构意义。评价文章的内容和表达形式要求学生批判性地思考文中信息。这四个层次的难度水平是依次递增的，获取信息类题目难度相对较低，评价文章内容和表达形式难度相对较高。

宁波卷和 PIRLS 阅读题《倒立的老鼠》的阅读能力层次比较如下表：

数量及分布能力 / 类型 / 层次		获取信息	直接推论	诠释并整合观点	评价文章内容和表达形式	总计
宁波卷	数量	7	4	1	0	12
	分布百分比	58	33	9	0	100
PIRLS 阅读题《倒立的老鼠》	数量	8	1	2	3	14
	分布百分比	57.2	7.1	14.3	21.4	100

从表中可以看到，两份试卷中，获取信息类的题目分别为 57.2%和 58%，可见，两者都重视对学生获取信息能力的测评，因为小学生是阅读能力形成的初始阶段，从文本中正确提取信息是评价其阅读能力的主要指标。

不同的是，宁波卷中没有“评价文章内容和表达形式”的题目，而 PIRLS 中却占 21.4%，这使宁波卷的难度大大低于 PIRLS 测试的难度，缺少对学生批判性地解读文本、建构意义的能力的测试。考试是教学的指挥棒，如果阅读题一直这样命题，学生的阅读能力层次无疑会下降。

因而，我们在测试时应增加“评价文章内容和表达形式”的题目。如宁波卷第一篇《购买上帝的男孩》就可以增加这样的题目：

1. 文章是如何告诉我们邦迪叔叔的情况的？

A. 通过邦迪的话。

B. 通过老头儿的话。

C. 通过医生的话。

D. 通过商店店主的话。

2. 从老头儿所做的事情中，你看出他是一个怎样的人？请用语言描述，并举出两个关于他行为的例子来说明。

四、问题题干的比较

问题题干的设计应该简洁、明了。这样,一方面可以让被测试者毫不费力地明确答题的任务,另一方面也可避免对学生答题造成不必要的干扰或形成暗示,影响测试的结果。

宁波卷模仿高考阅读题的命题方式,在文本的每一自然段前标上序号,在题干中,直接提示问题所涉及的段落,如《购买上帝的男孩》第一题的问题是:

第①段中,店主总是"不由分说就把他赶出了店门",这是因为……

不光如此,命题者还在相应自然段中,将问题所涉及的句子也用横线画出,如:

一个小男孩拿着1美元硬币,沿着街边的商店一家一家地问:"请问您这儿有上帝卖吗?"店主要么说没有,要么嫌他捣乱,不由分说就把他赶出了店门。

在PIRLS或PISA阅读题中,却没有这样的提示及标注。

虽然,这仅仅是细节上的不同,但同样让人深思。题干中作这样的提示,学生在答题时就无需自己从文章中寻找相关语段及句子,这无疑降低了对学生检索信息能力的要求。

另外,"不动笔墨不读书"是一种良好的阅读习惯,三、四年级正是培养这种习惯的重要时期。学生阅读文章时,应自觉地标出自然段序号,画出重点句子。现在,命题者给"代劳"了,学生会有"英雄无用武之地"的感觉,不利于良好阅读习惯的养成。

(鄞州区教研室　赵培敏)

有效练习评价的操作过程

——以《维也纳生活圆舞曲》为例

如何提高练习的有效性？我认为，要做到教、练、评的有机统一，即所教即所练，所练即所评，教有重点，学有可依，练有过程，评有指向，让教、练、评统一指向一方面的语文能力点上，让学生一课一得，学有所获。下面结合《维也纳生活圆舞曲》一课教学，谈谈具体的操作策略。

一、聚焦

语文教学千头万绪，必须删繁就简，聚焦重点，突出重点，把教学重点做细、做深、做实，这样才能让学生真正受益。

(一)聚焦目标

制订目标的依据有很多，如文本特色、教材作用、学生的学习起点以及能力生长点等，应该对这些因素进行综合考虑，整合为明确、恰当、集中的教学目标。

从文本特色来解读，《维也纳生活圆舞曲》选材独特。作者不写举世闻名的金色大厅，不写闻名遐迩的音乐家，却只写鸟叫、花儿、小路、酒馆，用生活中人人可见、可听、可感的事物，让读者真切感受到维也纳人们的生活时时、处处都洋溢着音乐的气息，“音乐是维也纳灵魂之所在”。

从教材作用来解读，《维也纳生活圆舞曲》是人教版五年级下册第八单元“了解不同地域的民族风情”单元的补充课文。作为一篇选学课文，又怎样来定位教材的性质？我们对选学课文的理解是：可以根据教学需要灵活处理，也就是说处理成精读或略读都可。这里就把它定位为略读课文了。既然这样定位，就要略其所略，精其所精。除了对文本内容有所选择，阅读能力的诸多训练也要择其精要，比如几乎每节课都要牵涉的课文朗读在这里就大胆地略去了。

从学生现有基础来解读，就内容理解来说，五年级学生对理解“维也纳生活与音乐之间的联系”还是有一定难度的。就写作特色来说，“作者又是怎样通过生活来表现音乐的呢”，对作者在选材上的这种独特的视角学生更难理解。但同时，对这两方面的理解又可以整合在一起：以理解“鸟叫、花儿、小路、酒馆与音乐之间的关系”为基础，进而欣赏选材的特点就水到渠成了。就阅读能力来说，五年级学生更要学习提炼、概括、欣赏语言、写批注等阅读的基本能力。

基于以上分析，我们确定本课教学的重点目标为：学习书面表达对问题“维也纳生活与音乐之间的联系”的理解，欣赏作者的语言特色及文章在选材上的特点。

（二）聚焦内容

根据重点教学目标删选教学内容，灵活处理教材，突出重点内容，不作面面俱到的阅读。

1. 聚焦教学示例段落

教法要成为学法，势必要选择范例教学，让学生举一反三，迁移运用，从学习阅读到独立阅读。

《维也纳生活圆舞曲》在教学时重点示范第一部分“鸟叫”的段落，其他三部分放手让学生自主阅读。从段落结构特点来看，四方面段落虽然不是严格意义上的并列结构，但基本内容和表达方法还是一致的，都是通过写生活场景来表达音乐的，这就为范例教学提供了条件。选择第一部分“鸟叫”段落作为示范，一方面也是遵循从头开始的阅读习惯；另一方面，这部分内容学生比较感兴趣，容易激发学生的阅读热情，再者是那部分段落中写“鸟叫”的句子比较有特色，可以积累与模仿。

2. 聚焦典型语例

在确定第一部分作为教学范例后，还要对内容进行删选，再一次聚焦重点，选择了描写鸟叫声的句子欣赏品味。因为这些句子的解读能够突破问题“维也纳生活与音乐之间有什么联系”的理解。其他三部分的内容也是一样，由学生根据问题“维也纳生活和圆舞曲之间有什么联系”找到相应的语段欣赏，更加自主开放。原本可以有更多关于文本内容理解上的解读，比如：喷发的鲜花怎么会是音乐？弯弯曲曲的街道又如何理解音乐？为什么选择老汉，还有小狗？……有了这些问题的讨论，课堂看上去会热闹很多，但最后还是选择了放弃。我们的思考是：这节课到底要给学生留下什么？内容理解是不是就是终极目标？显然语文学习不只是为了理解，更重要的是让学生在阅读实践中学习阅读，提高能力。

（三）聚焦环节

在环节的设置上更要简约、集中，为学生的自主学习留出足够的时间，保证学生充分地读、充分地写、充分地交流。

整堂课大的环节就 4 个：质疑课题，学习概括；赏析语言，学写批注；表达体会，学习点评；拓展资料，总结提升。其中第二、第三环节大约占时 25 分钟，学生个体静静地读写共有 3 次，第一次学习概括约 3 分钟，第二次学写感受约 6 分钟，互评交流后又有约 2 分钟的自主修改。这样一节课一共有 11 分钟左右的书写练习时间，能有这么充裕的时间得益于大胆舍去诸多环节。比如原本安排的教师 3 次引读鸟叫的句子、串读由文章内容改编的小诗、再现酒馆音乐会画面等，虽然这些环节从设计的艺术性角度上来说个个都是精品，环环都能出彩，但基于目标需要考虑，最终还是忍痛割爱。

二、分解

根据学生的认知规律，对教学进行有层次的设计和有序的组织，让教法自然成为学法，使学生学有可依。

(一)分解目标

终极目标的实现不可能一蹴而就,是需要分步实施的,因此需要把终极目标分解成阶段目标性的目标,分步呈现和推进。这样才能把教学过程走得扎扎实实,还能不断激发学生学习的兴趣和学习欲望。

为了实现以上所述的重点目标,根据教学推进的步骤,又派生出几项子目标。(1)学习质疑,提出关注主要内容的关键问题,明确自主阅读的方向。(2)搜索关键信息,定向概括提炼,初步了解维也纳生活与音乐的联系。(3)合理联想和想象,阅读、理解、欣赏文中最能表现音乐的句子,并能比较清楚地书面表达自己的阅读体会。(4)能与同学交流自己的学习成果,能比较客观地评价同伴的学习,相互取长补短,改进自己的学习。(5)通过阅读交流,在理解"维也纳生活与音乐的联系"的基础上,领悟作者选材上的独具匠心,欣赏作者抓住日常生活场景表现"音乐是维也纳灵魂之所在"这一主旨。

(二)分解过程

根据阶段性的目标,就能循序渐进地安排各个教学环节,设计有层次的、有针对性的各项练习,环环相扣,层层递进,使教学活动螺旋上升,最终达成终极目标的实现。

在"课题质疑"环节,为了引导学生关注关键问题,教师的做法可以大胆些,先梳理问题,把关于知识性概念的问题随机解决。如(1)维也纳在哪里?(2)圆舞曲是什么?通过文本资料的补充,让学生快速默读了解。然后将学生提出的最关键的几个问题进行梳理,"维也纳生活圆舞曲是怎样的","圆舞曲是一种音乐,怎么会与维也纳生活联系在一起","维也纳生活与音乐之间会有什么联系",这些问题可以归并成一个问题:"维也纳生活与音乐之间会有什么联系",现场打入PPT中,作为整堂课学习的主导。提问环节处理得当,既能充分体现尊重学生,激发学生的学习热情,又能启示学生怎样提问,学习提有价值的问题。

接着是重点板块的教学,围绕学生提出的问题"维也纳生活和音乐有什么联系",分三步学习推进。首先,概括"课文写了维也纳生活的哪几方面内容",梳理概括与音乐有关的生活画面。

【教学片段一】

师:好,同学们读得很认真。来,说说课文写了哪几个方面内容?

生:这篇课文写了鸟的叫声、鲜花、街道、小酒馆。

师:(将"鸟叫、鲜花、街道、酒馆"四词打入PPT表格中)这位同学真厉害,概括得既全面又简洁。不过同学们再想想,围绕音乐,围绕圆舞曲,又可以怎样概括呢?比如说"鸟叫"这部分——

生:免费音乐会。

师:够简洁!(边说边将"免费音乐会"打入PPT表格中)

生:鸟儿们合唱。

师:这个也不错!(边说边将"鸟儿们合唱"打入PPT表格中)

师:(指着PPT中的词语)同学们,这些词不仅简洁,而且写出了鸟叫、音乐和圆舞曲之间的关系。就这样，花儿、街道、酒馆又可以怎样概括？快速浏览课文，想一想，填到表格中。

（学生快速浏览课文后填写表格。教师随机指导，并选部分学生把自己的概括写到黑板上。）

解决核心问题的第一步还是整体把握文本内容，以“围绕圆舞曲，围绕音乐，课文写了维也纳生活的哪几方面内容”引导学生搜索关键信息，定向概括提炼，并以“鸟叫”为例，提示概括方法，学生自主概括后，再让学生板书展示，共同分享学习成果。最后通过配乐赏读，综合信息，提升理解，激发情感。

第二步，走进“免费音乐会”，细细体会鸟叫与音乐的关系，着重理解“奇怪的鸟叫声怎么也成了音乐”，以这个问题的探究为突破口，欣赏作者独特的选材视角。同时，教师再一次现场输入，示范学法，为下一步的学习作好铺垫。

【教学片段二】

师：快速默读课文第1—4节，把你欣赏到的音乐画下来。

（学生读课文，画句子。）

师：来，同学们，你们都听到了哪些美妙的音乐？

（教师根据学生回答，PPT随机出示句子。）

生：有一种鸟的叫声宛如花腔女高音，婉转、嘹亮、悠长，变化无穷，它怎么能唱出如此丰富而不重复的音乐？

师：鸟叫声是音乐，还有吗？

生1：有一种鸟的叫声像是有人磕牙，时断时续，嗒嗒作响；另一种鸟的叫声好似老人叹息，声音沙哑又苍老；还有一种鸟叫声很像猫叫。

生2：参加音乐会的还有远远近近教堂的钟声。从远方传来的卡尔大教堂的钟声深沉而又持久；来自后街上克罗利茨小教堂的钟声清脆而透彻。

师：教堂钟声也是音乐。同学们，这么多音乐，我们先来看这两个句子。一起来读读——

（PPT出示描写鸟叫的两个句子，学生齐读句子。）

师：太美妙了。同学们请看（教师手指大屏幕），作者写花腔女高音——婉转、嘹亮、悠长，这悦耳的鸟叫声，我们可以理解。可作者还写了有人磕牙，老人叹息，很像猫叫。这些奇怪的鸟叫声怎么也成了音乐呢？（教师边说，PPT边演示下面这些词语从句子中“飞”下来：

宛如花腔女高音　婉转　嘹亮　悠长　变化无穷　丰富而不重复

像是有人磕牙　时断时续　嗒嗒作响

好似老人叹息　沙哑又苍老

很像猫叫）

生：因为这些奇怪的鸟叫声是作者想象中的音乐。

师：还有吗？

生1：不同的鸟叫组成了精彩的音乐会！

生2:因为音乐和鸟叫声一样,都是变化无穷的。

师:音乐不仅变化无穷,而且丰富——

生1:丰富多彩!

生2:因为鸟叫声丰富多彩,然后作者根据鸟叫声想象出美妙的音乐。

师:好,你能读懂作者通过“想象”来描写,真不错。

师:同学们说得太好了。我选一条记录下来和大家继续分享。(教师将学生的回答整理后打入PPT中:音乐是丰富多彩的,奇怪的鸟叫声也能成为音乐的一部分。)

师:来一起读读——

(学生齐读自己的阅读体会。)

随着阅读的深入,怎样把学生的思维也引向深入?“奇怪的鸟叫声怎么也成了音乐呢”对这个问题的探究,表面上看好像还是停留在内容理解的层面上,实际上教师的用意却更深切,引导学生欣赏作者独特的选材视角。这种踏雪无痕的知识、技能的渗透是教学的一种艺术。同时,教师再一次现场输入学生的阅读感受,又一次激励学生,又一次示范学法,不知不觉中把学生的学习活动、思维活动引向深入。

第三步,自主选择“音乐与花”、“地上的音符”、“酒馆音乐会”这三部分内容,欣赏能表现音乐的语段,写写自己的理解。

这样分步安排教与学,不但体现了动静结合、张弛有度的课堂教学艺术,更体现了学习的过程与方法,让学生学有可依,有章可循,使课堂既灵动又实在。

三、展开

教学需要展开,要把学生的学习过程、思维活动充分展开,让师生、生生碰撞思维,让学生共同经历从不会到会的学习过程。在这一过程中,教师要善于利用课堂生成资源,或放大优质学习资源,成为其他学生学习的典范;或暴露学生的错误思维,寻找归因,指导典型,以点带面,共同进步。

(一)放大

课堂上,教师要善于利用课堂生成资源,展示学生思考问题、解决问题的方法,把学生的优秀学习成果进行放大,通过多向互动共享学习过程和学习成果。

【教学片段三】

师:(开心地指着黑板上的概括)同学们,看黑板,收获真多!首先我要表扬这位同学写的字非常端正。举一下手,表扬你。

师:(指着板书)不过,这里有一个词我们可以改一下。

生:“畅流如水的街道”可以改成“畅如流水的街道”。

师:是呀,这样就通顺了!(边说边在黑板上用修改符号修改)

师:(指着学生的板书)来,我们一起读读——

（学生齐读自己写的板书：
免费音乐会
芬芳的钢琴　音乐与花　花的巢穴
弯曲的街道　地上的音符　畅如流水的街道
酒馆音乐会）

师：这么多好词，你最喜欢哪一个？

生：我最喜欢“芬芳的钢琴”。因为它让我感受到钢琴和鲜花都很美！

师：太棒了。在维也纳，音乐不仅可以听到，还可以看到。还喜欢哪个词？

生：我喜欢“地上的音符”。维也纳的路上居然有音符在跳动，太神奇了。

师：哈，你很有想象力！

师：这里有个词——“弯曲的街道”，它怎么也是音乐？

生：我好像看到一个小女孩在弯弯曲曲的小路上走着，边走边蹦蹦跳跳地采着野花。

师：哈，你就是那个小女孩，此时，你正在享受维也纳的音乐吧？

（生开心一笑）

生：弯弯曲曲的街道，就像乐谱中的五线谱，所以我们能感受到音乐。

师：哈，在维也纳边走路，边踩出美妙的音乐！这真是太美妙、太享受、太有诗意了！

师：同学们，看来我们只要留心，维也纳处处是音乐，你听——

（播放“鸟叫”音乐，师引读学生写的板书）

师：清晨，我们可以听到——免费音乐会。

师：在公园，可以看到——芬芳的钢琴，音乐与花，花的巢穴。

师：在弯曲的街道，甚至可以捡到——地上的音符。

师：在城郊，我们能见识到——酒馆音乐会。

（二）暴露

对于学生学习活动中的错误信息，教师不要简单地否定，而要充分暴露学生的思维过程，寻找问题的归因，指导典型，以点带面，共同提高。

【教学片段四】

师：同学们读得认真，写得专注。这样吧，把你的体会先与同桌间交流一下、互相点评。注意评价时先说说好的部分，再提点小建议。

（学生同桌间互相交流，互相点评。）

师：同学们，该到我们分享的时间了。来，哪一组先和大家一起分享？

（一个学生在展台前读自己写的批注，一个学生点评。）

师：其他同学认真听，仔细看，等会儿要发表意见的。

生1：我体会到维也纳人很喜欢音乐。他们希望我们也能跟他们一起享受音乐的乐趣。

师：你来点评。

生2:她写得很不错。让我感受到只有在维也纳才能过上这种享受音乐的生活。

师:你的点评也很棒噢。谁还有补充的吗?

(学生不举手。)

师:(面向生2)如果我是她的同桌,我也来试试怎样点评,好吗?

生2:可以。

师:(面向生1)首先你清楚地表达了自己的意思;其次,你能从描写中体会到维也纳人在享受音乐的乐趣。"乐趣"这个词特别生动、形象。最后,你的字写得很端正,值得大家学习。不过我有个小建议,就是结尾要加一个——

生1:(不好意思地笑)加个句号。

师:一段话的开头要——

生1:(不会意思地笑)空两格。

(教师根据学生的回答在展台前用修改符号修改。)

师:如果做到这些,就更完美。来,掌声欢送一下。

(学生给展示的两位同学鼓掌。)

片段三教师主要运用的是"放大"策略,片段四则是"指导"策略,都收到了很好的教学效果。

四、提升

教师的重要作用是让学生学有所获,那就必须善于提升学生的认知,要适时对学生的学习进行提炼,或启示方法,或引发思考,或总结要点,让评价指向学生的有效学习。在教师适时的指导下,要给学生再次改进的机会。

教师的教学评价要体现与学生学习要求的一致性、评价内容的具体性、评价主体的多元性以及评价层次的渐进性。

整堂课中,教师的这种具体、多元、有层次的教学评价随处可见,摘录几句:"这位同学真厉害,概括得既全面又简洁。""好,你能读懂作者通过'想象'来描写,真不错。""同学们,看黑板,收获真多!首先我要表扬这位同学写的字非常端正。举一下手,表扬你。(指着板书)不过,这里有一个词我们可以改一下。"

【教学片段五】

师:还有哪一组想和大家继续分享?

(第二组学生到展台前和同学交流。)

生3:鸟儿的叫声交织在一起,好像在为圆舞曲伴奏。自然的鸟叫与美景交织在一起,成了奇妙的"风景"。

师:同桌点评一下。

生4:他写得很好。"美景、交织、奇妙"三个词,写得很生动。

师:这些词很生动,你点评得也很棒。其他同学还有想说的吗?

生5:鸟叫声是圆舞曲的伴奏,想象很奇特。

生6:鸟叫和美景交织,让我们很向往那道独特的风景!

师:大家说得真好。同学们,经过刚才的交流,我们对自己刚才所作的批注再进行一次修改。来,可以改改错别字,看看句子是否通顺,也可以再写一点新感受。开始。

(学生认真修改自己所写的批注。)

师:同学们,在刚才的修改过程中,王老师又发现有几位同学写得特别棒。我们再来听听。来,你来!

生7:清晨的鸟叫让我体会到了维也纳音乐的独特!那是最美妙的"免费音乐会"!

生8:……

(学生读时口齿不清楚。)

师:你写得这么棒,应该有自信地把它读得更响亮、更流利!

生8:(充满自信)维也纳有芬芳的香味、鲜艳的花儿、清晨的鸟叫,维也纳人生活在音乐之中,真享受,真美好!

教学片段四中,教师把"点评"的机会让给学生,评价主体由教师变成了学生自己,更利于激发互相学习的积极性。怎样让学生学会互相评价?首先教师的要求要很明确,其次要通过示范点评来引领。片段五中,教师对学生的再学习又提出明确的要求,对再学习后的评价也比原先要高了,体现了评价层次的渐进性。如:"你写得这么棒,应该有自信地把它读得更响亮、更流利!"不但要求学生写得好,还要求学生读得棒。

(北仑区教研室　蔡君英)

第二部分　课例研究篇

第一章

识字与阅读

【课例1】

《复韵母欢乐游》

——拼音复习练习的设计与实施

一、问题呈现

拼音复习课作为拼音教学重要组成部分，在梳理知识、查漏补缺的同时，也应遵循课标的要求，以提高复习的有效性。但教学中存在以下几个问题：

1. 游戏、活动五花八门，但其形式与教学内容却格格不入。
2. 复习内容面面俱到，内容过满导致低效。
3. 不关注学生拼读发音、表达语言的准确性，忽视语言质量。
4. 忽视拼音与识字、阅读的融合，学生发展目标单一。

二、课例描述

《复韵母欢乐游》是一节复韵母复习活动课，选取了人教版一年级上册“复习三”中的第一、第二两个板块，进行创造性使用，并加入生字复习和语言训练等。力求体现课标强调的拼音教学以游戏活动为主，与识字相结合，以及注重拼音在现实语言生活中运用的理念。下面针对上述课堂中存在的四个问题，截取本课几个主要教学片段，与大家分享。

（一）华而又实，形式与内容协调整合

本课根据复习内容的特点，整节课以“复韵母欢乐游”贯穿：“点名”引出复韵母—“排队”熟记复韵母—游玩动物园练拼读—参观魔术场复习生字，将所有复习内容统合在一个连贯的情境中，既贴近学生年龄，大大调动了学习兴趣，又提高了学习的有效性。比如下述片段，出发前让学生扮演复韵母宝宝进行点名，行进中唱“复韵母排队歌”组织课堂，由始至终将形式与内容紧密贴合，实现“学玩结合”。

师：复韵母宝宝们一听说去郊游，早就来到教室里了，它们就藏在一些小朋友的课桌里呢！找到的小朋友赶紧拿出来坐好。

师：拿到卡片的小朋友，现在你就是这个复韵母宝宝了。其余的小朋友和教师一起点点名，看看复韵母宝宝们都到齐了吗？请仔细听——

师：ɑo、ɑo，在哪里？

学生根据教师的读音，手持卡片，跑上讲台展示。

ɑi、üe、er 的引出同上。

在点完名、复习完 9 个复韵母后，教师顺理成章地仿照生活中的春游，让学生对复韵母宝宝进行按序排队，以此达到熟记 9 个复韵母的目的。从“点名”到“排队”一气呵成，再次将教学形式和内容结合得天衣无缝。

师：复韵母宝宝们已经到齐了，我们要出发了！（课件动态出示 9 个复韵母宝宝拥挤的画面。）

师：复韵母宝宝们排好队了！小朋友们让我们也站起来，和复韵母宝宝们一起出发去郊游吧！跟着王老师，抬头挺胸，摆起手，唱起儿歌，踏步往前走！

师生一起按着音乐节律走动，读两遍“排队歌”：

ɑi、ei、ui 来带头，
ɑo、ou、iu 排在后，
ie、üe、er 别走丢。
一二、一二齐步走！

像上面这样边唱边跳的“排队歌”在本课共出现三次，课中两次，课尾一次，这一游戏活动既代替课间操为学生消除了疲劳，又帮助学生有效地巩固了复韵母的排序。

（二）避轻就重，集中火力攻克难点

对于 9 个复韵母识记认读，最难的就是形近复韵母的辨析。原教材中，需要比较的形近复韵母共有三对，ui 和 iu，ie 和 ei，ei 和 er，但多次试教发现最后一对 ei 和 er，对学生来说根本不存在容易混淆的问题。所以，本课将 ui 和 iu，ie 和 ei 的辨析与区分作为难点进行着力突破。教师先特地在第一个点名环节中，把这四个复韵母单独亮出来。

师：还有哪几个复韵母宝宝，没点到名，赶紧跑上来。

余下的四位学生，分别拿着 ei、ie、iu、ui 复韵母卡片跑上讲台来。

学生们一个个地介绍自己，教师帮助正音。

师：小朋友们，你们仔细看看这四个复韵母（指着黑板上随机贴着的 ei、iu、ie、ui），你们发现了什么？

生：我发现了 ui 和 iu 这两个复韵母宝宝，ui 前面是 u，iu 前面是 i。而 ei 和 ie，ei 前面是 e，ie 前面是 i。

师：也就是说 ui 和 iu，ei 和 ie 这两对复韵母宝宝，都由两个相同的单韵母组成，只是字母的位置相反，是不是这个意思？

师：它们可真像两对双胞胎，我可搞糊涂了。你们是怎么把它们分清楚、读正确的呀？

生：先要看好前后，看清楚再读。

如上片段，复习这四个形近复韵母时，分三步走“发现特点—小结读法—拼读练习”。教师先让学生观察，并发现 ui 和 iu 相像、ie 和 ei 相像。在此基础上，用比较规范的语言小结：它们两对，都是由两个相同的单韵母组成，只是字母的位置相反。接着在辨形的基础上，总结认读的方法编成儿歌。由此还不够，接下去教师要趁热打铁，让学生进行方法运用。先教师指读，孩子能做到“认清、读准”，再放进音节里辨析拼读。

教师打乱顺序指点这四个复韵母，学生齐读“iu-ei-ui-ie”，教师指导学生分清楚 ie 和 ei。

再出示：niú、bèi、guī、shuǐ、jiè、méi，请学生自己拼一拼，读一读。

(三)关注表达，注重拼读的准确性

针对刚入学不久的一年级学生，我们既要讲求拼读的趣味性，又要讲求语言发展的实效。

师：瞧！（课件动画）动物园的门开了！大家的眼睛都亮起来了！你们都看到了什么呀？

（课件出示卡通形象，分别有乌龟、老虎、猴子、鸵鸟、刺猬、狮子。学生练说，教师指导正音。）

如上片段，为降低拼读难度，教师做了巧妙的设计，先让学生看图说出动物名称，再循音而拼，从而降低了拼读的难度。而在评价过程中，教师又时刻紧扣两个要求。一是鼓励孩子表达要完整。对运用好词的学生及时进行表扬，促进语言积累。二是在教学中多次强调，复韵母在音节拼读时也要发音准确。这样一来既体现了拼音的正音作用，实现了复韵母的复现再认，又实实在在提升了学生的语言面貌。

之后的“捉迷藏、猜动物”游戏，在拼读练习过程中，教师仍不忘注重语言表达的规范性，拼读时复韵母发音的准确性。

师：小朋友们，动物园里的小动物可不止这些呀！还有许多淘气的小动物，它们躲起来了，要和我们玩捉迷藏的游戏呢！

师：猜一猜，是谁躲在栅栏后面呢？（多媒体出示图：栅栏后面露出牦牛的半只角）

生1：小羊。

师：把话说完整。

生1：我猜肯定是小羊。

生2：我猜是一只犀牛。

……

师：看，拼音朋友跑出来把秘密告诉我们了呢。你们能拼吗？

教师指导学生练习。

(四)学以致用，识字阅读齐头并进

学习拼音是为识字服务，在教学中如何引导孩子养成借助拼音识字、借助拼音说好普通话的习惯，这是个值得教师深思的问题，本课多处安排了达成这一目标的小板块。例如，上课伊始，让学生借助拼音读课题，既展现了学生的识字水平，又体现了拼音为识字服务的理念。

师：小朋友们，今天我们要和复韵母宝宝一起去郊游。（出示带拼音的课题：复韵母欢乐游）谁会读呀？

教师指导学生练读。

除此之外，在最后一个“参观魔术场复习生字”板块中，让学生认读魔术球上的生字时，教

师还强调:"草"里面住着 ao 宝宝,要读准;爱,ai 音要读准,时刻不忘拼音的拐棍作用。请看:

师:现在我们来到了动物剧场——(课件出示剧场图片,播放观众的欢呼声)你瞧!小丑叔叔正在表演魔术彩球呢!你们想不想看呀?

(随着彩球跳出,逐个出示生字:河、有、爱、家、飞、机、皮、吃、草、入、牛、小、鱼、水。学生一个个认读,其中"草""爱"的读音开口不够大,归音也不到位。教师进行了重点指导。)

师:"草"里面住着 ao 宝宝,要读准,再读。

生(齐读):草。(比之前有进步)

……

本课教学中,教师没有仅仅停留在"复习生字"这个层面上,而是借用变魔术这一形式,展开了全方位的语文学习。

师:这些魔术彩球,还有神奇的变化呢!变出了什么?

生(齐读):小草。

师:两个彩球手拉手,拼成了一个词语朋友。那你们知道小丑叔叔还会变出——

(个别学生迫不及待地抢着说"飞机"、"小河"……)

师:看来这个魔术我们都学会了。那就请同桌合作,动手拼一拼。别着急,听清楚两个要求:

1.彩球拼好后,不要弄乱。

2.时间一到,就要静下来坐端正。

学生练习。

有了前面的"从字到词"还不够,接下来的"从词到句,再从句到儿歌"环环相扣,层层递进,不仅实现生字的多次复现,以加深记忆,同时也是思维的训练和语言的积累。当然,教师要注重生成过程中,当学生拼出的词语不太符合要求时,要进行巧妙地引导。

师:来看看刚才两位小魔术师在黑板上拼出的词语,一起读读。

生(齐读):吃鱼、飞机、水牛、在家。

师:哪个魔术师拼出的词语和黑板上的不一样?

生 1:我们拼了"小河"。

生 2:爱小草。

师:这可不是一个词语。谁爱小草?用上这里的一个字就可以变成一句话了。

生 2(低头看了看,很高兴地喊出):牛爱小草。

师:对了,这样就变成了一个句子。

……

三、课例评析

《复韵母欢乐游》一课,教师和孩子们一起呈现了情趣交融、效果显著的拼音复习课。这节课的有效性,主要体现在以下几点:

(一)教学目标集中、明确,教学增量明显

教师根据复习内容和具体学情,制订出科学合理的教学目标:1.复习 9 个复韵母(含 1 个特殊韵母)的读音、排列顺序的记忆以及音节的拼读。2.复习巩固本单元学习的认读生字。教学重点则是通过拼读练习,巩固复韵母的发音,提高拼读能力;借助拼字游戏,巩固识字效果,促进语言积累。而难点则定位为,能在拼读中准确区分形近复韵母“ei–ie 、ui–iu”。

(二)教学形式巧妙具有童趣,符合低龄儿童心理特征。

首先,情境创设有效。整堂课创设了“复韵母宝宝郊游”的情景开展教学活动,学生在“郊游”的活动中愉快地完成了学习内容。在整节课中,这些刚入学不久的孩子能始终兴趣盎然地学习,这说明教师的教学组织是有效的。其次,组织形式巧妙。在“郊游”的过程中,教师以“排队歌”穿插其中,既帮助学生巩固了复韵母的顺序,又让学生进行了课间的休息活动,调整了学习状态。再者,活动形式多样,围绕目标展开。“游玩动物园”落实了复韵母音节的拼读;“参观魔术场”落实了生字的巩固。这些活动充分体现了教学形式的有效性、巧妙性、多样性,以及与教学内容的高度融合。

(三)重视培养学生的语文综合素养

本节课有机地将复韵母复习拼读和生字巩固、发展语言、发展思维等结合起来。

1. 与发展语言、培养良好的口语交际能力结合。如在“点名”这个环节,学生上台来介绍几个韵母,教师从说话的声音、体态等多方面引导学生;在介绍动物园里看到什么时,教师引导学生除了要把动物名字读准,还要把话说完整。

2. 与识字巩固、思维训练结合。“变魔术”这个环节给我们留下比较深刻的印象,学生在合作活动中,自主地用生字拼成了很多词语,还拼成了句子,在语言实践活动中复习巩固了生字,同时学生用生字拼词、句的过程也是一个思维训练的过程。

3. 与阅读活动结合。最后一个环节,教师将本单元所学的一些生字编成一首儿歌供学生阅读,再次复现生字的同时提供了一次学生进行阅读的机会。而更为巧妙的是这首儿歌中还含有很多今天复习的复韵母的读音,儿歌的阅读促进了复韵母的读音巩固,拼音又为阅读提供了帮助,达到了相互促进的效果。

(宁波市爱菊艺术学校　王春萍)

【课例 2】

《ie üe er》

——将"儿歌"融入拼音教学

一、问题呈现

拼音字母是抽象的符号，加上刚入学的学生课堂常规还未形成，一直以来是个教学的难点。而近几年越来越多的教师感觉拼音更难教了，原因在于学生的学习起点参差不齐。有的孩子对汉语拼音的学习已是了然于胸，读背自如；有的孩子却仍是零起点。

如果按照传统的教学，在课堂教学中容易使起点高的孩子难以养成集中注意力学习的习惯，也容易使起点低的孩子失去学习信心，渐渐地落后。在这种学情面前，如果没有新鲜的血液注入课堂，学生必将离课堂越来越远。那么能否建构出一种生动有效的、富有趣味性的拼音教学课堂？将"儿歌"作为练习的载体融入拼音教学，不失为一个好策略。

二、课例描述

(一)教材内容

《ie üe er》

(二)第一课时教学目标

1. 学习复韵母 ie üe，特殊韵母 er 和整体认读音节 ye yue，通过课文插图创编的儿歌《海南岛上》和《一只耳》等读准音，学会发音要领。

2. 学习声母与 ie üe 组成的音节，进一步掌握 j q x 和 ü e 相拼，ü 上两点省略的拼读规则，通过顺口溜等形式拼读音节。

3. 正确朗读 3 首儿歌，利用无意注意和有意注意引领学生认识"月儿、椰子"两个词语和"二、儿、耳"3 个生字。

(三)教学练习设计描述

片段一：依托儿歌，学习 ye yue 和 ie üe

1. 诵读儿歌

(课件出示图片)瞧，这就是月光下的椰林，老师还为它编了一首好听的儿歌。(课件出示儿歌)

弯弯月儿像小船，
我坐月儿到海南。
海南岛上椰子多，
圆圆椰子香又甜。

(1)教师范读(课件出示停顿符号)。

(2)教师读一句，学生跟一句。

(3)指名读、齐读。(评价学生读得准，读得有节奏。)

2. 学词：月儿、椰子

师：这首儿歌里面，我们来认识两个词语朋友，你们能叫叫它们的名字吗？

(1)指名学生领读。随机指导轻声地朗读。

(2)开小火车读。

(3)黑板上贴"月儿、椰子"词卡。

在创编的这首儿歌中，"月儿、椰子"这两个词语就出现了两次，经过诵读儿歌，对这两个词儿的复现已达到七八次之多，之后锁定这两个词，利用有意注意来识字、学词，也就水到渠成了。而学生朗读的这两个词语其实就是在进行整体认读音节"yue ye"和特殊韵母"er"的朗读，为学生学习这3个新音节提供了一个台阶，尤其是学前没有学过拼音的学生经过这样的铺垫，读的重点得到了充分的落实，而且学生学习兴趣盎然。

3. 学习整体认读音节 ye yue

师：同学们观察一下这两个词语的拼音，老师发现了一个秘密(课件中标注音节 yuè yē zi)，你们发现了吗？

生1：有整体认读音节 ye 和 zi。

生2：yue 也是整体认读音节。

师：哦，你们俩真聪明！整体认读音节 zi 我们已经学过了，另外两个就是我们今天要认识的整体认读音节 ye 和 yue(课件出示)。接下来老师和同学们一起来编编顺口溜来记住这两个整体认读音节。如：椰子、椰子 yē yē yē；爷爷、爷爷 yé yé yé；田野、田野 yě yě yě；叶子、叶子 yè yè yè；节约、节约 yuē yuē yuē；月儿、月儿 yuè yuè yuè……

基于学生的学情，利用儿歌先教学整体认读音节更贴近学生的认知水平，打破了过去先学韵母再学整体认读音节的常规。同时在巩固拼音时，编成顺口溜，可以利用无意注意来识记顺口溜中的部分汉字，这样的教学设计，学生的识字量、阅读量和语言的积累量远远超越教材的要求。

4. 创设情境，学习 ie üe

(1)开火车、指名读等方式认读 ie üe。

(2)声母 n l j q x 与 ie üe 相拼的音节练读，同时进一步掌握 ü 与 j q x 相拼两点省略规律。

在片段一中，采用"儿歌—词语—整体认读音节—拼音字母—音节拼读"这样的练习设计，既学会了一首儿歌，又认识了几个新词，本课的学习目标——认读复韵母 ie üe 和整体认读音节 ye yue 也得到了非常好的落实，可以说达到了三赢的局面，课堂显得饱满、活泼。

片段二：儿歌辅助，学习特殊韵母 er

1. 编写新儿歌

师：小朋友们这么聪明，老师奖励大家一首新儿歌《两只耳》。

yī zhī ěr　liǎng zhī ěr
一只耳，两只耳，
liǎng gè ér tóng sì zhī ěr
两个儿童四只耳。
nǐ shuō èr　wǒ tīng èr
你说二，我听二，
tīng shēng yào yòng liǎng zhī ěr
听声要用两只耳。

2. 诵读儿歌，穿插课中操

诵读儿歌：范读；指名领读；男生拍手女生读；学生读，教师配上动作。

课中操：教师读，学生做动作；学生边读边做动作。

课中操是低段教学时必不可少的策略。但大多数课中操的内容一般与教学内容无关，有时会阻断教学环节间的连接，影响整堂课的流畅性，影响了原有的课堂心理环境。而这首儿歌中有“儿、耳、二”3 个生字，这 3 个字的读音包括了“er”的三声，学生在边读边做动作中，自然而然地学会了“er”的发音，突破“er”的读音难点，可谓巧妙。

3. 利用有意注意认识“儿、二、耳”3 个字

在儿歌中标注所有“二、耳、儿”3 个字的音节和字。指名读（出示字卡），多组小火车读（板贴 3 个字），师再次领读。

在反复朗读《两只耳》这首儿歌中，特殊韵母 er 的读音也就熟记于心了。然后教师又提取“儿、二、耳”3 个生字，让学生认一认，这样将无意识字转化为有意识字，既让已学拼音的学生有新知识可学，又让未学拼音和读音不过关的学生牢记 er 的读音。

片段三：编编儿歌，巩固音节

1. 师：请同学们打开语文书，翻到 30 页。小朋友，我们读书了。

生（齐）：“身坐正，脚放平，两手拿书向外倾。”

指名 3 个同学分别朗读 3 个部分。（字母图文读、拼读音节、看图拼词语）

每次读书之前，先领读“读书姿势歌”，意在潜移默化中培养学生的朗读习惯。在学生捧书、读书之中，教师给读的孩子的信息是表扬，强化他的好习惯。给倾听的孩子的信息是效仿，能引导他们养成正确的读书习惯。

　　　　　　　　shù yè　hú dié　xǐ què　ěr jī
2. 师：谁能看着图，用上“树叶、蝴蝶、喜鹊、耳机”说一句话？

生 1：树叶飘落下来。

生 2：树叶风中飘。

生 3：喜鹊在树上喳喳叫。

生 4：喜鹊在树上唱歌。

……

师：同学们说得真好，老师把同学们说的几句话编成了一首儿歌，就在同学们的练习纸上。请拿出练习纸，轻轻地拼一拼，读一读。（儿歌全文注音）

shù yè suí fēng wǔ
树 叶 随 风 舞，

huā ér xiàng yáng kāi
花 儿 向 阳 开。

xǐ què zhā zhā jiào
喜 鹊 喳 喳 叫，

hú dié zì zài fēi
蝴 蝶 自 在 飞。

yé yé dài ěr jī
爷 爷 戴 耳 机，

qiè yì tīng yīn yuè
惬 意 听 音 乐。

一年级拼音教学教材都配有形象生动的情景图，因此要充分利用这些情景图，作为教学的重要资源，使学生在情景中学习拼音，培养观察能力，并通过创编儿歌、诵读儿歌积累语汇，提高语言表达能力。

3. 师：这首儿歌里藏着好多我们今天学习的复韵母、特殊韵母和整体认读音节呢！请你找到它们并圈出来，自己再轻轻地读一读。

(1)学生圈读音节。

(2)指名重点拼读 que　die　qie 音节。

(3)指名领读儿歌，齐读。

(4)课外作业：把儿歌读给爸爸妈妈听。

这首儿歌覆盖了第一课时拼音教学所有内容，且儿歌内容又紧紧围绕课文的插图，在学生说话的基础上改编，无疑在学生的心田播下一颗文学的种子。学生拿着练习纸津津有味地朗读，不但享受到了学习的快乐，又等于把新知识又巩固了一遍。其次，让学生圈一圈学过的拼音，也是在锻炼学生寻找信息的能力，手、脑、耳、嘴多种感官联动，记忆的能力肯定大于各单项感官能力之和。

三、课例评析

(一)用儿歌激发学拼音的兴趣

开课伊始，教师示范为图片创编儿歌：“弯弯月儿像小船，我坐月儿到海南。海南岛上椰子多，圆圆椰子香又甜。”然后从词语“月儿”、“椰子”入手教学整体认读音节“ye yue”。“儿歌—词语—整体认读音节—拼音字母”，层层抽丝剥茧，把拼音教学置于丰富广阔的儿歌教学的情境中，让学生在语言环境中学习汉语拼音。在这样新颖独特的儿歌中学习拼音，对于学过或未学拼音的学生来说，都不会觉得课堂枯燥乏味了。

课堂上教师引导学生编编顺口溜就是有效运用插图记忆拼音的读音，促进学生语言和发散思维的发展。朗朗上口的顺口溜让学生一直在读书声中参与学习，也是利用学生无意注意来认读拼音和汉字，让课堂焕发生机。

在巩固环节，教师又利用课文情景图中的音节词语再次创编儿歌："树叶随风舞，花儿向阳开。喜鹊喳喳叫，蝴蝶自在飞。爷爷戴耳机，惬意听音乐。"复现了这节课中出现的拼音。针对一年级孩子的心理、认知特点，教师创编的儿歌简单易懂，以形象思维为主，且紧紧围绕情景图，抓住图中景物的"形、声"等特征。学生对这样的儿歌是喜闻乐见的。学生在情景中学习拼音，不但巩固了所学的重点，更是培养了学生的观察能力，并通过创编儿歌，诵读儿歌积累语汇，提高了语言表达能力，为今后的看图说话奠定了基础。

(二)用儿歌巧妙地来突破难点

读准特殊韵母 er 是本课时的难点，为突破这个难点，教师设计儿歌《两只耳》："一只耳，两只耳，两个儿童四只耳。你说二，我听二，听声要用两只耳。"又巧妙地把这首儿歌和课间操结合起来，让学生动起来，充分激发孩子的求知欲，收到良好的效果。因为儿童语言发展不可缺少的条件是：他们必须被暴露在某种语言的声音、意义和语言连贯组合刺激之下，脑内的语言网络才能完成正确和持久的接线，最佳途径便是创造具体生动的情景，激起孩子的学习情绪。《二和耳》这首儿歌节奏感强，又朗朗上口，学生在说说唱唱、蹦蹦跳跳等丰富多彩的娱乐活动中更易接受语言的学习。学生一边读儿歌，一边表演，兴趣盎然，意犹未尽。在轻松的氛围中不断复现 er 读音，er 的这个读音难点就在儿歌的朗读中无声地突破了。其实，教师在这个环节中设计这首儿歌可谓是一举五得：突破 er 的读音难点为一得；学会一首新儿歌为二得；认识"二、耳、儿"3 个生字为三得；调整学习节奏为四得；潜移默化地渗透了要用耳朵认真听讲的习惯养成为五得。

(三)用儿歌培养好习惯

1. 养成有意识记的习惯

学习汉语拼音的目的就是为了识字，学习儿歌使汉语拼音教学和识字教学互为补充，相辅相成。课堂上，教师设计了 3 首儿歌，认识了"月儿、椰子"两个词语、"二、耳、儿"3 个生字。在阅读中记拼音，在识字中读拼音，把拼音、识字学词、儿歌有机地整合起来。教师依托儿歌这个载体，逐步培养学生有意识记学词的好习惯。

2. 养成良好的读书、写字习惯

在出示儿歌朗读环节，教师采用多种形式引领学生朗读，把儿歌读得正确、流利，读出儿歌的节奏、韵味等，其实就是在培养学生良好的习惯，形成良好的读书能力。在回归文本环节，学生刚打开书本，教师就引读《读书歌》："小朋友，我们读书了。"生："身坐正，脚放平，两手拿书向外倾。"为养成学生正确的写字姿势，教师有意识地引导学生背诵《写字歌》："小朋友，写字了。细细铅笔手中拿，拇指食指捏住它。身坐正，脚放平，一尺一拳记在心。"在书写字母环节，教师又复现《书写歌》："拼音格，四条线，字母宝宝住里面。中上格的不顶天，中下格的不踩地，只住中格顶两线。"学生一边背儿歌一边按要求做，天长日久良好的读书、写字习惯逐步养成，为学生的后续学习打下了扎实的基础。

（江东区教研室　黄海晔）
（宁波市新城第一实验学校　陆灵敏）

【课例 3】

《坐井观天》

——运用课堂前测把握学习起点

一、问题呈现

我们怎样在课前了解学情，在课堂中关注学生已有的知识和差异，并在这个基础上开展教学、落实目标，让课堂变得更有效呢？

以人教版二年级上册《坐井观天》为例，学生在没有接触课文前，对于这个成语故事已或多或少有些了解。而且本单元的《识字 4》中，大家也已学习了这个成语。所以对学生来说，他们的学习并非零起点。教学中如何正视这个起点，确定正确的目标，成为本堂课首先要解决的问题。

二、课例描述

（一）内容检测——了解情况，确定目标

首先检测学生对“坐井观天”这个词语的理解以及对故事内容的了解程度。在正确把握了这一起点后，教师再提出明确的学习目标：读好课文，结交更多的生字朋友。

【教学前测片段】

1. 坐井观天的意思就是（　　）。

A. 坐在井里　　B. 坐在井口上看天　　C. 坐在井里看天

2.《坐井观天》这个故事你读（听）过吗？（　　）

A. 听爸爸、妈妈、老师讲过　　B. 自己读过　　C. 从没听说过

3.《坐井观天》这个故事主要讲的是（　　）。

A. 小鸟认为天无边无际，大得很

B. 青蛙和小鸟在争论，天有多大

C. 青蛙认为天只有井口那么大

这部分课堂检测教师从 3 个方面入手，首先检测学生对“坐井观天”这个词的理解。在第一题的选择中，班上 47 个孩子高高举起了自己手中的选项卡“C”，一致认为意思是“坐在井口看天”，说明孩子们对题目词义都已了解。在第二题的选择中，检测学生是否读过这个故事，从而

为是否检测下一题的意义性进行评估，选择“A”或“B”的孩子，几乎各占了一半，就是没有一个孩子选择“C”。这再一次说明，班上孩子都读过这个故事，只是形式各不相同。第三题是检测学生对故事内容的理解，大家的意见不大一致，选择的答案各不相同。从而发现孩子对故事的内容不是全部了解，深入学习课文便显得尤为重要。

（二）难点暴露——把握字词的教学重点

教学前测中，还有学生预习情况的反馈。预习单如下：

坐井观天（预习单）

姓名（　　　　）学号（　　　　）

一、请你把觉得最难读的词语圈出来。

落在　井沿　无边无际　大话　抬头　弄错　不信

二、下面哪些词语的意思你不太明白，请圈出来。

落在　井沿　无边无际　大话　弄错　不信

统计后发现，大部分学生对这课的字词读音、字义上都没有什么问题。只有 11 个学生认为“井沿”这个词比较难读，有 15 个学生认为“无边无际”难读，还各有 10 个学生觉得“弄错”和“不信”比较难读。由此可见，本课的字音，对孩子们而言没有什么难度，那么只要对大家所圈画的这 4 个词进行重点教学即可。第二题中，我们发现答案比较一致。例如，25 个学生选择了“井沿”，16 个学生选择了“无边无际”，还有 9 个学生不大理解“大话”的词义。因此，字词教学目标一下子集中起来了。

【“井沿”的教学片段】

1. 自由朗读后，指名分段朗读课文。请一生读第 1 小节。

（出示第一段，学生边读师边点红“井里”、“井沿”。）

2. 教师板画问：这就是那口井，谁来放放青蛙和小鸟的位置？（拿出青蛙和小鸟图片）

（请学生回答为什么放在这儿。）

3. 小结：原来这样的一圈就是“井沿”。谁再来读读这个词。（指名读、齐读）

4. 拓展：井沿就是井边。那么桌子的边叫什么（桌沿）；床的边（床沿）；小河的边（河沿）。（齐问齐答，同时翻转卡片出示相应的词语）

5. 翻回到“井沿”，齐读。

【“信”的教学片段】

1. 指名一组同桌读课文的第 6、7 小节，随机正音。

2. 引导学生想办法记记“信”——自由交流。

3. 观看“信”的汉字演变，边看师边说：做人啊，要言而有信，难怪这个信字的左边是单立人，右边是言。

4. 给“信”找找朋友。(相信、信赖、信号、短信、信息)

5. 齐读生字“信”。

(三)聚焦语言——设计有效的课堂练习

课堂前测还检测了学生对故事内容的了解,这些了解都是从小鸟和青蛙的对话中获得。因此,教学中教师创设了故事情境,引导读好3次对话,并设计了有效的练习。

【“第一次对话”教学片段】

1. 初读对话,体会小鸟的疲惫

(课件出示句式:小鸟飞了一百多里,飞过______,飞过______,飞过______……)

2. 连续读第一段,读好对话

(根据学生回答,教师完成动作,图片反面预设“飞、停、掉、降”)

(师生合作读好第一次对话)

第二次对话,是3次对话的重点,主要写了青蛙和小鸟在争论“天到底有多大”。如何让学生在理解双方的观点同时,读好这次对话,教师便着重落实“无边无际”一词。教学中,教师引导学生抓住青蛙和小鸟的不同观点,通过摆观点、情境对话、比较朗读、拓展说话的方式,让学生真正走近主人公,读好第二次对话。

【“第二次对话”教学片段】

1. 理解“大话”,读好青蛙的话

(1)指名同桌合作读第二次对话。

(2)师生交流:青蛙、小鸟,你们在争论什么呢?

(3)引导青蛙的话。

(4)青蛙和小鸟的情境对话。

2. 从“无边无际”中,引导读好小鸟的话

(1)女生读小鸟的话,齐说:小鸟的观点是——(出示词卡“无边无际”)

①无边无际就是——(指名说说意思)

②课文中就是指——[翻转词卡:(天)无边无际]

③还有什么也是无边无际的呢?[出示词卡补充:( )无边无际]

(2)教师小结:小朋友和小鸟一样真是见多识广!谁来做做这只小鸟呢?(指名读)

(3)小组合作读好第二次对话:你瞧,他们你一言我一语,不停地在争论,我们合作着读一读吧。(分组读对话,教师读提示语。)

如何安排有效的练习,让学生真正理解故事所给的启示。在第三次对话中,教师主要让学生通过换位思考,自己真正走进这个故事,成为故事中的主人公。这样,学生理解故事的寓意,就水到渠成了。

【“第三次对话”教学片段】

1. 出示第三次对话,师生合作分角色读。

2. 情境对话1:青蛙,青蛙,你在笑什么呢?(指名说,同时点红“天天”)哦,你在笑话小鸟!不

相信小鸟的话！（学生再读）多么肯定的回答呀！一起告诉小鸟。（齐读青蛙的话）

3. 情景对话2：小鸟也笑了。小鸟，小鸟，在笑什么呢？（指名说）

4. 教师小结：天有多大，他们争论不休，小鸟和青蛙都认为对方——（出示词卡“弄错”）了，而且也——（出示词卡“不信”）对方的话。

5. 分角色朗读：那就请1、3、5、7组起立，做做落在井沿上的小鸟，2、4、6、8组小朋友就坐着当当那只井底之蛙！注意在说话的时候要眼睛看着对方！开始吧！

6. 思考：它们谁都说服不了谁，你有什么好办法让对方相信？（换个位置）

（1）这倒是个好办法，那就让青蛙跳到井沿上，哎，它会看到些什么呢？

（2）（出示青蛙跳出井口图）用上句式“青蛙跳出井口，看到________________”说一说。

（3）小鸟小鸟，你到井底后有什么发现？此刻你明白了什么？

（4）原来是井口挡住了青蛙的视线，你能用学过的词来说说吗？（板贴词卡：一叶障目，不见泰山）

本堂课真正让学生理解寓意的突破口，还是最后两个自然段的“笑”。青蛙和小鸟都笑了，但它们笑的原因各不相同。如何让学生读懂它们的笑，从而理解故事所隐藏的寓意？教师通过与学生的情境对话，让学生把自己当作青蛙或小鸟来回答，从而激发孩子们畅所欲言的兴趣。对话中没有直接让学生说出寓意，而是让学生自己当成这位主人公阐述观点。最后，再让学生想想“双方都说服不了谁，有什么好办法让对方相信”，学生自己想到通过换位思考的方式让对方相信。

【教学后测】

1.《坐井观天》这个故事主要讲什么？

2. 小小的故事想告诉我们什么呢？

3. 借助板书，说一说，写一写。

蛙　沿　际　信　错

坐在井底的（wā）____认为天只有________，站在____

（yán）____上的小鸟认为天（jì）__________，它们都不（xìn）____

对方的话。事实上，青蛙弄（jiè）____了，真是一叶障目，不见泰山啊！

三、课例评析

(一)教学前测——尊重起点,明确目标

1. 教学前测尊重学生的学习起点

利用“预习单”和课堂的“前测后测”,关注到了学生的学习起点,开展有效教学。从预习单和课堂前后测中,大家不难发现,课堂展开的词语教学和三次情境对话的教学,都是在学生原有认知水平上组织及展开学习活动的。教学的难点也是从学生中来。教师准确地把握好了学生的学习起点,让课堂更有效了,让学生的学习变得更加轻松了。

2. 换位思考成就课堂的精彩生成

这堂课的前测环节,《坐井观天》这个故事主要讲的是什么?没上课前,教师会认为学生应该会说到青蛙和小鸟的不同观点。或者有学生直接说小鸟和青蛙争论天到底有多大。而事实上,从试教的情况看,总有部分学生只能说一部分,几乎没有说全的。这就是课堂中生成性的点。教师如果发现了学生学习差异的起点,就抓住了学习的价值。本堂课中,当学生不能全面地说出课文内容时,教师说:“别着急,就让我们一起读读这个故事,读好课文,结交更多的生字朋友。”这节课最后,教师再问:“现在你知道《坐井观天》讲了什么故事吗?”所有学生都能很顺利地说出课文内容,教师又及时小结:“我们不光要读准生字,不光要读通句子,还要带着思考读懂课文。”教师就是成功地抓住了课堂中的生成点加以利用,不仅突破了难点,也在潜移默化中交给学生读书的方法,培养边读边思考的读书意识。

(二)词语教学——体现层次,落到实处

1. 根据文本的生字特点——词语教学音、形、义要各有侧重

虽然这篇课文生字不多,但是还是从预习单上看到了学生在本课生字字音、字形和字义上的难点。教师对于“弄错”这个词就只是在字音上进行教学,“信”在不仅要在字音上教学,还要从字形上分析;“无边无际”的“际”从形、义两个方面结合具体的语境和练习落实教学;同时在后测环节对“井沿、无边无际、说大话、弄错、不信”这些要求会写的生字,教学的侧重点还落在了字形上,在练习中进行书写指导。这样有层次、各有侧重的字词教学提高了课堂的效率,让教学更加有的放矢。

2. 遵循学生的认知规律——词语教学层层深入,结合语境落到实处

初读环节,教师领着孩子随文识字认读识记了“井沿”和“不信”。聚焦三次对话,读好对话的过程中重点理解了“无边无际”和“说大话”。这里所涉及的词语教学,教师都根据每个词语的特点,分层分步,有梯度地开展教学。特别是对“无边无际”的教学,教师分了四步展开教学:(1)读正确字音;(2)送入句子中,反复朗读,在语境中明白意思;(3)拓展:还看到过什么也是无边无际的;(4)小结提升,回到文中再读,感受天之大。这样一共分四个层面,就像剥笋一样把词语“无边无际”从认读到字义,再到运用上都扎实了。

(三)课堂练习——结合语境,扎实有效

1. 多种形式的对话朗读,走进文本,入情入境

本课朗读教学的目标是“能读好小鸟和青蛙的三次对话”。为了达成这一目标,教师采用了

多种方法对学生进行朗读指导。从读小鸟和青蛙的第一次对话开始,教师就引领着孩子走进故事的情境,通过情境对话让孩子们自然而然地觉得自己就是那只又累又渴的小鸟。激发兴趣之后,教师让学生分角色和同桌读好第一次对话。在第二次对话的教学中,教师还通过个别读、小组读、师生合作读、想象动作表演读等多种形式对学生进行朗读训练,并且将教师的指导和学生的自读自悟结合起来。三次对话朗读训练的过程是由易到难,循序渐进的。朗读教学的目标从中得以落实,学生的朗读能力也在这一过程中逐步得到提高。

2. 多种方法的词语教学,落实重点,突破难点

本节课的词语教学采用不同的方法,让学生品味词语,理解词义,积累并运用词语。罗列形式如下:(1)链接生活式的词语教学。如板贴认识了“井沿”,教师摸着课桌的边沿、指着帽子边沿等,积累此类词语。(2)图文结合的词语教学。比如“井沿”的教学。(3)呈现汉字演变进行字理识字。比如“信”字的教学,就是通过观看“信”的演变过程,认字明理。(4)朗读表演,通过体验理解词语。像教学“落在”、“说大话”,学生就是在入情入境的朗读中,理解了词语的意思,领会了作者用词的准确。课堂中教师抓住了低年级学生的年龄特征,精心设计,采用丰富多彩、灵活多样的教学方法,把词语教学变得妙趣横生,扎实有效。

3. 首尾呼应的前测后测,聚焦目标,解决疑难

本节课中的所有语言训练,包括词语教学的练习、对话朗读训练以及情境说话训练,都源自教师课前对学生预习情况、学习起点的了解。正因为准确号住了本节课的“脉”,教师设定了正确的教学目标,并通过各种有效的练习全面落实。以课堂后测为例,后测的练习包括3个部分,一是对重点和难点字词的再一次检测;二是鉴于前测后补,对故事内容进行又一次了解和反馈;三是通过3次对话的朗读,检测孩子们对《坐井观天》这个故事所包含的寓意的了解。和以往课堂不同的是,这样的后测面向全体学生,让所有的孩子通过练习,人人掌握,学有所得。

(江北区实验小学　萧跃飞　陈　玲)

【课例4】

《鸡妈妈的新房子》

——第一学段选学课文练什么，怎么练？

一、问题思考

选学课文作为教材的重要组成部分，为教师自主处理教材提供了空间，为学生自主阅读提供了载体。那么，我们该如何选择一种科学有效的教学方法，选择一个丰富多样的阅读方式，选择一次灵动有趣的语文实践，在“选”中展现选学课文的活力与魅力呢？这是当下一个亟待解决的问题。

二、课例描述

去年年底，我校开展了以“选学课文练什么，怎么练”为主题的教研活动，我选定了人教版二年级上册《鸡妈妈的新房子》这篇课文作为研讨课例。这篇童话故事情节引人入胜，寓意寄托浅显明了，目的在于告诉孩子，好听的话固然人人爱听，但光听别人讲，不考虑自己的实际情况，不会分析思考，将会付出惨重的代价，不是谁的意见都能听。

课文选完了，难题接踵而来，选学课文重点如何把握？课时如何分割？我结合学生实际和选学课文教学特点在教研组内进行了四种不同课型的尝试，依据不同课型设计不同的训练点，力求依托有效练习达成教学目标。

【选学课文作为精读课文】

●课例呈现

（一）练什么——确定流程及训练点，练“认读能力”、“理解能力”、“表达能力”

笔者在教研活动中首先展示了精读版的《鸡妈妈的新房子》。在设计时，确立了将“读童话—品语言—编故事”三大块言语实践点贯穿于整节课的教学，重点培养学生的认读能力和理解能力，具体如下：

读童话——认读生字词，读懂故事大意。

品读言——理解课文内容，初步感受童话中塑造的人物形象。

编故事——创设情境，续编童话，在续编时尝试运用动作、神态等描写。

一个有效的课堂练习设计，既要结合文本的特点，也要关注学生的学习基点。从这个教学流程设计中可以感受到教师目标意识明确，指导有所侧重。

(二)怎么练——课堂分步练习策略实施

环节一：读童话

设计一：运用板书，吸引认读

(1)黑板上贴出“鹅”、“鸡”、“狐狸”的图片，图文并茂，认读生字。

(2)创设情境，导入新课。

设计二：运用卡片，促进认读

用开火车的形式轮读课文，随机出示词卡认读词语。

第一组：既漂亮又牢固　又闷又热（引导学生用上“既……又……”、“又……又……”的句式再来夸夸鸡妈妈的新房子）

第二组：清新的空气　狐狸的脚印　上了狐狸的当

第三组：建议　凉快　忽然　窗台　意见　从此

设计三：创设情境，巩固认读

出示打乱顺序的连环画，请学生根据课文内容给图画排队，并试着借助词条说故事内容，巩固认读。

环节二：品语言

设计一：“生活体验法”理解词语

1. 出示句子：“一天，鸡妈妈从外面回到家，发现少了一只鸡娃娃，她到处找也没找到。”

2. 设置悬念：请小朋友想一想，鸡妈妈会到哪儿去找鸡娃娃呢？

生1：小树林。

生2：我猜可能会去菜园里。

生3：小河边。

3. 教师引导：鸡妈妈去了小河边，去了小树林，去了菜园里，还去了好多地方找鸡娃娃，这就叫“到处”。

设计二：“情境体悟法”理解句子

1. 出示句子：“夏天到了，鸡妈妈的房子里又闷又热。”

2. 联系生活，想象说话：小朋友们，夏天到了，火辣辣的太阳炙烤着大地，树上的知了叫个不停，好像在说：“热死啦，热死啦。”你还发现了什么？

生1：我发现小狗热得吐舌头。

生2：我发现小草耷拉着脑袋，小草也热坏了。

……

3. 创设情境，感同身受：鸡妈妈的房子没有窗户，如果你就是其中的一只鸡娃娃，待在这样的房子里你觉得怎么样？

生：我快闷得透不过气来。

……

4. 练习朗读：让我们一起来当当鸡娃娃，感受房子的闷热。

设计三："朗读品味法"理解人物

此处笔者引导学生想象对话中的动作、神态和语言，并进行有感情地朗读，对丰富角色起到了促进作用，这也是培养理解能力的一种很好的方式。

1. 学习了课文，我们知道了鹅大哥是好心帮助鸡妈妈，而狐狸是不怀好意、有阴谋的，那么他们在提建议的时候脸上的表情、说话的语气肯定是不一样的。你能选择其中的一句，试着加上提示语来说一说吗？出示：

鹅大哥(　　　)说："房子造得不错，如果在墙上开个窗就更好了。" 狐狸(　　　)说："你家的窗子再开大一点就更好了。"

2. 指导朗读。

环节三：编故事

1. 续编故事：狡猾的狐狸骗过了鸡妈妈，就开始实施他的计划。瞧！这一天，鸡娃娃们睡着了，鸡妈妈就出去了，狐狸蹑手蹑脚地来了……想象一下，你仿佛看到了什么，我们可以用上教师提供的词语，把故事说得生动一点。

（出示词语库）

爬 扑 抬 叼 跳	又惊又怕	既害怕又紧张

2. 提炼寓意。

3. 学生写字练习。

【选学课文作为略读课文】

●**课例呈现**

(一)练什么——确定流程及训练点，练"复述能力"、"概括能力"

这篇童话故事生动有趣，是复述的较好语料，在第二次的尝试教学中我把这篇选学课文定位为略读课文，大板块、粗线条设计，重点训练"学习讲故事"，培养学生的复述能力。教学中我主要围绕"学讲故事"这一目标设置了3个教学环节，在由扶放的学习过程中，用整体把握内容、摘关键词填表格的方式训练了学生的概括提炼能力。

提出要求——明确目标助复述

扶放结合——理解内容助复述

学讲童话——温故知新助复述

(二)怎么练——课堂分步练习策略实施

环节一：提出要求，明确目标助复述

1. 引入情境，整体感知，谈谈对鸡妈妈新房子的印象。

2. 概说大意：借助填空题尝试说说故事大意，并提出“学讲故事”的要求。

环节二：扶放结合，理解内容助复述

1. 聚焦重点，理解内容，研读第2、3自然段。画出鹅大哥的建议、鸡妈妈的做法以及结果。

2. 交流过程中帮助学生提炼关键词，完成学习单第一行。

谁提建议	什么建议	鸡妈妈怎么做	结果怎么样
鹅大哥	开窗	开窗	屋里凉快　鸡娃娃病好了

3. 小结学法，迁移运用，学生自主完成学习单第二行。

4. 观察表格，发现他们的建议相同点在哪里，不同点又在何处？

5. 小结写作特点：看，故事都是按照“谁提建议，提了什么建议，鸡妈妈怎么做，以及结果怎么样”这样的条理来写的，多有意思啊！

环节三：学讲童话，温故知新助复述

我们来挑战一下，谁来为我们讲这个故事，老师这里有份“挑战书”，看看你想接受几星级的挑战，我们来选选班里的故事大王。

一星级：出示故事的开头和结尾，讲故事的经过。

二星级：只出示故事的开头，讲整个故事。

三星级：完整讲述整个故事。

【选学课文作为独立阅读课文】

●**课例呈现**

(一)确定流程及训练点——练“自学能力”、“合作能力”

在教学中笔者根据教材内容编排的特点和学生的认知规律，最终确立了以下四步的学习流程。

环节一：导读——初读感知

环节二：导思——学案引领

环节三：导议——点拨感悟

环节四：导迁——迁移积累

(二)怎么练——课堂分步练习策略实施

环节一：导读——初读感知，激发自主学习的欲望

创设愉悦情境，激发学生自主学习的欲望。

环节二：导思——学案引领，培养自主学习的能力

1. 同学们，带着问题有目的地读书是一种很好的方法，老师在阅读的过程中遇到了很多不懂的地方，我把它们摘了出来(教师下发导学案)，你们愿意帮我吗？让我们再次到鸡妈妈的新

房子去转转，看看能解决哪些问题。

2. 教师根据儿童的个性差异、思维差异、语言差异和动手能力差异，优化小组组合，形成互补型合作团体进行分组学习。

自主阅读卡

(1)我知道这个故事讲什么。

鸡妈妈的新房子________。________、________向鸡妈妈提了意见。结果________________________________。

(2)我认为鹅大哥的意见是________________，我能从书中找出理由。我认为狐狸的意见是________________，我也能从书中找出理由。

(3)我喜欢的人物是________？因为________________。

(4)读了故事，我懂得了________________________。

(5)在生活中，我也遇到过这样的情况________________。

(6)我还能完成这个任务呢：读读、讲讲、演演这个故事。

环节三：导议——点拨感悟，开发自主学习的潜能

学生交流、补充，教师点拨。

环节四：导迁——迁移积累，调动自主学习的积极性

1. 布置作业：摘抄童话中最喜欢的词语、句子。

2. 尝试制作“自主阅读卡”，阅读课外读物。

【选学课文作为精读课文的拓展】

●**课例呈现**

(一)确定流程及训练点——练“迁移能力”、“评鉴能力”

《鸡妈妈的新房子》一文在进行了3次不同课型、不同训练点的尝试后，我仍旧在寻找新的突破口，无意间翻阅到《教学月刊》中一篇题为《“反复结构的童话”群文阅读教学设计》的文章，细细拜读之后，教学思路逐渐明了——这篇课文能否作为精读课文的一种拓展？一阵欣喜，经过一周的思考备课，我决定将训练学生的“迁移能力”和“评鉴能力”作为训练的侧重点。

(二)怎么练——课堂分步练习策略实施

环节一：交流阅读感受，发现反复结构

1. 教学精读课文《小壁虎借尾巴》童话故事，交流读后体会。

2. 借助结构图，发现童话故事中的反复结构。

环节二：运用结构图，合作创编故事

1. 读故事，想想小壁虎还会向谁去借尾巴。

2. 四人小组合作，填结构图，口头创编反复结构的童话故事。

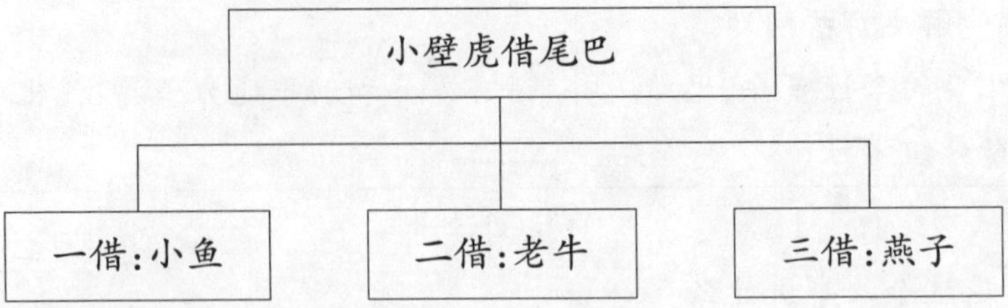

把精读课文作为学生学习新知识、展开新思路的起点，有利于学生运用自己已有的知识去探索新知识。

环节三：拓展阅读创作，激发阅读兴趣

1. 联系课内外阅读，思考曾经阅读过的哪些故事也是反复结构。补充拓展内容《鸡妈妈的新房子》、《渔夫和金鱼的故事》，教师帮助梳理故事情节，观察两个故事的结构图，再次感受童话故事中的反复结构。

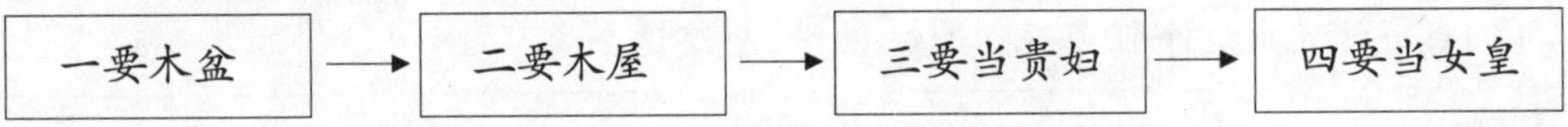

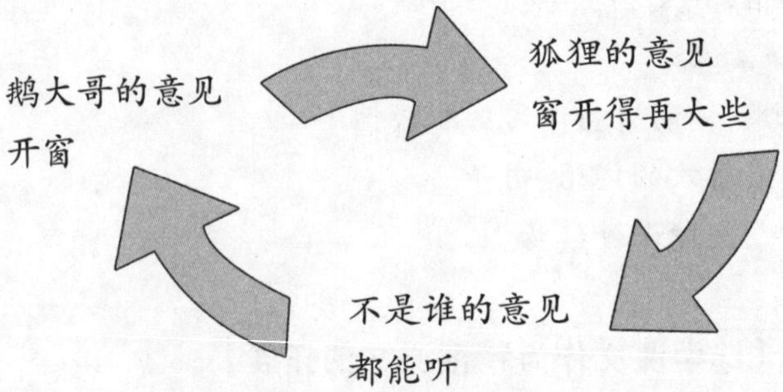

2. 写一写，将小组内合作创编的童话故事写下来。

三、课例评析

练习作为课堂教学的重要一环，要在认真研究教材的基础上，把握教材的知识结构，挖掘教材的智能因素，适应小学生年龄特点，满足学生活泼好动、渴望自主，希望用所学知识解决实际问题的愿望，有序、有趣、有效地进行练习。

(一)“有效的练习”应符合文本的教学定位

一篇课文“教什么”、“练什么”应该基于这篇文章功能定位来确立其教学价值，基于对课文明确而单纯的教学价值追求，课堂应有基本的课型。教师根据对第一学段选学课文的理解和把握，创造性地进行了一文四教，梳理了四种截然不同的课堂模式操作要领，这种对选学课文进行的分类方法并非是唯一的，也并非是绝对正确的，只是提供一个新的视角。

(二)“有效的练习”应指向阅读的核心目标

有效的课堂教学要求教师能整体把握语文知识、能力发展与学习习惯、情感态度培养的关系。为达成这一目标,教师应潜心解读文本,创设多种语境,优化训练手段,进行扎实有效的练习。

1. 以“语文知识”为“内核”:完善知识结构

本课设计中,教师的很多练习设计指向“语文知识的掌握”,如借助表格梳理故事情节,引导学生发现课文都是按照“谁提建议,提了什么建议,鸡妈妈怎么做,以及结果怎么样”这样的条理来写的,这就是童话故事中的反复结构。这一语文知识以如此一种系统的方式进行了传递,用切合学生心理需要的方式逐步推进,使得学生自主发现和接受,完善自己的知识结构。

2. 以“语文能力”为“内核”:获得言语智慧

课堂上,教师建构了以语文能力为内核的不同练习板块,一文四教的不同课型中练习的侧重点完全不同,如精读课文的练习设计重在对于重点词语的理解,训练的重点就落在练“认读能力”、“理解能力”和“表达能力”上;略读课文的练习设计,侧重点在于通过练习的层层深入,引导学生学讲童话,训练“复述能力”;独立阅读课文的练习设计,侧重点在于培养学生的“自学能力”,作为精读课文的拓展,教师就重点练“自学能力”、“合作能力”。这样指向明确的练习不但有针对性,而且能起到举一反三的效果,获得言语的智慧。

3. 以“语文素养”为“内核”:锤炼习得语感

朗读是一种很好的培养学生语感的方式。在教学中,教师注重学生的个性朗读,通过加提示语读、同桌互读等多种练习形式让学生感知、体验,学生的语感自然会逐渐丰富、敏锐和深刻。

(三)“有效的练习”应体现教材的年段特征

教师在精读课文教学中,设计了“读童话—品语言—编故事”这三大板块,从横向看,每个练习设计都充分把握了学情和年段特点,比如读童话环节让学生看图排序,帮助学生在兴趣盎然的学习氛围中梳理故事内容,符合学生认知规律。从纵向看,“读童话”是对故事内容的理解,“品语言”是引导学生关注语言,“编故事”则是从理解、感悟上升到迁移运用的层次。三者既有口头练习,又有书面练习,体现了练习形式的多样化、层次化。

(四)“有效的练习”应满足学生的学习期待

教学过程中,我们处处能感受到教师对于学生学习兴趣的调动,如课文作为略读课文教学时,先绘声绘色地为学生讲述了故事的起因,了解鸡妈妈的新房子漂亮又牢固,正当学生意犹未尽时,教师戛然而止,“想不想来读读这个故事?看看这个故事结果怎么样了?看看哪个能干的小朋友学完课文后能连起来为我们讲完整的故事”。课堂中教师多次创设有效情境,利用营造阅读期待,激发学生的探究欲望,凸显学生的主体地位。

(镇海区应行久外语实验学校　沈晓敏)

(镇海区教研室　丁莉萍)

【课例 5】

《回声》

——第一学段科普文阅读教学要抓什么?

一、问题呈现

第一学段科普文阅读教学应抓住什么?我们就二年级上册科普童话《回声》一课为例,展开了思考与实践:

语言的学习是语文教学的根。学生学习科普文,不仅是了解科学知识或道理,更需要的是从科普文中学习语言、发展语言,提升语言能力。第一学段科普童话的语言,既具有其童话故事生动形象的特点,又兼备科普文语言的准确性、科学性。对于童话语言的学习,能让孩子们变得更加充满童真童趣,心灵也更纯净,对科学道理的理解也在潜移默化中。科普童话《回声》一课的科普知识是通过青蛙妈妈与小青蛙的对话方式呈现的,语言不单准确,而且比一般的科普文更加活泼有趣,浅显易懂。对于这样的科普文阅读教学,我们需要紧紧抓住的是:在充满童趣的课堂中,引导学生习得语言,并能在具体的语境中运用语言。

二、课例描述

教材解读

《回声》是人教版二年级上册第八单元的一篇科普童话。课文语言浅显、情节生动,借小青蛙遇到的“问题”和青蛙妈妈的讲解向我们讲述了回声形成的原因。课文以青蛙妈妈和小青蛙的对话呈现,第 1 自然段简单交代了故事发生的环境,为后面回声产生的必要条件作铺垫,第 2、3 自然段是小青蛙感受到“回声”向妈妈请教。在课堂教学中,我们应着重指导学生读好青蛙妈妈耐心亲切的话语以及小青蛙活泼轻快的话,并通过各种形式的朗读让学生初步感受回声的特点。第 4、5 自然段是青蛙妈妈通过小实验的方式把回声的道理告诉小青蛙,应指导学生读好青蛙妈妈的话,并能模仿青蛙妈妈的语言,说清楚回声是怎么一回事,进而能在具体的语境中用自己的话来说一说这个自然现象。

教学目标

1. 运用生字复现的形式识记“碰、圈、纹、返”等生字,书写 “纹、洞、游、影”4 个生字;指导漂亮书写生字,感受汉字的形体美。

2. 通过角色体验和标点变化练习,读好小青蛙和青蛙妈妈的对话。

3. 通过板贴词卡,理清句子顺序,初步渗透非连续性文本的阅读方法。

4. 借助板书和模仿课文语言,能简单说清楚回声是怎么一回事,进行语言的复述和迁移运用。

教学重难点

通过借助提示语、分角色朗读课文,读懂第5自然段青蛙妈妈的话,初步了解回声形成的原因,模仿青蛙妈妈的话进行复述和转述。

教学过程

(一)揭示课题,激起"回声"

师:这节课我们来学习第31课《回声》。请跟教师一起写课题。

(师板书,生书空。)齐读课题。

师:你们听到过回声吗? 跟大家说说。

生:在宽阔的地方,你大声地一叫就会出现回声。

师:那地方肯定很大。

生:我在县江那边的桥洞下听到过回声。

师:好玩吧!

生:我在大山上喊,就能听到回声!

师:山谷里也有回声,回声很有趣,今天我们就来学习一个有关回声的故事。

简简单单教语文,直接揭示课题,读准课题。从学生已有的生活经验出发,敲击学生的记忆,激起孩子们对"回声"的感受,初步感知"回声"这一抽象的事物,为接下来的学习作好铺垫。

(二)检查字词,指导书写

1. 自读课文

师:请大家轻轻打开书,读读这个故事,难读的字多读几遍,把句子读通顺,读完标上自然段号。

2. 交流反馈

师:这篇课文有几个自然段?

生:6个自然段。

3. 读词正音

师:故事里有好几个难读的词,我们来读一读:

(出示词语,加拼音)

一圈圈　波纹

碰到　返回来

(1)自己读—指名读(同学们读得很准,前鼻音很到位);

(2)开火车读;

(3)去拼音读;

(4)指图片,我们可以说一(圈)波纹,还可以说一(圈圈)波纹,多有趣啊!

4. 指导长句

师:词语回到句子中了,快读读吧!

(波纹碰到河岸,又一圈圈地荡回来。)

声音的波纹/碰到桥洞的石壁,也要返回来。

生自由练读,指名读 。

师:教师听出来了,你在这里停顿了一下。长句子试着停顿,读起来会更轻松。(引导读好第2句的停顿)

生齐读。

5. 指导书写

师:我们要来写两个生字。(出示:"纹、洞")

师:这两个字都是左右结构,有什么不一样?

(左右结构的字我们要注意——一看宽窄,二看高低。)

师范写,注意绞丝旁的第二个撇折要收一收,洞的同字框要宽一点。

生描一个写一个,反馈,再写一个,让同桌评一评。

识字写字是低年级语文教学的重点,遵循"先明其音、再理其义、后记其形"的识字规律来进行教学。例如:"纹"字,在读准字音后,看图明白"波纹",同结构的字放在一起认读,使得音、形、义三者相融合。在读准字音的基础上安排一次写字,让学生在动静结合的课堂环境中求得了写字的质量,既保证了写字的时间,又降低了写字的难度。

6. 整体感知

师:字写得真认真,请你们再认真读故事,想想故事里有哪些人物。

生:我们知道了故事里有——小青蛙和青蛙妈妈。

借助插图,教师引导学生合作讲述故事主要内容:小青蛙在桥洞底下听到(有人学他说话),觉得(奇怪极了),后来,青蛙妈妈告诉它那就是(回声)。

(三)创设情境 ,读好对话

师:我们来读读这一句话——

(PPT 出示:小河上有座石桥。半圆的桥洞和水里的倒影连起来,好像一个大月亮。)

学生读。

师:读正确了。

生:小河上有座石桥/半圆的桥洞/和水里的倒影连起来/好像一个大月亮

师:这里停顿得非常恰当。

看图,师生接读:小河上有座_____,半圆的_____和水里的_____,好像_____。

师:我们一起边做动作边来读读。

生边做动作边读。

看图练说　出示:小河上有座(　　),半圆的(　　)和水里的(　　),好像(　　)。

师:在这样一个美丽的地方,小青蛙遇到了一件有趣而又奇怪的事,教师请一个同学读读第2自然段,其他同学仔细听,用横线画出小青蛙说的话。

生读后交流:

生1:我画的是小青蛙的话。

生2:还有两句也是的。他写了另一只小青蛙。

生3:不对不对,这后面两句是青蛙的回声,又不是青蛙在说。(很多学生附和)

师:你们真聪明,一下子就知道了这是回声,那我们应该怎样读小青蛙的话呢?

(生愣了一下。)

师:把自己当成小青蛙,小青蛙的话应该怎样说?

(生恍然大悟。)

……

师:哦!看来回声传过来和小青蛙原来的叫声还是有一点点不一样的。回声可以读得轻一点,长一点。哪只"小青蛙"再来读读后两句?

分组朗读。

师:小青蛙的话读得那么好听,那青蛙妈妈的话怎么读呢?

生:要温柔一点。

师:你妈妈肯定很温柔。

生:还要轻轻地,要笑着说的。

师:你读书真仔细,连表情都被你发现了。自己练练吧。

(投影出示第3自然段,生自由练读。)

师:谁来当小青蛙,谁来当青蛙妈妈?

生读。

师:真是只活泼的小青蛙,这个青蛙妈妈真亲切。

(投影出示:"孩子,跟我来。")

师:现在怎么读呢?

生慢慢地读。

师:为什么这么读?

生:变成句号了。

(投影改成:"……")

师:这样你又该怎么读呢?

生读得拖长音。

师:你又为什么这么读?

生:后面是省略号,话没有说完,要说给小青蛙听。

师:怪不得你读得既亲切又有点神秘,原来还要告诉小青蛙很多事呀!大家真能干,能根据不同的标点读出不同的语气,我们也一起来读读青蛙妈妈的话。

生齐读。

引导学生关注标点,根据不同标点读出青蛙妈妈的语气,为引出下文作好铺垫。不要看小小的一个环节设计,在孩子的心目中对青蛙妈妈的形象作了进一步的丰满。它不单温柔、耐心,而且教育孩子、引导孩子有自己的方法技巧。在这里先激起小青蛙的好奇心,然后带着他来到小河边,让他通过亲身感受来明白道理。

(四)读懂故事,积累语言

师:青蛙妈妈对小青蛙说了些什么呢?自己读读第4、5自然段。

生自由读第4、5自然段。

师:我们一起来读读青蛙妈妈是怎么做的。(出示第4自然段)

教师一边引读一边播视频。

师:瞧,就像青蛙妈妈说的一样,这河水激起一圈圈波纹,波纹……

多媒体用在恰当处,解决学生理解字词中的难点"激、荡"。

师:做完小实验,青蛙妈妈又是怎么说的呢?自己读第5自然段。

生自由读。

师:请一位小朋友来读,其他小朋友可要听仔细了,有没有听懂青蛙妈妈的话?

指名一生读。

师:我手里有几组词,我们先来读这几个(水的波纹　荡回来　河岸　碰到)。

生读准了教师手中的词卡。

师:谁能按照青蛙妈妈说的意思连成一句话摆到黑板上?(举手的不多)

师:看来我们要到青蛙妈妈的话中去找找答案,再读读。

生读青蛙妈妈的话。(有部分学生举手了)

师:请3个同学上来,看谁摆得又对又整齐,样子还可以和别人不一样。

一生是横着摆,顺序摆错了;

一生是竖着摆,摆得很整齐;

一生是分成两行摆。

师:他们摆的跟青蛙妈妈说的一样吗?

生:不一样,应该是"水的波纹碰到河岸荡回来",他摆成"水的波纹河岸碰到荡回来",顺序错了。

师:你观察得真仔细,这些词语顺序错了意思就不通顺了。我们来帮他换一下位置。连起来读读。

师:这两位摆的呢?

生:对了,一样。

师:你有不同的摆法吗?(生兴奋举手)

一生上来摆成斜的阶梯状。

师：你点着卡片来说说。

生说。

师：你有自己独特的想法，真能干。

师：第二组有点难度了，读词卡(桥洞的石壁 声音的波纹 返回来 碰到)，谁来？(举手的人非常多)

请3个同学上来摆贴，其中一个摆成阶梯状，还有摆成曲线状的。

师：和青蛙妈妈说的一样吗？我们连起来轻轻地说一说。

(看词卡，把两句话说一说。)

通过排列词组，既检验学生对青蛙妈妈的话是否明白，到黑板上摆贴，调动了学习的积极性，结合排列的不同形式并连起来说说，初步渗透了非连续性文本的阅读。

师：我们来看一段视频。

(桥洞声波的过程)

师：这跟青蛙妈妈说的是不是很像呢？

师：现在你能完整地说一说青蛙妈妈的话吗？自己练练。

生自由练读。

抽生读。

师：说得真清楚，很耐心。

再抽生读。

师：真是个亲切的妈妈。

师：青蛙妈妈边玩游戏，边把道理告诉了小青蛙，多聪明的妈妈啊！

师：同桌一人演青蛙妈妈，一人演小青蛙来读读课文的这一段。别忘了交换角色。

(出示投影文字变色)

请两组同桌读一读。

教师引领学生读懂妈妈说的话，并引导发现句子的有序表达，理清句与句之间的联系。再借助多媒体，形象感知回声，通过对话练习，将文本语言适时内化。

(五)练习复述，情境转述

师：现在要提高要求了，同桌两人一个演小鸭子，一个演小青蛙。看看哪对同桌说得清楚。

生自由练习。

师：大家可要看好了，来看着这对同桌，你是——你呢？两人面对面，眼睛看着对方。

第一组同桌讲述。(基本上简单地说清楚了。)

第二组同桌讲述。(能用自己的话说完整。)

师：这时，游过来一只小鸭子，他奇怪地问："小青蛙，是谁在学着你叫啊？"小青蛙会怎么说呢？可以看看语文书，也可以看黑板上的词卡，准备一下。

生练习，交流。

生：是这样的，水的波纹碰到河岸要荡回来，声音的波纹碰到桥洞的石壁也要返回来。这就是回声,你明白了吗?

师:学着课文里的话说得真清楚。

生:不是我在叫,水的波纹碰到河岸要荡回来,声音的波纹碰到桥洞的石壁也要返回来。这样你就听到我的声音啦!

师:能借助词卡来说,不错。

生:我会这样做,先带小鸭子跳到岸上,捡起一颗石子,扔进河里,然后对小鸭子说,我的叫声就像这水的波纹,水的波纹碰到河岸要荡回来,声音的波纹碰到桥洞的石壁也要返回来。你听到的就是我的回声。

……

师:刚才我们一起跟着小青蛙感受到了有趣的回声,更了不起的是我们能模仿青蛙妈妈的话,把故事中有趣的内容讲给别人听。回家还可以把这个故事讲给爸爸妈妈听。

(六)指导书写,培养习惯

师:"游"和"影",谁有好办法记住它们?

师:我们可以编个口诀记住它:清清的水,方方的池,大人带着小孩来游泳;影,你瞧,这三撇多像景物的倒影啊。

师范写。

师:"游",左中右结构,3个部件要写得紧凑些。

师:"影",左边的景要写得上下紧凑些,日和口要写得扁扁的,右边的三撇,就像三个小朋友,带队的小朋友在上半格,第二个小朋友在横中线,最短了,第三个小朋友排最后,身子舒展一下,最长了,注意这三笔要排整齐。

学生书写,反馈,关注书写姿势。

书写的训练分时分段练习,保质保量。

三、课例评析

(一)抓住"童趣",奠定阅读基调

本课教学过程,以充满"童趣"的课堂基调,贯穿整个阅读学习过程,激发了学生自主阅读的动机和欲望,达到了"快快乐乐读故事,轻轻松松学语文"的境界。只有当学生沉浸在课文的情境中,享受阅读科普童话的乐趣,感受科普童话所焕发出的其独有魅力时,孩子们才会真正喜欢上科普文,也为第二、第三学段的科普文学习奠定了情感的基调。

1. "趣"设情境,体验角色

将枯燥、理性的科普知识融入生动、有趣的童话情境中,符合第一学段儿童的心理,激发了学生的兴趣,对阅读充满了期待,增强了语言表达的欲望。在本课教学过程中,教师首先结合插图,进行了故事环境的铺垫,通过分辨小青蛙的声音和回声,当了一回小青蛙,接着又通过教师生动的语言创设了对话情境,角色体验了小青蛙和青蛙妈妈话语的不同语气。在对话朗读、复述、转述的环节,更是创设了一个又一个充满着趣味性的情境。特别是在最后,"小青蛙跟小鸭

子讲解回声是怎么一回事”这一情境的创设，让学生有积极强烈的语言表达欲望。

2．“趣”读对话，形成互动

在赏读故事环节，教师引领学生通过角色体验，读好“小青蛙和回声”、“小青蛙和青蛙妈妈”的对话，读出小青蛙叫声的轻快，回声的轻远、悠长，青蛙妈妈的亲切神秘。通过充满情趣的对话朗读，课文中生动的人物形象、活泼的语言早已植入孩子的内心，“天真可爱的小青蛙、温柔耐心的青蛙妈妈”的形象跃然纸上，孩子们沉浸在童话的世界里，读得有滋有味，读得兴趣盎然。阅读过程实现了学生与文本、学生与学生、学生与教师之间的对话互动，成为师生共同经历的童话之旅。

（二）抓住“语言”，提升语文能力

叶圣陶先生曾指出：“语文学习，要让学生认识语言现象，掌握语言规律，学会正确熟练运用语言。”在本课科普文的教学中，教师紧紧抓住文本语言，通过多种形式，引导学生关注科普知识背后的语言文字，引导学生在阅读过程中习得课文的规范语言，并通过内化，发展、运用语言，来提升自己的语文能力。

1．词句品读，习得语言

教师在检查字词环节，扎扎实实地引领学生读准词语，初步感知“一圈波纹”、“一圈圈波纹”，并对长句的朗读进行了有效的指导。在赏读故事第1–3自然段时，引导关注“小青蛙的语言”与“回声”在朗读时的不同特点，让学生结合已有的生活经验，形象地感知回声；关注青蛙妈妈与小青蛙对话时的轻重、缓急，甚至是表情的变化，体现了朗读指导的细腻性，让学生对不同角色的语言有真实的感受。

本课教学，教师在基于学生读懂课文“写了什么”的同时，引导学生去关注“如何表达”。在课文第5自然段的学习中，教师先引导学生自己读读青蛙妈妈是怎么说的，听懂青蛙妈妈的话。而后出示词卡，让学生按照青蛙妈妈说的意思上来摆一摆，连成一句话。接着连起来，轻声说一说。既是对课文语言的理解，又是对表达方式及科普童话生动、简洁、准确的语言特点的感知。在这个环节中，教师还对“非连续性文本”的阅读方法进行了巧妙的渗透。

2．梯度创设，运用语言

对于本课所包含的关于回声产生的原因、过程这一科普知识的理解，教师并没有过多的分析讲解，没有让学生机械、理性地讲述，而是根据科普童话的语言特点，创造性地设计了各种语言实践的梯度平台：关注语段读一读—借助词卡说一说—选择角色读一读—代入角色讲一讲—另设情境演一演。如此，由浅入深，由易到难，通过感情朗读、语言复述、角色对话、语言模仿、转述表达，让学生在语言实践活动中，充分感受语言、积累语言、运用语言，从而提升了语文能力，体验了成功，享受了语文学习的快乐。

（奉化市居敬小学 胡幼芬）

（慈溪阳光实验学校 叶晶晶）

【课例6】

《我是什么》

——第一学段阅读教学如何设计开放性练习?

一、问题呈现

课堂练习是教学过程中不可缺少的一环,它既是检查学生知识掌握的尺码,又是教师教学效果的反馈。只有把“练”穿插于教学过程中,讲练结合,才能提高阅读教学效率。那么设计怎样的练习能使第一学段阅读教学更加扎实有效?

我认为设计开放性的练习,以“保底”、“分层”、“梯度”为策略,才能实现第一学段阅读教学的有效性。

二、课例描述

(一)自主阅读,学习字词,整体把握课文内容

1. 提出自读要求

(1)注意读准字音,读通课文;

(2)预习的时候,用“﹏﹏﹏”标出难读的字词,可以多读几遍;

(3)读完一遍,请站起来读第二遍。

2. 学生自由读课文,教师巡视指导

3. 学生自主反馈阅读情况

(1)巡视、反馈;

(2)抓住学生的兴趣点,整体感知课文内容;

(3)引导学生读准预习时候难读的词语和有困难的段落。

第一组:雹子、庄稼

师:预习的时候,哪些小朋友也觉得这两个词特别难读,请站起来。请你读,你读;站着的小朋友一起读读,所有的小朋友一起读读。相机看图认识“雹子”。这就是雹子(反面是词语:雹子、冰雹)。课文中说,有时候我变成一个个小硬球打下来,人们就管我叫雹子。我们这儿的人们还喜欢叫他“冰雹”。

师:冰雹打在“庄稼”上,庄稼可就遭殃了。请你读。

第二组:温和、暴躁、灌溉田地、发动机器、冲毁房屋、淹没庄稼

师:很多小朋友告诉我,第4自然段最难读了,谁能勇敢地挑战一下自己?

师:水娃娃的脾气有点怪,有时候他很温和,有时候他很暴躁。“暴躁”这个词读对容易,要读好它就难了,想想:水娃娃暴躁的时候是什么样子的?谁能将“暴躁”的意思读出来? 看,水娃娃发怒了,眉头都皱起来了。(简笔画辅助,看简笔画初步理解词义。)

和“暴躁”意思相反的词是—温和,看水娃娃笑眯眯的,态度又温柔又和气。(简笔画辅助,看简笔画初步理解词义)

水娃娃脾气暴躁的时候会做什么事?(引读)

水娃娃脾气温和的时候又会做什么事?(引读)

师:给下面的词语牵牵手,在学习单上练一练。

灌溉	机器	冲毁	房屋
发动	田地	淹没	庄稼

在以上教学环节中,我保底设计“读”、“说”的练习。“把课文读正确”是第一学段保底的“练习”。这个环节实践的就是把课文读正确。教师完全是一个组织者和引导者,只对学生自主阅读过程中有困难的地方予以点拨引导,成块的时间则让学生静静地、切切实实地读书,在读中学会生字新词的读音,在读中初步理解新词的意思,在读中整体把握课文内容。

如生字新词的学习,应以生为本,直面学生有困难的地方进行反馈:一是解决“雹子”、“庄稼”等字音难点,同时借助课文中的句子,理解“雹子”的意思。二是借助第4自然段的课文情境,通过图片、简笔画、联系上下文等方法初步理解“暴躁”的意思。三是感受课文有规律的词语组合:灌溉田地、发动机器、冲毁房屋、淹没庄稼。练习的时候,根据需要,口头练习与书面练习有机结合。

(二)借助画面,聚焦“字、词、句”,教给阅读方法

师:请小朋友默读第1自然段,投影出示要求:

1. 想一想:每句话讲什么?
2. 圈一圈:我就变成什么? 用“○”圈出来。
3. 说一说:(　　　),我就变成(　　　)。

温馨提示:默读可是不出声,不指读哦!

师:小朋友边默读边画圈,默读的水平会有很大的提升。现在请小朋友一句一句读课文,交流一下,你读懂了什么?

投影出示填空题:有时候我穿着白衣服,人们管我叫(　　　)。有时候我穿着黑衣服,人们

管我叫(　　)。早晨和傍晚我又把红袍披在身上,人们又管我叫(　　)。早上的红云我们叫它(　　),晚上的红云我们叫它(　　)。

生:自由说说,说给同桌听。

师:夕阳是快要落山的太阳。早上的红云不叫夕阳,我们给她一个好听的名字是朝霞,晚上的红云就是晚霞,请大家欣赏美丽的图片,记一记她们的名字。

投影出示三幅图,引导学生拓展积累"乌云、红云、朝霞"等词语。

在这个环节的教学中,笔者引导学生通过默读,读懂每句话的意思,并注重学生思维过程的展开,让学生体验读懂句子的阅读方法:先默读一句,思考这句话主要讲什么;再圈出重点词语"汽"、"点儿"、"云";最后说说"(　　),我就变成(　　)"。阅读方法的体验做到以读为本,精讲多练,讲练结合。其中有口头练习与书面练习的结合,有练习结果的呈现与过程的展示、方法的指导的有机结合。"(升到天空),我就变成(点儿)。"这句话中,我圈出的词语是"点儿"。这是学生阅读句子结果的展示。而引导学生读懂这一句话,说一说,再引导学生通过比较,其实圈"云"更明白、更合适,是学生学习过程与方法的体验与实践。所有的口头练习与书面练习的载体是"读",包括朗读和默读。

这一层次的读的定位是把句子读懂,把句子读好。教师把讲解、提问的时间压缩到适当的最低限度,把学生的自读、教师的范读、师生的共读与读懂句子、领悟表达形式、感受作者情怀有机结合起来了。

第二自然段的教学仍是请学生运用刚学到的阅读方法:一是请学生边默读边思考边圈画。二是请学生朗读后交流,读懂每一句话的意思:我遇到冷风,就变成雨落下来;我遇到冷风,就变成雹子打下来;我遇到冷风,就变成雪飘下来。三是体会"落下来、打下来、飘下来"的准确用词,读出不同的感觉。

(三)达成课后要求,分层设计练习,不同学生有不同发展

笔者运用分层设计的策略设计练习,展开教学:

师:想象着刚才的画面,老师想示范背诵第1自然段中喜欢的句子:我是可爱的云宝宝,我可会打扮自己啦,瞧,我在不停地换衣服呢!有时候我穿着白衣服,有时候我穿着……

生自由背诵。

师与个别学生交流,了解背诵方法。

师:你是怎么背诵这两句话的?

生:我是一句一句背诵的。

师:这是我们以前学习的背诵方法,能运用,好!其他同学是怎么背诵这两句话的?

生:我也像老师一样,是想象着画面背诵这两句话的。

师:这种方法以前我们也曾经用过,而且是一种比较有难度的方法。你真有水平。

生:我是看着板书背诵的。

师:这是我们这节课要学的新方法。我们可以看着板书,借助黑板上的画和重要的词语来帮助我们背诵。

生:我是想着“有时候……有时候……早晨和傍晚……”来背诵的。

师:这也是一种好方法。接下来,我们就运用看板书背诵的方法来试一试。

投影片出示要求:

☆ 我能正确地背诵自己喜欢的部分。

☆☆ 我能有感情地背诵自己喜欢的部分。

☆☆☆ 我能有感情地背诵自己喜欢的部分,而且能在背诵之前加上几句介绍的话。

师巡视指导背诵的方法。

师:谁能看着黑板上的板书,当作水娃娃进行自我介绍?

☆ 我能正确地背诵自己喜欢的部分。

师:谁能?请到黑板前面来。

师:你真能干,不知不觉就把课文中的句子记在心里了。送你一颗星(多媒体动态出示)。

师把一颗星画在学生课文的相应句子前。

师:谁能看着黑板上的板书,当作水娃娃进行自我介绍?

☆☆ 我能有感情地背诵自己喜欢的部分。

师:谁能?请到黑板前面来?

师:你真有水平,达到了两颗星的要求……

读的第三层次是熟读成诵,让“读”、“记”在阅读教学中返璞归真,让“讲个不休”淡出课堂。这样,课文规范的语言模块就能整体地储藏到学生的头脑,经典的语句就能深深地印在学生脑海,内化为有烙印的语言印象。

在达成以上目标的时候,笔者设计了分层练习。首先,在目标分层:保底层,能正确地背诵自己喜欢的句子。中间层:能有感情地背诵自己喜欢的句子。跳跃层:能有感情地背诵自己喜欢的句子,而且能在前面加上介绍的话。在方法上分层:可以一句一句背诵,可以看板书背诵,可以想象画面背诵。然后,教师导向:看板书背诵。分层练习的实践,使处于不同发展水平的学生都能及时享受成功的快乐,享受阅读的乐趣。

(四)以生为本,梯度设计练习,允许学生向高层次迈进

教师要大力鼓励不同层次的学生在课中或课后不断努力,向前一层次迈进。这就是开放性练习的“梯度”策略。如在达成“背诵我自己喜欢的部分”这一目标时,不但有分层,而且有梯度,鼓励学生向上一层级的目标迈进。具体操作是先自由选择星级,自己达成目标,接着向高一级目标迈进,在四人小组中交流。课后,如果学生再提出更高的目标,自己努力去达成。教师提供条件让学生享受成功的快乐——可以向教师背诵,可以向小组长背诵,可以向父母背诵。

写字教学的指导,课例中是这样操作的:

师:我会变,在生活中会变,在汉字中也会变。瞧,有时候我变成“冫”,人们管我叫两点水;有时候我变成“氵”,人们管我叫三点水。

师:(在田字格中出示:池、浮。)请大家仔细观察,然后来描一个写一个。

教师巡视,发现典型作业,在实物投影仪展示作业。

生：池和浮都是左右结构，左窄右宽，他写得不错。三点水的每一笔的起笔用虚线连起来是一条弧线，以前教过，他也做到了。池的一竖在竖中线上，浮的中间一点在竖中线上他也写对了。我给他评三颗星。但我总觉得，可以写得更漂亮些。

师：把你写的拿上来，给大家看看。哟，真漂亮。我们再一一对照刚才她说的三条，都没问题。而且每一笔的起笔和收笔都写得特别漂亮。能把写得这么好的小秘密告诉大家吗？

生：我每天都要照着字帖练30分钟左右毛笔字，然后写10分钟铅笔字。

师：书法是我们中国的特有艺术，有兴趣的同学可以像她一样去练习。二年级的课堂上，我们先写好铅笔字。同桌互相评一评，再练一次“池、浮”。

把书写指导放在课内非常必要。具体步骤是：一、观察范字，把握写一个字的重点、难点。二、充分练写。三、典型作业讲评，纠错。四、再练写，提升。在此过程中，教师示范与学生练习相结合，教师评价与学生评讲有机结合，分层练习与梯度达标有机结合。

三、课例评析

《我是什么》一课的教学，我试图设计开放性的练习，以“保底”、“分层”、“梯度”为策略，努力实现第一学段阅读教学的有效性。

（一）保底，开放性练习拒绝无度设计

开放性练习的设计是基于阅读教学的根本——语言实践的设计。当下的阅读教学中，练习设计的内容狭窄，以书面练习为唯一追求，把“听、说、读”排斥于练习设计的范围之外。我以为开放性练习的设计不是阅读教学的“漂亮点缀”，更不是阅读教学的“沉重负担”，而是阅读教学的有机组成部分，它不仅可以加深学生对基础知识的理解，有助于学生阅读能力的形成，而且对发展学生的思维能力，形成小学阶段的阅读素养都有重要的作用。

笔者认为开放性练习的设计既包括口头练习——“读”、“说”的练习，也包括“写”的练习。教师设计“听”、“说”、“读”、“写”练习的依据是《义务教育语文课程标准》（2011年版）。它的设计应基于新课标的整体目标与阶段目标，应基于阅读教学的单元目标与课时目标。

《义务教育语文课程标准》（2011年版）第一学段阅读教学的目标共有7条，其中6条都是侧重指向“读”的，可见“读”的重要作用。这些“读”的要求的终极指向，就是要使学生产生阅读的兴趣，喜欢阅读。

鉴于此，教师要唱响“读的主旋律”，循序渐进地设计读的练习，不断提升学生朗读、默读、诵读的能力。

“听”、“说”、“读”、“写”的语言练习要根据每篇课文的特点，在每堂课的阅读教学中有所侧重，不要每堂课都面面俱到，不要企望一蹴而就。

王荣生教授曾说，一堂课的教学内容相对聚焦，因而会使学生学得相对透彻。在《我是什么》的教学中，根据文本语言朴实而生动的特点，我以“朗读”、“默读”为主线设计“读”的练习，在读中理解课文内容，在读中学习生字新词，在读中掌握句子表达形式，在读中实践阅读方法，在读后背诵喜欢的部分。

教学中,“读”是具有层次性的,不是无目的、无层次的傻读。第一层次,把课文读正确。教师完全是一个组织者和引导者，只对学生自主阅读过程中有困难的地方予以点拨引导。第二层次,通过默读把课文读懂,通过朗读把课文读好。教师把讲解、提问的时间压缩到适当的最低限度,把学生的默读、教师的范读、师生的共读与理解课文内容、领悟表达形式、感受作者情怀有机结合起来。第三层次,熟读成诵,让“读”、“记”在阅读教学中返璞归真,让“讲个不休”淡出课堂。这样,课文规范的语言模块就能整体地储藏到学生的头脑,经典的语句就能深深地印在学生脑海,内化为有烙印的语言印象。

(二)分层,开放性练习拒绝无效设计

阅读教学虽然具有积累语言、学习表达等多种功能,但它的核心任务是培养学生的阅读能力。阅读教学的目的不是读懂“这一篇”课文,而是通过一篇篇课文的阅读,掌握阅读方法和策略,形成独立阅读能力,最终实现“不教自能读书”。开放性练习的设计就应致力于提升每一位学生的阅读能力和阅读素养。

在第一学段,由于学生的家庭背景、个人智力因素等原因,阅读学习其实已经不在同一起跑线上了。教师要承认学生发展上的差异,而且尊重这种差异,设计分层的练习。

如要求学生背诵第1自然段中喜欢的句子。

首先,在目标分层。保底层,能正确地背诵自己喜欢的句子。中间层:能有感情地背诵自己喜欢的句子。跳跃层:能有感情地背诵自己喜欢的句子,而且能在前面加上介绍的话。

其次,在方法上分层。可以一句一句背诵,可以看板书背诵,可以想象画面背诵。只要能达成目标,允许学生根据自己的特长和喜好选用方法。在此基础上,教师通过引导学生比较体验,发现相对较优的方法,并作为新学习的阅读方法在实践中运用。

分层练习的实践，使处于不同发展水平的学生都能及时享受成功的快乐，享受阅读的乐趣。

(三)梯度,开放性练习拒绝无望设计

开放性练习的设计在让“学困生吃得了”、“优等生吃得饱”、所有层次学生享受成功的同时,也要给保底层、中间层的学生以“跳跃”的希望,因为分层目标的呈现并不是泾渭分明的绝对尺度。对某一具体的练习来说,优等生、中等生和学困生的队伍是动态变化的。

教师要大力鼓励不同层次的学生在课中或课后,不断努力,向前一层次迈进。这就是开放性练习的“梯度”策略。如在“背诵自己喜欢的部分”,鼓励学生把目标从一星级提升到二星级,从二星级提升到三星级。已经达成三星级目标的学生还有提升的空间,或背诵自己喜欢的部分增加到两处以上,或回家背诵给父母听……

(慈溪市教研室 方蓉飞)

【课例 7】

《西门豹》

——怎样指导学生读懂一段话?

一、问题呈现

第二学段阅读教学的重点是段落教学,而段落教学的重中之重则无疑是“指导学生读懂一段话”。“读懂一段话”既包括读懂一段话的主要意思,也包括读懂一段话的表达顺序。但现实问题是,许多教师虽然知道其重要性,却不知如何设计有效练习指导学生读懂一段话。设计的练习要么与第一学段大同小异,以字词句为主;要么超越了学生的认知水平,容量过大,缺乏层次性,学生无法通过自身的努力“摘到桃子”。

《西门豹》全文以事情发展顺序推进,分三大部分:先讲西门豹到邺后调查研究,了解原因;再讲他巧除坏人,破除迷信;最后写他发动老百姓兴修水利,开凿渠道,使庄稼得到好收成。笔者执教的《西门豹》第一课时主要以第一部分“了解原因”作为教学内容。这一部分条理清楚,表达明晰,是以“一问一答”的形式来写的。西门豹的四次提问各自为段,段落简短,每个自然段分别写了一个问题,利于学生读懂自然段的主要意思。老大爷的四次回答也各自为段,都按照先“简要”后“具体”的顺序表达,对西门豹所提的每一个问题都回答得一清二楚、明明白白,极有针对性。而先“简要”后“具体”这种构段方式又是第二学段的学生需要学习并掌握的。因此,“了解原因”这一部分内容从“指导学生读懂一段话”这个角度来讲,具有典范性,是一个极好的学习语例。

二、课例描述

(一)初读课文,把握主要内容

指导学生读好词语:田地荒芜　人烟稀少　巫婆　官绅

师:从课文中看,巫婆和官绅是怎样的人?

生:巫婆和官绅是骗钱害人的。

生:巫婆和官绅是谋财害命的。

师:巫婆和官绅头子是两个大坏蛋,最后怎么样了?

生:被投进漳河了。

(师板书:除去大坏蛋)

师:西门豹和老大爷之间发生了什么事呢?请大家快速地读读课文,找一找。

生:西门豹来到邺地向老大爷了解邺田地荒芜、人烟稀少的原因。

(师板书:了解原因)

师:之后,西门豹发动老百姓——(屏幕显示句子:西门豹发动老百姓开凿了十二条渠道,把漳河的水引到田里。庄稼得到了灌溉,年年都得到了好收成。)

师:谁来读读这句话?

生读句子。

师:"开凿渠道"这个词特别难读,谁再来读读?

生读词语。

师:我们一起来读读。

生齐读。

师:我们连起来读读这个句子。

生齐读句子。

师:读得真好,老师把"开凿渠道"四个字也写下来。

师:小朋友们看,课文就讲了三个部分,先写了解原因,再写除去大坏蛋,最后写开凿渠道。

(二)再读课文,明确所提"问题"

师:请大家轻声读读第1~9自然段,把西门豹的问题用横线画出来。

生读画。

师:西门豹问了哪些问题?谁来问问?

生:"这话是谁说的?"

"新娘是哪儿来的?"

"那么漳河发过大水没有呢?"

师:西门豹就向老大爷问了这三个问题吗?谁有不同意见?

生:还有一个问题,在第1自然段:"就找了位老大爷来,问他是怎么回事。"

师:你真会读书,把藏着的问题也给发现了。要是你是西门豹,你会怎么问?

生:这里田地荒芜、人烟稀少,是为什么呀?

师:要是加上"老大爷",就更有礼貌了。加上去再问一问。

生:老大爷,这里田地荒芜、人烟稀少,是为什么呀?

师:好一位彬彬有礼的西门豹。用上"怎么回事"可以怎么问?

生:老大爷,这里田地荒芜、人烟稀少,是怎么回事啊?

师:你也很会提问。老师把西门豹的四个问题都打在了屏幕上,我们一起来问问。

生读四个问句。

师:西门豹就是通过提问来了解原因的。

(三)抓关键词,读懂主要意思

师:老大爷又是怎样回答的呢?自己读读老大爷的回答,再想一想老大爷每次回答主要讲什么。

生自由读老大爷的话。

师:我们来听听老大爷的回答。谁来读读老大爷的第一次回答?

生读句子。

师:老师发现这个句子挺难读的,谁会读?(屏幕显示:要不给他送去,漳河就要发大水,把田地全淹了。)

生读句子。(停顿不对)

师:"要"在这里是什么意思?

生:要是。

师:所以读完"要"稍稍停顿一下。谁再来读读?

生再读句子。(屏幕显示:要不给他送去,漳河就要发大水,把田地全淹了。)

师:读对啦,我们一起来读读。

生齐读句子。

师:老大爷的第一次回答主要讲什么?

生:都是河伯娶媳妇给闹的。

师:找到了,用三个字怎么说?

生:娶媳妇。

师:就是"娶媳妇"。(屏幕显示)

师:第二次谁来读?

生读句子。

师:这一次,老大爷告诉西门豹什么呢?

生:地方上的官绅每年要给河伯办喜事,硬逼着老百姓出钱。

师:也用三个字来说。

生:办喜事。

师:第三次最长,谁会读?

生读句子。

师:这一次,老大爷说了什么?

生:有钱的人家花点钱就过去了,没钱的只好眼睁睁地看着女孩儿被他们拉走。

师:为了不被他们拉走,老百姓是怎么做的?

生:有女孩儿的人家都逃到外地去了。

师:长长的一段话主要就是这一句。(屏幕显示:有女孩儿的人家差不多都逃到外地去了。)"差不多"能不能去掉?

生:不能。没有了"差不多"是说有女孩儿的人家都逃了。有"差不多"是说,有女孩儿的人家大多数逃了,还有没逃的。

师:说得真好。那这句话用四个字怎么说?

生:逃到外地。

师:(屏幕显示:逃到外地)老大爷的第四次回答我们一起读。

生齐读句子。

师:用三个字概括,一起说——

生:闹旱灾。

师:同学们,刚才我们通过抓关键词,把老大爷四次回答的意思读懂了。请大家把关键词在书上圈出来。

师:小朋友,老大爷回答的时候一连说了三个"闹",这三个"闹"的意思,西门豹明白了,你们明白吗?

(屏幕显示:闹:①不安静　②发生　③搞,弄)

1. 都是河伯娶媳妇给闹的。(　)

2. 每闹一次,他们要收几百万钱。(　)

3. 倒是夏天雨水少,年年闹旱灾。(　)

学生进行选择。

为了指导学生读懂老大爷回答的主要意思,整个教学循序渐进,分步实施:先读老大爷的回答,再找到每段的重点句,最后找出重点句中的关键词。老大爷很会回答,一连说了三个"闹",并且每个"闹"字意思各异。教师让学生通过选择义项的方法理解字义,降低了理解难度。而理解了关键字的字义反过来又帮助学生更好地理解自然段的主要意思。

(四)整合内容,说好原因

师:听了老大爷的回答,现在你们知道邺田地荒芜、人烟稀少的原因了吗?能不能把这四个意思连起来说一说?先自己试一试。

(屏幕显示:娶媳妇　办喜事　逃到外地　闹旱灾)

因为巫婆和官绅(　　　　),害得(　　　　),再加上(　　　　),所以邺田地荒芜,人烟稀少,越来越穷了。

生自由说。

师:发现了吗?只要把老大爷四次回答的主要意思代进去,再加上一些自己的话,就是邺田地荒芜、人烟稀少、越来越穷的原因啦。看着大屏幕,谁来说一说?

生回答。

师:是啊,正是这天灾人祸使得邺越来越穷了。

师:同学们,"了解原因"这部分内容就是按照西门豹问老大爷答,这样"一问一答"的方法来写的。

没有依托,要说好"邺田地荒芜,人烟稀少,越来越穷"的原因,对于三年级的孩子来说具有相当的难度。运用关键词,把老大爷每次回答的主要意思有机整合起来,学生就比较容易说好原因了。这一设计采用填空的形式让学生说原因,符合学生的认知水平,有利于学生把长长的一段话说清楚、说明白。

(五)听读比较,读懂表达顺序

师:谁愿意做西门豹来问一问?老师来回答。大家注意听:老师的回答与老大爷的回答有什么不同?

生:老大爷,这里田地荒芜,人烟稀少,是为什么呀?

师:都是河伯娶媳妇给闹的。

生:这话是谁说的?

师:巫婆说的。

生:新娘是哪儿来的?

师:哪家有年轻的女孩子,巫婆就带着人到哪家去选。

生:那么漳河发过大水没有呢?

师:没有发过。

师:听出来了吗? 老师的回答与老大爷的回答有什么不同?

生1:老师每次只说一句话,老大爷说好几句。

生2:老师说得比较简单。老大爷说得比较详细。

屏幕显示老大爷的第一次回答(第2自然段)。

师:大家听得真仔细。你们看,老师只是简要地说,老大爷除了简要地说,还进行了具体地说。在第2自然段相应的语句旁出示两个泡泡,分别写有:"简要"与"具体"。

师:要是你是西门豹,你喜欢老师的回答还是老大爷的回答?

生1:我喜欢老大爷的回答,因为他说得更清楚。

生2:我喜欢老大爷的回答,因为听了他的回答我就更明白了。

师:看来,老大爷还真会说话。他用先"简要"再"具体"的方法(板书),把话讲得清清楚楚、明明白白。

"指导学生读懂一段话"包括两个方面的指导:一要读懂主要意思;二要读懂表达顺序。这一环节旨在帮助学生读懂自然段的表达顺序。通过师生听读比较,学生一下子就发现了自然段表达顺序的巧妙安排——先"简要"后"具体"。教学方法简便实用。

(六)迁移方法,学习段落表达

师:小朋友们,能这样先"简要"再"具体"说一段话很了不起,你们想学吗?

(屏幕显示:西门豹了解原因后,就把巫婆和官绅头子投进了漳河。之后,他发动老百姓开凿渠道,灌溉庄稼,让老百姓过上了好日子。几年后的一天,西门豹去外地巡查,碰到了一位当年从邺逃出来的姑娘。姑娘问:"西门大人,我何时才能回家乡呀?")

西门豹说:"____________________。"

师:西门豹要是简要地回答,会怎么说?

生:你现在就可以回去了。

师：加上“姑娘”再说说。

生：姑娘，你现在就可以回去了。

师：具体地说呢？

生：姑娘，我已经把巫婆和官绅头子投进了漳河，他们再也不会来害你了，你可以回去了。

师：要是邺还是年年闹旱灾，还是没有粮食吃，姑娘会回去吗？

生：我还发动老百姓开凿了渠道，灌溉了庄稼，让老百姓过上了好日子，你放心地回去吧。

师：谁能连起来说一说？

生：姑娘，我已经把巫婆和官绅的头子投进了漳河，他们再也不会来害你了，你可以回去了。我还发动老百姓开凿了渠道，灌溉了庄稼，让老百姓过上了好日子，你放心地回去吧。

师生表演问答。

利用文本语料创设情境，让学生有内容可表达。这样学生就可以把主要精力放在语言的组织、方法的迁移上了。这样的迁移，既让学生学得了先“简要”再“具体”的自然段表达方法，也让学生进行了一次口语交际的实践。这一以说促读的言语实践同时还为第二课时的学习留下了悬念：课文是怎样写西门豹“除大坏蛋”与“开凿渠道”的呢？让学生带着问题走出课堂。

三、课例评析

（一）练习设计符合年段特点，重点突出

“指导学生读懂一段话”是第二学段阅读教学的重点，本课时的练习设计都是紧扣这一重点目标层层推进的。本课教学主要设计了这样几项练习：一是初步把握主要内容；二是明确西门豹所提的“问题”，读懂描写西门豹自然段的意思与表达特点；三是读懂老大爷回答的主要意思；四是说好田地荒芜、人烟稀少的原因；五是读懂自然段的表达顺序——先“简要”再“具体”；六是仿照写法说好一段话。第一项练习让学生对文本首先有个整体观照。第二、三、五项的练习让学生经历了读懂一段话的全过程。学生在实践中读懂了自然段的主要意思与表达顺序。第六项则是一个学以致用的练习。由于之前明确了老大爷的说话顺序先“简要”再“具体”，运用同样的方法说好西门豹的回答，学生就不会觉得太困难了。

（二）注重言语实践，注重学法指导

语文是一门实践型课程。学生语文能力的提高必须经过实践，而有效的实践离不开相应的学习方法，两者相辅相成，互为促进。本教学非常注重学生的实践，同时教师又对学生进行有效的学法指导。如为了指导学生问好西门豹的第一个问题，教师让学生转换角色成为西门豹，运用不同的问法向老大爷提问：先是指导学生运用“为什么”提问，再是运用“怎么回事”提问，丰富了提问的方式，并且不忘提示学生用上“老大爷”的称呼。这样的实践提高了学生的提问能力，也让学生在实践中读懂了第1自然段的主要意思。又如，由于老大爷的四次回答各自成段，要读懂老大爷每次回答的主要意思，学生有一定困难。教学中，教师给足时间，让学生经历“读段落—找关键句—找关键词”的过程，从而一步步达成教学目标。学生既读懂了自然段的主要意思，也领悟到了抓关键词是读懂自然段的一种好方法。还有值得称道的是，学生的练习实践

由简到难，由分到总，过程性体现得较为充分。如最后的迁移表达，先让学生说西门豹的简要回答，再说具体回答，接着按照先“简要”再“具体”的顺序连起来说，最后师生表演问答。由于每一次练习难易适中，又循序渐进，因此，学生在学习过程中享受到了成功的快乐。

（三）值得探讨的一个地方

指导学生弄清老大爷每次回答的主要意思时，可否以第一次回答为例子，进行重点指导，其他三次则以放为主。这样举一反三，是否可以更好地发挥学生的主观能动性，又有利于学法的迁移？另外，一定要学生用几个字来概括老大爷每次回答的主要意思，并且要求一步到位，是否要求过高，是否过于专制？如果在学生回答的基础上再进行比较选优，是否更能体现过程性，体现民主性？

（宁海县潘天寿小学教育集团华山校区　陈丽娜）

【课例8】

《飞向蓝天的恐龙》

——第二学段如何指导学生阅读较长的段落?

一、问题呈现

有效地落实段落教学既可以巩固第一学段的字词句教学，又可以为第三学段的篇章教学奠定基础,因此,它是联结第一学段与第三学段的“纽带”。但就目前阅读教学的现状来看,“段落”训练似乎已经“隐退”:《语文课程标准》对“段”的要求与教学建议骤然消失,语文教材中也缺乏系统的段落训练安排,这导致课堂教学中段的训练严重缺失。第二学段的阅读教学要么围绕“字词句”打转;要么偏向高段化,只注重通篇的感悟,造成了第二学段阅读教学的“高耗低效”现象,阻碍了学生阅读能力与思维能力的发展。那么,如何在第二学段进行段的教学?我们通过《飞向蓝天的恐龙》一课教学,作了粗浅探讨。

二、课例描述

(一)教材简析

《飞向蓝天的恐龙》是人教版小学语文四年级上册第八单元的第三篇课文,这是一篇科普文章。课题《飞向蓝天的恐龙》,破除了人们头脑中对恐龙的固有印象,颇具吸引力。文章以生动形象的语言向我们介绍了恐龙飞向蓝天的演化过程。

课文主要记叙的内容,对于四年级的学生来说,不是难点,而且,课题也提示了课文的主要内容。这篇课文教学的重点在于第4自然段,第4自然段介绍了恐龙飞向蓝天的演化过程,这是内容的重点;第4自然段又是一个长段落,如何让学生读懂长段落的表达和结构,是本课段落教学必须落实的重点。学生把这个长段落学好了,学透了,不仅对恐龙飞向蓝天的演化过程的复述水到渠成了,而且以后遇到长段落的课文开展独立阅读也有法可循了。除此之外,还要引导学生体会科学工作者从事科学研究的执着与艰辛,揣摩品味课文准确生动的语言特色。

(二)教学目标

1. 会正确认读“茹毛饮血、毋庸置疑”等词语,并在读课文中积累好词。

2. 能正确流利地朗读课文。

3. 初步学会读较长段落的方法，体会科普文表达的条理性、语言的生动性。

4. 能联系上下文理解“演化”的含义，并理清恐龙飞向蓝天的演化过程，激发热爱科学、学习科学、探索求知的浓厚兴趣。

【课前谈话】

师：同学们，上课前，老师请你们一起去逛逛恐龙园，看一组关于恐龙的图片。

师：栩栩如生吧？请你用一个词形容你所看到的恐龙。

生1：凶猛。

生2：可爱。

师：你们是抓住性情来说的。还有其他的吗？

生：庞大。

师：你是抓住体形来说。还有吗？

生：各种各样。

师：这个词语把这里出现的恐龙都概括起来了，真厉害。

师：同学们，恐龙出现在距今大约2亿3500万年至6500万年前的中生代时期，是生活在陆地上的爬行动物，是当时地球上当之无愧的霸主，它们存活了近1.6亿年。今天我们所了解到的恐龙的各种概况，都是科学家根据对恐龙化石的研究推断出来的。

【揭题导课】

师：带着对恐龙的熟悉和了解，今天我们来学一篇关于恐龙的科普文。（板书：科普文）一起读课题。这篇课文向我们展示了恐龙世界什么样的奥秘呢？就让我们走进课文去看看吧！

【初读感知】

师：请大家认真地自读课文，读准生字新词，读通课文，并想一想课文主要讲了什么？

生自由朗读课文。

师：同学们读得很认真，有的把课文自然段的序号都标上了，还没标上的赶紧标上。

师：这篇课文有些字词特别难读（课件出示词语），谁能来读读这些词语？

生：五彩斑斓　凌空翱翔　形态各异　茹毛饮血　温顺可爱　凶猛异常　身材小巧　欣喜若狂　毋庸置疑

师：你朗读的声音真好听，而且很响亮。你把大部分的词都读对了，只有一个词出现了错误，同学们发现了吗？

生：我发现了，是茹毛饮血，这个“血”应该读第四声，不读第三声。

师：非常正确，一起来读读这个词语。

生：（齐读）茹毛饮血。

师：这个词不仅难读，意思也不容易理解。有谁知道意思？

生：恐龙的毛吃恐龙的血。（学生大笑）

师：毛吃血？是这样吗？

生齐声答。

师：这样吧，我们先来看看，“茹毛饮血”这个词语中，哪几个字的意思是你知道的呢？

生：我知道“毛”、“血”、“饮”的意思。

师：嗯，这三个字的意思一看就知道了，关键在于这个“茹”字。“茹”在字典中的意思是——（课件出示：吃）现在，你们能根据单个字的意思来说说整个词的意思吗？

生：茹毛饮血的意思是，吃动物的毛，喝动物的血。

师：说得已经很接近词义了。茹毛饮血是指连毛带血一起吃下去，这是一种非常原始的吃法。

师：以后遇到一个陌生的、不理解的词语时，我们可以通过查字典，了解词语中单个字的意思，把单个字的意思结合起来就能大致知道整个词的意思了。这是一种常用的解词方法。我们再来尝试一个，如何？

生：好。（齐声回答）

师：“凌空翱翔”什么意思？

生：在空中飞翔。

师：在空中解释了“空”，飞翔解释了“翔”，你只说清楚了这个词语中两个字的意思。（课件出示：“凌”和“翱”的意思）现在谁能连起来说说意思吗？

生：飞到高高的空中，展开翅膀飞翔。

师：对，这样解释就正确且完整了。

在“茹毛饮血”这个成语的教学中，教师适时提供“茹”的字义，为学生搭设学习的台阶，学生拾级而上，不仅轻松理解了整个成语的意思，而且学到了解词的方法。对于“凌空翱翔”的教学，则是对这一解词方法的巩固应用，非常巧妙。当然，如果在教学“凌空翱翔”前，教师先引导学生对前一个词的解词过程做个梳理，再问问学生：“这个词中哪几个字你是知道意思的？哪几个字你理解起来有困难？”然后根据学生所需，出示难以理解的字在字典中的意思，帮助学生理解词义。这样，这种解词方法就会清晰地留在学生的脑海中，以后学生遇到难解词语时就会自觉运用这种方法。

师：同学们，刚刚我们读准了词语，还学会了一种解词的方法，现在能把这些词语读得好听一些吗？注意节奏。

生齐读词语。

师：读得很大声，也很正确，但四字词语在朗读的过程中，不能一字一顿，要连起来读。（教师范读“毋庸置疑”）

生第二次齐读词语。

师：这么好的词语，让我们用心记一记。请同学们拿出练习纸，从中选择3—4个词语，认认真真地抄写一遍。

学生抄写。

师：接下来，我们同桌之间合作一下。把你写的词读给同桌听，然后，同桌评一评读得是否正确，写得是否正确。（邀请一对同桌）

生:他读得非常顺溜,非常好,写得也非常好。

师:嗯,你肯定了同桌的优点,那么有没有想要提出什么建议的?

生:字再大一点就更好了。

师:你既肯定了同桌的优点,又提出了新的建议,非常好。我再请同桌来评评你的。

生:他读得很正确,写得也不错。就是读的时候不要一字一顿的。

师:你对他朗读词语提出了建议,很好。我们同桌间开展互助学习,就是需要我们在评价的时候既肯定优点,又提出可行性的建议。这样的学习才会有效。

"茹毛饮血、凌空翱翔、毋庸置疑"等,这些词语对学生来说确实是个难点,不仅有词义上的障碍,也有字音、字形上的困难。教学前,教师心中装着学生,充分考虑到了学情。教学中,教师运用各种策略引导学生们将这些词语读正确、写正确,并理解它们的意思,为学生们扫清了阅读障碍,为下一步读通、读懂第4自然段作了很好的铺垫。

师:同学们,现在你们能来交流一下这篇课文主要写了什么吗?

生:这篇课文主要写了恐龙变成天之骄子——鸟类。

师:你用了非常简洁的语言,把课文的大致内容概括出来了,很不错。

生:课文主要写恐龙是怎样变成鸟类的。

师:相同的意思用不同的句子来表达,非常好。同学们看来都已经了解了课文内容,课文也有一句话提示了课文的主要内容。(课件出示,齐读)

生:(生齐读)在中生代时期,恐龙的一支经过漫长的演化,最终变成了凌空翱翔的鸟儿。

师:是的,课文就是向我们介绍了恐龙飞向蓝天的演化过程。(板书:演化)演化是什么意思?

生:我想找个近义词说,演化就是变化。

师:演化就是变化吗?(板书:变化)让我们一起到写恐龙演化过程的这一部分内容中找找答案吧。

本文篇幅较长,如果循规蹈矩、面面俱到,容易落入烦琐分析的窠臼,重点难以凸显。课文第4自然段写了恐龙的演化过程,是本文的主要内容,既是学习重点,也是学习难点。为了让学生掌握重点、突破难点,教师在引导学生感受课文主要内容后,让学生带着问题直奔重点段落,是一种有效的教材处理方式。

【读重点段】

师:课文的哪个自然段写了恐龙的演化过程?

生:第4自然段。

师:(课件出示第4自然段)我们发现这一段——

生:很长!

师:是呀,这么长的一段话,我们该怎么读呢?

生:一句一句地读。

师:嗯,好,我们就一句一句来读。先来数数这段话共有几句话。请大家自由轻声读第4自然段,边读边在每一句话的句首标上序号。

生轻声读第4自然段,并逐句标上序号。

师:读出来了吗?这段话共有几句话?

生:8句。

师:有没有不同意见?

生:没有。

师:都说是8句,真的是8句吗?我们一起来看看。我请同学一句一句来读,开一列火车吧,每人读一句。

生读第1句。

师:这是第1句,同意吗?

生:同意。

师:好,第2句请读下去。

生读第2句。

师:这么长的一句话,你也能读得这么正确流利,看来预习的时候是下过工夫了。

生朗读第3句,读得吞吞吐吐,非常不流利。

师:别紧张,下次读课文的时候,可以拿起书来读,这么会看得更清楚一些。

生读第4句。

师:好,这是第4句。

生读第5句。

师:嗯,纠正一个读音,树——"栖"。

生读第6,第7,第8句。

师:看来,真的如同学们所说,是8句话。大家读句子读得非常仔细。教师在以往上课的时候,发现有些同学把句子中的分号当成了一句句子的结束,也有同学漏数了一句话,所以,我们以后读句子,一定要用心仔细。

这一环节的设计看似简单,实则匠心独具,十分重要。因为"数一数这一段有几句话"是段落教学中不可或缺的教学步骤,是把握段落内容的必要铺垫。另外,因为第4自然段的篇幅较长,几乎占了全文的一半,而且有些句子用了冒号、分号,分句不明显,给学生的阅读制造了障碍。因此,有必要让学生数清有几句话,不仅帮学生解决了这一难题,也为概括句子意思做好了准备。对于这一环节的反馈,教师不要过于着急,应该切实从学生的学情出发,让学生充分暴露他们的疑问和偏差,然后在不断地讨论和交流中逐渐引导学生明白这段话到底有几句,自己数错的原因何在。

师:句子数出来了,接下去该怎么读呢?

生:可以想想每句话写了什么。

师:你真厉害,平时老师就是这样带着你们读段落的吗?

生:是的。

师:那行,我们就按照你说的一句一句来读,看看每一句都讲了什么。先看第一句。

生:写了第一种恐龙什么时候出现,和狗一般大小。

师:你眼睛很尖,把这句话中"写什么"找出来了,写的是——

生:第一种恐龙。

师:刚刚这位同学还关注到,第一种恐龙和狗一般大小,再前后联系一下,这其实是在写——

生:在写恐龙的大小和样子。

师:对,就在写第一种恐龙的样子。

师:句子还写了什么啊?

生:恐龙出现在两亿三千万年前。

师:这就是恐龙出现的——

生:时间。

师:连起来说,这句句子主要在讲——

生:世界上的第一种恐龙出现的时间和它的样子。

(教师板书:第一种恐龙　　时间　　样子)

对于第1句句意的概括,教师引导相当巧妙、扎实,她并不是生硬地将概括句意的方法灌输给学生,而是顺着学生的思维,以学定教,顺学而导,根据学生的回答,引导学生抓住要点,概括出第1句的句意,接着总结出概括句意的方法,学生确确实实有所收获。有了前面方法上的引领,再放手让学生们进行语言实践,让他们在具体实践中初步感受表达的条理性,进一步理解文章内容,扎扎实实地训练了学生的概括能力。

师:第2句写什么?

生:写的是它的后代繁衍成了一个庞大的家族。

师:你找到的是这句话中的"写什么"——写庞大家族(板书),还有补充吗?

生1:第2句写的是庞大家族的样子。

生2:不对,应该是后代的样子。

师:你说的是后代,有的同学说的是庞大家族。到底是哪个呢?再读读句子。

生1:我发现了,其实,后代繁衍成的就是庞大家族。

生2:我认为第2句写的是庞大家族的样子、性情和体重。

师:你把庞大家族的每一个特点都介绍出来了。其实,你所说的样子、性情、体重,句子中的一个词语都写到了,就是——

生:形态各异。

师:那么,这句话就是在写——

生:庞大家族形态各异。

师:同学们经过思考,达成了共识。第三句呢?

生:恐龙演变的过程。

师：哪种恐龙？演变过程？能再说得具体一些吗？

生1：猎食性恐龙。

生2：身体变小了。

生3：变得像鸟类了。

师：简单地说，就是猎食性恐龙怎么样？

生：越来越像鸟类。

……

师：同学们读着句子，概括句义，把八句话的意思都概括出来了。现在老师请大家看着板书思考一下，这八句话中，哪几句话是围绕同一个内容写得呢？

生：我认为第3、4、5三句都是围绕猎食性恐龙来定怕。

师：发现得非常正确。

生：我认为第6、7两句都在写科学家。

师：不对，是第6、7、8三句。

生：对，是第6、7、8三句都在写科学家的一些想法。

此环节的设计，教师意在让学生理解各个分句之间的联系，领悟文章表达的条理性，加深理解，并为复述做准备。但是，对于四年级的学生来说，思维力度不够，因为教师的板书已经很明确地告诉他们哪几句讲的是同一方面的内容。我们可以将板书稍作修改（如下图所示），让学生看板书思考，发现了什么？学生基本上能发现第3、4、5三句讲的是同一方面的内容；第6、7、8三句讲的是同一方面的内容。教师再以猎食性恐龙为例修改板书（如下图所示）接着让学生思考“科学家”该如何板书比较合理。这样，学生在观察、思考中发现，在动手实践中加深理解与感受，思维在碰撞中点燃，在讨论、实践中得到发展。

修改板书：

3. 猎食性恐龙	像鸟类		像鸟类
4. 猎食性恐龙	转移生存点	猎食性恐龙	转移生存点
5. 猎食性恐龙	学会飞行		学会飞行

师：同学们你们看，第4自然段非常有条理地写出了恐龙的演化过程，先写了——

生：第一种恐龙出现的时间和样子。

师：接着写了——

生：庞大家族形态各异。

师：然后写了——

生：一些猎食性恐龙变得越来越像鸟类，并学会了飞行。

师：最后写了——

生：科学家的一些想法。

师：长长的一段话，分成4个部分，写得具体有条理。

理解了文章的内容，领悟了语言表达的条理性，为学生的复述做好了充分的准备。让学生借助提示,用自己的话说说恐龙演化的过程,激发学生说的勇气和自信,从而达到内化吸收语言的目的。

三、课例评析

段落是课文的有机组成部分,但是它又有相对的独立性,教师对段落的学习给予有效的指导,不仅有助于学生开展独立的段落的阅读,更能帮助学生进行篇章的整体阅读。教师在执教《飞向蓝天的恐龙》这篇课文时,重点关注了这篇课文中的第 4 自然段这个长段落,对第 4 自然段的学习一步一步地进行有层次地指导,让学生初步学会了如何读长段落的方法,具有较强的可借鉴性。

(一)理清段落结构,把握主要内容

常见的段落结构,一般有总分结构、并列结构、承接结构、因果结构和转折结构。这些段落往往篇幅不长,而且结构明显。比如总分结构,一般都有总起句或总结句。《飞向蓝天的恐龙》的第 4 自然段很有自身的特点。首先,这段话很长,一般第二学段很少出现这么长的段落;其次,内容复杂,恐龙的演化过程经历了好几个阶段,却都放在了一个段落中;再次,这个长段落中又嵌套着总分结构,如介绍“恐龙的庞大家族”,还嵌套着承接结构,如从“第一种恐龙”到“恐龙的庞大家族”到“一些猎食性恐龙”,这三部分内容依照时间顺序是承接在一起的,这些如何让学生一一习得呢?

再来看看这样的长段落会造成学生在阅读中的哪些困难呢?首先,学生会被这段中纷繁复杂的内容给搞糊涂了,恐龙的演化到底是按照怎样的顺序呢?其次,课文是怎样把恐龙演化的过程一步一步写清楚的呢?长段落让学生模模糊糊,此时就需要教师有效的指导,让学生理清段落的结构,明白这一段话所讲的内容。

这一段的教学指导,主要有三大步骤:1. 数数第 4 自然段一共有几句话?2. 说说每句话在讲什么?3. 哪几句话是围绕着同一个内容写的?这样,不仅帮学生理清了句与句之间的关系,了解了作者的构段方法,还让他们明白了恐龙是怎样一步步飞向蓝天的。

(二)注重语言实践,优化教学策略

“授人以鱼,不如授之以渔。”段落教学的最终目的不在于让学生读懂文章写了什么,而是在于通过教师的引导和一系列的语言实践,学生能够从中习得一些方法,如阅读方法和表达手法。

本课很注重学习方法的引领,并适时辅以练习,为学生创设应用所学方法的机会,让学生在具体的语言实践中不断提高自主阅读的能力。如概括句意这一环节,教师以第一句为例,引导学生总结出概括句意的方法,然后放手让学生自主概括第 2—8 句的句意。有了方法的引领,学生们就有路可循,切实提高了概括能力。

还有课尾对于学习长段落方法的总结提升,让学生明白以后可以这样来进行长段落的学习。

第二学段的段落训练,还应特别关注作者是怎样将自己要表达的意思有条理、具体地表达

出来的。沈老师本节课重在引导学生感悟作者表达的条理性，在学生概括了每句话的意思后，教师引导学生思考哪几句讲的是同一方面的内容，再引导学生用自己的话复述课文，一步步引领学生体会科普文表达的条理性，同时渗透了习作的一大要素。

虽然方法的习得和能力的提升不是一蹴而就的，但是只要这样长期坚持下去，学生在大量的语言实践和日积月累中必定会获得实质性的提高。

（三）留出思考空间，促进思维发展

课堂教学，要求我们要留出余地。如提出某个问题或要求后，要留出充足的时间和空间让学生们去读书思考、交流讨论。

教师在这节课中，根据教学的不同要求，巧妙设置“空白”点，让学生真正成为了学习的主人。

如概括第2—8句的句意时，沈老师给了学生充足的时间来默读课文，作批注。静心默读，学生就会用心去贴近、揣摩、感悟文本，只有在这种静读中，学生的思维才能自由驰骋。

又如在交流句意时，教师又为学生创设了广阔的自由空间，将话语权交给了他们，孩子们大胆地发表自己的意见，毫无顾忌地呈现自己的思考过程，他们的思维在不断地交流讨论中被激活，他们的回答是那样精彩纷呈。这时，教师再给以巧妙地、恰到好处地点拨、引导，真正让段的教学落到实处。

（奉化市锦溪小学　徐维娜）
（宁波市实验小学　沈晨芸）

【课例9】

《想别人没有想到的》

——运用“理读单”指导学生进行略读课文学习

一、问题呈现

面对略读课文教学中的种种困惑，我们尝试通过理读单的设计和运用，借助智慧教室的现代化的教学手段及IRS测评系统的辅助功能，以练习引导学生学习，以即时测评调控教师教学，双管齐下，有效实现略读课文的教学目标，保证课堂教学的有效，使学生通过练习确实在知识、能力上有所提高。

二、课例描述

《想别人没有想到的》这篇课文该如何选择教学内容，如何展开有效训练呢？在思考的过程中，我关注到本课所在的三年级下册第三组的单元说明提示：学习本组课文，要以读为本，运用学到的阅读方法把课文读通、读懂，注意抓住和理解课文中的关键词句，联系生活实际，体会故事中的道理，初步受到科学的思想方法的教育。根据这一训练点，我把本课的教学目标定位为：

1.默读课文，抓住主要词句理解画师考题的意思以及三个徒弟是怎么画出最多的骆驼，明白小徒弟的画为什么能得到画师的称赞。

2.根据主要词句，清楚完整地复述故事，明白故事所揭示的道理。

3.培养学生多动脑，多思考，“想别人没有想到的”创新意识。

根据目标的设置，我围绕教学主目标1、2，找准本课要解决的主问题，遵循学生的思维过程设计了“理读单”辅助学生开展学习。凭借“理读单”，学生能清晰感觉到这一堂课真正要学会什么，而教师也能做到“有的放矢”，最大限度地调动学生学习的主动性、积极性和创造性，最优化地促进教学活动的展开并具有时效。

（一）独立学习，读通全文

首先，我让学生在读通课文的基础上独立完成“理读单”的阅读任务1：

●请找出注音全对的一组。

①召(zhào)集　　　　骆驼(luò tuo)　　　　禁(jìn)不住

②召(zhào)集　　骆驼(luò tuo)　　禁(jīn)不住

③召(zhào)集　　骆驼(luò tuó)　　禁(jīn)不住

④召(zhāo)集　　骆驼(luò tuo)　　禁(jīn)不住

阅读任务1的目的是检测学生自学生字词的情况，大部分学生能通过自己的学习，读准生字，读通文章。接着教师根据测评结果带领全班学生读准词语，然后要求学生们对其他三组错误的地方进行辨析、交流，教师及时在电子白板上修正，为课文的疏通奠定了基础。

(二)读练议导，领会方法

根据教学目标的定位，本课要求学生默读全文后独立完成“理读单”的阅读任务2，在交流过程中进行学法的指导与提炼。

●画师给三个徒弟出考题，下面哪一组词把考题的意思表达得最清楚完整？

①一张纸	同样大小	画骆驼	最多
②一张纸	同样大小	徒弟	最多
③一张纸	每个	画骆驼	最多
④白纸	同样大小	画骆驼	最多

学生们的选择结果显示：选择第一组的学生有62%，24%选择第二组，12%选择了第三组，2%选择第四组。教师抓住“启动点”让学生们交流选择这一组的原因：

教师：“每一组选项都有同学选择，但选第一组的同学最多了。你们能说说理由吗？”

学生A说：“课文中有一句相关的句子，‘一张纸、同样大小、画骆驼、最多’这几个词语在句子中都有，我觉得很重要，所以选择第一组。”

学生议论纷纷：“我觉得‘徒弟’也不能少！”“‘每个’也可以啊!”……

教师：“到底哪组词语能正确、完整地表达考题的意思，让我们先来看看画师出的考题吧！”(出示句子——他给每个徒弟一张同样大小的纸，让他们画骆驼，看谁画的骆驼最多。)谁来读一读？

指名学生读。

教师一边画出重要词语，一边引导：“‘一张纸’确定了(纸的数量)，‘同样大小’明确了(纸的大小)，‘画骆驼’是指(干什么)，‘最多’告诉我们(是比什么)，你们再仔细看看这段话有没有重要的词语漏下了？”

学生们：“没有！”

教师：“看来这几个词语能正确、完整地表达考题的意思，所以第一组的答案是正确的。恭喜选择正确的同学！我们再来看看其他三组提供的信息，分别缺少了什么呢？”

学生B：“第二组缺少了‘干什么’，‘徒弟’是指画师给谁出考题，跟考题的内容没有关系。所以第二组不对。”

……

教师：“你们看，长长的句子，抓住了几个主要的词语就能把意思弄明白了，还能帮我们记住句子呢。谁能用上这几个词语说说画师出了什么考题呢？”

在教师一步步顺水推舟的引导中，学生学习如何提取重要的词语，并能联系词语体会句子的意思。

（三）圈点读悟，实践方法

学生在"理读单"阅读任务2中学到"抓住关键词语体会句子"的方法后，独立完成阅读任务3：画师出了这样的考题，那三个徒弟又是怎么画骆驼的？请同学们默读课文的第4、5、6自然段，像刚才那样画出重要的词语或短句。教师提出牵一发而动全局的问题，让学生带着问题自读、自悟，整体感知文章的重点部分，接着全班讨论，在交流中相互点拨：

学生A在第4自然段中找到了"用细笔"，说："大徒弟只有用细笔才能画出很小很小的骆驼，不然就会画得很大很粗，就画不出最多的骆驼了。"

学生B在第5自然段中找到"骆驼的头"，说："骆驼的头比整个身子要小很多，可以画得更多更小，这样二徒弟认为才能画出最多的骆驼。"

……

教师："好，我们抓住主要词句了解了事情的起因、经过、结果，你能根据这些主要词句，说说课文讲了一件什么事情吗？"

学生复述故事。

教师："像这样抓住主要词句连起来说一说，就能把故事清楚完整地讲给别人听了！"

学生们在"理读单"的任务驱动下，抓住第4—6自然段中的关键词句充分进行了"以文本理解为基础，以内心视像为支撑"的个体体验，使文本语言内化为学生自己的语言，从而确切把握了三个徒弟画法的不同特点。并且以词句为"拐杖"，将课文复述得清楚而完整。从阅读任务2至阅读任务3，教师呈递进式的教学，使阅读方法得以应用，使阅读能力得以提升。

通过完成第一项阅读目标，在交流过程中学生轻松地完成"理读单"阅读任务4。

（四）类比阅读，拓展运用

教师选择了故事题材、内容和课文相仿的《踏花归来马蹄香》，要求学生模仿课文中画师说的那段话给故事续写结尾，完成"理读单"阅读任务5：

好几百年前，有个皇帝喜爱书画，常出题考画家。有一次，皇帝让考生根据诗句"踏花归来马蹄香"作画。

画家们先后动起笔来。有的在画面上画了许许多多的花瓣儿，一个人骑着马在花瓣儿上行走；有的画了一位骑马的少年扬着鞭子，疾速奔驰；有的画了一只大大的马蹄子，特别醒目。

只有一位画家独具匠心，画了一个少年骑着马回家，马儿疾驰，马蹄高举，几只蝴蝶追逐着马蹄翩翩飞舞。

考卷交上来以后，主考官一幅一幅地审看。看了几张都不满意，直到看见蝴蝶追逐马蹄翩翩起舞这一幅时，他脸上立时现出了喜悦的微笑。他连连称赞："好极了！好极了！____________
____"

如果让孩子直接写故事，可能出现词不达意，不知所云；或者语句不通、结构松散的问题。于是在仿写之前，教师进行了写话指导，并阐释故事的道理：

教师边画边说："画师讲的条理也很清楚呢！他先说图上画了什么，再说这样画有什么好处。通过画师的话，我们一下子明白，大徒弟、小徒弟只注意骆驼数量上的多少，小徒弟却进行了丰富的想象，想得跟别人不一样，画得和别人不一样，就如题目说的那样(想别人没有想到的)。"

教师："……故事看起来还没有说完呢，只是写到了考官连连称赞，考官为什么要连连称赞呢？你能像书中的画师那样替考官说明理由吗？先说说画了什么，再说说这样画有什么好处。

学生A："好极了！好极了！图上虽然只画了几只蝴蝶追逐马蹄翩翩飞舞，不正说明马踏过很多花，马蹄上留着花香吗？"

学生B："好极了！好极了！马蹄旁边有很多蝴蝶翩翩飞舞，因为马去过了花园，花蜜都被马蹄粘去了，所以才吸引蝴蝶来采蜜啊！"

正因为教师梳理了结构，揣摩了写法，找准了借鉴的重点，再要求学生续写故事，才使他们在"意犹未尽"的故事氛围中积极主动地完成了写话训练。虽然不一定完全照着结构去写，但都写不离"谱"，都谈此画如何"好极了"，所言都是"好在哪里"。

三、课例评析

依据练习先行的思路，"理读单"立足年段特点、单元目标、文本特色、学生水平分层级设计，在学习伊始为学生的自主学习导航。"理读单"始终贯穿整个略读教学，形成了新的略读教学模式：单元回顾，明确理读任务——依"单"阅读，独立完成练习——整理收获，形成书面成果——交流分享，互助指导提升——修改补充，总结"理读"所得。"理读单"从很大程度上替代了教师的教，以任务驱动、方法引路、成果分享的方式使学生真正成为了学习的主体，达成了略读教学、教略而学的目的，形成了先学后教、边学边教的略读教学模式。与此同时，现代化的教学技术使得学生利用"理读单"开展自主学习的过程获得全程的检测和评价，语文学习的效能得到进一步提高，也使课堂中人人参与成为可能。纵观整堂课的教学，评析如下：

(一)理读引路——提供略读学习方法

本课的"理读单"中一共出示了5道题目，引导学生一步一步踏踏实实学懂课文，并在学习中掌握阅读的方法：阅读任务1，检测学生对生字读音的辨析能力，根据反馈结果帮助学生读准字音。阅读任务2，让学生选择能清楚、完整表达画师考题意思的一组词语。通过辨析，帮助学生初步建立"从文中提取重要信息"的概念，学会抓住关键词语体会句子的方法。阅读任务3，要求学生画出"三个徒弟怎么画骆驼的"主要词句，在实际操作中进一步巩固了学生"提取信息"的能力，同时真正引领学生走进文本深处，领略了三个徒弟不同的画法，达到了重点品读的目的。阅读任务4，让学生选择"这不恰好表明有数不尽的骆驼"这句话的正确意思，通过前面的阅读铺垫，帮助学生加深情感体验，领悟文本的内涵，实现了对课文整体的回顾。阅读任务5，要求学生模仿画师说的话给《踏花归来马蹄香》续写结尾，活化了课文内容，对提高学生的写作能力颇为有效。

这份"理读单"给学生提供了略读课文"学"和"用"的路径，从阅读方法的初步指导到阅读方法的实践运用，既有顺序，又有变化，让学生学得更有效也更扎实。

（二）以练促学——提升语言实践能力

《语文课程标准》中指出："语文课程是实践性课程，应着重培养学生的语文实践能力，而培养这种能力的主要途径也应是语文实践。"本课的学习资源和语言实践机会无处不在，无时不有。

1. 读。略读课文虽然不像精读课文那样需要细致教学，但对必要的生字、重要的句子或段落还是要认真读反复读，有助于课文的梳理和理解。整堂课，教师采用了不同形式的读，并步步推进。在整堂略读课的教学中，教师有明确的主体和训练的意识，腾出不少的时间，充分利用"理读单"为学生提供宽阔的自学平台，在一次次入情的诵读中，领悟了课文的内涵，而且增强了语感，丰富了语言的积累。

2. 写。阅读是写作的基础，写作则是阅读的发展和提高。教师就要善于引导学生读中悟写，读后仿写。学习本课后，教师着眼于学生的学，选择了故事题材、内容和课文相仿的《踏花归来马蹄香》，要求学生模仿画师说的那段话给故事续写结尾。教师先让学生们认真自读故事片段，知道梗概，理出头绪，接着带领学生们回到课文中细细品味画师说的话，通过反复朗读，引导学生明白画师是如何条理明晰地说明三徒弟画的含义，体会画师对三徒弟由衷地赞美，揭示故事所蕴含的道理；接着学生根据"先说说画了什么，再说说这样画有什么好处"的写作结构给故事续写结尾，大部分孩子都写得条理清楚，有理有据，一些学生还活学活用，用上反问句、"虽然……但是……"关联词。显而易见，这样的文字拓展训练是有成效的，一来加深了学生对内容的理解，加强了语言积累；二来学生的参与与创造愿望得到了满足，充分激发了他们的写作兴趣，提高了学生的读写能力。

（三）以生为本——尊重学生学习起点

本课的字词教学就充分尊重了学生的学习起点，关注学生的学习状态，三年级学生已能主动借助课文中的拼音、一定的识字经验自主认字，于是教师在实际教学中充分给予学生自学生字、读通课文的时间，课文读顺后，学生完成阅读任务 1，接近 90%的学生选择了正确的一组。接着教师带领全班正确地把三个词语读了一遍，再对其他三组错误的注音进行辨析、交流，教师及时在电子白板上修正。整个过程中教师基本不着一言，学生就独立通过了生字关，为整篇课文的学习打好了基础。可见基于学生现实学习起点来确定的教学策略，才是有效的教学，才能更好地促进学生的语文学习。

（四）即时反馈——提高教学补救效益

本篇课文篇幅短小，但故事性、可读性较强。教师要求学生默读全文，从整体上感知课文每一部分的内容，再自己独立思考完成阅读任务 2，然后通过 IRS 系统作出选择，反馈结果显示有 62%的学生选择了第一组，24%选择第二组，12%选择了第三组，2%选择第四组。教师从这个结果中发现，学生对于文本信息的提取尚不完整，必须要进行教学补救，帮助学生理解题意，并掌握思维方法，提高学生提取信息的能力。

（宁波市惠贞书院　杨梦艳）

【课例 10】

《秦兵马俑》

——将练习融入学习过程

一、问题呈现

（一）年段目标不准，练习设计形式化

部分教师对年段目标把握不准，对学生的学习需求定位不准，所以设计的练习没有针对性，或盲目拔高要求，或随意降低难度。这样的练习往往只是一种摆设，无法真正融入学习过程，因此学生的语文能力得不到有效训练，语文素养得不到真正提升。

（二）语言特点不明，练习指向空泛化

有的教师由于没有准确把握教材的语言特点，或不知道该练什么，或什么都想练，造成了练习设计的语用目标不明确，指向不集中，重点不突出，没有真正为学生的语言习得服务。

（三）指导过程缺失，实施过程机械化

教学中存在不少为练而练的现象，实施过程简单机械，没有充分暴露学生在练习过程中的错误、不足和疑惑，没有准确把握教学的起点，这样就失去了教学的最好契机。

二、课例描述

练习一：概括主要内容——层层聚焦，提炼信息

概括课文的主要内容是我们小学第二、第三学段学生需要学习和掌握的一项重要的语文能力。我巧妙利用国宝档案资料卡的形式，引导学生层层聚焦，提炼信息，同时发展了学生语言能力。

步骤一：聚焦课文概括描写段落，提取相关语段

在理解课题之后，教师有意识引导学生练习找一找课文中概括介绍秦兵马俑的段落。学生边默读课文，边带着问题找相关段落。3分钟后，学生纷纷举手。

生1：课文的第1自然段概括介绍了秦兵马俑。

（该生读第1自然段。）

师：对，这一自然段是文章的总起。（点击出示）还有补充吗？

生2:秦兵马俑不仅规模宏大,而且类型众多,个性鲜明。这句概括介绍了秦兵马俑。

师:你真是火眼金睛,藏在课文的中间段落也被你发现了。(点击出示)同学们,这句话前半句概括了——(生接:上文的内容),后半句概括了——(生接:下文的内容),你们知道这就是——(生接:过渡句)。对,这样的句子单独成为一段,就叫过渡段。

生3:课文最后一段也概括介绍了秦兵马俑。

(该生读最后一段。)

师:对,这是课文的总结(点击出示)。课文就是按这样的结构来写的,第一段总起全文,中间过渡段承上启下,文章结尾,进行总结。

步骤二:聚焦关键语段重点词语,填写国宝档案

师:自由读一读这三段话,请你从中找到关键的词语完成国宝档案资料卡。

国宝档案资料卡

文物名称	
出土地点	
兵马俑特点	
文物价值	

学生自由读三段话,然后开始练习。

教师巡视指导。(多数学生能迅速从三个段落中提取关键的词语进行填写)

步骤三:关注语言表达的准确性,概括主要内容

在学生完成国宝档案资料卡后,请学生到展示台上展示练习,并交流。

生1:文物名称:秦兵马俑;出土地点:我国西安临潼;兵马俑特点:规模宏大、类型众多;文物价值:举世无双。

师:这位同学值得表扬,你瞧,他书写工整,能提取关键词语来完成国宝档案资料卡,而且很简洁,交流的时候声音响亮,真不错。但是,也有一点小小的瑕疵,比如有些地方还可以更简洁,有些还不够完整,谁来帮助他?

生2:出土地点可以把我国省去,因为看到西安,全世界都知道是在中国。

生3:我觉得兵马俑的特点没有概括完整,还有一个特点是个性鲜明。

……

师:对,"绝无仅有"的意思就是举世无双。同学们,这些词语都可以说明秦兵马俑文物价值很高。通过大家的不断修改和补充,我们完成了国宝档案资料卡。请你看看自己的资料卡,快速修改一下。然后利用国宝档案资料卡来说说课文主要内容。

……

师(小结):刚才,我们通过找课文关键段落,提炼重点词语的方法概括了课文主要内容,这是一种概括的好方法。

通过两个步骤的层层聚焦,有层次地训练了学生信息提取的能力。国宝档案资料卡的巧妙

利用，不但让学生学会了提取关键信息的方法，而且训练了学生信息的整合能力，还在交流中提升了学生语言的质量。练习目标指向能力和方法。

练习二：关注语言积淀——在表演里理解，在语境中积累

课文的第二部分介绍了秦兵马俑的不同类型。作者运用了大量的四字词语从身材体格、衣着披挂、动作等对兵马俑的类型进行具体描写。基于对教材语言特点的把握，从整体入手，设计了如下练习：

步骤一：分类梳理语言

在学生了解秦兵马俑的种类后，引导学生关注描绘的方法。教师以身材描写为例，在段落中点击，逐个出示，学生立刻发现作者运用了大量的四字词语，活灵活现地描绘了不同种类的兵马俑。教师引导学生按要求将描写衣着和动作的四字词语归类。

出示练习二：

身材魁梧	体格健壮	体形丰满	肌肉匀称	(身材)
________	________	________	________	(衣着)
________	________	________	________	(动作)

学生找相关的词语，填入练习中。

教师巡视指导。

步骤二：内化积累语言

学生完成后，教师请学生在展示台上交流梳理归类的成果。教师分别从书写工整、分类准确、表达清晰等角度进行了评价，并引导学生进行补充。分类完成后，运用朗读和表演的方式实现语言的积累和内化，为后续教学写话做准备。

师：让我们一边做动作，一边来读一读。一起把看到的形象通过表演展示出来。

（学生一起边读边做动作。读得很有味道，通过动作表演，一下子把兵马俑的形象生动展现出来了。）

师：这些描写身材、衣着、动作的词语带给你怎样的感受？

生1：我感受到不同类型的秦兵马俑都很威武，很有气势。

生2：我仿佛看见体格健壮的战马像一阵风似的奔跑，我仿佛听到了它的叫声。

生3：我感觉兵马俑栩栩如生，像真的一样。

师：你最喜欢哪一个兵马俑，选择一个，把他们威武豪迈的气势读出来。

在教学中，我们通过让学生边读词语边表演，既创设了语言学习的情境，又检验了学生对词语的理解，真是一举两得。其次，要注重语言的积累。将语言梳理成体系，形成知识模块，有助于学生对语言的积累。教学中，我让学生进行归类整理，为学生知识体系的形成作好了铺垫。这样真正实现了对语言的理解、内化和积累。

练习三：关注表达方法——在比较中玩味，在练习中习得

练习的过程是一个循序渐进的过程，层层深入的练习设计能引导学生从内容走向形式，真正实现得意得言。在这个过程中，内容理解是基础，语言形式是核心。练习设计的着眼点要从追求内容理解转化为语言形式的突破。

步骤一：形象入手，在朗读中发现语言特点

师：秦兵马俑类型众多令人赞叹，更令我们惊奇的是你发现这近8000个兵马俑的神态竟然各不相同。自由读读第八节，你看到了几种不同的神情，请把相关的词语画下来。

生1：我看到了两种不同神情，颔首低眉、若有所思的神情，还有目光炯炯、神态庄重的神情。

生2：我仿佛看见了有的兵马俑紧握双拳的神情，还有的兵马俑正凝视远方。

师：（教师点击变红）是的，文章栩栩如生地描绘了兵马俑的四种不同神情。神情不同，读时语气也不同，不好读，谁有本领来试试？

（学生朗读时语气高昂。）

师：你知道颔首低眉是什么样的？

生：低着头的样子。

师：是啊，低着头，好像在思考问题。你觉得该怎么读？

（学生边模仿动作，边有感情朗读。）

师：读得真好，这动作、这神情，仿佛你就是那个兵马俑。谁也愿意来读一读？

学生多人朗读。

师：后几种神情谁也能读出形象，读出味道来？

……

步骤二：前后联系，在比较中揭示语言规律

师：同学们，让我们来关注描写兵马俑的四种神情的句子，你们发现了吗？前半句写神态，后半句在写什么呢？

师：让我们合作着来读读这些句子。我来读写神态的词语，你们来读读后半部分。

师：大家发现了吗？这四句句子中前后部分的连接都用了一个词语——（好像）这不是真的看见，这是——（生：作者的想象）对，作者前半句写了所见，后半句写了想象。自由读一读这些句子，前半句和后半句之间有联系吗？

颔首低眉，若有所思，好像在考虑如何互相配合，战胜敌人。
目光炯炯，神态庄重，好像在暗下决心，誓为秦国统一天下作殊死拼搏。
紧握双拳，好像在听候号角，待命出征。
凝视远方，好像在思念家乡的亲人……

（沉思片刻后，孩子举手渐渐多起来）

生1：有联系，比如第一句的前半句写若有所思，后半句作者在猜测思考什么。

生2：紧握双拳和待命出征有联系。也许他们已经做好了出征的准备了，所以才紧握双拳。

生3：凝视远方和思念家乡有联系，因为他们在打仗，家乡在远方，所以会凝视远方。

生4:兵马俑神态庄重让我们联想到可能战争很残酷,可能他们做好了牺牲的准备。

师:哦,前半句是所见,后半句是想象,它们是紧密相连的。像这样有依据的想象叫联想。作者的联想让兵马俑似乎有了怦怦的心跳,似乎有了轻微的呼吸。(板书:联想)

师:让我们走近兵马俑,再来体会他们鲜明的个性吧。让我们合作一下,教师来读总起和总结的句子。大家来读分述部分。边读边把你感受到的神情表演出来。

步骤三:学以致用,在仿写中习得语言本领

师:秦兵马俑的神态难道就仅仅这四种吗?想看看其他的神情吗?

学生专注地期待,发出惊叹。

师:你瞧!你看到怎样的神情,你又会产生怎样的联想呢?请选择其中一种或几种神态在练习纸上写一写。

每个兵马俑都是极为精美的艺术珍品。仔细端详,神态各异:有的________,好像________;有的________,好像________;有的________,好像________……走近它们的身旁,似乎能感受到轻微的呼吸声。

交流、点评:

生1:有的单脚跪地,好像在向将军汇报军情。

生2:有的愁眉不展,好像为出征的战友感到担心。

生3:有的一脸严肃,好像随时准备奋勇杀敌。

……

师:你们仔细观察了兵马俑的神情,展开了合理的想象,描绘出了神情各异的兵马俑。同时,你们掌握了展开联想的方法,习得了语言的本领,真了不起!

通过这个练习,不但深化了文章内容的理解,而且实现了文本语言的运用,达到"意言"的统一。

三、课例评析

《秦兵马俑》从两方面详尽介绍了秦兵马俑:一是用详实的数据说明了兵马俑宏大的规模;二是对兵马俑众多的类型和鲜明的个性进行了具体描绘。文章语言很有特点:首先,作者运用了大量的四字词语从身材体格、衣着披挂、动作等对兵马俑的不同类型进行具体描写;其次,第八节写法非常典型,作者运用见闻加联想的方法生动展现了兵马俑神态各异、个性鲜明。教学中,以练习为手段,从写法角度切入,在语言学习实践中理解语言,内化语言,积累语言。

(一)把握年段目标,练习设计追求精

本堂课的第一个练习就是针对此项能力培养进行设计的。教学中,通过层层聚焦的方法,引导学生不断提取关键信息,并巧妙利用国宝档案资料卡的形式完成了课文主要内容的概括。纵观整个教学过程,让每个学生经历了概括的过程,经历了提升的过程,从而真正掌握了从重点语段中提取关键词语的概括方法。这样精巧的练习设计,给了学生凭借和依托,真正为学生的学习服务，为学生的语文能力提升服务。因此，练习设计要置于年段目标的大链条中，系统有序地进行整体思考，这样的练习才有价值。

（二）挖掘语言特点，练习安排做到实

用好教材，学习语言是我们语文教学的根本任务。因此，教学要挖掘文本的语言特点，让学生习得语言的真本领。《秦兵马俑》第8节的语言很有特点。作者运用了见闻和联想的方法对兵马俑鲜明的个性进行了具体描写。教学时，对关键的语言点进行了重锤敲击，从形象入手，探究语言，发现了表达的奥秘，继而安排仿写练习。仿写练习的设计不仅加深了学生对课文内容的理解，而且对表达方法的掌握是一个很好的检验。这样的练习过程由浅入深，步步深入，练得实在，练得有效。

（三）细化指导过程，层层推进练出效

不难看出，要把书本中的知识变成学生的技能，中间的历程是异常复杂的。过去语文教学仅把眼光集中在这一过程的两极上，没有看到其间的中介环节，所以在教学中往往采用简单的方法，试图将技能一下子“倒给”学生，结果遭到规律的惩罚。语文教改要真正有所突破，就要在中间环节上做文章，设法优化语文学习的中间过程。练习是这个过程中最重要的一环。它以理解体悟为基础，是习得语言本领的有效桥梁。本课教学对学生练习过程进行了有效指导，学生在概括能力、表达能力等各方面均得到了很大提升。

（北仑区淮河小学　石如军）

【课例11】

《这片土地是神圣的》
——让练习做到形式多样有实效

一、问题呈现

虽然课堂练习引起了大家的关注，但是，内容单一、形式枯燥的课堂练习无疑将抑制学生的学习积极性。如何使练习做到形式多样有实效，构建既不浮躁又不单调的语文课堂呢？笔者以为，动静结合、注重积累、培养思维、发展能力的实践练习，是促成有效课堂的捷径。

《这片土地是神圣的》是一篇演讲稿，被誉为有史以来在环境保护方面最动人心弦的演说，它生动形象地描述了人类与大地上河水、空气、动植物等的血肉关系，强烈地表达了印第安人对土地无比眷恋的真挚情感。全文情感强烈，语言抒情而富有哲理。

这是学生在小学语文课本中初次接触演讲稿。学习本课，不仅仅是要了解演讲稿的文体，更要学习作者独特的语言以及如何读好演讲稿。针对演讲稿这种文体，在第一课时的教学中，充分考虑了六年级学生的学习特点，鼓励学生在认真预习的基础上，通过朗读、比较、想象、运用背景资料等方法，指导学生通过形式多样的、充分的练习，理解、概括、欣赏演讲稿。通过生生互动、师生互动等不同的朗读练习，培养学生的朗读兴趣和能力。

二、课例描述

练习一：检查预习

（一）听写词语

第一行：骏马　雄鹰　婴儿　眷恋

第二行：嗡嗡鸣叫的昆虫

第三行：潺潺的流水声

教师针对这两位学生听写的正确率、速度、美观度进行点评：“第一位同学不仅字写得正确，速度也快，排列得很工整；第二位同学只错了一个字，不过速度很快，排列整齐些就更好了。”点评之后，请其他学生对照课文进行批改，错字订正在练习纸的备注框里。

(二)阅读理解

听写环节之后,教师进行阅读理解检查。学生看练习纸第2题,请一个学生读题目要求:快速阅读,在与课文完全相同的句子后面打"√"。做之前提醒学生听清要求,做到快速阅读之后答题。随后指名说答案,请其他学生评判正误,讲述理由。(学生在做这道习题时,教师需把握好答题时间。)

附练习题2:

快速阅读,在与课文完全相同的句子后面打"√"。

(1)我们和大地上的山峦河流、动物共同属于一个家园。(　)

(2)如果我们放弃这片土地,转让给你们,你们要记住:这片土地是神圣的。(　)

(3)任何降临在大地上的事,会降临在大地的孩子身上。(　)

(4)大地不属于人类,而人类是属于大地的。(　)

师小结:看来我们以后读书的时候,要特别留心类似的关键词,想想它们的作用。请看原文——(课件出示原文,红线画出题目中这四个句子。)

一起读读这几个句子。

课前,学生进行了充分预习。教师特别设计了这道预习检测题,旨在引导学生在阅读时注意词语之间的细微区别,从而学会准确地运用词语表情达意。通过几次试教,教师都发现其实看似非常简单的"找不同",学生却大多忽略了类似"终究"、"一定"这些起关键作用的词语。通过这样的练习,教会学生在阅读时,要捕捉那些表达中心思想的,体现作者写作目的的,表达内心情感的精确、形象、生动的词和句。只有通过认真细读,揣摩探究,甚至是咬文嚼字,才能加深学生对文本的理解,进而形成自己对文本的判断和评价,这样才能切实提高学习能力。

练习二:朗读训练

(一)师生互评

重点指导朗读第2自然段。请3名同学朗读,生评价;师范读,生评价;师谈朗诵感受,点拨技巧,再次引读。

课堂片段:

课件出示第2自然段。

(1)学生自由练读。

(2)请3名学生读。(第一位学生读得正确、流利,较有感情;第二位读得正确、流利;第三位学生读得流利,稍有感情。)

(3)这3位学生哪里读得好?生评价。

生1:我觉得第一位学生朗读得非常有感情,而且非常流利。

生2:我觉得他们读得都很流利,在关键地方都停顿了。

师:你关注到了语速的变化。

生3:我补充,她在重点的地方语气加重了许多。

师:你还关注到语调的变化。

师范读，生评价。

生1：老师，您读得很深情，富有感染力。

师：谢谢你的肯定。

生2：老师读得很有起伏，读出了抑扬顿挫的感觉，蛮有激情的。

师：看来语调的变化，你很欣赏。

生3：老师，我补充一下前面那位同学说的话，我觉得您已经深深陶醉其中。

师：是的，教师在读的时候，想到高耸入云的山脉，就读得激情高昂；想到浓密丛林中的薄雾，就读得舒缓轻柔。看来同学们都觉得读好演讲稿，情感很重要，语调、语速也很重要。

引读。

师：正如在西雅图酋长的眼中，

这片土地的每一部分都是神圣的——

生：沙滩，耕地，

山脉，河流，

闪闪发光的松针，

嗡嗡鸣叫的昆虫，

浓密丛林中的薄雾，

蓝天上的白云，

……

师：每一部分都是有生命的！每一部分都独具特色！请大家想象着这些美好的事物，想象着这些事物带给你的不同感觉，你就会有时候慷慨激昂，语重心长；有时候深情款款，娓娓道来。

在此处的朗读训练过程中，考虑到六年级学生已有一定的朗读与鉴赏水平。所以请三位学生朗读之后，其他学生进行综合评价。这样处理朗读评价，不仅使课堂节奏紧凑，而且让学生在比较中鉴赏，提升了课堂效率及整体感。教师的范读，通过请学生评价将其巧妙融合。学生承担了评委的角色，听起来就更加仔细、认真。学生细致地聆听，已在无形之中将文本的意义情调领悟了一半，引领学生跨进文本世界，徜徉其中，涵泳体悟。所以我们以为，范读的作用不是要使范读成为学生简单仿读的范本，而主要在于让学生整体感知富有意味感的声音形态，引导学生走向文本所表现的意义情调，为自己的感知表现找到准确的路径，从而以他自己的方式读出来。

（二）生生合作

学生通读演讲稿其他部分，展示最满意的一段。指名分段展示后，再请几名学生上台合作朗读。交流过程中，结合背景资料等随机点拨演讲稿的朗读技巧。

课堂片段：

布置交流要求：在读之前告诉大家，你读的是哪一自然段。

读中随机评价（指3～5名），重点指导第7自然段。

生：如果我们放弃这片土地，转让给你们，你们一定要记住：这片土地是神圣的。空气与它滋养的生命是一体的，清风给了我们的祖先第一口呼吸，也送走了祖先的最后一声叹息。同样，空气也会给我们的子孙和所有的生物以生命。你们要照管好它,使你们也能够品尝风经过草地后的甜美味道。

师:还有谁也想读这一段?

指名另一位学生读此段,生评价。

生1:我觉得第二位同学突出了“一定要记住”,让我感受到了西雅图酋长以及印第安人他们对这片土地的眷恋与热爱。

生2:我觉得第二位同学读得更好一些,尤其是“也送走了祖先的最后一声叹息”,速度放慢了,声音也低了,与前一句形成了对比。

师随机补充:是的,同学们关注到了他们朗读时的情感、语速和语调的变化。这就是演讲时打动他人的秘诀啊!

随机朗读第5、7、8自然段。

师:大家发现了吗?和这段相同写法的还有——

生:第5、8自然段。(课件出示第5、7、8自然段)

师:同学们,这篇演讲稿的背后还有这样一段来历——

课件出示资料,生浏览,再指名读。

生:一百五十多年前,美国大地上住着古老的印第安民族。后来,欧洲白人对印第安人展开了血腥的战争。当最后一场战争接近尾声时,美国政府想从印第安人手中购买他们的土地。热爱土地、向往和平的西雅图酋长,最终同意出让土地。但是在出让前,他用响亮的声音,对所有在场的人说出了他的宣言。

师:看了这段资料,我再请3位同学读这3段话,想想那段资料带给你的感受。注意站姿,要有自信。

3位学生上台读。

语文教学需要生活化和实践性,注重学生的体验与感悟。因此,有效的语文练习应当注重实践,丰富学生的感悟体验。此处的朗读练习,通过自主合作朗读展示,学生在互动交流的过程中,既让每一个学生有自我表现的机会,也养成了注意听取别人意见的良好习惯,促进学生之间的互相启迪、互相帮助,在互动交流中得到提升,共同完成学习任务。

(三)师生合作

师生合作朗读第5、7、8、10自然段,朗读分配权交给学生。

课堂片段:

现在,让我们一起合作读读这几段话。教师也想和你们一起读,你们看怎么分配?(出示第5、7、8、10自然段)

生1:教师读最后一段话。

生2:我觉得最后一段话教师和同学们一起读。

师:那好,结合这两位同学的意见,第1组读第1段话,第2组读第2段话,第3组读第3段话,最后一段我和大家一起读。

师生合作朗读……

以往在师生合作朗读这一环节，分配权往往在教师，由教师分配朗读任务。而这一互动练习，别出心裁地把主动权交给学生。从几次试教来看，学生对于这一改变有着极大的兴趣，每一个班级的孩子都会有不同的分配方案，分配理由。学生的积极性也由此大增，达到了事半功倍的效果。

练习三：积累摘抄

课近尾声，请学生自主挑选2～3句演讲稿中富含哲理或描写生动形象、震撼人心的语句，认真摘抄下来。

课堂片段：

师：这篇演讲稿中有很多富含哲理的语句，描写生动形象，震撼人心。请你挑选2～3句，认真抄写下来。

生摘抄语句，师巡视。

实物投影仪展示学生摘抄的句子，并有感情地朗读，师随机评价。

生1："对我们这个民族来说，这片土地的每一部分都是神圣的。"

师：你读得很有感情，如果以后摘抄时，字排列得工整些就更好了！

生2："我们深知：大地不属于人类，而人类是属于大地的。"

师：你不仅读得有感情，字迹也非常工整、漂亮。请大家读读自己摘录的句子，同桌交换再读一读。

三、课例评析

学生是学习的主体，应以"乐学"为最优化境界。"乐学"，首先就要设计多种形式的练习来激发各层面学生的学习兴趣，达到整体优化的效果。苏霍姆林斯基说："如果教师不去设法在学生身上形成这种情绪高涨、智力振奋的内部状态，那么知识只能引起一种冷漠的态度，而不动感情的脑力劳动只会带来疲劳。"这就告诉我们，教师要勇于打破传统作业单一、机械、枯燥、乏味的练习形式，使作业形式不拘于写，而是听、说、读、写有机融合，从而激发学生练习的兴趣，使其主动学习。

针对六年级学生的认知水平及文本特点，整节课的课堂练习动静结合，通过听、说、读、写，多形式、多层次、多角度的练习设计，对学生进行交流、指导与检测。旨在继续培养学生的独立阅读能力、朗读欣赏能力、合作探究能力等。

（一）静中求实

听写是检查学生识字、巩固记忆的一种有效手段。课始，教师将词语分组听写，既节约了时间，提高了效率，又让我们的语文课堂显得特别紧凑。孩子们也能一开始就静心投入到课堂。这样经常性的练习，有助于学生知识形成板块，形成体系，对了解课文也有一定的帮助。只有这样，才能达到"培养注意力、训练速记力、提高书写速度"的听写训练之目的。

通过预习，学生对课文中出现的生字新词大多会注意，学生对所读的课文也会有一些印象,但大部分记忆往往是故事情节或人物轮廓。而自己的感悟、身心体验恐怕很少或几乎没有。所以预习检查这一环节设计了“快速阅读,在与课文完全相同的句子后面打‘√’”这样一道习题。采用这种练习形式,旨在培养学生精细化阅读能力,促进学生的思维发展能力,提高学生的思维品质。精读、细读的过程,是思考挖掘、与作者对话、寻找自我的过程,是读者领悟人文性的过程。阅读走精细化道路,于阅读、于写作不失为进行高效阅读的一个有效途径。这样的作业,形式多样且富有趣味性。因此学生能主动积极地学习,变“苦做”为“乐做”,变“被动练习”为“主动出击”,教学效果好。

让学生静心听写,静静地思考,“静”的练习为后面的朗读“动”态练习奠定了良好的基础。在课堂一片激情的朗读声中,学生的学习热情已达到了高潮。课近尾声,再次让学生自主挑选2—3句演讲稿中富含哲理或描写生动形象、震撼人心的语句,认真摘抄下来。课堂又回归了“静”的氛围,学生在静静的摘抄中再一次亲密接触了文本,达到了“此时无声胜有声”的效果。

(二)动中求效

作为课堂教学重要一环的作业练习,我们不能把它仅仅看作是巩固知识、形成技能的过程,而应作为学生主体的生命活动和发展过程来认识,其内容不能局限于课内,也不能把书面作业作为唯一的形式。语文教学不但需要书面练习,还需要口头练习。听、说、读、写是语文四大能力,其中“听、说”便属于口头练习范畴,而“读”中的朗读或诵读也属于一种口头练习。

针对演讲稿这种文体,在这节课的教学过程中,有大量的朗读练习:学生的朗读,教师的范读,生生合作的朗读,师生合作的朗读。根基在抽绎意蕴的朗读,落点在感觉的朗读,朗读流淌在整个教学过程中,每一回朗读有每一回朗读的作用。在教学中,以“动”为朗读练习的主线,把知识的训练、技能的培养和智能的开发等实践活动贯穿起来,让作业练习富有趣味性,具有吸引力,使学生在练习活动中产生愉快的情感体验。

更值得一提的是,基于六年级学生的认知水平,在这节课的朗读练习中,始终贯穿着学生的评价,教师的引导和点拨。学生是具有鲜活生命的个体,他们有各自独特的个性,有自己判断是非的能力,有自己的知识经验背景,有自己的成长环境。所以教师应注意认识到他们已有的知识经验,注意挖掘他们的潜能,通过学生主动参与的活动,从内部去激发他们的求知欲,由内而外地引导学生去认识周围的世界,获取知识,成为知识的占有者。通过师生互评等形式,让学生初步学习朗读演讲稿的技巧。教师进行了学习方法、学习策略的指导,用有效的导和引促成阅读教学的高质量,从而提升了每个学生的学习力。

动静结合,相辅相成。想要达到这种境界,就需要我们更精心地设计教学目标、课堂提问和课堂练习,使课堂教学有更强的目的性、针对性和有效性,让教与学和谐统一起来,在实施课堂教学过程中,充分发挥教师为主导、学生为主体的作用。

(北仑区长江小学　马媛媛)

【课例 12】

《慈母情深》

——如何指导第三学段学生把握课文主要内容

一、问题呈现

关于"把握文章的主要内容",语文课程标准对第三学段并没有明确的学段目标表述,而是分解到叙事性作品、诗歌、说明文等各类文体中。那么,第三学段把握文章的主要内容应该达到怎样的目标?在教学中如何设计有效的语文练习,指导学生把握课文主要内容呢?本文试以人教版五年级上册《慈母情深》一课为例,谈几点做法和想法。

二、课例描述

(一)提取课文首尾,试说主要内容

师:课前同学们初步预习了课文,了解到这是一个关于母爱的故事。故事一般都有起因、经过、结果,那么这个故事的起因是什么呢?

(学生找到课文首句)

师:是的,这句话出现在课文的开头。(课件出示课文开头的句子)那么,故事的结果呢?(学生找到课文末句)

师:这句话出现在课文的结尾。(课件出示课文结尾,形成填空练习:我一直想买一本长篇小说——《青年近卫军》,________________________。就这样,我有了第一本长篇小说。)

师:很多时候,课文的开头和结尾会告诉我们一些重要的信息,我们在阅读的时候要多加关注。那么,"我"是怎么拥有这第一本长篇小说的,"就这样"指的是发生了什么事呢?请同学们快速朗读课文,试着填一填故事的经过。

(学生快速朗读课文)

师:刚才同学们读得非常认真,谁能根据屏幕试着说一说故事的主要内容?

生:(请一位学习程度中等的学生)我一直想买一本长篇小说——《青年近卫军》,就去母亲工作的地方向她要钱,母亲给了我一元五角钱。就这样,我有了第一本长篇小说。

借助小说情节,丰富这一文本表达上的特点,提取课文开头和结尾,形成填空式的把握文本主要内容的练习。这样做,既给练习提供了有效的支架,又降低了学生练习的难度。同时,在练习中引导学生关注文本开头和结尾,为把握主要内容作了隐性的方法铺垫。

(二)教师点拨指导,全员参与练习

师:这位同学说出了故事的两个重要情节,那就是向母亲要钱,母亲给了“我”钱(板书:要钱 给钱),还有没有需要补充的情节?

生:我没有用母亲给的钱去买书,而是给母亲买了一听水果罐头。所以,可以再补充“买水果罐头”。(板书:买罐头)

生:我觉得还要加上“最后母亲又凑足了买《青年近卫军》的钱”。(板书:凑钱)

师:这是课文的几个重要情节,在概括的时候特别需要关注,现在谁能看着板书来说说故事的主要内容?

生:我一直想买一本长篇小说——《青年近卫军》,于是到母亲工作的地方去向她要钱,母亲给了我一元五角钱,我却用这些钱给母亲买了水果罐头。母亲数落了我,又凑足了钱给我买书。就这样,我有了第一本长篇小说。

师:这位同学不仅把故事的主要内容说清楚、说完整了,而且用上了“于是”“却”这样的连接词,使表述更加连贯。同学们关注一下课题,如果要体现“慈母情深”,你觉得哪里还可以再作些补充?

生:我觉得这“一元五角钱”来之不易,前面可以补充“她辛辛苦苦挣来的”,可见慈母情深。

师:是的,在概括内容时除了简练、连贯,还需要关注作者所要表达的重点。现在,请同学们根据刚才所交流的,自己再说一说故事的主要内容。

(学生全员练说,在此基础上教师指名交流。)

师:同学们,像《慈母情深》这样故事情节比较丰富的课文,我们可以用抓关键情节的方法来把握主要内容,在这个基础上,再用上恰当的连接词,可以使表述更加连贯。

以上教学片段,大致经历了“尝试概括—方法引领—全员练说—展示反馈—学法小结”这几个过程,遵循了“循序渐进”的学习原则。教师重视学生练习的评价和反馈,做到问题从学生中来,到学生中去,在学生充分练习的基础上,教师适时点拨引导,再进行全员练习,最后顺势进行学法小结。教学过程展开,学生拾级而上,收效明显。

(三)变换表述形式,深化学习成果

师:刚才同学们交流的是把握课文主要内容的一种方法。那么,除此之外,还可不可以用其他形式来表述课文的主要内容呢?(学生交流)

师:接下来,我们尝试用大家所说的图表形式来表述课文的主要内容,你们有哪些好的建议?(学生交流,教师肯定学生的各种方法,然后请学生用自己的方法画一画图表,并进行展示交流,说说为什么这样画。师生进行评议修正)

评价要点:图文清晰,重点突出,最好能用图表展现故事的发展过程和“我”的心理变化。

在常规练习的基础上,教师引导学生尝试借助“非连续性文本”来表达对文章的理解,这既是对前一个学习环节的深化和提升,是“把握文章的主要内容”的较高要求,又体现了《义务教语文课程标准》(2011年版)关于“阅读简单的非连续性文本,能从图文等组合材料中找出有价值的信息”这一教学目标的逆向渗透式教学。

三、课例总评

(一)把握练习目标,架设练习平台

根据第二学段的“初步把握文章的主要内容”及第四学段的“理解、分析主要内容”,我们可以了解到,第三学段应该遵循由易到难、循序渐进的过程,做好第二、第四学段的衔接工作。在语言表述上,应该做到相对简练且完整连贯,而且概括的内容要能够突出文章的重点;在呈现形式上,从“初步把握”到“理解、分析”迈进的过程中,可以不局限于单纯的文字表述,试着将图表式的“非连续性文本”纳入其中,以更充分地展现学生的学习过程和思维轨迹。

明确了“把握到什么程度”,那么该“怎样把握”呢?这就需要给学生架设练习的平台。形式上,可以是口头表述,可以是书面组织语言,还可以图文结合进行创造性的表述。方法上,可以根据不同文本展开多种练习方式。如像《慈母情深》这样的叙事性作品,可以根据故事的起因、经过、结果,借助主要情节来把握主要内容,还可以画一画“情节梯”;说明文,可以画出段落中的关键语句,采用“串点成面”的方面加以把握;画面感强的课文,可以引导学生想象画面、拟定画名进行概括;人物心理变化明显的课文,可以借助图表画一画“心情变化图”等。

(二)展开练习过程,注重全员参与

把握文本主要内容对于大多数学生来说,是学习的难点。要突破这个难点,就应该展开练习过程,注重全员参与。

在教学中,要将“把握文章主要内容”的每一个环节做实做细,而不是找几个学生发言,比较比较,然后总结评价一下就算达成了目标,这样走过场的教学,学生的语文能力得不到真正的发展。因此,要重视学生的学习起点,做到顺学而导。可以采用“点—面—点”的练习形式,先请学习程度中等的学生尝试概括,让其充分暴露学习中存在的问题。由于这个“点”的选择基本代表了班级学生的总体学习水平,因此接下来教师的指导就具有一定的针对性。教师在发现其存在的问题和学习难点的基础上,进行针对性的指导、点拨,关注核心的练习目标和学习方法,做到步步为营,然后安排全员性的训练,最后再选择各层次的学生以检测学习效果。这样“点—面—点”的训练形式,使每位学生经历了学习过程,保证了各个层次学生的最大限度发展,教学显得更加真实、扎实。

(三)重视方法引领,加强思维训练

语文练习的设计,既要关注语言文字运用的方法,引导学生主动迁移,又要重视学生的思维训练,体现练习的价值。

为使把握主要内容力求做到简洁连贯,突出重点,教师要在练习过程中不断给予方法上的引领和点拨。要遵循“从学生中来,到学生中去”的原则,不断给学生提供实践的机会,并在练习的过程中逐步提炼出学习方法,如关键情节提炼法、课题扩充法、要素罗列法、段意归并法、重点句串联法等,在第二学段的基础上进行总结提升,做到灵活运用。

同时，要加强思维训练。要引导学生在比较中辨析哪种方法好，为什么要这样概括。不仅要关注学生学习的结果——概括得是否准确、简练，还应关注学生这样概括的原因是什么，让其展示思维的轨迹。为顺利完成从第二学段向第四学段的过渡，在第三学段，我们可以引导学生借助"非连续性文本"来表述自己对课文主要内容的理解，如让学生画心情图、画情节梯等。这样，除了单纯用文字表述之外，学生还可以用概括性的语言及简明的线条，形象地表达自己对文本主要内容的整体感知和初步理解。此项训练融文本内容的感知、文本内涵的探求于一体，是培养第三学段学生"把握文章主要内容"的一个重要方法。

（余姚市实验小学　徐华军）

【课例 13】

《伯牙绝弦》

——第三学段文言文教学如何做到“言意兼得”?

一、问题呈现

由于文言文教学有别于其他课型,很多教师对目标定位、策略实施感到迷茫,再加上小学生是初涉文言文,如何将学生更好地“领进门”,让学生体会文言文的精妙之处,更是难上加难。为此,我校语文教研组开展了一次以“文言文教学”为主题的教研活动。在活动过程中,我们发现文言文教学中普遍存在以下问题:

一是解析过多,读得不够;二是脱离起点,练得过急;三是浅尝辄止,学得不实。

二、课例描述

为了解决文言文教学中存在的上述问题,体现文言文的教学特点,教研组以人教版六年级上册的《伯牙绝弦》为例开展了课例实践研究。在集体备课的过程中,笔者从关注文言文的文本特点入手,确定了以下的教学目标和教学流程:

教学目标:

(一)引导学生将课文读正确,并能熟读成诵,感受文言文的韵味。

(二)能借助注释理解课文大意,初步培养学生自主学习的能力。

(三)体会伯牙和子期之间高山流水般的“知音”深情,受到“知音文化”的熏陶。

教学流程:

(一)解释课题,存疑导学

(二)初读文本,体会全文

1. 学生自读,读通全文。

2. 教师指导,读出韵味。

3. 自由诵读,悟出情趣。

(三)斟字酌句,感悟“知音”

1. 紧扣“伯牙善鼓琴,钟子期善听”,联系上下文理解“善鼓”、“善听”。

2. 通过想象，读出“峨峨泰山”、“洋洋江河”的气势，感受伯牙的心境。

3. 聚焦“必得之”，理解“知音”的内涵。

（四）资料引入，追悟“知音”

1. 引入“伯牙子期萍水相逢”的资料，体会知音相遇之美好。

2. 聚焦“破琴绝弦，终身不复鼓”之举动，感受伯牙失去知音之悲痛。

3. 出示历代关于“知音”的诗文，配乐诵读，体验“知音文化”之深远。

几次试教下来，听课的教师一致认为我在教学中摒弃了繁杂机械的词句解析，能基于学生的起点，从整体入手，引领学生通过自读、合作读和诵读等方式，理解文本，走进人物的内心世界，感悟“知音”的内涵。但是，教师们也发现整堂课学生的学习积极性不强，缺乏参与意识。学生的诵读水平从课初到课尾并没有得到很大的提升，文言文特有的韵味在学生的吟诵中也没有呈现出来，而且学生对“知音”内涵的理解也较为肤浅。于是，我陷入了思考之中：在这堂课的教学中到底缺少了什么，以至于教学效果事倍功半呢？我组教师进行了认真的研讨，大家一致认为：“这堂课的教学规范而有序，但学生的言语实践练习机会不够，练习的设计也没有形成序列，因而无法很好地达成教学目标。”这句话犹如醍醐灌顶，使我明白了一堂好课，必须要从文本特点入手，设计并实施有效的练习，让学生在扎实而又形式多样的言语练习中，加深对文本的理解，提升运用语言的能力。于是，我开始认真钻研文言文的言语特色，一次次地改进教学设计，努力将“实施有效的练习”贯穿整个教学过程，让学生在练中有所收获，真正走进文言文的世界。在磨课的过程中，我对第三学段文言文教学中练习设计的有效策略也有了一些自己的感悟。

下面，我以本堂课最终呈现的教学设计为例，谈谈对文言文教学练习设计的思考。

教学目标

1. 通过朗读、品读、吟诵等多种形式的读，将课文读正确，注意停顿，初步感受文言文的韵味，并能熟读成诵。

2. 初步学会运用联系上下文、借助注释、展开联想等常用的文言文学习方法，理解课文大意，感受文言文的语言特色，并在这个过程中体验学习文言文的乐趣。

3. 紧扣单元教学目标，通过情境体验、入境诵读等方式感受伯牙和子期之间高山流水般的“知音”深情，受到传统“知音文化”的熏陶。

教学过程

一、揭示课题，解题存疑

二、体会全文，指导诵读

（一）自由读——读通顺

（二）指导读——品味道

师：他们之间发生了怎样的故事？我想请几位同学来读读，每人读一句。

生：伯牙善鼓琴，钟子期善听。

师：读得很认真，如果能注意停顿，古文的味道就更浓了！怎么停顿？（出示停顿符号）再试试！

生:伯牙/善/鼓琴,钟子期/善听。(学生读出了停顿)

师:适当的停顿,听起来韵味十足!真好!第二句谁来?

生:伯牙鼓琴,志在高山,钟子期曰:"善哉,峨峨兮/若/泰山!"(学生已经学会关注停顿了)

师:读得真有味道。如果你关注句子中的"哉"和"兮"字,一定能读得更好!你看,这个句子中的"哉"和"兮"字的意思是?

生:"哉"和"兮"都是语气词,相当于"啊"的意思。

师:是啊,这样的词在古文里很常见,在后边一停顿,一延长,(边说边出示停顿符号)古文的味道就出来了。听教师来读读!(师范读)大家试试!

(三)畅情读——诵兴趣

策略思考——指导诵读,层层递进。在本环节的教学中,教师根据文本特点,结合学情将指导的重点确立为"断句停顿"和"读好语气词"上。先让学生自由读文,扫除读音障碍,重在读通读准;接着通过指名读的方式分句检查、指导,适时出示停顿符号,帮助学生初步掌握文言文的停顿技巧,鼓励学生按照规律举一反三尝试练习;随后,教师引导学生关注语气词"哉"和"兮",通过范读指导学生读好这两个语气词,对领悟能力较强的学生则提出了"声断意不断"的期望;最后,完整地诵读全文,在抑扬顿挫的吟诵中,感受古文特有的音韵美。这样的练习设计循序渐进,不仅消除了学生的畏难情绪,而且激发了兴趣,为下面的学习作好了铺垫。

三、斟字酌句,感悟"知音"

(一)聚焦"善"

1. 结合课文内容谈谈对伯牙、子期的了解。

2. 聚焦第一句中的两个"善"字——"伯牙善鼓琴,钟子期善听。"(板书:善鼓、善听)

3. 联系上下文,感受"伯牙的善鼓,钟子期的善听"。

(二)理解"善"

师:首先让我们细读第一句,你是怎么感受到伯牙善于鼓琴,钟子期善听?

生:伯牙弹琴技艺高超,他心里想到高山,曲子中就能够表现出高山来,而子期也能够从曲子中听出伯牙想要表现的是高山。所以伯牙善鼓,子期善听。

师:是啊,所以钟子期曰——善哉,峨峨兮若泰山!这里的"善"跟"伯牙善鼓琴"里的"善"意思有什么不同?

生:"伯牙善鼓琴"里的"善",意思是擅长、善于;而这句话里的"善"字是表示称赞的意思。

师:是的,你联系上下文,理解了"善"字不同的含义。这种"一字多义"的现象在古文里边很常见,如果用我们的话来说,听了伯牙的琴声,子期不禁发出了赞叹——

生:好啊!太妙了!

师:那么,当伯牙志在高山时,子期的眼前出现了怎样的景象?闭上眼睛想象一下!

生1:我的眼前仿佛出现了一座巍峨的高山,直入云霄!

生2:我仿佛看到了泰山气势恢宏!登上这险峻无比的泰山,真有一种"一览众山小"的感觉!

师：读着课文，展开想象，我们就感受到了文字背后的壮丽景象！请你读出这幅画面来！

……

（继续引导学生展开想象，读好第二句，读出江河之广阔浩瀚。）

师：那么多丰富的意象，课文仅用“峨峨兮”、“洋洋兮”表达出来。这古人写话就是简约而不简单。我们仿佛也身临其境，来到了高山流水间，走进了伯牙的琴声中。

（男女生分读句子：男生读高山，女生读流水。）

师：伯牙能够用琴声表现山的巍峨、水的浩瀚，这真是伯牙——

生：善鼓。

师：而子期又能从琴声中听出山之高，水之远，这就是子期——

生：善听。

策略思考——渗透学法，培养能力。本环节的教学，在学生聚焦“伯牙善鼓，子期善听”的相关句子之后，教师以“伯牙鼓琴，志在高山，钟子期曰：‘善哉，峨峨兮若泰山！’”这个句子为例，引导学生进行说话练习，用自己的语言理解“善”字的内涵；再将学生的目光聚焦到“善哉”的“善”字上，通过比较理解前后文中“善”字的不同含义。在这个练习中，教师旨在培养学生结合文义，通过联系上下文理解同一个字的不同含义，感受文言文中常见的“一字多义”现象。接着，教师带领学生将古文简约的文字想象成具体的画面，通过诵读练习，体会文言文的简约之美、对仗之美，渗透学习文言文时“展想象、悟情景、诵意境”的学习方法，提升学生的自读自悟能力。

（三）补白“善”

师：同学们，当时俞伯牙已是楚国有名的音乐家，我想他的琴声不只想表现高山流水，也许还表现过——（课件渐出，学生齐读）

清风徐徐　沧海茫茫　芳草萋萋　杨柳依依

皎皎明月　隆隆惊雷　盈盈秋水　蒙蒙细雨

师：当伯牙想到这些的时候，钟子期都能心领神会吗？请你仿照课文中的句式来写一写。

学生补白写话，感受伯牙善鼓、子期善听，两人心有灵犀。

学生交流。

生1：伯牙鼓琴，志在圆月，钟子期曰：“善哉，皎皎兮若明月！”

生2：伯牙鼓琴，志在云烟，钟子期曰：“善哉，袅袅兮若炊烟！”

……

师：你们看！文言文并不难，你们一下子就会了！看来，子期真是懂琴之人啊！

策略思考——习得语言，迁移练笔。本环节的教学，教师在学生理解文本内容的基础上，扩展了伯牙琴声中想表现的画面，通过四字词语的补充，打开学生的思维；接着引导学生仿照文中句式，进行补白写话，感受“伯牙善鼓，子期善听”以及两人的心有灵犀。像这样基于文本的练习，一下子拉近了学生与文言文的距离，激发了创作的热情。学生在趣味盎然的仿写之中深化了理解，内化了语言。所以，在文言文教学中，只要我们善于找寻文本留白处，以典型句式为例，多给学生一些模仿、借鉴、创作的练习机会，就往往能收到意想不到的效果。

(四)回扣“善”

1.(出示：伯牙所念，钟子期必得之。)聚焦“必”——由琴声的意境升华到伯牙的心境。体会伯牙倾注在琴声里像峨峨泰山一样的志向，洋洋江河一般广阔的胸怀。

2. 理解“知音”的内涵！(板书：知音)

四、回读比照，再悟知音

(一)切己体察，感受结识知音的喜

1. 拓展资料阅读：伯牙与子期相遇瞬间的美好时刻。

2. 想象说话，体会伯牙与子期相遇时愉悦的心情，感受知音相遇时的妙不可言：此时，伯牙心情如何？如果你就是伯牙，你最想说些什么？

3. 交流。

生1：没想到一位樵夫竟然能懂我的音乐，我心中的苦闷已荡然无存，我真是太高兴了！我寻觅多年，终于找到了知音！真是“众里寻他千百度，蓦然回首，那人却在乡间山野处”啊！

生2：我虽名满天下，但无人能真正听懂我的音乐。没想到，在这月圆之夜，竟在此遇到了难得的知音！我感到太幸福了！

……

师：是啊，说得真好！这就叫作“得遇知音，足以慰平生”！

(二)对比参照，感受失去知音的悲

1. 教师深情叙述：伯牙痛失知音的场景，体会伯牙内心之痛。

2.(出示：子期死，伯牙谓世再无知音，乃破琴绝弦，终身不复鼓。)回味知音相遇之美好，直入伯牙内心，体会“破琴绝弦”之内涵。

3. 体验“知音文化”。

师：正是这“破琴绝弦”，正是这得遇知音，又痛失知音才使得这个故事更加的荡气回肠，从此一代又一代的人们传颂着它。

出示自古以来对《伯牙绝弦》故事的传承，配以多种形式的读。

春秋时期《列子》—战国时期《吕氏春秋》—唐代《寄张元夫》—明朝《警世通言》。

伴着《高山流水》音乐，吟诵全文。

策略思考——拓展阅读，体味文化。一篇文言文的背后，往往体现的是博大的中华传统文化的传承。在文言文教学中，要充分挖掘文本中蕴藏的文化内涵，通过形式多样的练习，让学生得到潜移默化的文化熏陶。在本环节的教学中，教师引入了伯牙与子期相遇的拓展资料，引导学生进行说话练习，切己体察，感受伯牙得遇知音的激动与喜悦；接着回到伯牙痛失知音的场面，在悲喜对比的诵读中，直击伯牙内心，在“破琴绝弦”中，学生更加深刻地体会到“知音”的内涵。在课的最后，教师引入了历代对《伯牙绝弦》这段感人故事的叙述，流连于一本本古书之中，不同的文体，不同的韵律，无不展现了“知音文化”的一脉相传、中华民族的共同追求。学生在多种形式的诵读练习中，将“知音文化”的内涵深深地植根于心。

三、课例评析

文言文究竟该教什么？怎么教？练什么？怎么练？这是摆在我们面前的全新课题。下面就结合着吴哲杰老师《伯牙绝弦》一课的教学，谈谈对文言文教学中练习设计的一些思考。

（一）以读为主展开教学，培养古文吟诵的能力

读在文言文教学中显得尤为重要。它既是文言文教学的主要方法，也是重要的归宿之一。在《伯牙绝弦》的教学中，吴老师以“读”为主线来展开教学，可以说每一个板块都离不开一个“读”字：

【板块一】揭示课题，解题存疑。吴老师引导学生读好课题，要读得清晰响亮，讲究停顿，读出文言文的味道来，以期达到“未成曲调先有情”的效果。

【板块二】体会全文，指导诵读。在这一板块的教学中，吴老师舍得花时间，共安排了三次不同目标的读：第一次自由读，旨在读通；第二次指导读，旨在初步掌握停顿的技巧，能读好语气词，并能在初步理解的基础上读好长句；第三次畅情诵读，旨在能初步读出文言文的味道。通过这样反复练读，达成对文本的初步理解。

【板块三】斟字酌句，感悟“知音”。围绕“知音”，层层深入，步步推进：在练读中，了解“善”、“志”、“峨峨”等关键词语的意思；在研读中，感悟伯牙与子期的知音情缘；在品读中，体会文言文言简义丰的语言魅力。

【板块四】回读比照，再悟知音。在理解“破琴绝弦”的意思，叩问了“终身不复鼓”的原因之后，吴老师引导学生回读前文，再次感悟伯牙和子期之间“高山流水”般的知音深情。直至课终，学生伴着《高山流水》的音乐，诵读全文，共同感怀这段千古佳话。

（二）关注语言巧设练笔，提高学习文言文的兴趣

在理解和品味了语言的基础上，吴老师安排了一个补白练习——让学生试着用课文中的句式来说说伯牙的琴声还会表现哪些画面或场景，钟子期是否能心领神会？

学生在教师的指导下迁移练笔，通过练习，学生进一步感受到伯牙善鼓，子期善听，两人心有灵犀，是一对知音，同时与课前的语文游戏“看图说词语”相呼应，通过练习，在内化语言的同时，让学生感到文言文并不神秘，而且妙趣无穷，大自然中的皎皎明月、袅袅炊烟、长路漫漫、沧海茫茫皆可入文，进一步消除了对文言文的畏惧心理，激发了兴趣，增强了学好文言文的信心。

（三）潜移默化巧作铺垫，渗透学习文言文的方法

在吴老师的课堂上，我们看到了不少有意识的巧妙渗透。

1. 渗透断句的方法。这是学习了《杨氏之子》后，学生在课堂上第二次接触到文言文，所以在初读后的指导环节，吴老师对一些简单的、学生通过自己的初步理解能够断句的，就不再作过多的提示；而对比较难读的第二句和第五句进行重点指导。通过出示停顿符号、教师范读、大面积练读，潜移默化地教给学生停顿的技巧，并能初步读出文言文的节奏和韵味。

2. 渗透理解的方法。《语文课程标准》第四学段的目标中提出：阅读浅易文言文，能借助注释和工具书理解基本内容。在小学阶段，主要教给学生借助书下注释、联系上下文初步理解文

本的方法，为中学的学习作好铺垫。在教学过程中，吴老师有意识地引导学生关注文下的注释，通过查工具书理解“谓”，及时肯定学生的自主理解……多种学习方法的无痕渗透，使学生感觉到学习文言文并不难，从而增强了他们学习的信心。

3.渗透文言文的常识。为了培养学生自主学习文言文的能力，在教学中，吴老师还适时向学生渗透了一些文言文的常识，例如通过四个“善”字的比较，了解古文中常见“一字多义”的现象；借助对比诵读，体会语气词“哉”、“兮”在表情达意上的作用；借助“峨峨”“洋洋”丰富的意象，体会文言文的简约之美。

（四）适度拓展搜集提炼，感悟“知音文化”的内涵

纵观吴老师的教学，整堂课紧扣一个“善”字，通过聚焦“善”、理解“善”、补白“善”、回扣“善”四个层次，步步深入，从而达成对文本的理解，品味了伯牙和子期之间这段荡气回肠的知音佳话。在教学的尾声，吴老师适度拓展，引入了“资料袋”，以及课前师生共同收集到的古代典籍中有关这段故事的经典名句。在悠远的古韵中，学生轻轻吟诵——从春秋时期《列子》中的“伯牙善鼓琴，钟子期善听”，到战国时期《吕氏春秋》中的“方鼓琴而志在泰山，钟子期曰：‘善哉，乎鼓琴，巍巍乎若泰山’”，到唐代《寄张元夫》中的“借问人间愁寂意，伯牙弦绝已无声”……感受着千百年来人们对这段故事的深情缅怀，对知音的寻寻觅觅。“知音文化”无声地滋润着学生的心田。

（镇海区应行久外语实验学校　吴哲杰　顾红飞）

【课例 14】

《孔明智退司马懿》

——突破“古白话文”阅读教学难点

一、问题呈现

在日常的语文教学中，我发现学生阅读古典白话小说存在着一定的困难，这主要是由于古白话文的语言形式与现代文的语言形式存在一定的差异，前者还保留不少的文言词汇，学生如果没有一定的文言基础是很难如读现代文那样通畅自如地阅读古白话文的。这一困难造成的直接影响是使学生产生了阅读的畏惧情绪。有部分学生虽能借助注释通读故事，但由于花时费力，最终失去了阅读的兴趣和可能，至于能在课文篇章的阅读之后利用课外时间去读原著的那更是少之又少，学生们更多接受的是快餐式的简化版，或通过不同途径了解各名著大意、人物事件、相关的歇后语等。那么，“如何突破古白话文的阅读难点，使学生产生阅读古典文学作品的兴趣”就成了摆在我们面前的一个难题。

二、课例描述

在一次语文公开教学中，我执教《孔明智退司马懿》一课。经过对文本的细细研读，我认为教学的切入点应在课题的“智退”，只有在弄懂孔明布计的缜密之后，孔明的临危不乱、深谙人心的智者形象也就能自然地建立在学生的脑海中。所以，让学生理解孔明是怎样设计智退司马懿的就成了本课教学的重点内容。而文字的古白话形式势必会造成学生的一知半解，又由于“空城计”的故事学生有一定的阅读背景，多多少少都会在影视或少儿读物中有所涉猎，造成他们读文本更是粗枝大叶，泛泛了事，不肯潜下心来品读文字，体会古白话文的精妙之处。于是，我想这一课的教学首先应该攻破古白话文的阅读障碍，在读通读懂的基础上读深读透彻，再读出情味和趣味。

如何达成这一目标呢？语文课堂总少不了为帮助学生理解积累语言、读懂文章内容、了解文章主旨、感受表达方式、掌握学习规律和方法而精心设计的听、说、读、写的言语实践活动，这就要求我们将课堂由讲堂变为学堂，实施有效的言语练习，以突破教学的重难点。于是我确定了“纵深渗透，以练促读”这一教学途径：

(一)借助注释,明确断句,多重朗读,今古对译,读懂古白话文的意思

在了解课文的主要内容后,我请学生再次回到课题,围绕课题中的“智”,默读文本,找出有关的句子。交流之后,我将教学重点集中在孔明布计的内容。即“孔明传令……焚香操琴”部分。

就此内容,我进行了如下言语实践练习:

请学生自由读出示的内容,边读边试着用“/”来断句,再借助下面的注释,用自己的话说这段话的意思。以下是就这一练习的具体教学片段:

师:下面请一位同学来读一读,其余同学注意听他是否做了正确的断句。

一生读,略有不妥请其他生及时指出,修正。

师出示正确的断句。

师:正确的断句能帮助我们读通文句,也能让我们读出古白话文的节奏,正确的断句还能帮我们大概地弄懂文句的意思,我想现在再读此片段,你一定可以借助下面的注释说出它的意思了。谁来说一说?

生:孔明传下命令,叫人把用五色羽毛做成的旗帜全都藏起来,各位将士各自守着城上巡逻的岗棚,如果有……(生支支吾吾)

师:此处的确是个难点,听听其他同学的见解。谁知道“妄行出入”的意思?

生:随意进出。

师:“高声言语”呢?

生:大声说话。

师(转向生1):“者”在文言文中解释为“……的人”,现在你明白了吗?

生1:如果有随意进出和大声讲话的人,就斩了。

师请其他生继续解释。

生2:把四扇城门全都打开,每扇门前叫二十个军士扮作老百姓正在洒扫街道。如果魏兵到了,大家不要自作主张,我自有计谋。

……

师:对。刚才几位同学合作着将这一片段的意思讲清楚了。借助注释和断句是读懂古白话文常用的方法。现在,同桌同学一人读课文句子,一人说意思。

此处的教学过程,“读”是根本,学生在一遍遍地自读中熟悉文言文的语言形式。当然方法亦不可忽略,“借助注释”和“正确断句”就是学生读懂文字层面的两翼。古白话小说通常都有注释,教师要引导学生养成边读边看注释的习惯。而明辨句读(文言文断句,传统上称之为“句读”)更是阅读古文最基本的能力,它是学生形成文言语感的基础。

(二)找准核心,探究品读,揣摩内心,感受形象,读深古白话文的内义

在读通了文言文字面意义的基础上,我们更应读懂小说情节的巧妙、人物形象的生动、语言表达的意味,读懂文章之美。所以在读通了孔明布计的内容之后,我请学生再次聚焦此部分探究品读,揣摩孔明的设计意图,进行了如下的练习设计:

1. 让学生细读,找出孔明布计第一步做的是什么。师生一起标出第一步:

①将旌旗尽皆隐匿,并板书:隐匿旌旗。

2. 四人小组讨论:读读课文内容,标一标序号,并概括出其余步骤。师在巡视的同时请小组代表上去完成板书:

①隐匿旌旗		④大开四门
②诸军守铺	计	⑤穿戴整齐
③严明军纪		⑥焚香操琴

3. 你明白诸葛亮每一步的意图吗?请生再读读这段话,联系下文想一想,完成学习卡。(学生可以任选一项完成,有能力有时间的学生可以两项都选。)

A.孔明将旌旗隐匿,叫诸军各守城铺,严明军纪是为了＿＿＿＿＿＿＿＿＿＿

＿＿＿＿＿＿＿＿＿＿＿＿＿＿＿＿＿＿

B.孔明大开四门,叫军士扮百姓洒扫街道,自己在城楼焚香操琴是为了＿＿＿＿＿＿

＿＿＿＿＿＿＿＿＿＿＿＿＿＿＿＿＿＿

孔明真是＿＿＿＿＿＿＿＿＿＿＿＿＿＿＿＿

在学习卡的交流过程中,教师补充了旌旗的作用:在古代,旌旗代表一个部队的建制,多少人数组成一个部队通常是有规定的,也就是说可以根据旌旗判断部队的人数有多少。然后教师追问学生:现在明白孔明为何要将旌旗尽皆隐匿了吗?学生略作思考后,进一步理解了孔明这样做的意图是为了让司马懿判断不出城内究竟有多少人马,让其起疑。

此处练习的设计:1. 层层相扣又层层递进,充满思维训练,先理清布计步骤,再明确布计意图,促使学生与文本对话,归纳梳理,探究思辨,一步步建立起人物的智者形象。2. 具有开放性,无论是请学生板书布计的步骤还是学习卡的内容,都是学生真实思维的呈现,使得课堂有了生成的可能。3. 得"意"更悟"言"。孔明设空城计,考虑全面,布局周密,课文却仅用了短短百十来个字,可谓字字珠玑。这也是古典文学的魅力所在,语言极其凝练。要让学生体会到这一点,必须使学生体会到孔明布计的意图丰富,然后在与文字的短小形成对比时体悟到古典文学语言的精髓。这也正是此练习的多重功效所在。

(三)以篇带章,拓展文本,丰富内容,延伸课堂,读活古白话文的情趣

《孔明智退司马懿》节选自《三国演义》第九十五回。因为是节选,所以学生并不明白为什么会有这一出故事,九十五回的上回《马谡拒谏失街亭》恰恰可以解除这一疑惑。于是,我将《马谡拒谏失街亭》的材料分发给每位学生,设计了这样的预习作业:读《马谡拒谏失街亭》的故事,并写出自己的阅读感受,在班级读书论坛上发表。

学生在班级读书论坛中写下了这样的阅读感受:

生1:读了这篇文章,我的第一感觉就是要读懂这篇文章实在太难了。当然在这困难的阅读中,我也体会到了传统文学的博大精深。这篇文章让我明白了做事如果太鲁莽,太果断,不会带来好下场,反而会带来失败。只有认真思考,再做决定,才会胜利。

生2:读了《马谡拒谏失街亭》这篇文章,我最大的感受是:做任何事都要权衡利弊,精确把握,万万不可信口开河,更不能心浮气躁。我也替马谡惋惜,要是当时听取王平的建议,便有可能改写历史,唉……

生3:我认为诸葛亮不该杀马谡。俗话说:“智者千虑,必有一失。”诸葛亮应该给部下一个改过自新的机会,要是诸葛亮让马谡戴罪立功的话,说不定以后马谡会成为诸葛亮手下的得力干将。

……

这些感受有的表达阅读时的心情,比如读得有点累,故事有点拗口。有的评价了人物,比如马谡实在太大意了,是他的骄傲自负丢了街亭。有的表达自己从中得到的收获。

因为是节选,课文中的内容到司马懿退兵就结束了,而在九十五回中,退兵时孔明还设计令司马懿狼狈不堪,损失不少。这一部分的内容同样体现了孔明的智慧。于是我又将故事的后一部分内容搬进了课堂。

……

因为有了文中故事的铺垫,所以学生的后续阅读变得很有兴趣,读完之后还长长地舒了一口气,纷纷感慨诸葛亮的聪明过人。将课文阅读放在经典名著《三国演义》的一个章节中进行,保持了故事的完整性,激发了学生阅读其他章节甚至全书的欲望。

另外,“空城计”是《三国演义》里特别精彩的一个计谋,历来为人们津津乐道,人们还将此故事改编成各种艺术形式搬上了舞台、荧屏,尤其以京剧出名。为了让学生感受到古典文学经久不衰的魅力,笔者设计了这样的朗读练习(出示删减后的京剧唱词):

诸葛亮:[西皮慢板]

我本是卧龙岗散淡的人,

论阴阳如反掌保定乾坤。

闲无事在敌楼我亮一亮琴音,(抚琴)(笑)哈哈哈

(续唱)[慢板]

我面前缺少个知音的人。

司马懿:[西皮原板]

有本督在马上用目观定,

诸葛亮在城楼饮酒抚琴。

左右琴童人两个,

打扫街道俱是那老弱残兵。

我本当传将令杀进城

众人(同白)杀!

司马懿(白)杀不得!

……

三、课例评析

纵观整堂课所进行的语文言语实践,它激发和调动了学生学习古白话小说的主动性、积极性和自觉性,使学生的身与心、认知与情感、逻辑与直觉等都和谐统一起来,既有认知和语文能力的发展,又有人文情感的提升。这样的练习是有意义的,也是有效的。

(一)练习设计在"点"上突破

面对课文,语文教师需要抓住文本的"双重身份",联系学段特点,凭借课文切入教学重点,实施有效的语文教学。

就古白话小说的阅读教学,它的"点"首先应该是帮助学生理清阅读障碍,读懂小说中的文言词汇,明确句读,读通文句。这是阅读的基础。

其次应该是从小说的特点入手,关注小说的情节和人物。这应该是阅读的重点。怎样聚焦情节,丰满人物形象?在这堂课的教学中,教师选取了正面体现孔明之智的布计部分,通过"读通'计'—还原'计'—解读'计'"这样的练习设计,帮助学生一层层剥笋似的感受到人物的智者形象。而后又从当时设计的紧促感和设计的结果进一层体会诸葛亮的临危不乱,最后讨论诸葛亮为何敢如此设计,从而体会孔明的深谙人心。这样的人物解读是立体的,也是丰满的。教学中于"三千弱水"中"取其一瓢"的集中突破,就如攻破一四面皆有守兵的城池,不必面面攻破,只需破一门而得全城。关键就在于找到那扇可以"牵一发而动全身"的门。

再者就是关注语言表达的现象。古白话小说的语言有的简洁凝练,如此篇课文。有的长短句结合,形式整齐,富有节奏感和音律美,如《猴王出世》;有的言有尽而意无穷,如《林黛玉初见凤辣子》、《临死前的严监生》等人物的语言。这些都需要我们品味语言的特点,从"得意"走向"得言"。

(二)练习设计在"巧"上探索

就古白话小说教学而言,"加强朗读指导,培养语感"是教学的固有手段,因为其用词造句、布局谋篇、思想内容、艺术手法的精妙之处是完全可以通过朗读来加强理解和体会。本课的教学朗读注意了形式的多样,如默读、轻声读、高声诵读、自由读、对读、师生表演读等。也注意了时机的把握,当学生体会到孔明布计的周密后,让学生说说看到了一个怎样的孔明。再用读来展现人物的形象。此时,学生心目中的孔明形象有了自己的主观印记,朗读也具有了鲜明的个性。"胸有成竹的"读得舒缓而洒脱,"当机立断的"读得紧凑而铿锵,"沉着冷静的"读得沉稳而淡定,真可谓"读之以情,感之以趣"。而京剧唱词的引入,更是"读"的翻陈出新,将读升华到艺术的表现高度,让人回味无穷。

同样的,无论是解读孔明布计教学中的学生自主概括并板书,还是学习卡的运用,无不体现了教者的匠心独具。想要使练习设计"精巧",首先取决于教师对文本的潜心研读和个性解读,其次是教师对学生个体生命的尊重和关照,课堂教学不仅仅只有传授知识的属性,更具有启迪智慧的责任和使命。它尤其需要教师具有创新意识,引入生活的源头活水。

(三)练习设计在"展"上延伸

这里所说的"展",指的是文本的拓展阅读。此课的教学中,教师为让学生进一步认识司马懿多疑的个性特点，拓展补充了《晋书·宣帝纪》中对司马懿的评价“内忌而外宽，猜忌多权变”，为文本提供了佐证。

但本课的文本扩展阅读设计更体现在它对文本的整体关照，从而拓宽了学生对课文的阅读宽度和厚度，也是“催化学生阅读古典名著进程”的一次积极践行。我们来看拓展阅读练习设计的几条途径：①就内容拓展，以课文为基点，延伸课文的前期故事和后续发展。也可以进行史料拓展，丰富本文的内涵。②就时间扩展，以课堂教学为节点，延伸课前预习和课外阅读时段，激发学生阅读整章整本书的兴趣。③就形式突破，即通过教师对学生整体阅读古白话小说的全过程干预，最大限度地催化学生阅读进程。

（江北区中心小学　姜艳琰）

第二章

口语交际与写话

【课例 1】

《我会拼图》

——如何培养一年级学生口语交际能力?

一、问题呈现

第一学段是学生系统学习规范化语言的开始。虽然小学生在入学之前已具备初步的听说能力,但听说方面仍不太规范,与人交往问题还颇多。主要表现在:

1. 听话不专心。部分学生没有良好的听话习惯,在别人讲话时注意力不集中,缺乏耐心,喜欢插话。

2. 说话不完整。一年级学生一般会在课堂上争着发言,但他们的发言往往是随性而发,讲的话不完整、不规范。

3. 交流不大胆。大部分一年级学生不懂得与人交流,或声音很轻,比较胆怯,或交谈中以自我为中心,不考虑听者感受。

对照课标,审视现状,发现差距甚大。虽一年级刚起步,无须要求太高,但培养口语交际能力已是教师刻不容缓的任务。那么,如何通过有效的课堂练习,培养一年级学生的口语交际能力呢?本文试以《我会拼图》的两个教学片段进行案例式分析。

二、课例描述

示例一:细化过程,逐级而行

【教学片段】

师:有一位动物朋友想和大家见面。它是谁呢?请仔细看,认真听,猜猜它是谁?

师:(边板贴,边讲述)我先用一个大圆片做它的头,再用两个半圆做它的耳朵,然后用两个黑色的小圆做它的眼睛,最后,贴上一个粉红色的圆片,就成了它的鼻子。别忘了,上面还有两个小鼻孔。它是谁呀?

生:(高兴地大叫)小猪!

师:下面,再听教师说一遍,一边听一边记,教师用上了哪几个词,有顺序地把拼小猪的过程说清楚了?

（学生交流后，教师出示词卡：先……再……然后……最后……）

听和说两者关系极为密切。听是说的基础，听好才能说好。口语交际课上，除了要创造条件让更多的人得到练口的机会外，还应注意听辨能力的培养，尽可能地使学生的口语交际能力通过不同的途径得到提高。

师：你能学着老师，用上连接词说一说小猪是怎么拼出来的吗？（自由说—指名说）

生：老师先用大大的圆片做小猪的头，再用粉红色的圆片做鼻子，然后用两个半圆做耳朵，最后用两个黑色的小圆片做眼睛。

师：你真是聪明的孩子，立刻就学会了用上连接词来说话，老师要奖励你一颗“口才星”！如果在讲的时候，能按从上到下的顺序，那就更有条理了！

由于低年级学生生活经历少，口语能力较弱，在口语交际过程中常常会出现语言不规范、表述不清楚等情况。解决这一问题的对策：一是示范指导，规范语言。在口语交际过程中教师要认真倾听学生的每一句话，及时补充、修改、规范他们的语言。二是提供句式，引导表达。教师提供“先……再……然后……最后……”这样的句式，让他们在感悟、模仿的过程中，逐步意识到怎样把要说的意思表达清楚。

师：小猪真可爱，可是就它一个小动物在教室里，太孤单了！你能用手中的圆片，帮它找一个朋友吗？

师：（出示参考图）小朋友可以参考图片，也可以自己开动脑筋。拼完后，请你也用上“先……再……然后……最后……”这样的句式，说一说自己是怎样拼成的。

（音乐声中，学生自主拼图。）

师：谁帮小猪找到了朋友？

（学生小手如林，热情高涨。）

师：（邀请一生）你好，请问你拼的是什么？

生：我拼的是小金鱼。

师：请问，你是怎么拼的？

生：我先用一个大圆做身子，再用两个小圆做胖胖的眼睛，然后粘两个半圆，做漂亮的尾巴，最后在身体两边粘两个半圆，就是翅膀。

师：（面向全体学生）这位小朋友用上了这些连接词，讲得真清楚！但是哪里可以修改一下，把话说得更正确、更好听呢？

生：应该是“鱼鳍”，不是“翅膀”！

师：你们真会听！会听也是一种本领！这里还有一个词可以修改一下：小金鱼的眼睛像小青蛙的眼睛一样，是凸出来的，这不叫“胖胖的”，可以换个什么词呢？

生：（灵机一动）鼓鼓的！

师：（面向学生）你能接受我们的建议，再来完整地说一遍吗？

生点点头，第二遍说得完整准确。

师：其他小朋友又给小猪找到了什么朋友呢？赶快在小组中找一个小伙伴分享一下，互相问一问:你拼的是什么?是怎样拼的?再互相答一答。哪组小朋友合作得最好,合作星就会送到你们组里。

人人练说、个个参与是口语交际教学的关键。在学生初步学会用连接词讲清拼图过程后,小组交流为学生提供了充分、自由交流的机会,再加上教师对学困生的着力点拨和辅导,保证了学生全员参与,群体训练。

示例二:巧设情境,异彩纷呈

【教学片段】

师:(贴小猪拼图于胸前)看,我变成了谁?

生:(兴奋地大喊)小猪!

师:小朋友们,你们也能变,看谁变得最快?

(学生也把图片贴在胸前。教师以小猪的身份和各个"拼图朋友"问好。)

师:下面,我要进行自我介绍了,哪个小动物听得最认真,这颗黄色的倾听星就会飞到你的胸前。(示范说)大家好,我的名字叫小猪。我全身胖乎乎、肉嘟嘟的。嘿嘿,真不好意思,我最喜欢干的事,就是睡懒觉,呼噜呼噜……我想和你们交朋友,你们愿意吗?

生:愿意!

师:刚才小猪是怎样介绍自己的呢?

(教师引导学生提炼介绍的方法:介绍名字、外形、特点等,并用上了交朋友的语气。)

师:现在就请你像我一样,在四人小组里介绍一下你自己。从每组的1号小朋友开始轮流介绍,如果他介绍得好,请组长奖给他一颗口才星,听得认真的小朋友奖给他一颗倾听星。

(留充足的时间给学生小组交流。)

一年级的学生合作意识弱,常会流于形式,如何在进行小组互动时提高效率呢?这里教师不但提出明确的互动要求——介绍自己,还教给学生互动的方法——从1号开始轮流进行,更重要的是提供了互动的评价机制——分发"口才星"和"倾听星"。这样的小组合作,人人都有交际的具体任务,人人都能认真参与到口语交际中去。

师:拼图娃娃在一起,交个朋友多欢喜,有谁愿意上台来,介绍介绍你自己?

(教师请三名学生上台)

师:请这三个拼图娃娃互相认识一下。

生1:大家好,我是小熊蹦蹦。你们看,我长得胖胖的,很可爱吧?哈哈,我最喜欢吃蜂蜜了!你们是谁呢,能告诉我吗?

生2:当然能啦!我是毛毛虫乐乐。我的身体圆嘟嘟的,最喜欢吃树叶,长大后会变成美丽的蝴蝶!

生3:你们好,我是可爱的小兔!我穿着一件白白的皮袄,长着长长的耳朵,走起路来一蹦一跳!

师:三个拼图娃娃真是又友好又大方,说说笑笑就成了好朋友。

师:下面的小观众们一定是羡慕极了,也想把自己的拼图作品展示给大家看。接下来,我们来办一个拼图展，请每组选出最满意的一幅拼图。

（小组评选出优秀拼图，张贴在黑板上。）

师：让我们好好地欣赏这些拼图，选一幅评一评，可以夸一夸这幅作品，也可以给它提提小建议。

一个又一个交际情境，给学生带来一次又一次惊喜，使得他们始终处于交际期待之中，保持着良好的交际状态，使课堂成了动态的、立体的口语交际“训练场”。多个情境的设立，使口语交际教学在不知不觉中进入了“在情境中不断交际、在交际中不断提升、在提升中不断发展”的理想境界。

生1：×××，我觉得你拼的七星瓢虫太可爱了！我很喜欢！

生2：（回应）谢谢你的夸奖！

师：多么友好的一对朋友！值得我们学习！

生3：我觉得那幅熊猫最最难看了，两只眼睛一只高、一只低。

（其他学生听了哈哈大笑。）

师：这幅拼图的小主人听后可伤心了，因为这毕竟是他努力的成果呀！想想怎样说，能让他更乐于接受呢？比如，先说说优点……

生3：（立即领会）你很认真努力，但是小熊猫的眼睛贴得一只高、一只低，能不能贴得一样高呢？

师：是呀，先肯定别人的优点，再指出别人的不足之处，这样说话更有水平，别人也更容易接受啦！

三、课例评析

（一）营造氛围，激发“说”

良好的氛围是提高课堂有效性的基础，可以使学生产生认知和情感上的积极体验，从而促使学生将口语交际进行到底。

1．激励是课堂的助推器

激励教育是在尊重学生主体性的基础上，通过创造各种优化的外部条件，激励学生的内驱力，从而使学生主动发展。小学生具有争强好胜、表现欲强的特点，教师的激励往往是学生更大的学习动力。教师上课伊始就向学生提出“口才星”、“倾听星”、“合作星”的评比，并一直贯穿始终。在教学过程中，哪个孩子发言自然大方，就会在众人羡慕的眼神中接受“口才星”的奖励。小组合作中，大家互相提醒、认真合作，努力争夺“合作星”。在这一过程中，孩子们乐此不疲，渐渐形成良好的口语交际习惯发展——认真倾听、响亮发言。同时教师激励性的评价语，使学生获得积极的情感体验，进而展现自我，形成可持续发展的动力。

2．童趣是课堂的润滑剂

童趣童真是一年级课堂的润滑剂，能使课堂氛围融洽而和谐。教师要和学生形成亦师亦友的关系，只有把自己变成孩子，拥有活泼的童心，才能走进学生的心灵深处。这个案例中，教师颇具匠心地将“请学生自主拼图”说成“给孤单的小猪找一个朋友”，儿童化的语言一下子驱动孩子潜意识中“保护弱小”的欲望，使拼图成了一种有目的的自发行为。课中，教师俏皮地将小猪头像贴在胸前，配上生动幽默的介绍，使学生处于积极兴奋的状态。“小猪你好”、“小胖猪噜噜好”的问候声此起彼伏，师生间情感交流如三月融融的阳光。在民主、平等、自然的氛围中，学生的身心处于放松状态，交际的情感易于被激发，交际的欲望易于被点燃。

（二）细化过程，指导“说”

语文学习强调的是经过，凸显的是经历。口语交际课亦是如此，就是要学生亲历过程，让学生在充满精神活力的言语实践中得到精神的提升、语言的发展。

1．分层实施目标

“用上连接词，讲清拼图的过程和方法”是本节课的练习重点。教师在落实重点时，给予重锤敲打，在教学目标的制订和实施中注意分层，并呈现逐步递升状态：

教学内容	目标实施意图
①教师边板贴边讲述，学生猜测是什么小动物。	激发学生的兴趣，使他们尽快投入学习过程。
②教师再次范说，让学生边听边记用上了哪些连接词。	进行倾听能力的培养，让学生初步了解表达应言之有序。
③学习教师的句式，模仿说话。	效仿范例，初步学习清楚、有条理地表达。
④学生自主拼图，准备有条理地介绍拼图过程。	培养学生的学习主体意识，进一步学习清楚、有条理地表达。
⑤小组内交流拼图过程。	在团队中初步形成合作意识和合作能力。基本掌握清楚、有条理地表达方法。
⑥创设情境：记者采访。	有效巩固有条理表达的方法，体会口语交际成功的喜悦。

从以上环节不难看出，教师教学方法循序渐进，拾级而上，教学过程充分展开，教学目标有效达成。

2．捕捉错误资源

课堂上，面对纷繁复杂的反馈信息，教师不能笼统模糊，需巧妙地捕捉、挖掘来自学生的各种错误资源。一个男孩在复述“小猪的拼图过程”时，虽然用上了连接词，但没有按照从上至下的顺序介绍。这时教师及时点拨：“你真是聪明的孩子，立刻就学会了用上连接词来说话，老师要奖励你一颗‘口才星’！如果在讲的时候，能按从上到下的顺序，那就更有条理了！”这样的点评无形中向全体学生传递了把话说好的要素。一学生在介绍自己拼小金鱼的过程时，教师敏锐地捕捉到了两处错误资源——把“鱼鳍”说成了“翅膀”，犯了常识性错误；用“胖胖的”形容“金鱼的眼睛”，属于用词不准确。教师没有直接指出，又把这个“球”抛给学生，引导学生进行点评，再要求该生完整正确地说一遍。正因为有了一系列细腻地点拨，其他学生也一个比一个说得好。

(三)创设情境,促进“说”

《我会拼图》是属于交互性不太强的话题,容易上成以学生言语单向输出为主的听说训练课。尽管学生“说”的能力得到了培养,但“交际”的意味不够。因此,这就需要教师充分挖掘交际因素,调动学生参与交际的积极性。

1. 无中生有——创造交际契机

教学片段一中,教师主要围绕“讲清拼图过程”这一主题,重在培养学生有条理地表达的能力。而教学片段二,为了更好地引发交际互动,教师以“拼图娃娃交朋友”、“举办拼图展览”为载体,对原有的话题进行了延伸,创造了良好的交际契机。这两个活动,看似与“讲清拼图过程”关联不大,属“无中生有”的教学设计,但它却是教师基于主题又不拘泥于主题的大胆尝试。教学中,教师通过“拼图娃娃自我介绍”、“拼图娃娃交朋友”、“小组推荐最佳拼图”和“评议拼图作品”等教学环节,充分展开交际过程,既有个别表达,也有小组交流,交际的形式比较丰富。这样一个“无中生有”的教学设计,让学生经历了多种交际方式的锤炼,潜移默化地提高了口语交际的能力。

2. 匠心独具——铺设交际“点”

在口语交际教学中往往有一些能够诱发学生兴趣的交际“点”,这一个个交际“点”犹如点点星火,一经学生交际欲望点燃,便能呈燎原之势。因此,教师应当匠心独具地在教学中铺设这样的交际“点”。课例中,“拼图娃娃交朋友”、“评议拼图作品”等就是容易引发交际的“点”。当教师把漂亮的拼图贴在胸前变成“小猪”时,孩子们纷纷学样成了可爱的“小乌龟”、“小兔”等,此时的教室成了动物园,成了游乐场。口语交际活动不是教师刻意安排的,而是学生发自内在的需要。随后的“拼图娃娃交朋友”环节,孩子们孕育着表达欲望,自然而然形成生生互动的交际过程。“评议拼图作品”环节,学生既能表达自己的想法,也可以倾听伙伴的观点,为口语交际创设了真实的、自由的、有价值的应用场景,同时教师的点拨提高了学生的品评能力。

(江东区实验小学　叶洁芸)

【课例2】

《有趣的动物、植物》

——让学生在语言交际中获得语言表达的“增量”

一、问题呈现

带班进入二年级，发现每次的口语交际教学，孩子们都特别乐于参与，说秋游的准备，谈对王宁选自己当班干部的看法等。但是热闹过后，细细一掂量，总觉得组织学生想一想、说一说、演一演，这样轻松活泼的课堂形式并没有给孩子们带来什么学习能力上的变化。他们的口语表达依然停留在原有的水平上，几乎没有任何增量。

二年级上册，最后一单元的口语交际在教材里只有这么一段话：你喜欢动物、植物吗？把你看到或了解到的有趣的动物、植物，讲给同学听。听了以后有什么想法，和大家交流交流。再评一评谁讲的内容有趣，谁说得好。

反复琢磨这段话，第二句“把你看到或了解到的有趣的动物、植物，讲给同学听”应该是孩子们口语交际中的兴奋点，也是他们语言表达的起点。也因为孩子们方便说，反倒容易泛泛而谈，只给大家呈现零星的“趣味”。由此遭遇第一难题——“怎么说”。

第二难题是“听了以后有什么想法，和大家交流交流”。交流不难，但是交流往往是两个人之间的事，怎样把全班的孩子都吸纳到一个中心点，来倾听交流呢？

第三难点聚焦于第四句“再评一评谁讲的内容有趣，谁说得好”。如果孩子们只是进行笼统的点评、简单的重复，那么口语交际教学的增量又将怎样去找寻？

二、课例描述

带着以上三点疑惑，我尝试设计并教学了《有趣的动物、植物》一课。

（一）打打招呼，做热身运动

师：咦，这不是企鹅先生吗？嗨，企鹅先生，你好！哦，那是含羞草小姐吧。你好，含羞草小姐。

生：嗨，你好。

师：含羞草小姐反应真快！今天这么多朋友，我们像含羞草小姐一样先跟周围的朋友打打招呼吧，你可以告诉他们你是谁，住在哪里。

生 1:你好,我是猪笼草先生。

生 2:嗨,我是猫头鹰,住在森林里。

……

上课伊始,笔者就让孩子们戴上自己事先制作好的动物、植物头饰,大屏幕出示动物园的图片。教室里已经营造出动植物王国的气氛。

(二)听听录音,找可循之法

师:看来今天我们的动植物王国里来了不少朋友呢。有位袋鼠朋友,有事不能前来,但是他寄来了自己的录音介绍,咱们来听听这位朋友有什么有趣的地方吧。

(录音:大家好,我是袋鼠。我身高 1.6 米,有 100 多公斤呢。澳大利亚是我最喜欢居住的地方。我喜欢出门去散步,可是我呀总是跳着走路的哦。我是跳高健将,最高可以跳到 6 米;我还是跳远健将,最远可以跳到 13 米呢!最有趣的是我的肚皮上有个育儿袋,我的小宝宝们就可以待在这个安全暖和的袋子里度过他们的婴儿时代呢!)

师:这位袋鼠朋友有哪些有趣的地方呢?

生 1:他们身上有育儿袋,真好。出门都不用带小推车哦。

生 2:他能跳这么高、这么远,真厉害!

师:是的,我们的教室一层有 3 米高,袋鼠一跳,就有两层楼这么高呢!

生:袋鼠总是跳着走路,很有意思。他应该改名叫"跳跳鼠"。

师:袋鼠这么有趣,那你们还记得他是怎么介绍自己的吗?

生 1:他先介绍了自己的名字、个子。

生 2:他介绍了自己住在哪里。

生 3:他还介绍了自己独特的本领、有趣的地方。

师:袋鼠这么一介绍自己,大家就喜欢他了。那你也学他介绍一下,先说说自己的名字、样子,再说说住在哪里,最后说说自己的本领或特点。肯定也会有人喜欢你的。

听录音的设计,吸引了孩子们的注意力。在这一环节,孩子们饶有趣味地倾听,因为他们发自内心地想了解这位袋鼠朋友。交流袋鼠有趣的地方,这一设计,又是对孩子们倾听态度的一种检测。袋鼠朋友的巨人身高、跳远健将般的风度、神奇的口袋,这些都足以吸引孩子的眼球,于是他们的小耳朵就跟着转了。口语交际不是为了交际而交流,尤其是面对低年级的孩子,他们好动,注意力容易分散,我们要让孩子学会倾听,就要能抓住他们的心、他们的耳,首先让他们"乐于倾听",然后才能顺利过渡到"主动倾听"。倾听的目的,也同时担负着如何让学生学会介绍自己,明白了怎么说,他们才会尝试去模仿。

(三)选选演演,织交际罗网

师:刚才大家用袋鼠朋友给我们的方法在四人小组内作了自我介绍,现在能不能来展示一下。你们可以推荐自己组里最有趣的,也可以自荐,到台上来。

("我是青蛙。""我是猪笼草。""我推荐吃猫鼠。"……讲台上站了一排孩子)

师:你们最想听谁作自我介绍?来选一个吧!

生:我是猪笼草。我有个网兜一样的肚子,会分泌香气,肚子顶上有个小盖。有哪个冒失的昆虫因为贪吃飞到网兜口,盖子就会毫不留情地落下来,它就成了瓮中之鳖了。

师:大家听了,有什么想法,可以问问猪笼草。

生1:小虫子在你肚子里会怎么样呢?

生2:时间长了,他就被消化液消化掉了,变成了汁水,成了我的养料。

生3:要是掉进去的是只大虫子,外壳又有点硬,你不会撑死吗?

生4:这个,这个我倒还得回去问问我妈妈。

生5:请问猪笼草,你是吃益虫还是害虫?

生6:都吃。

生7:我想对你说,下次你能不能只吃害虫,不吃益虫呀?

生8:他自己掉下去的,我怎么办?

师:你很善良。但是就像猪笼草刚刚说的,益虫要是自投罗网,他也没办法。刚才请的是植物。现在,我们再来请位动物朋友吧。

接着,笔者又组织孩子离开座位用所学的自我介绍法去“找朋友”。结交了新朋友,认真倾听了新朋友的介绍回到座位后,又请一对新朋友来展示一下。

师:看到小朋友交朋友都很快乐,哪一对朋友愿意和大家分享你们的快乐?其他小朋友想想你听了以后想表扬谁?有什么收获?

生1:嗨,企鹅小姐,能和你交个朋友吗?

生2:嗨!认识你很高兴。我是昙花。常常在夏天或者秋天的晚上开花,花是漏斗状的,白颜色,有浓浓的芳香。我开花的时间非常短,所以人们常常说“昙花一现”。我喜欢生活在温暖湿润的环境里,最怕阳光暴晒。可是如果温度很低,我就会死的。

生:我和你不一样。我最喜欢生活在寒冷的南极。我身上有一层绒毛,比鸟的羽毛浓密。我的祖先经过数千万年暴风雪的磨炼,全身的羽毛已变成重叠的鳞片状。这种特殊的羽衣,不但海水难以浸透,就是气温在零下近百度,也依然保暖。所以我们能在厚厚的冰层下游泳捕鱼。

生1:我也很高兴认识你,企鹅小姐。我们交个朋友吧。

生2:好呀。

生3:我表扬他们很快乐。打招呼的时候还“嗨”一下。

生:我有一个问题,企鹅在南极,昙花和他做朋友会冻死的!

师:那怎么办,能帮两个朋友想想办法吗?

生1:把企鹅放在冰块里,来和昙花做朋友。

生2:那冰化了,怎么办?企鹅就会活活热死。

生3:那就死了以后,再做朋友吧。

师:我们还是希望活着的时候交朋友。可能我们见不着面,但真正的朋友之间,只要心存惦念就可以了。

……

教学片段里,两个孩子交朋友所展示的过程,也是口语交际的过程体现。你想表扬谁?这一问,又使其他的孩子也被吸纳成为交际场里的主角。孩子们为企鹅和昙花的安危而担忧,由此善意主动地帮他们出谋划策,整个交际过程,不再局限于两人表演,而是全员参与。而这个片段,也让我们看到了孩子们内心世界的丰富与温暖。

(四)想想猜猜,留一丝余韵

课堂临近尾声时,让孩子们参加一个"你猜你猜"的游戏。

师:你来介绍一下你认识的新朋友,下面的朋友听,猜出来就立刻叫出来。

生1:我的朋友全身都长毛,走起路来轻轻地,还特别爱吃鱼。

生2:猫!

生3:我的朋友是位医生,居住在森林里……

三、课例评析

从《有趣的动物、植物》一课来看,对教材深入解读、对学生语言发展、求得增量的环节设计,其实是口语交际难点得以突破的关键点。

(一)创设情境,兴趣当先

有"趣"才有可能"易",才会敢说、乐说。"趣味"是口语交际课堂一以贯之的,是"趣味"让"说"成为孩子们亟待宣泄的唯一途径,所以我们要为孩子们创设情境,让他们以游戏的心境进入口语交际课堂。

《有趣的动物、植物》,整堂课都在动植物王国之中,从打招呼开始,孩子们就已经俨然进入角色,作自我介绍,离开座位去找朋友,选择自己感兴趣的动物、植物来为大家介绍,有什么想法可以向作介绍者提问,这些环节里,孩子们有机会按自己的意愿去做,始终有参与的热情在里头。

(二)"鹦鹉学舌",求得增量

《有趣的动物、植物》一课,贯穿始终的就是自我介绍的方法。听录音、组内作自我介绍、离开座位去找朋友、"你猜你猜"的游戏,都离不开自我介绍。在一遍遍的自我介绍里,在一次次的反复运用中,孩子们自然而然就能习得这个本领。而"听录音"无疑是所有教学设计里最重要的一环。它解决了"怎么说"这一大难题。

口语交际要提高孩子语言表达的能力,这就要给孩子提供范例,规范语言。孩子们很认真地听取袋鼠朋友有些特别的介绍方式,从名字、形状、习性等方面来认识这位新朋友,从中吸收的却是如何作自我介绍的方法。

借助情境中的一个角色,不着痕迹地规范了语言,保持了所创设情境的完整与生动,让孩子们乐意去"学舌"。就这样,在教师的有意组织下,在学生的无意参与中,自然落实了范例的示范作用。

有些没有把握的孩子上台作介绍的时候,手里还拿着资料,里头写的都是"海豚",但是当他出口成章作介绍时都是"我……我……"

这一堂口语交际课,即使孩子什么都没有学会,至少也明白了怎样以第一人称的方式来向大家作介绍，而且在袋鼠朋友介绍完毕后，还有几个孩子主动上台作自我介绍。对上台的孩子而言，这就是对所学方法的一种试用；对听的孩子而言，这就是对所学方法的一种巩固。让每个孩子学而有获，让每个孩子的语言表达在原有的基础上有所“增量”，这是我们在口语交际教学中时刻谨记的。要让任何一个孩子都不是看客，都参与进来，就要让他们的交际有法可循。好比一场游戏，通晓游戏规则，孩子们才会无所顾忌，才敢奋力前行。

“鹦鹉学舌”固然迂腐守旧，没有创新意识，但对于孩子而言，模仿并不可耻，恰恰是他们可爱的地方。所以在口语交际教学中，鹦鹉学舌未必就没有个性，它是课堂“增量”的载体，恰恰是彰显个性的基石。

(三)借助转述，求得发展

课堂临近结束安排的“你猜你猜”的游戏，孩子们一般都以“我新结交的朋友他长得……”开头，这其实已经是一种转述了。需要把新朋友的特征告诉大家，而对这些外形、习性的描述自然就是对新朋友介绍的一个创造性的传递。需要把获取的信息进行重新组织，让孩子们在游戏的同时得到口语表达的提升。原本担心“再评一评谁讲的内容有趣，谁说得好”会因为孩子们的机械重复而流于形式。但是通过游戏的方式，通过转述的形式，攻破了这个难点。因为只有孩子们认为有趣的、认为好的，他们才乐意去转述、去学习。

(四)编就罗网，渗透法规

既然是“交际”，就不是一个人的事。《有趣的动物、植物》安排了很多交际的种类，先是在明晰自我介绍方法后，组织孩子在四人小组内进行自我介绍，组内介绍是为了拓展交际面，提高交际的密度。要让交际落到实处，首先要保证每个孩子都有交际的机会与过程，在这一环节里，我们可以保证每个孩子在四人小组这个交际场中进行了交际。

离开座位去“找朋友”的设计，又是一次两两对话的交际过程。这是一次现场运用，孩子们在这个活动中按自己的喜好去结交了新朋友，不仅用到了自我介绍的方法，自然还要打招呼，顾及到文明交流这些小细节。

当然，面对二年级的孩子，我们还是要多采用一生对众生、少数学生对多数学生的交际形式。所以课堂内安排了推荐动植物上台介绍、适当提问和新结交的一对朋友展示交友过程，其他孩子进行优点表扬的环节。这个时候，孩子们在交际网中，有共同关注的向心力，他们提问的态度、语气，交流的礼节、法规，作出的反应，我都能在第一时间里作出评价、引导。这样第二个难点的攻克也就水到渠成了。

例如有孩子上台主动作自我介绍。其中一位孩子说：“大家好，我是含羞草。我的叶子碧绿而对称。只要有人碰我一下，我就‘嗖’的一下把叶子合上了。人们以为我很害羞，就给我取了‘含羞草’这个名字。”马上有孩子笑说：“哎呀，你明明是含羞草先生嘛。男孩子也这么怕羞吗？”含羞草先生一时间无言以对。我就给他打圆场：“哦，含羞草先生绝对不是害羞啦，他卷起叶子其实是为了自我保护。等下，我们听别人介绍的时候，如果有不明白的地方，可以像刚才这位同学一样问一问，但是一定要有礼貌哦！”

（北仑区绍成小学　吴丹芳）

【课例3】

《学会转述》

——第二学段口语交际练习设计策略

一、问题呈现

口语交际教学存在着以下问题：

一是交际活动参与面较窄。主要表现是口语交际课上只有几个学生参与活动,大多数学生当听众或观众,缺乏参与的全体性,口语交际失去了应有的价值追求。

二是忽视学生交际能力的提升。主要表现是众多口语交际课堂，教师过于关注活动的形式，而忽视了课堂最本质的学生能力的培养。主要体现在忽视学生倾听能力的培养,“盲听”、“假听”现象屡现,忽视学生言语质量的提升。

三是交际内容与生活实际相距甚远。主要表现是许多教师忽视了口语交际的主题与学生的生活距离,忽视了口语交际内容的选择和情境的创设,偏离了学生的生活实际。学生对交际内容不熟悉,没有真实的生活体验,语言显得空洞、虚假,缺乏兴趣,丧失了课堂的生机和灵气。

二、课例描述

《学会转述》是根据教学要求安排的教学内容。转述是生活中常见的一种口语交际的方式,对每一个孩子来说是一项非常实用的本领。执教者力求通过创设一个个生活情境,通过一次次互动练习,激发学生学习转述的兴趣和交际的热情,重点培养学生倾听、表达和交流的能力以及良好的交际素养。

(一)创设“校园生活”情境,引入“转述”

师播放广播录音:下面播送一个通知,下面播送一个通知,明天下午1:00,学校举行广播操比赛,请同学们穿好校服和白色跑鞋,准时到操场集中。

师:刚才广播通知了什么?

生1:广播通知我们,明天下午1:00,学校举行广播操比赛,请同学们穿好校服和白色跑鞋。

生2:他漏说了,准时到操场集中。

师:你很善于倾听别人的发言,这点提得非常好,为什么不能漏下这句呢?

生2:我们要准时到操场集中,大家如果拖拖拉拉的就会影响比赛开始了。

师:所以咱们在说通知的时候要抓住主要内容,不能漏讲,更不能说错。(师随机板书:抓主要内容)

生3:刚才那个同学虽然漏讲了最后一句话,但前面的内容说得还是很清楚的。

师:你很善于发现别人的优点,的确只有表述清楚了,才能让人听得明白。(师随机板书:表述清楚)

师:那谁能抓住主要内容,清清楚楚地再把刚才的通知说一说呢。

……

师:这儿怎么还有个空位,是不是哪位小朋友还没来,刚才那个通知他还不知道呢,这可怎么办?(师故作着急样)

生4:等会儿他来的时候我们告诉他。

生5:报告——(师事先故意安排了一个迟到的小朋友)

师:刚才广播播了条通知,你没来,咱们请小朋友告诉你吧!

生6:(走到那位迟到的小朋友旁)广播说,明天下午1:00……

师:你刚才跟谁说话呢,眼睛怎么老看着我呢?而且跟小朋友都不打声招呼就说通知了?

生6:(笑笑,眼睛看着那位迟到的小朋友)××同学,刚才广播通知我们……

生5:谢谢你把通知告诉我。

师:像这位小朋友那样把话传给另一个人,咱们可以叫带口信,也可以叫作"转述"。(师随机板书:转述)

创设贴近儿童生活的口语交际情境,有利于儿童在各种角色转换中合理、得体地表达情感。以上教学片段,在课堂教学一开始,教师就创设了校园广播通知的情景,并有意安排了一个迟到的小朋友,创设了一个能"以假乱真"的校园情境,让学生在极其自然的情景中展开交际,使孩子们想说、愿说、乐说。在这个环节的活动练习设计中,分成这样几个层次开展活动,达到能力提升的目的:

一是听通知复述,为转述铺垫基础。在听完广播通知后,教师请一位学生复述通知,并请其他同伴互动点评,帮助这位学生逐步完成复述,使学生在练习中语言质量有所提升。

二是在学生互相补充、互相评价中,渗透转述的要求,在不知不觉中引出口语交际的话题,同时互动点评使更多人参与到练习活动。

三是在向同伴转述的练习活动中,教师有意提示与人说话要目光对视,别人向你转述要致谢,在互动活动中自然渗透交际礼仪。

四是在这个教学环节中,教师始终重视培养学生"善听"的能力和习惯,认真地听通知,认真地听同伴的话,在具体活动中一次次训练学生的倾听能力。

(二)创设家庭生活情境,指导"转述"

教学中教师根据学生喜爱的动画片《大头儿子小头爸爸》的角色,联系学生丰富的生活经验，展现了打电话转述内容的生活情景，把生活融于课堂，拉近了知识点与生活的距离。

师：这样的转述，在我们生活中经常要用到。瞧，有一家子就遇到了。（课件出示大头儿子一家子的照片，以及动画片主题曲音乐）

师：认识他们吗？

生：大头儿子、小头爸爸、围裙妈妈。

师：这一天，大头儿子发现，小头爸爸一早匆匆忙忙上班，把电话落在家里的沙发上。恰好有个客户发来一条很重要的短信，怎么办？

生 1：可以把爸爸手机送到爸爸单位去。

生 2：不好，如果路太远，事情又很急呢？还是由大头儿子打电话到爸爸公司，转告爸爸更好。

师：这个主意不错，那就让我们来演一演。我演小头爸爸，谁来演大头儿子？

（课件出示手机短信内容：

我于今天上午 10:20，从上海坐动车到宁波，大约 12:20 到站，请接站。

小王）

大头儿子（一生扮演）：（拿起电话，拨号码）喂，您好！

小头爸爸（教师扮演）：你好！请问找哪位？

大头儿子：我找小头爸爸。

小头爸爸：我就是，哦，你是儿子吧。有什么事？

大头儿子：爸爸，您把手机忘在家里了，一位叫王叔叔的今天上午 10:20，从上海坐动车到宁波，请您去接他。

小头爸爸：哦，是有这回事。幸好你告诉我，不然要误了公司的事了。谢谢儿子！

大头儿子：不用谢！爸爸再见！

小头爸爸：再见！

师：同学们评一评，大头儿子的表现怎么样？有没有把主要内容表述清楚？

……

师：所以在转述时千万别把内容漏了，不然可就误事了，还得注意说话的礼仪。

以上教学片段，教师围绕"转述要把主要内容表述清楚"的目标，创设了"大头儿子"为忘记带手机的"小头爸爸"转述手机短信的情景，这样的情景既贴近学生的生活，又寓于情趣，使学生交流起来有话题、有兴趣。在交流之后的评价环节，其实既是考量学生倾听的质量，也是对转述能力培养的提升。

接下来的是针对"转述复杂内容要会记要点"的目标组织的练习活动环节：

师：其实在日常生活中，要求转述的话有时会比较复杂，一时记不住，那该怎么办呢？

生 1：可以把要转述的内容写下来。

生 2：我要给他补充一点，不是把转述的内容记下来，而是要把一些重要的内容记下来，不重要的可以不记。

师：这点你补充得特别好，咱们要记就记要点。（随机板书：记下要点）

生：还可以请对方再说一遍。

师：那如果你遇到的是一位阿姨，你对阿姨怎么说呢？

师：说话有礼貌，往往能给你留下一个很好的印象。（随机板书：说话礼貌）谁会有礼貌地对阿姨说呢？

……

在如何记下要点的指导过程中，教师关注的不仅是“记要点”这一知识能力的训练，还关注到了与人交往的礼仪习惯培养，这正是口语交际教学中着力于学生未来需要的培养方向。

师：双休日早上，围裙妈妈出去买菜，有人打电话到家找围裙妈妈，大头儿子帮妈妈接了电话。（课件出示情景图片）

师：我来扮演打电话的陈阿姨，谁来演大头儿子呢？（师请一个小朋友上台）

师（扮演陈阿姨）：那咱们一块来问个好。大头儿子，你好。

生（扮演大头儿子）：教师，你好。

师：怎么还叫我教师呢？

生：（笑着说）陈阿姨，你好。

师：表演马上就要开始了，同学们有什么需要给他提个醒的，就直接跟他说。

生1：大头儿子，我希望你等会儿转述的时候把内容都记清楚，不要漏下了，也不要说错了。

生2：大头儿子，你等会儿跟阿姨打电话的时候要有礼貌。

……

师：大家给你提了那么多建议，你该怎么说？

生：谢谢大家，我一定按照大家的提醒去做。

师：如果大家有兴趣，也能跟“大头儿子”一起把转述的话记下来。

教师请其他学生提醒要参与表演的学生，以及当同伴们提了建议之后，被提醒的学生对大家表达的谢意。这样的做法有两方面的好处，一是复习巩固了如何“记要点”以及交际礼仪的训练目标；二是促进了生生之间的互动交流，培养了交往礼仪。

（表演电话转述）

……

（三）合作表演，拓展“转述”

师：接下来咱们要进行的是这堂课的最后一个环节，是什么呢？老师只想告诉其中一个小朋友，等会儿让他再转述给大家听。

（教师指名学生上台，在小朋友的耳边悄悄地说：下面一个环节是，以四人小组为单位，打开信封，演一演转述的情景，哪组表现好就请哪组来表演。）

（学生转述教师的话）

师：听清楚要求了，就赶紧开始动手吧。

（学生以小组为单位，表演转述的情景，师巡视指导。）

小组反馈表演,再组织评价。(略)

小学生具有很强的表演欲望,让孩子们参与表演,既能创设一个个真实的语言环境,又便于孩子们直接进入换位思考,模拟在具体事件中该怎么做、怎么说,通过角色互换、自主评价,容易唤起学生内心的表达冲动。因此教师安排了学生自主合作表演转述的内容。在合作表演环节,以小组为单位按照要求自主组织表演,每位学生都参与互动,既是知识点巩固的过程,又是学习内容深化的过程。

在环节的导入部分也紧扣"转述"的话题,把要求告诉给其中一个小朋友,再由这个小朋友向大家转述。这部分内容的安排既是一次转述的练习,又能激发学生的好奇心和求知欲,使他们能认真且耐心地倾听好表演的要求。在学生尝试合作表演的过程中,教师重视学生的及时反馈,相互评价,充分调动学生各种感官,口、手、脑、眼并用,有利于学生发现自己的优缺点,进而在日后的口语交际中扬长避短。

(四)课外延伸,运用"转述"

师:今天这堂课大家又学会了一项新的本领,叫"转述"。希望同学们能把今天学的方法运用到生活中去。最后教师还想请大家帮我转述一句话给你们的班主任老师:非常感谢班主任×老师的热情接待,也非常感谢××班小朋友课堂上出色的表现。

生:(跑到班主任老师前)×老师,刚才给我们上口语交际课的教师让我对您说,她非常感谢您的热情接待,也非常感谢我们课堂上出色的表现。

班主任:你也帮我带个信,就说,热情接待是我们应该做的,这节课你们的表现这样出色,我为你们感到骄傲。

生:(跑回上课老师面前)我们班主任老师让我对您说,接待你是应该的,这节课我们表现得这么出色,她为我们感到骄傲。

……

课即将结束,教师巧妙地将"转述"的学习延伸到与上课班级班主任的互动中去,使学生再次感受到"转述"是生活中的一项重要本领,在学习和生活中处处可见。

三、课例评析

《学会转述》一课的教学,执教者努力践行达成以下目标:

(一)在情境中体验交际的乐趣

1.情境——引发了学生自然状态下的口语交际

整堂课中,教师竭力让"转述"的知识点融于学生真实自然的生活情境中。如课堂伊始教师从"听通知转述内容"入手,有意安排了一个迟到的小朋友,创设一个富有校园生活气息的转述情境,让学生在极其自然的情景中展开交际,在不知不觉中引出口语交际的话题,避免在课堂上矫揉造作的虚拟交际。又如,在学习转述环节,教师创设的"大头儿子"一家的生活情境,是儿童喜闻乐见的动画世界。

2．情境——印证了“口语交际来源于生活又服务于生活”

教学中教师从学生原有的生活经验为切入口，通过“转述广播通知”、“转述电话内容”、“记电话要点转述”、“帮教师带信给班主任”等情境创设，将“转述”这一学习任务生活化、真实化。让孩子们在实实在在的生活中自然交际，很好地印证了“口语交际来源于生活又服务于生活”。同时这种真实的学习状态，也激活了学生交际的语言思维，促使他们积极地听、自主地想、大胆地说。

3．情境表演——拓展了口语交际的途径

教师在实践环节精心设计了一些适合学生自主合作表演转述的内容。让孩子们参与表演，既能创设一个个真实的语言环境，又便于孩子们直接进入换位思考，模拟在具体事件中该怎么做、怎么说，通过角色互换、自主评价，容易唤起学生内心的表达冲动。因此在学生尝试合作表演的过程中，教师重视学生的相互合作，相互评价，充分调动学生各种感官，口、手、脑、眼并用，有利于学生发现自己的优缺点，进而在日后的口语交际中扬长避短。同时表演也让天性活泼好动的孩子们又一次感受到口语交际的快乐。

（二）在互动中提升综合能力

1．互动——让评价更多元

在课堂上，可以看到任何的评价都是在学生实际意义的交际任务中进行的。如“听广播转述”进行生生互动评价，从而引出转述的注意点（抓住主要内容、表述清楚）；“转述美术教师的通知”进行同桌互评，从而培养学生客观评价的能力；“记电话要点转述”进行师生互评，让学生掌握记要点转述的本领。这种建立在师生互动和生生互动平台上的评价，既能培养学生口头表达能力，加强语言的准确性，也能培养学生的倾听和交流能力。

2．互动——让交际更充分

在整堂课的教学环节中，师生互动、生生互动不仅让学生的听与说得到了双向训练，更让交际有了充分的展现。例如“马上就要表演了，你有什么需要提醒他的吗”等。课堂上生生之间的直接对话，使交际在互动中活跃起来，同时又不失时机地促进了学生口语品质的提高。

3．互动——让学习更多元

在课堂即将结束时，教师安排了一个课外延伸的转述练习，让孩子们帮教师转述一句话给他们的班主任，要求转述的内容也进行了精心的安排，它既是学生转述的作业，也是对学生整堂课的评价。在这个环节中，教师—学生—班主任之间的互动，让课堂延伸到课外，活用课程资源，使学生学以致用，课堂也再次掀起高潮。

（海曙区教研室　张敏华）

【课例 4】

《活化石》

——利用阅读文本进行口语表达练习

一、问题呈现

怎么让学生借助文本内容，用上关键词句进行连贯地表达？这是我们在阅读教学中应该思考的问题。教材中的寓言、童话、常识性较强的科普文比较适合进行这样的训练。然而在具体教学过程的推进中如何展开，怎样提高练习的有效性，是我们在教学中比较困惑的地方。本文试以二年级上册科普文《活化石》为例来说明。

二、课例描述

(一)片段一

师：请小朋友自己读读课文第 2 自然段。(银杏树，又叫白果树，它是几亿年前的树种，十分珍贵。银杏树的样子很容易辨认，一片片叶子像一把把小扇子。银杏树长得慢极了，如果你小时候种下一棵银杏树，一直要等你当上爷爷，才能吃上它的果子。所以，银杏树又叫公孙树。)

学生自主读段。

师：谁愿意把第 1 句读给大家听？

生读“银杏树，又叫白果树，它是几亿年前的树种，十分珍贵”。

师：几亿年前是多少年前呢？

生猜测、质疑……

师：我们假设一个人能活 100 岁，用这样表示(图标一条线)，几亿年前相当于这样(图标一整条)，还没完，时间非常久远。

生：怪不得叫它——“活化石”呢。

生再读句子。

师：那时我们人类还远远没出现呢，科学家利用银杏树知道许多以前地球上发生的事，所以说银杏树——

生：十分珍贵。

师：银杏树是什么样子的，谁能通过读句子来告诉大家？

生：银杏树的样子很容易辨认，一片片叶子像一把把小扇子。

师：一片叶子——就像一把小扇子——那么多的树叶聚集在一起，可以说一片片叶子像——

……

师：刚才我们一句一句把这段话读好了，现在我们连起来读这段话。老师问，小朋友读句子来回答。

师：为什么说银杏树是活化石呢？

生：银杏树，又叫白果树，它是几亿年前的树种，十分珍贵。

师：这种活化石有什么特点呢？

生：银杏树的样子很容易辨认，一片片叶子像一把把小扇子。银杏树长得慢极了，如果你小时候种下一棵银杏树，一直要等你当上爷爷，才能吃上它的果子。所以，银杏树又叫公孙树。

师：你看，这段话先向我们介绍了"为什么说银杏树是活化石"，再写"它有什么特点"，介绍得清清楚楚。

这个片段的教学着眼在引领学生在理解重点词语的基础上读懂每一句话的意思，再通过师生合作的问读了解句子之间的关系，从而读懂一段话，为下一步有序地表达做好充分的准备。

本段话中，"几亿年前"、"十分珍贵"、"很容易辨认"、"一直……才"等关键词语既是学生认知上的难点，又是读懂本段话的重点，所以教学中需要我们通过形象的方法、合适的手段加以突破。其中"几亿年前"、"很容易辨认"是通过直观的手段引导学生感知的，在第一学段中，学习抽象的词语最有效的方法是通过形象感知；"一直……才"是通过联系实际结合体验达成的，把文中的"你"转化为"我"，学生一下子就与文本拉近了距离，鲜活的感觉就跃然而出。

（二）片段二

1．创设情境，分步表达

师：现在要把银杏树这种活化石介绍给别人，你能吗？今天放学回到家，你要跟妈妈说一说——教师做一做妈妈，小朋友都是妈妈的阿宝了！

师：阿宝，你们今天是不是学了银杏树这种活化石？

生：嗯。

师：为什么说银杏树是活化石呢？请阿宝来说——

生1：因为银杏树是几亿年前的树种，十分珍贵，所以说它是活化石。

生2：因为银杏树是几亿年前的树种，在我们人类还远远没出现的时候它就有了，科学家利用它知道了以前地球上发生的事，十分珍贵，所以说它是活化石。

师：能干的阿宝，你这样一说，妈妈全明白了，怪不得叫它活化石呢！那这种活化石还有什么特点呢？哪个阿宝来说——

……

2. 情境延续,完整介绍

师:双休日,妈妈带着你来到郊外。瞧,银杏树就在眼前了(投影出示银杏树),你能连起来向妈妈介绍一下吗?

介绍的时候先说为什么是活化石,再说它还有哪些特点。

提供句式:______,怪不得叫它活化石呢。它______________________________。

用上关键词语:十分珍贵　　几亿年前

容易辨认　　小扇子

长得慢极了　　一直……才

生看屏幕自主练说。

生1:银杏树,又叫白果树,它是几亿年前的树种,十分珍贵,怪不得叫它活化石呢。它的样子很容易辨认,一片片叶子像一把把小扇子;还长得慢极了,如果我现在种下一棵银杏树,一直要等到当上爷爷,才能吃上它的果子。

师:说得真好!能按照这个句式,用上了这些词语把银杏树介绍清楚了。哪个阿宝拉着妈妈的手再来介绍?

生2:(上台拉住老师的手)妈妈您看,这就是银杏树,它是几亿年前的树种,十分珍贵,怪不得叫它活化石呢。它的样子很容易辨认,一片片叶子像一把把小扇子;还长得慢极了,如果我现在种下一棵银杏树,一直要等我当上奶奶,才能吃上它的果子呢。

师:哦,那我要当太太了。听你这么一说,妈妈很清楚地了解了银杏树这种活化石!

3. 转换内容,迁移表达

(1)自由读第3段,想想为什么说大熊猫是活化石。找到这段话中的一句话用横线画出来。

交流读句:和大熊猫同一时期生活过的动物许多早就灭绝了。(出示词卡"灭绝",释义)大熊猫却一代一代地活到了今天,怪不得叫它活化石呢。

(2)这段话中的另外2句还介绍了大熊猫的哪些特点?读句:引导理解大熊猫的吃食和它的祖先不一样。

(3)同桌合作介绍,互相学习。

现在我们同桌合作,像介绍银杏树一样来介绍大熊猫,先说说为什么说大熊猫是活化石,再说说它还有哪些特点。出示句式和词语:

______,怪不得叫它活化石呢。它______________________________。

灭绝　　一代一代

熟悉　　可爱

爱吃竹子　　食肉为生

(4)指名介绍,评议。

要把银杏树这种活化石介绍清楚,对二年级的学生来说是有困难的。尽管前面有了理清句意的铺垫,但要能连贯地表达还需要展开过程的指导。因此,在教学实施的过程中先采用分步表达,用“放学后告诉妈妈”的情境,让多个“阿宝”承担交际任务,先介绍为什么银杏树是活化石,再通过“这种活化石有什么特点”,请几个阿宝分别介绍。这样分解内容,降低了学生表达的难度,因为有前面的学习支撑,学生就易于表达了。

三、课例评析

(一)注重文本词句的转化运用

1. 凸显重点词语,读懂内容

读懂内容是进行表达的基础,抓住关键词语是读懂内容的好方法。理解了重点词语的意思,就能比较方便地理解句子的意思。在学习第2自然段时,紧紧扣住“几亿年前”、“十分珍贵”、“容易辨认”、“一直……才”等重要词语来读好句子,通过形象感知、看图理解、角色体验等方法让这些词语在学文的过程中渐渐在学生头脑中深入,慢慢建构银杏树的印象,同时加深了对课文内容的理解。再在学生读懂句子的基础上有机地板书关键词语“十分珍贵——容易辨认——长得极慢”,帮助学生梳理了句子,并在师生问答的基础上理清了句子间的关系,为后一步的表达作好了充分的铺垫。

2. 运用重点词句,尝试介绍

读懂内容虽然为学生的口语表达做好了准备,但要在课堂上马上连贯地进行介绍还是有相当大的难度的。关键词语的提供让学生能再现句子的内容,从而在内容上能顺畅无碍。让学生自主地介绍银杏树时,提供句式和关键词语进行引导:

句式:__________________,怪不得叫它活化石呢。它____。

用上关键词语:十分珍贵　　几亿年前

容易辨认　　小扇子

长得慢极了　　一直……才

前面学生有读懂了一段话的基础,然后运用句式和关键词语展开表达,因为内容是既定的,不需要学生另起炉灶,所以学生可以根据句式和词语进行介绍。这样既加深了对重点词语意思和课文内容的理解,又有效地促进了对关键词语的运用。

(二)创设有效的口语表达情境

1. 情境的全体性

有效的口语表达情境能够激起全体学生参与的欲望,课堂上也只有全体学生参与了,教学才有成效。因为是口语表达,所以很容易陷入优生发言、其余学生作旁听者的状况,教学的有效度比较低,这是我们在实施口语表达练习时特别要改进的。案例中“妈妈和阿宝”的情境首先引发了学生参与的兴趣,接着每个都是“妈妈的阿宝”的情境渐入让学生开始投入其中,“多个阿宝”接力介绍后,学生自然就是“阿宝”了,于是双休日随妈妈去郊外看银杏树的自主介绍,个个学生都参与其中进行表达,最后在上台介绍给妈妈听时,学生有了自主练习的基础,每个人就有了跃跃欲试的愿望，尽管上台介绍只能是1—2个学生，但在他们表达的时候其余学生参与评议、纠正、改进，这样使每个学生都经历了一次对应比照的过程，学习效果是很明显的。

2. 情境的生活味

像这样进行介绍的口语表达练习，我们在教学的实施过程中往往会想到"小导游"的情境，在课的设计之初，我也同样用了"小导游"的情境，学完银杏树这一段，教师创设这样的表达情境：小朋友，下面我们来做做小导游，把银杏树这种活化石介绍给前来参观的游客，好吗？学生在课堂上没有参与的兴致，究其原因，这样的情境太突然了，也太程式化了。在学生的印象中，"小导游"似乎离他们很遥远，也不切实际。2011年版的《语文课程标准》在"教学建议"中指出：应努力选择贴近生活的话题，采用灵活的形式组织教学。注重情境的生活味，让学生觉得自然、真实是表达成功的关键，因此，"放学后把银杏树说给妈妈听"的交际让学生可触可摸，接着"双休日到郊外看着银杏树向妈妈介绍"的情境延续，让学生置身其中，自然贴近，学生就有了强烈的表达欲望。

（三）强调层层深入的过程指导

1. 体现由扶到放

对第一学段的学生来说，能在课堂上连贯地说上一段话是有一定难度的。在平常的教学中，我们也习惯于学生用词说话，用句式练说，说一句完整话的练习机会比较多。借助阅读文本连贯地进行一段话的表达，需要教师在课堂上进行一步步精心的指导，由易到难，由扶到放，由浅入深。教给方法，借助句式和关键词语，在具体的情境中承担表达的任务，这样学生就不会有畏难情绪，就会乐于参与，就能大胆练习。在银杏树的介绍中，先分解内容，铺设台阶，通过两个话题让学生进行口语表达；在此基础上，创设到郊外为妈妈介绍的情境让学生连贯表达；最后在大熊猫的介绍中，学生就能借助句式和词语，运用介绍银杏树的方法进行介绍。在银杏树的练说中，更多的是教师的指导、评价，提示方法，而在大熊猫的介绍中，则让学生互相介绍、互相评议。这样有序地展开，既体现了教是为了学服务，又在过程中促进了学生的表达、评价能力。

2. 注重学生学会

本课时的重点目标是"通过创设生活情境，在感知内容的基础上借助句式和关键词语介绍活化石"。为达成这个学习目标，需要展开充分的教学过程，要放慢教学的节奏，细化学习的过程，根据学生的认知特点进行循序渐进的指导。在具体的实施过程中，在学生进行分步表达时，教师需要仔细倾听学生的发言，及时纠正学生在表达中的不妥帖之处，提供准确的表达方法；然后有充足的时间让学生进行自主练习，这一步是很关键的，是充分内化、自我练说矫正的过程，而且是人人参与实践的过程；接着学生上台表达是一个展示、评议的过程，因为有前面自主练说的基础，所以能倾听别人的表达并作出合理的评价。重视过程的展开，强调学生的全面参与，为学生"学会"提供了有力的保障。

（余姚市教研室　陈燕）

【课例5】

《小壁虎借尾巴》

——如何培养学生的讲故事能力?

一、问题提出

第一学段课文,大多以童话的形式出现。这其中有一部分童话故事表达方式很特别,几个自然段之间情节雷同、结构相似,分割开来就是一个个相对独立、完整的"小故事",如《自己去吧》、《小壁虎借尾巴》、《从现在开始》等。这些课文因为其结构、表达上的特点,很容易被小朋友接受、快速吸收。因此,我们可以利用学生"讲述小故事"的方式,引导学生在课堂上"学得"语言。

综观第一学段尤其是一年级语文课堂,大多教师似乎并没有意识到"课文"本身作为"语言材料"的价值,仅仅将这一类"小故事"作为"字词教学"材料予以处理,以"字词学习+阅读理解"的方式实施教学,只是在课的最后,象征性地意思一句:喜欢这个故事吗?回家后讲给爸爸妈妈听听。既无方法上的指导,也无教学中的铺垫,学生讲述故事的目标不能得到有效的落实,浪费了很多故事资源,错失了言语实践的时机。

那么,如何有效地引导一年级小学生利用童话故事,展开语言的"输出"练习,进行讲述"小故事"的练习?我们以一年级下册的《小壁虎借尾巴》为例,来分解、探究有效练习的具体步骤。

二、课例描述

《小壁虎借尾巴》第3~5自然段,结构相同,表达方法相似,非常适合也便于学生进行言语操练,积累语言范式。因此教师应确立以识字教学为核心、言语实践为抓手的课堂学习方式,多角度、全方位创设学生操练语言的时空,凸显学生学讲故事、培养兴趣的教学点。

由此确立本课的教学目标主要为两个方面:一是结合生字词的学习,在故事语境中开展词语的运用性说话练习;二是以故事为载体,融内容理解和语言实践为一体,进行讲故事练习。

具体展开课例如下:

(一)听故事,聊故事

教师讲故事。

(学生鼓掌)

师:谢谢小朋友们。听了这个故事,你们想说什么呀?咱们聊聊。

生:我知道小壁虎的一条新尾巴找不到了。

师:你再说一遍。它的新尾巴找不到了,是怎么回事?

生:小壁虎在墙角捉蚊子,它的尾巴被一条蛇咬住了,其他动物都不借给它一条新尾巴。

师:你听了一遍,懂得还不少呢!

生:我懂得小壁虎丢了尾巴还可以再长出来。

师:你听得真仔细。请你说——

生:我知道了小壁虎的尾巴可以救命。

师:这个你也听出来了。哇,你的思维真不是一般人能比的。

本环节出现在学生初读课文之前,通过教师讲故事、学生听故事,完成对文本的第一次接触。简单的两个动作,却包含了教师三个层面的意识:首先,教师讲、学生听,让学生对故事先有一个大概的、整体的了解,这是对学生"学习倾听"的训练,而"倾听"是学生进行语言材料输入很重要的一个步骤;其次,教师绘声绘色的讲述,引起了学生对故事本身和讲故事的喜爱,让学生发现讲故事是很有意思的一项言语活动,激发学生讲故事的兴趣和欲望;最后,学生聊对故事的印象,没有任何言语形式上的要求,学生完全可以根据自己对故事的第一印象进行意识层面的回顾、整理和表达,这是思维与语言的第一次握手,是学生尝试进行带有故事色彩的语言输出的第一步。

(二)讲"一句话"故事

师:小壁虎的尾巴丢了,怎么办呢?(出示第二幅图片)瞧,小壁虎来到了……找……(教师随机板贴词卡和图片:小河边、小鱼)说说,小壁虎来到哪里,干什么?

生:小壁虎来到小河边,找小鱼借尾巴。

师:(逐幅出示第3、4幅图片)小壁虎还来到哪里?

生:小壁虎来到了……找……(教师板贴相关词卡和图片)

师:小壁虎都跑了哪些地方,找谁去借尾巴了呢?连起来说说这几句话。

借助插图的内容提示,学生说一句完整的话。因为看图,学生一眼就能找到两个句子的主干——"谁"和"干什么",观察能力强的小朋友还会发现"在什么地方",于是就组成了一个简单的三素句:"谁在什么地方干什么。"而这其实就是简单介绍的基本句式。

(三)学讲"小故事"

(课件出示第二幅插图)

师、生接读第1、2句话。

生学小鱼姐姐,做"游来游去"的动作。

师:小鱼姐姐,在河里"游来游去"。像"游来游去"这样的词语,我们也会说,比如毛毛虫在叶子上(生接“爬来爬去”);大皮球在地板上(生接“滚来滚去”);行人在大街上(生接“走来走去”)……嗯,这样“来来去去”,感觉很是自由自在呢!谁来读读“游来游去”这句话。

师:看到游来游去的小鱼姐姐,哪位小壁虎来请求一下她呢?

生:小鱼姐姐,您把尾巴借给我行吗?

师指导朗读,读出礼貌,读出人物称呼后的停顿。

师:谁愿意替小鱼姐姐来答复小壁虎的请求?

(男、女生合作读)

师:小壁虎,你听懂小鱼姐姐为什么不答应你的原因了吗?

生:要拨水。(教师板贴:拨水)

师:谁来把小鱼姐姐要用尾巴干什么说完整?

生1:小鱼姐姐要用尾巴拨水。

生2:小鱼姐姐在水里游来游去,都是靠尾巴拨水。

上述第三自然段的教学,教师多处安排学生参与了一定情境下的说话训练或口语交际练习。如此安排,有效实现了教师三个方面的考量:首先,口语交际辅以动作演示、对话朗读等手段,帮助学生发现并理解了如“拨水”“摇着尾巴”等的关键词,更好地理解了课文,深入了角色内心。其次,词语的理解和积累,实质上就是在引导学生进行“语言输入”之后的“语言内化”,以便更好地实现“语言输出”,为后续讲故事搭建“语用支架”。

师:瞧,虽然小壁虎没能借到尾巴,我们也为他感到难过,可是我们却发现了三种动物,三条不一样的尾巴,三种不一样的作用,这个故事还真是越来越有意思了!现在,你们能看着这几个词,选择其中一段来说说小壁虎借尾巴的事吗?

生:小壁虎爬呀爬,爬到小河边。他看见小鱼在河里游来游去,非常开心。小壁虎说:“小鱼姐姐,您把尾巴借给我行吗?”小鱼姐姐说:“不行啊,我要用尾巴拨水呢。”

师:他说得怎么样?

生:他说得很清楚。“游来游去”“拨水”这些词都用上了,很不错。

师:这个故事我们还可以合作来说说。比如四人小组,每人说一段,一位同学做小评委给大家评一评。试一试。

生四人小组接说故事。

串讲故事,不要指望一步登天,它同样需要教师“步步为营”。课堂上,教师指名让三个学生分别讲述一段相对独立、完整的“小故事”,也就是承担整个故事当中的其中一个片段。只要学生开口说,学生的“语言输出”已经开始在故事的内容层面有效推进,由原本简单的大体介绍,到相对具体的情节展开。如此一来,虽然同样是讲几句话,但显然难度已有所提升,已由“重复句式的简单叠加”上升到了“不同句式的自然表述”。而且现场输入的重点词语,在语境中实时进行了运用、输出,不仅提高了语言质量,也变“消极语汇”为“积极语汇”,使第一学段词语教学的任务无痕渗透。

逐段讲故事,减少讲述长度,有利于带动语言发展比较迟缓、性格比较内向的一小部分学生，也能够勇敢地试一试，讲一讲，扩大课堂的参与面。另外在近似复沓的内容讲述中，学生直觉地感受到了语段结构上的特点，获得了相对稳固的语言范式。

师：田野很大很大，有不少小壁虎的好朋友呢。你想想，小壁虎还会向谁去借尾巴呢？

生：向树上的小松鼠借。

师：怎么借呢？你能说说吗？

生：小壁虎爬呀爬，来到大树旁。抬头看见小松鼠在树枝上跳来跳去。小壁虎说："松鼠弟弟，把你的尾巴借给我行吗？"小松鼠说："不行啊，我要用尾巴当被子取暖呢。"

生：小壁虎爬呀爬，来到小河里。他看见小鸭子在水里游过来游过去。小壁虎说："鸭子哥哥，您把尾巴借给我行吗？"小鸭子说："不行啊，我要用尾巴掌握方向呢。"

……

师：这些借尾巴的过程，也可以放进我们的故事当中去呢。现在我们来讲讲整个小壁虎借尾巴的过程，行吗？

生很踊跃，找同伴自由练讲。

三、课例评析

《义务教育语文课程标准》(2011年版)指出：语文课程是一门学习语言文字运用的综合性、实践性课程。而第一学段学生的口头语言，多以成分缺失或结构颠倒的句子形式出现。因此，对于第一学段学生而言，在课堂上规范学生的语言，指导他们学说正确、完整的一句或几句话，不仅训练了他们的口头语言，而且对今后学习写作也非常重要！本课例中的"小故事"，因为其结构、表达上的简单易学的特点，非常适合第一学段学生掌握、运用，是进行言语实践、学习语言的好材料。所以，学讲"小故事"对第一学段的阅读教学来说，是非常重要的一个教学任务，在学讲"小故事"中学习语言，或者说，给语言能力的习得创设一个运用和展示的平台、空间。

当然，第一学段的讲"小故事"和第三学段的"复述"还是有很大区别的：从内容来看，第一学段儿童学讲的故事是"小故事"，小到只有一个自然段，也就是整个故事的其中一个相对独立、完整的片段而已；从要求来看，第一学段的讲"小故事"只需说清基本的情节，进行"较完整"地讲述(保证重点词语的完整出现)，不做"具体"、"生动"或者"个性化"的要求。

在《小壁虎借尾巴》一课的教学中，为了更有梯度、更有效地落实讲"小故事"练习，教师主要采用了三个层面的操作结构：

(一) 一句话"故事"，创设练习氛围

图文并茂是小学语文教材的一个显著特点，几乎每篇课文都配有一幅或多幅图画，以适合小学生"形象思维"的需要，这有利于提高小学生学习语文的兴趣，更好地理解课文内容，培养观察、想象等能力。同时，作为训练学生语言表达的一种方式，"看图说话"一直是一线教师常用的传统教学手段。当然，因为有课文丰富的语言材料可供学习，所以作为讲"小故事"的"前奏"，学生只需要借助插图说一句完整的话即可，过多个性化的发挥，反而会影响学生对课文中语言材料的正常输入。为了能让学生的一句话表述更有针对性，内容更聚焦，教师还需要做一定的

引导和帮扶。这里的引导包括“瞧,小壁虎来到了……找……”和“小河边”“小鱼姐姐”等故事主体的呈现。有了这些句式和词汇材料的支撑,学生的“一句话”故事水到渠成,从“一句话”到“三句话”都不成问题。

(二)抓重点讲“故事”,渗透练习方法

从简单地说一句话,到说几句意思连贯的话,从几个语言元素的简单组合到语意丰满的个性表达,这中间的过渡,离不开关键词和关键句式这两个抓手,这是课堂上需要帮助学生发现的练习重点。

1.抓“牵一发而动全身”的关键词

要把一句话说好,很多时候,往往取决于几个关键词。一旦这些关键词语出现,那么学生就会由词扩展成短语、句子,甚至几个简单的短句,一个复杂的长句子会如“拉面条”一样迅速伸展出来。如课例中,当学生看着板书“小河边、鲤鱼”,他就会想到“小壁虎爬到小河边,向鲤鱼姐姐借尾巴”。而当“摇着尾巴、拨水”这几个关键词进一步出现之后,他的脑海中自然就产生了更具体一些的画面,以及由几句语意相关的话组成的一个小片段。所以,这些关键词能够“牵一发而动全身”,它们让“小故事”枝叶更加丰满,更有“故事感”。

2.抓结构固定的关键句式

结构固定的句式大声读上几遍,学生往往就凭直觉感知了句子的节奏或形态。这当然也和那些关键词一样,是充实“小故事”重要的语言“材料”。在课例中,小壁虎去借尾巴时,出现了同样结构的对话:“……您把尾巴借给我行吗?”“不行啊,我要用尾巴……呢!”这样的句式,因为有了分角色的充分朗读,有了板书中关键词的提示,有了同学的现场演练,所以学生在充分感悟例句的基础上,自然获得了句子的构建方式,从而自主、熟练地应用到讲“小故事”中去。

(三)创编、续讲“故事”,丰富练习层次

从“讲完整的一句话”到“讲相关联的几句话”,从讲“一句话”故事到讲“小故事”、延伸故事,到最后讲述完整的故事,这最后的呈现并不单纯是在追求形式上的完整,也是练习遵循学生认知发展规律的体现,更是对课文中原有语言材料的尊重,是对学生“完整阅读”、“完整讲述”的熏陶,是有层次、有梯度地训练学生巩固语言范式进行“完整表达”,从而提升学生语言质量的追求。

综观上述课例,我们认为,第一学段童话题材的故事学习中让学生“讲故事”,并不是为了“讲故事”而“讲故事”,“讲故事”的本质是参与言语实践,是贯彻、落实新课标培养学生语用能力的需要。第一学段“字词学习”、“认识生活”等练习,都是为了促进学生语言能力的发展。以“讲故事”为课堂发展主线,融“字词学习”与“内容理解”于一体,理顺第一学段阅读教学目标体系,有利于课堂立足本体、提高效益。上述课例可以说明:

1.“讲故事”这个言语实践形式对第一学段的学生来说,不是一件容易的事情,课堂上要有训练,要有方法上的指导。说得再明确一点,第一学段学习童话故事,“讲故事”是手段,也是目的。

2.“讲故事”作为学生的学习方式,要循序渐进,逐步递升,课堂要有分层推进的意识和设计。要紧密结合学情，设定“讲故事”的底线，上不封顶，下要保底。

3.“讲故事”的主体是学生，不是教师；是全体学生，不是一小部分优秀学生。课堂要处理好两头学生的能力差异，有具体的学习抓手，让每一个学生在课堂上都有机会和兴趣参与实践，投身实践。故事讲得好坏不是目的，目的是每一个学生都参与了课堂实践。

（奉化市实验小学　李秀蕾）
（奉化市教师进修学校　卓超波）

【课例 6】

《夸夸我的同学》

——口语交际，如何让学生动起来？

一、问题呈现

在口语交际教学中，很多教师往往把口语交际课上成过去的听话说话课，指导学生先说什么，再说什么，均有大致的次序安排。一定的句式、大致的次序虽然使学生说话时有了可以依靠的拐棍，可同时严重地束缚了学生。学生在说之前，顾虑较多，过分的技巧要求削弱了学生说的兴趣，使得课堂沉闷，动不起来。

同时，指名表达时，被叫学生往往站在自己的座位上进行单向的、静态的、自我式的语言表达。表达者要么背对着倾听者"交际"，要么对着倾听者的背"交际"，即使有学生上台面向大家表达，也仅是"表达"而已，没有倾听者的应答与互动。没有了互动和合作，口语交际就丧失了它的本质属性。

二、课例描述

（一）开放准备

《夸夸我的同学》这个口语交际内容贴近学生的实际生活，学生应该有话可说，但如果学生没有提早准备，对发生在自己身边的事熟视无睹，很熟悉的内容无话可说也是常有的事。教师如何引领学生把这个内容说开、说好，笔者在课前做了以下准备：

1．注意看

课前两周，引导学生关注身边的同学，并发现他们值得学习的"闪光点"。

2．注意听

课前安排学生听教师的赞赏语，如：午间的赏识短课听听教师是怎么夸"阳光少年"的。

3．注意记

在上这课前，我要求学生以表格的形式简单记录自己想夸的同学及他的优点。

语文教材中"口语交际"内容为口语交际教学提供了凭借，但是我们也要清醒地意识到，这些内容所隐含的互动性因素很不一样，有的是显性的，一看便知；有的是隐性的，易被忽略。这就要求教师用足教材，让学生在课上有互动的欲望。这一课的内容，互动因素是显性的，但如果学生没有提早准备，对发生在自己身边的事熟视无睹，很熟悉的内容无话可说也是常有的事。口语交际选择的话题要充分考虑让所有的学生都参与，有兴趣参与。同时，让所有的学生都感兴趣应答。

因此，我引导学生先作课前准备。在以上三项课前准备中，前两项"看"和"听"是学生对外在事物直接而形象的感知，这种感知是凌乱、琐碎、没有条理的，必须经过第三项"记"的整理，才能形成清晰的概念和思维。"记"在准备过程中是非常重要的，因为学生在梳理的过程中，能够逐步整理自己凌乱的思路，使之条理清晰，为口语交际做好充分的准备。经过这样的课前准备，在口语交际时，"前言不搭后语"的情况大大减少了，因为没准备而无话可说或者慌张不知所措的现象也没有了。因为准备充分，学生都有了互动、交际的强烈愿望。

（二）创设情境

1．创设表演情境，使学生不由自主"动起来"

教学片段：表演导入，尝试"夸"

师：星期五中午，当大家都在外面玩的时候，教室里发生了一件好事，我们请做好事的主人公把那天的事演一演。大家仔细看。

学生表演，一生在帮助一位学习困难的同学。

师：当同学在学习中碰到了困难，这位同学没有嘲笑他，而是真心实意地帮助他，真是热心肠的孩子！谁来夸夸这位同学？

生1：你真是一个乐于助人的同学，岑政阳在做数学题时碰到了难题，你自己还有作业没完成，但还是先给他讲解。

师：同学这样夸奖你，你该说什么呢？

生2：（被夸的学生害羞地）谢谢你的夸奖！

……

口语交际本来就源于生活，把真实的生活情境用表演的方式展现在学生眼前，能激发学生交际的欲望，引领学生真实地运用口语进行交际。在表演情境中，学生的互动就成了顺理成章的事，而不必刻意为之，"口语交际课"已经开始了，但学生似乎忘了是在上课，仿佛只是在重温一件事情，发表自己的意见，和同学交流互动。

2．再现生活情境，让学生有"互动"的能力

师：我们把这件事告诉我们的班主任胡老师。她刚才有事没来，我给她打个电话，马上让她过来。

师打电话："胡老师，你能马上到阶梯教室来吗？"……"好的。"

师：胡老师说马上来了，大家先在位子上准备准备，该怎么对胡老师说？

（学生自由准备，胡老师走进教室。）

师：哦，胡老师来了，谁来把这件事告诉胡老师？

生1：胡老师，上次岑政阳数学题目不会做了，王天乐自己还没做完作业却先在教岑政阳。

胡老师：这是什么时候发生的事呀？你能连起来再说得清楚一些吗？

生1：星期五中午，岑政阳在做数学题目时遇到难题了，王天乐自己还没做完作业却先在教岑政阳，大家都看到了。

胡老师：谢谢你告诉了我，我要在明天的晨会课上好好表扬他。

师：你们看，这位同学把这件事告诉老师，说得怎么样呢？

生：王婧妍把这件事说得有礼貌。

师：你们看这位同学不仅把这件事说得很清楚，而且说话的时候大方、有礼貌。

三年级学生对交际情境的渴求，已开始从类真的虚拟情境转向真实的生活情境，偶尔开放地请来班主任老师和同学们一起交流，既现实又有创意，能极大地激发学生的交际需求，让学生完全"动起来"。由于再现了具体的生活情境，使本来不可能出现在现实生活中的交际活动，成为现实生活的需要，具有了"实际意义"，从而有效地激发了学生的交际动机。在这个环节中，我较好地激发了学生运用口语进行表达与交流的欲望，使学生在交际中体验到互动的魅力。

3．创造实践机会，提升学生互动的素养

(1)教师示范

师：我还想夸夸我们班另一位乐于助人的同学，大家猜猜教师夸的这位同学是谁呢？

师：我们班有一个同学不幸骨折了，行动很不方便。一下课，她就帮助她削铅笔；吃饭的时候，帮助她盛饭；放学了，帮她整理书包。有一次，她自己的眼睛过敏了，妈妈要带她去打针，她还是先帮那位同学整好书包，才急匆匆地赶到楼下。

生：我猜是沈柔懿。

师：你是怎么猜出来的呢？

生：我知道沈柔懿做过这样的事。

师：哦，你从教师举的例子中明白了。

师：现在就让这个乐于助人的同学上台，让我们见识一下。你还能发现她身上的其他优点吗？

（指名三个学生上台，来夸夸该同学还有哪些优点。）

……

师：谁对着她来全面地夸夸她？

生：沈柔懿，你是一个乐于助人的同学。我们班的佳倩不幸骨折了，行动很不方便。下课了，你就帮助他削铅笔；吃饭的时候，帮助他盛饭；放学了，帮他整理书包。有一次，你自己的眼睛过敏了，妈妈要带你去打针，你还是先帮那位同学整好书包，才急冲冲地赶到楼下。你还是一个小教师，作为言行文明卡的管理者，同学们做得有不对的地方了，你总是会好意提醒。你的体育特别好，在今年的运动会中获得了跳高冠军！你的学习成绩也不错，经常能得到语文、数学、英语三门课的勤思好学卡。

师：（引导被夸奖的同学）同学这么夸你，你的心里有什么感受？

学生夸奖同学时，最容易出现的问题是夸奖的语言比较概括，缺少具体的有血有肉的例子。在这一点上，教师自然地为学生作了示范，从而提升了学生“互动”的素养。教师示范夸奖，无形中，教师也成为互动的一员，并无痕引导学生运用口语进行互动、交际。因为不管儿童在语言方面具有多么丰富的创造性，归根到底是来源于成人或其他儿童有意或无意地提供的某些范例，然后按自己的格式加以重新组合或变更。

(2)小组合作

师：每个同学都有自己的长处。有的像这位同学一样乐于助人，经常帮助有困难的同学；有的心灵手巧，会做各种手工；有的不怕困难，勇于拼搏；有的能歌善舞、多才多艺；还有的热爱劳动，尊敬长辈、体贴父母……那就请大家在小组内互相说一说，夸一夸组内的同学吧。

出示要求：

①小组内每个同学都要用具体的事例来夸一夸本组一位同学的优点。(你想想哪件事最能体现他的优点)

②一位同学夸奖时，其他同学要参与评点与互动。

③评选出一个夸得最好的同学。

生分小组合作互动，每组评选出夸得好的同学，师巡视指导，点拨。

师：虽然现在是寒冷的冬天，但我听到许多夸奖声，仿佛感受到了春天般的温暖。现在，就请小组代表向全班同学来夸一夸你要夸的同学。

第一组：生动形象地夸

师：请你说说你要夸的人是谁？你夸他什么呢？

生：我要夸我们班的小画家毛誉莹。她画的画总是那么逼真形象，学校的绘画比赛她次次得第一，还在慈溪市艺术节绘画比赛中获奖了。

师：这件事说得真具体，使我们一下子明白了她的特长是画画。

第二组：猜猜他是谁

师：你先不要说出你夸的同学，让我们来猜猜好吗？请听得最好的人猜。

生1：他是我们班的环保小卫士，看到垃圾总弯腰捡起来。正因为这样，还得到过校长的赏识卡呢！

生2：他是陈锦森。

师：听得好，猜得准。为什么大家一下子就猜出来了？

生3：因为他举了一个例子。这个例子大家都知道。

第三组：转述给父母听

师：你想夸谁？现在老师想请你把这个同学的优点告诉你的妈妈，你会怎么说呢？我现在暂时做一下你的妈妈好吗？我在家里打扫卫生，你放学回家了。

师生表演。

师：宝贝，回家了？

生：嗯。妈妈，我想告诉你今天我们班的张键被老师表扬了。

师：哦，他做了什么？

生:他以前作业比较拖拉,现在抓紧时间学习。老师规定的作业完成后,他就提前预习新课,学习成绩进步很大。老师表扬他是和时间赛跑的孩子。

师:真是不错,你也要向他学习。

生:好的,妈妈。

师:我们刚才的表演怎样?提提意见。

生1:你们说话时眼睛看着对方,演得很像。

生2:如果胡梦培声音再响亮点就好了。

第四组:面对面夸夸,生和生交际

生1:你不但是一个称职的值周生,还是大家学习的榜样:总是玩文明游戏,说文明话,还能遵守各项纪律。

生2:谢谢你的夸奖,你也有很多优点。你是我们班的小作家,不但自己的习作写得好,现在还是我们班刊颁奖仪式的小主持人。每次会把班刊分篇请同学校对好,接着在颁奖仪式上主持班级同学开展评选最佳小作家、习作大家评等活动,就是老师不在也会组织得井井有条。

(3)全班活动

师:同学们,在学《矛和盾的集合》一课时,我们知道了谁善于把别人的长处集于一身,谁就是胜利者。你想成为胜利者吗?你最想学哪个同学哪方面的优点?(指名一人交际。)你想要学习他的优点应怎么说,怎么问?

下面的同学,你最想学哪个同学哪方面的优点,快请他帮帮你,告诉你怎样才会具有这些优点。不要忘了请教别人要有礼貌,指导来请教的人要有耐心和诚心!

学生自主寻找对象交流。师巡视,适当参与、指导。

口语交际课就是学生与学生、教师与学生之间在交换思想、看法、意见时进行的心与心的对话。对话过程构成生生互动、师生互动的多向互动交际关系,形成多向互动的交际方式。要提升学生的互动素养,必须创造条件使学生由单向个体互动转向双向互动或多向互动中进行动态的口语交际训练。

在上面的环节中,我先让学生自由夸赞一个同学,然后提出用具体的事例来从不同方面夸奖这个同学。接着小组合作夸奖某个同学。在小组交流的基础上,推举一位最会夸人的代表在班上汇报。指名夸—小组内夸—全班交流夸(猜猜夸奖的同学是谁、转述、面对面夸奖……)一系列的多向互动活动,使学生"跳出"自己所置身的课堂环境,积极主动地参与交际,锻炼了语言表达能力,也学会了交际的基本礼仪,养成了交际的习惯,互动素养在实践中不断提升。

同时,"听"是口语交际的第一步,因此口语交际教学首先要教会学生善做"倾听者",只有听清楚、听明白,才能架起通往"理解"的桥梁,才能提高"说"的质量,互动才会有效。我用评价语"听得好,猜得准"暗示听是基础。

(三)拓展延伸

师:同学们,刚才我们都是在口头夸赞。那么,我们还可以用什么方式夸别人呢?

生1:可以写信。

生2:可以打电话。

……

师总结:夸的方式是多种多样的,要根据不同的人、不同的时间、不同的场合,采取不同夸的方式。

师:这节课就要结束了,但是赞美的话题是永恒的。同学们,希望大家在生活中用明亮的眼睛去发现,用真诚的心去感受,用诚挚的语言去赞美。只要善于发现,你就会发现每个人身上都有优点,都有值得自己学习的地方。下课后,我们去夸夸我们的老师。回家后,夸夸我们的爸爸、妈妈。最后送给大家美国著名作家马克·吐温的一句话:"只是一句赞美的话,我就可以快乐两个月。"

在本次口语交际课的结课时,我针对现在孩子"只看到自己的长处,看不到别人的长处"的这一弱点,号召学生们要在平时的生活中,多多地去发现别人身上的闪光点,让学生感受到发现别人的优点是一种快乐,同时对自身也是一种促进。并且提出要求——夸同学、夸教师、夸爸爸妈妈,充分考虑到所有的学生都能参与,有兴趣参与,有话可说。最后我适时送上美国著名作家马克·吐温的一句话"只是一句赞美的话,我就可以快乐两个月",更加激励了学生在以后的生活中能多去发现别人的优点,并真诚地去赞美别人。

三、课例评析

双向互动性是口语交际的一个重要特征,但是目前的口语交际教学却缺失互动。在口语交际教学中,很多教师往往把口语交际课上成过去的听话说话课,学生是单向的、静态的、独白式的语言表达,没有交际的意识,没有互动的能力,口语交际素养发展滞后。

我试图通过《夸夸我的同学》一课的教学,探索实践策略,让学生真正"动起来",让互动成为口语交际教学的"亮点"。

(一)用足教材,激发学生互动的欲望

口语交际选择的话题要充分考虑让所有的学生都参与,有兴趣参与,有话可说。同时,让所有的学生都感兴趣应答。

在《夸夸我的同学》教学前,我引导学生开放准备,通过"看"、"听"、"记"有意识地引导学生积累口语交际的素材,做到课伊始,学生就有强烈的互动欲望,想和教师、同学交流积累的材料。

(二)创设情境,使学生有互动的能力

口语交际学习,要利用教材提供的话题创设情境、营造氛围,使学生产生"如入其境"的亲历感、现场感,尽可能地回归常态、还原生活。创设情境可以采用"创设表演情境"、"再现生活情境"等方法。

1. 创设表演情境

我们在进行"口语交际"教学时,精心创设了符合生活实际的表演情境。在表演情境中,学生也会自然产生交际语言,提升互动能力。从某种意义上说,表演情境可以全部或部分多次复

现,有利于指点学生的“语言”,有利于关注学生的倾听状态,有利于复现局部细节而训练学生的应答能力,从而全面提升学生的“互动能力”。

2. 再现生活情境

第二学段的口语交际教学要想方设法让学生直接介入生活，以真人为对象，以真事为内容,在教师的指导下,展开真实的交际活动,以此提升学生的口语交际能力。较之于以往“听”、“说”的静态教学,口语交际教学更偏重于在动态中发展学生即时性和现场性的口语能力。在教学中,笔者设计了把王天乐做的好事告诉班主任胡老师的环节。学生完全进入了熟悉的生活情境,即时性和现场性的口语能力在真实的情境中得到了提升。

(三)创造实践机会,提升学生互动的素养

在《夸夸我的同学》的教学中,针对学生夸同学时语言概括、缺少有血有肉例子的现状,首先,笔者“该出手时就出手”,为学生作示范。这为提升学生的“语言”素养,起了非常好的示范作用。在此期间,我也成了互动的一员,融于学生的互动交流中。

其次,小组合作,提升“夸”。人人都有了面对面互动的机会,而且一生与多生互动,对倾听、应对提出了更高的实践要求。夸得最好的学生又综合大家的意见,调整自己的交际语言,在班上进行交流,也对其他学生起了良好的示范引领作用,而且这引领比教师的更适合学生的“胃口”。

再次,全班互动,运用“夸”。不仅使学生学会赞美同学,而且能吸取同学的优点,为我所用。这样,互动交际就成为学生成长的现实需要。

最后,拓展延伸。我针对现在孩子“只看到自己的长处,看不到别人的长处”这一弱点,号召学生们要在平时的生活中,多多地去发现别人身上的闪光点,让学生感受到发现别人的优点是一种快乐,同时对自身也是一种促进。

(慈溪阳光实验学校　吴华秧)

【课例7】

《我是“小小推销员”》
——小学语文口语交际有效练习的设计

一、问题呈现

口语交际教学在语文课堂上已经实施了很多年,反观我们的课堂教学实效,还是有很多不足。到了第三学段,我们的学生究竟有多强的口语交际能力,这值得我们反思。对于教材中的口语交际这部分内容的教学,很多教师还只站在它的边缘或浅表,未深入其实质,也未进行深入研究,识得其真容。无论是在认识层面还是在操作层面,都存在一些误区:

(一)口语交际教学“生活味”不浓

口语交际教学只注重趣味性,忽视了口语交际的真实性和实用性。无论是口语交际内容的选择,还是交际情境的创设,都偏离了学生生活实际。学生对交际内容不熟悉,没有真实的生活体验,交际语言显得空洞、虚假,缺乏真诚,丧失了口语交际实践活动应有的生机和灵气。

(二)口语交际教学“交际性”不足

口语交际教学仅停留在教师说、学生听,学生说、教师评的层面上。整个口语交际教学过程呈现的是听和说的简单相加,多为一人说、众人听。语言信息呈单向传递状态,思想交流、思维碰撞较少。交际技巧、交际方法、交际策略、交际心理等有关口语交际能力的几个维度得不到关注和训练。

(三)口语交际教学言语训练“规范性”不够

口语交际活动呈自由散乱状态。无论是口语交际载体的选择、口语交际情景的创设,还是活动评价的组织,都显得随意、散乱。一些教师还忽视了其在课堂中组织者和引导者的角色,毫无目的地放手让学生自由活动,使课堂出现散而乱的现象,丧失了教师的主导作用,口语交际的实效性无法保障。

二、课例描述

【教学目标】

1. 学会在具体的情境中稍作准备,使用一定的说明方法有条理地介绍一样商品,并能努力用语言打动别人，引发他人购买的欲望。培养认真倾听、抓住要点大胆提问的能力。

2. 在互动的交际过程中，激发学生口语交际的兴趣，做到态度大方，有礼貌，培养健康和谐的人际交往能力。

3. 渗透合作意识和诚信教育，获得商品推销的初步体验，感受成功的快乐。

【教学重点】

1. 指导学生初步学习推销的方法。

2. 在活动中提高口语表达能力和人际交往能力。

【教学过程】

教学环节 1：创设生活场景，引出口语交际话题。

1. 联系生活，引出交际话题

师：生活中，或者在电视中，你有没有看到过推销员？你知道推销员是怎样推销产品的吗？你会推销吗？

（学生联系生活经验谈）

2. 讲述《推销梳子》的故事

从前，有四名推销梳子的推销员，居然到寺庙里去推销梳子，说来还挺有趣的。第一个推销员空手而回。到了庙里，和尚说没头发不需要梳子，所以一把都没有卖掉。

第二个推销员回来了，销了十多把，他介绍经验说："我告诉和尚，头发要经常梳梳，不仅止痒，头不痒也要梳，以活络血脉，有益健康。念经念累了，梳梳头，头脑清醒。这样就销掉了十来把。"

第三个推销员销了一百多把。他说："我到庙里去，跟老和尚说，您看这些香客多虔诚呀，在那里烧香磕头，磕了几个头起来头发就乱了，香灰也落在他们头上。您在每个庙堂的前堂放一些梳子，他们磕完头可以梳梳头，会感到这个庙关心香客，下次还会再来。这一来就销掉一百多把。"

第四个推销员说销掉好几千把，而且还有订货。他说："我到庙里跟老和尚说，庙里经常接受人家的捐赠，得有回报给人家，梳子是最便宜的礼品。您在梳子上写上庙的名字，再写上三个字'积善梳'，说可以保佑对方，这样可以作为礼品储备在那里，谁来了就送，保证庙里香火更旺。这一下就销掉好几千把。"

讨论：第四位推销员为什么能成为出色的推销员呢？

预设：推销商品时要详细介绍商品的特点、性能，应根据需要进行演示、品尝或试用，表述要清楚流畅、形象生动，态度要亲切自然、热情有礼貌。

3. 引入主题，实践口语交际

师：今天同学们都准备向别人推销自己的商品，你想让你手中的物品也得到别人的喜爱，让别人心甘情愿地把它买下来吗？那我们今天就试着做一名"小小推销员"，向别人介绍一种"商品"。

设计意图：本环节教师创设两个具体的交际情境，激发学生的交际欲望。第一个是现实生活情境:“生活中，或者在电视中，你有没有看到过推销员？你知道推销员是怎样推销产品的吗?”这很贴近现实生活,符合学生的年龄特点。这样,才会使学生产生似曾相识的感觉,并让课堂与学生生活对接,学习的动力也会增强和持续。第二个情境是虚拟的情境:推销梳子的故事。这个情境与本节课的交际情境互相适应,也富有情趣,学生乐于接受,并能从中初步感知当好推销员所必备的基本条件,也为后面口语交际活动的展开奠定基础。

教学环节 2:设置情境,明确交际要求。

1. 创设语言交际情境——推销电动玩具

师:现在你们不再是小学生了,而是一家玩具公司的小小推销员。你们猜猜,我是谁?(学生猜)没错,我就是公司经理,大家可以叫我——叶经理。

今天,我给大家带来一个艰巨的任务,把咱们公司生产的新型电动玩具泰迪熊成功地推销出去,有信心完成吗?

设计意图:角色转换的意义在于,虽然是身边司空见惯的生活,但学生却是从来没有体验过的,今天教师给了这样的一个机会,又有谁不跃跃欲试呢？这样的设计足以调动起学生的好奇心和积极性,而这正是口语交际无可替代的效果所在,正是主动学习、高效学习的必备前提。课堂活动是一种真实的情境,通过开展学生感兴趣的活动,使学生置身于活动中,获得真实的情感体验,学生之间的对话就有了富有生命力的内容。

2. 指导口语交际——了解推销对象

师:请看,这是咱们公司的主打产品,它已经投放到市场,反响非常好,有许多人正通过拨打热线电话积极订购呢!我觉得咱们要想成功地把这个商品推销出去,必须得对它有个清楚的了解才行。

大家看,它的外形是什么样子的?(学生观察,说话)

师评价:你观察得真仔细,说出了它的形状和颜色。

A.再来看,它的上面是什么样子的?

师:它的上面扎着紫色的蕾丝布,系着蝴蝶结,像小女孩系着头巾一样,美丽极了!

B.再来看,它的里面有什么?

师总结:我们是按照一定的顺序来观察它的外形的,先说是什么样子什么颜色,再说一说上面、里面有什么,这样别人听起来就会觉得非常清楚、明白。

设计意图:教师指导学生从外形、颜色、上面、里面这几个方面介绍物品外观,学生的表达练习就可以依此来进行。如果以后在生活中遇到这样的情境,需要向别人介绍一件物品,那么学生今天学到的“真知识”就可以派上用场了。

3. 情境模拟——练习介绍产品

师:各位推销员,我刚接到一个热线电话,是身在远方的一位顾客打来的,他想请一位推销员给他介绍一下泰迪熊的外形,谁愿意给他介绍一下呢?

(组内自由练习,注意做到按照一定的顺序来介绍。)

了解“泰迪熊”的外形。

活动一:学生自己练习介绍。

活动二:模拟电话介绍——电话已经拨打进来了,哪位推销员能帮他介绍一下呢?(师生表演)

活动三:角色表演——生生两两合作表演“推销”。

活动四:师生评价——出示做一个小小推销员要具备哪些条件。

评价交流明确要求:

(1)语言富有感染力(音量、语气、表情、动作演示等)

(2)与顾客适当互动(解答提问、提醒注意等)

设计意图:这个环节,教师创设了一个推销情境。它的价值在于,让“小小推销员”有了口语交际的对象,真正进入了交际的情境中,既练习了自己刚刚掌握的口语交际的真知识,又实现了交际的练习。教师适时总结,体现了对知识与能力、过程与方法、情感态度价值观三维目标的全面关注。

了解泰迪熊的功能。

师:如果你是一个消费者,在买东西时除了关心它的外形,还希望了解哪些?(价格、质量、功能)

师:悄悄告诉你们,这个泰迪熊的功能可多了。下面请听设计师的介绍吧!同学们可以对自己需要了解的问题现场提问。

师扮演设计师,结合产品说明书介绍玩具的功能。(补充板书:介绍清楚功能、使用方法等)

师生互动演示。

结合补充口语交际要求:

(1)抓住产品的特点(外观、规格、用途、使用方法、价格等)

(2)与顾客适当互动(解答提问、提醒注意等)

(3)顾客要文明倾听(不随意打断、礼貌质疑等)

教学环节3:拓展口语交际话题,评论生活话题。

1.“明星推销员”评选

(1)现在你们都是合格的推销员了,公司要想发展得更好,就需要更多的优秀推销员,今天咱们在这里进行一次明星推销员选秀大会。

(2)要想成为优秀的推销员,你们觉得应该做到哪几点呢?(复习口语交际的要求)

(3)请大家拿出自己带来的不同产品,给小组里的同学介绍介绍,注意要做到刚才说到的要求。(学生在小组里交流)

(4)小组派代表参加明星推销员评选。

(5)评价并颁奖。

2.欣赏广告,尝试创编广告词

师:其实啊,在实际生活中,为了让更多的人来买我们的产品,我们还可以在电视、报纸、杂志上做广告。今天老师带来了几个精彩的广告片段给大家欣赏。你们看看哪段广告词最能打动人？为什么？

（课件播放广告，学生讨论广告的特点）

师：你们能试着给自己喜爱的食物编写广告词吗？注意要实事求是，不能做虚假广告。

（学生尝试创作并展示作品）

生：（举起薯片）可比克薯片，香脆之王就是它。

师：多么有煽动性的语言！

生：美好时光海苔，美好生活新开始。

师：多么有创意的广告词啊！你的宣传一定会给厂家带来更多商机的。

3．总结口语交际经验

师：今天在推销的过程中，我们懂得了推销的方法，懂得了礼仪和诚信，我们还体会到了学习和推销的快乐，学会了创编广告词。希望大家也能在生活中把自己喜欢的东西介绍给别人，学会与人分享快乐。

设计意图：这两个衍生的环节是对交际内容的延展，由单一商品介绍到对自己带来的商品介绍，体现了让学生学以致用，并在创编广告词的语言实践中对所学知识形成稳固记忆，同时促进能力的形成和意识的提高。

三、课例评析

第三学段口语交际的训练重点是：听人说话能抓住要点；表达能有中心，有条理；讨论中敢于发表自己的意见。所以在教学过程中，要更加明确教学目标，更加注重情境的创设。而且随着学生口语交际能力的提高和思维水平的提升，应当设计综合性的口语交际活动，整合独白、对话、表演等多种口语交际形式，对学生的倾听、表达、应对等多种口语交际能力进行综合训练。第三学段还是儿童口语发展的“最佳年龄阶段”，要特别关注规范学生的口语表达。

《小小推销员》是人教版小学语文实验教材五年级上册安排的一次口语交际教学。本课教学根据2011年版“语文课程课标”的要求，力求做到“三个突出”。

（一）突出生活味，创设交际情境

本节课开始，教师这样创设情境：“生活中，或者在电视中，你有没有看到过推销员？你知道推销员是怎样推销产品的吗？”让学生谈谈自己对生活中的推销行为的初步经验，从实际生活经验入题，学生有话可说。这个话题很贴近现实生活，符合学生的年龄特点，使学生产生身临其境、似曾相识的感觉，很快就激起学生参与话题交流的兴趣。学生通过与生活的对接，生动地再现了生活情境，一个自然、真实、活跃的口语交际环境已经在不知不觉间营造而成。

随后创设的是一个虚拟的生活情境：“推销梳子”的故事，以其妙趣横生的内容形式瞬间吸引了学生的注意力。这个虚拟生活情境本身蕴含的意义又启迪了学生的思考，学生能从中初步感知当好推销员所必备的基本条件，也为后面口语交际活动的展开奠定基础。在实际的教学过程中，我们看到了学生发表见解、参与交流的强烈欲望。大家都争先恐后地想“说”（对感兴趣的话题发表意见），又如数家珍地能“说”（简要讲述自己感兴趣的见闻），交际氛围浓厚、自然。

(二)突出互动性,培养交际能力

本课教学围绕"做好推销员"这一话题,教者紧扣口语交际的互动特点,从以下两个方面引导学生展开互动。一是从形式上,通过师生互动,带动生生互动,让学生在互动中学会文明和谐地交际,提高学生交际的文明素养。如,交谈时双方都要有礼貌,要认真倾听对方的谈话,要把话说清楚、说完整,对感兴趣的话题可以发问也可以发表自己的意见等。师生之间的互动决不是教师问、学生答的问答式互动,也没有停留在教师为主导、学生为主体的范围内,而是转换角色成为公司的叶经理,与学生之间开展平等交流。在这样的情境中,教师与学生融为一体,做交际活动的组织者,让学生成为活动的真正主人。二是从内容上,通过"介绍外形"促进"介绍功能",进而创编广告词,环环相扣,多回合交际,让学生有了充足的语言实践时间和空间,不仅学会了倾听和交流,学会了介绍一样商品的方法,也有效地促进了学生个性化语言的发展,提高了学生倾听、表达和应对的能力。在整个交际过程中,学生与教师、学生与学生、学生与事件之间形成了一张"互动网",学生的参与面更广,接触的人更多,探究问题更深入,效果也很明显。

(三)突出规范性,实施有效评价

本节课在介绍泰迪熊外形、泰迪熊功能和创编创意广告语这三个交际过程中,通过有效的评价,关注并规范了学生的以下几个口语现象:首先是表达的准确性,在介绍泰迪熊外形和功能的时候,能否抓住事物的特点进行准确的描述。其次是与人沟通的得体性,在向客户介绍泰迪熊的时候,能否通过得体的沟通语言顺利地推销产品,包括交际的礼仪、倾听的耐心程度、推销的时机是否准确等。再次是语言的艺术性,这在最后的创编创意广告语环节得以淋漓尽致的体现。如何用简短的语言生动形象、让人过耳不忘地记住一种事物,这对语言的组织提出了很高的要求。考虑到难度的问题,教师在课堂中引进了很多学生耳熟能详的广告语,这为学生的自主创编提供了参考和启迪。从课堂效果看,学生的创编无不闪烁着智慧和灵感的火花。在实际教学过程中,教师根据教学内容的递进紧紧围绕"表达的准确性、沟通的得体性、语言的艺术性"这几个方面进行有效评价。教师能够对口语交际过程中发现的问题及时进行矫正,做好学生的语言医生。做到从"语音"、"语义"、"语法"、"语言逻辑"等方面对学生的口语交际作出评价,促进学生在交际语言的准确性、规范性、得体性、艺术性等方面不断获得新的发展。

本节课,除了以"规范"为主要评价目标以外,教师还注重运用多样激励评价法。激励的方法有很多,比如言语激励、肢体激励(夸奖的手势、鼓励的眼神、亲切的握手等)、象征性激励、竞赛评比等。正是课堂中教师对学生的表达交流不失时机地鼓励、赞同、夸奖,才使得学生始终保持着积极、热忱的参与交际的状态。"多么有煽动性的语言啊!""听了你的介绍,连我都有了购买的欲望!"诸多这类激励性的评价语言,让课堂始终保持着良好的口语交际氛围,实现着多向互动的教学预期。

(宁波国家高新区万里国际学校 叶立华 邱翠丽)

【课例8】

《我喜欢的水果》

——第二学段习作教学怎样增强学生的自信心?

一、问题呈现

众所周知,第二学段习作教学的首要目标是增强学生习作的自信心。审视当下的习作教学,很多语文教师在教学实践中仍把“思想先行”、“技巧先行”凌驾于增强学生习作自信心之上。

首先,教师喜欢框定思想方面的要求,引导学生把习作写得“有意义”。这样,就把学生生活中大量的“有点趣味”、“有点意思”、“有些感受”、“有些想法”的事拒之门外了,习作教学有禁忌,学生视习作为畏途,哪能建构起习作的自信?

其次,教师的教学是基于“技巧先行”的教学。同样,一些习作方法技巧的指导是必要的,但是过分看重文体、章法、技巧的训练,每次习作“技巧先行”,技巧的训练凌驾于真情表达之上,会导致学生丧失兴趣,误导学生以旁观者的姿态,理性地表达本该充满情趣的见闻、体验和想法。

二、课例描述

带着上述困惑,我们在宏观把握第二学段习作教学目标的基础上,以课例研究为载体,展开了教学实践。我们尝试着“由思想先行转向信心为先”,“由技巧先行转向表达为先”,努力提振学生的习作自信心。现以三年级下册教材八次习作训练之后的一次开放练习——《我喜欢的水果》一课为例作具体描述。

(一)由“思想先行”转向“信心为先”

片段1:逛水果超市,聊喜欢的水果

师:上课前一星期,引导学生和父母一起逛水果超市,尝自己喜欢的水果,并在网上查喜欢的水果的相关资料。

师:(上习作课)南大路上有一家水果超市刚刚开张,前些天,老师去逛了逛,买了些水果回来,还录像了呢!我们一起去瞧一瞧,怎么样?

学生随教师逛录像中的水果超市。

师:这么多水果,你最喜欢什么,为什么呀?

生 1:我喜欢苹果,因为它很甜,吃起来很爽口。还有,妈妈说,吃了苹果,美容养颜,还能增强记忆力呢。

师:是的,苹果好吃,对身体也有好处。你特别能干的是把网上查找的资料变成自己的语言用上了呢!

生 2:我喜欢菠萝,因为它酸中带甜,含有丰富的维生素 C,香香的气味很好闻。

师:"酸中带甜"这个词语用得很恰当,菠萝,教师吃过,就是你说的这个味道。

生 3:我喜欢火龙果,因为它的外形像一朵含苞待放的花朵,特别好看!

师:想象真丰富,你说火龙果的外形像一朵含苞待放的花朵,特别好看!这句话用打比方的方法说,说得真美!

……

"巧妇乐做有米之炊",学生喜欢表达熟悉的事物。因为面对熟悉的事物,学生的话语就像聊天那样,不用费心思索,就能"潺潺流出"。随着人们生活水平的提高,各种各样拥有美丽色泽,诱人香味,丰富营养的水果进入千家万户,已成为孩子们喜欢的食品。各家水果超市琳琅满目,也成为孩子和父母经常光顾的场所。所以,本次习作就选取了与学生生活紧密相关的内容——我喜欢的水果,把习作一定要写得有意义的传统思想抛开了。

课前一星期,教师就要求学生有意识地和父母一起,逛水果超市,品尝自己最喜欢的水果。这样做,就开放练习,突破了传统作文指导的周期。传统作文指导的周期往往只有两课时,教师走进教室宣布"今天,我们要写……"是家常便饭。于是,学生开始咬笔头、皱眉头,痛苦万分。在他们看来,作文是一项令人厌恶的任务。第二学段的习作指导周期要突破"两课时"的樊笼,根据具体的要求,可以是一周、两周,也可以是一个月、两个月,甚至是一学期、一年,体现渐进的生态化过程。指导周期完全开放,学生在细水长流中轻松提取、积累素材,在不知不觉中提升习作能力,能增强习作的自信心。久而久之,学生会乐于书面表达。

片段 2:角色体验,推销水果

师:大家都说自己的水果好。这家水果超市正需要一名水果推销员,你想不想学做推销员把手中的水果推销给大家呢?

师(扮演顾客,在水果摊前自言自语):这么多水果,买什么好呢?

生 1(扮演推销员,赶紧上前介绍自己喜欢的水果):这个台湾芭乐挺好的,瞧,绿绿的衣裳里有着白白的果肉,尝一口,脆脆的,比苹果还脆呢!不信,你咬一口试试。忘了告诉你,它还是优质的减肥水果呢!

师:这么好吃啊,不知道价钱怎么样?

生 1:还好,你一定能接受的。

生 2:真不错,我也想买呢!

生 1:(继续)我觉得这草莓也不错,因为它的外观像一颗沾满芝麻的红宝石。咬一口,酸酸甜甜,味道好。它含有丰富的维生素,吃了还有助于消化呢!虽然价钱有点贵,但花这笔钱值得!

师(面对全班学生):听了推销员的介绍,我两样都想买。把掌声送给这位出色的推销员!

课中，教师创设了一个类真的练习情境——逛熟悉的水果超市，做水果推销员推销自己最喜欢的水果。教师引领学生进入类真的场景，使外部的环境与学生的情感建立起密切的联系，从而激活他们生活的原生态，唤起他们生活的真实体验。实践证明，学生对临近或现实的经历是最感兴趣的，思维也是最兴奋的，欲望也是最强烈的。学生在运用语言进行人际交流的过程中，体验到表达带来的无限乐趣，从而产生积极而持久的表达信心。

片段3：分享和水果相关的有趣故事

师：说起水果，我想起一件可笑的事情。好几年前，亲戚送来一箱样子和红薯很像的东西。我把外面的泥土洗净，放在锅里煮。可是煮了好长时间都不见它熟，我想：这新品种的红薯怎么这么难煮啊！正巧这时邻居来我家串门，我就对她说："这新品种红薯怎么煮不熟啊？"邻居仔细看了看，哈哈大笑："这不是红薯，是雪莲果。生吃的，不用煮！"你们说可笑不可笑？

师：这样可笑的、有趣的、记忆深刻的水果故事，你们愿意和大家分享吗？

生1：第一次听到"雪莲果"的名字时，我想它应该是白白胖胖的一种水果吧。可见到它后，我惊奇地发现：原来它的皮不是雪白的，而是黑黑的。既然雪莲果的皮是黑的，肉也应该是黑的吧。可是等我把皮削去后，发现我又错了，它的果肉居然是黄的。你说有趣不有趣？

生2：有时水果的名字和它的特点是不太一样啊！

生3：有一次，妈妈买了一些草莓。我偷吃了一个，后来觉得味道不错，就躲进房间大口大口地吃起来，吃得满嘴都是草莓汁。当我满足地走出房间的时候，妈妈见了我就说："宝贝，你有没有把口红涂在脸上？"我照了照镜子，大叫一声："啊，好可怕啊！"

……

在这一环节中，教师精心设计一个富有张力、直抵孩子心灵的话题——"这样可笑的、有趣的、记忆深刻的水果故事，你们愿意和大家分享吗？"启情激趣，唤醒生活积累，激活已有经验，展开真情对话，让学生产生"如鲠在喉，不吐不快"的表达冲动，进而达到"易于动笔，乐于表达"的目的。学生畅所欲言，彼此之间互相启发，取长补短，学生的思维开放、灵动，语言表达流畅、生动，为下一步动笔习作做好了铺垫。

（二）由"技巧先行"转向"表达为先"

片段4：水到渠成，乘兴而作

师：同学们，我知道你们还有很多话想说，老师听不过来了。这样吧！让我们拿起笔，把想说的话记录下来吧！大屏幕出示温馨提示三条：

1. 我们可以一边观察带来的水果，一边描写。

2. 想怎么写就怎么写。可以写水果的颜色、形状、味道等；可以写自己做小小推销员推销自己喜欢的水果；可以写自己和喜欢的水果之间发生的趣事；还可以写其他。

3. 注意正确使用标点符号。

生拿起笔安安静静开始习作。

师巡视指导。

虽然习作技巧的指导是必要的，但习作学习不是一种简单的知识接受，也不是靠知识的传授与识记所能奏效的，由习作知识转化为习作能力，需要在“写”的实践中领悟。那就放开来先让学生先写——让学生因需要而写，有表达的冲动而写。然后再讨论根据表达的需要选用一些适当的表达技巧。

片段5：评改习作，分享成功快乐

师：有句话说得好：“有果子大家吃才香甜。”谁愿意与大家分享你的“劳动成果”？奖赏第一位上台展示自己习作的同学一颗五角星。

师：为什么老师要赏他一颗五角星？

生1：因为勇敢。

生2：因为他自信。

生3：即使让大家看到自己作文中的错字，他也不害怕。

……

芒果

“全身圆圆黄又黄，又酸又甜又很忙，果子只在树上长，榨成果汁人人尝。”请你猜猜它是谁？对了，它就是热带水果之王——芒果。

芒果是一种色、香、味俱全的水果。它们大小不一，大的像手掌，小的像鸡蛋。它的颜色很多，有黄的，有青的，还有深红色的。如果把它放在鼻子底下，你还能闻到淡淡的香味。剥开它的皮，你就可以看见金黄色的果肉。没有熟透的芒果酸中带甜，熟透的芒果甜滋滋的，让人越吃越爱吃！

芒果不仅好吃，还有很高的营养价值。小孩子吃了芒果，对眼睛有好处，可以提高视力，如果你生病了，只要吃上一口，病就会立刻离开你的身体。妈妈说，芒果含有丰富的维身素，经常吃可以美容，但一次不能吃太多，否则皮肤会过敏。

芒果呀芒果，真是让我又爱又恨啊。

师：小作者最喜欢的水果是什么？主要介绍了这种水果的哪些方面？通过他的介绍，你了解了芒果的什么？

（学生讨论）

师：他把自己觉得新奇有趣或印象最深的内容写清楚了，再送给她一颗星。

师：你特别欣赏他哪些词句？

生1：我喜欢第二自然段的第一句：“芒果是一种色、香、味俱全的水果。”

生2：最后一句：“芒果呀芒果，真是让我又爱又恨啊。”读起来很新鲜。这种感觉很真实。

师：习作就是要表达最真实的感觉。

师：小作者把课外书中看到的词句，恰当地用到自己的文章里，很能干！我用波浪线把这些句子画出来。我们再奖给他一颗五角星吧！

师：为了改得更好，我们给他提提意见。

生1：“维身素”的“身”错了，应该是生活的“生”。

生2:教师,我发现有句话不太对呀。"如果你生病了,只要吃上一口,病就会立刻离开你的身体。"太夸张了,芒果不是药呀。我觉得可以改成这样:"如果你生病了,只要吃上一口,身体就会觉得特别舒服。"

师:改得很好。

生1:我觉得应该把第三自然段中"可以提高视力"后面的逗号改成句号。

师:有道理。

生2:文章最后的句号,我想改成感叹号会更加合适。

师:这样内心的感情会更强烈。

师:我们就这样评评你同桌的习作。同桌愿意把习作读给你听的得一颗星。他把印象最深的或最有趣的内容写清楚了,再得一颗星。如果没有写清楚,请你给他提提意见,修改清楚了,再把这颗星加上。你欣赏他习作中的哪些词语和句子,用好词佳句符号画出来,并打上一颗星。

(生练习点评)

学生在自我展示、互相欣赏、自主修改中感受到了习作的快乐,获得了成就感,同时也提高了评价能力。

三、课例评析

传统第二学段作文教学虽有诸多精华可以传承,但主要弊端有二:一是教师的教学是基于"思想先行"的教学;二是教师的教学是基于"技巧先行"的教学,这样的教学理念使学生视习作为畏途。怎样增强学生习作的自信心?

(一)由"思想先行"转向"信心为先"

第二学段习作教材在编写上凸现了"话题宽泛"的特点:不规定习作的题目,只是提出内容和范围,引导学生写自己熟悉的生活,写自己印象深、感兴趣的事情。什么"写的内容必须思想健康"、"有意义"这些要求淡出了教师的视野。学生的习作从"有意义"向"有意思"、"有感受"、"有想法"、"有体验"转变。

开放的编排特点,为教师开放地引导学生习作提供了开放的平台。教师可选择学生喜闻乐见的话题,引导学生习作。《我喜欢的水果》就是一例。《我喜欢的水果》一课,有"三趣":

1. 话题趣。水果美丽的色泽、诱人的香味、可口的味道、丰富的营养,本身就是孩子的最爱。习作选择贴近生活,孩子乐于表达。

2. 情境趣。整堂习作课,创设一系列情境,如逛水果超市,当水果推销员,说水果故事,引导学生"说真话,吐真情",让学生在运用习作进行人际交流的过程中体验到习作带来的无限乐趣。

3. 活动趣。这堂习作课,教师把猜水果谜语、看水果、闻水果、尝水果、说水果等丰富多彩的语文活动贯穿于教学的全过程。学生全身心投入活动,从说到写,增强了习作的自信心。

(二)由"技巧先行"转向"表达为先"

1. 在淡化技巧中先练后觉

周老师执教三年级下册《我最喜欢的水果》,在第一次试教时她设计了这样的流程:说说自己最喜欢的水果(用"我最喜欢的水果是……因为……"的句式来说)—从名字、颜色、味道、营养价值几方面介绍自己喜欢的水果—看一看,介绍"形"和"色";摸一摸,介绍"质感"等—当堂练写。学生说自己喜爱的水果时是"冷静"地述说,没有表现一丝喜爱之情。学生介绍水果的几个方面,也是"理性"地介绍,机械乏味,就为"学技巧"而表达,写下来的内容千篇一律,结构、语言惊人类似。

2. 在无痕指导中走向具体

第二学段的习作,学生感觉最困难的事是把习作写具体。教师们非常强势地把"写具体"的技巧讲给学生听,或通过范文演绎给学生看,结果都不尽如人意。教师从容转身,创设类真的教学情境——引导学生逛超市,请学生做小小推销员,和学生一起聊和水果相关的故事,引导学生无负担表达,效果大相径庭。

教师、学生充分互动,好像聊天。教师把自己当成其中的一员,使学生有一种表达的冲动。不知不觉地,就说具体了。

(慈溪市贤江小学　周乃村)
(慈溪市教研室　方蓉飞)

【课例 9】

《观豆芽》

——培养学生的观察表达能力

一、问题呈现

人教版小学语文四年级上册第二单元的习作是一次非常典型的观察作文训练，要求中包含着观察与作文两个方面的因素，观察方面关注了观察方法、方式，作文方面沿袭了学段特点，尊重学生自我表达，强调把观察中“新的发现”或者“有趣的、最想告诉别人的事情”写下来。

根据我们对相关课堂的观察来看，本次习作教学的课堂实际效果大多不佳。问题主要表现在：习作指导方向不清，观察作文与一般文体的作文教学指导没有本质区别；习作训练缺乏过程，不管是观察还是写作，大多放弃指导或课堂练习，采用放羊式，任由学生自己处理；习作评价缺乏针对性，用“生动”“具体”“真情实感”等空泛的评语来应对或肯定学生的观察作文。整个观察作文的过程，不管是在“观察”上，还是在“作文”上，学生都鲜有实质性的发展或提升。

下文试以本次训练为例，通过具体的课例展示和环节分析、综合评析，试图突破上述问题的困扰，开展专题性观察作文训练，探究扎实、高效的观察作文实施策略。

二、课例描述

在本次观察作文教学内容解读阶段，为方便课堂指导、呈现练习过程，我们在本课例的前期处理上，主要思考、解决了这样三个点：

（一）统一观察内容

结合本单元的精读课文《爬山虎的脚》的课外实践活动：“我想泡豆子，观察它有什么变化？”以“豆芽生长”为观察对象，创造性地开发《观豆芽》观察作文内容，沟通课堂内外，整合实践与表达，提高活动的整体效益。

（二）确定习作文体

本单元的几篇课文讲的都是“观察和发现方面的趣事”，精读课文《爬山虎的脚》、《蟋蟀的住宅》等都属状物类文体，以介绍观察到的现象为主，淡化观察过程。由此得到启发，确定《观豆芽》的文体亦为状物，一方面有利于削枝强干，集中注意，排除过程性、情节性、细节性干扰，另一方面也突出重点，落实观察作文基本的，特有的，客观、清晰、有序的表达要求，开展状物性观察作文的专题训练，与第二学段侧重段的训练目标相统一。

(3)明确训练落点

从最终的训练结果逆向推理，提出本次观察作文训练的具体落点：观察上，能够调动多种感官、多角度细致观察豆芽，并尝试连续性观察；在表达上，能够有序、清楚地介绍观察所得，记录连续性观察结果。两个视角，紧密关联，又互为补充。观察的质量，决定了表达的质量，表达的需要，又促进了观察活动的深化。

在此基础上展开本次习作教学的过程如下：

1．读悟语段，明确方法

从本单元精读课文《爬山虎的脚》出发，通过重点语段回读，总结、交流观察方法，比如：用眼看、用鼻闻、用耳听、用手摸、用嘴尝等，了解可以调动多种感官观察豆芽，从“数量、大小、颜色、形态”等方面多角度地展开观察活动，有条理地表达观察结果。

师：(先板书：观察)通过这个单元课文的学习和平时的积累，你了解到或者已经掌握的观察方法具体有哪一些？

生：我可以用眼睛看。

师：对啊！用眼睛看是最常用的观察方法。(板书：看)

生：用鼻子闻。用耳朵听。用手摸一摸。

师：(根据学生的交流，依次板书：闻 听 摸)这些都是我们常用的观察方法，看一看，闻一闻，听一听，摸一摸，如果有必要或者允许的话，我们甚至可以用舌头尝一尝。

从学生熟悉的观察方法入手，唤醒学生相关知识经验，做一个简单的梳理和总结。一方面了解学生的认知水平、学习起点，另一方面也为下面观察豆芽做好必要的方法准备。

师：我们来回顾一下叶圣陶爷爷笔下“爬山虎的叶子”这个语段，大家一起读读：“那些叶子绿得那么新鲜，看着非常舒服。叶尖一顺儿朝下，在墙上铺得那么均匀，没有重叠起来的，也不留一点儿空隙。一阵风拂过，一墙的叶子就漾起波纹，好看得很。”这段话从哪几方面来写叶子的？

生：叶子的多和绿。

师：是啊，你们看，第一句话在写叶子的(生：绿)(板书：颜色)；第二句话是在写叶子的(生：多)(板书：数量)，那么最后一句话？

生：叶子在风中的形态。

师：风拂过的动态美(板书：动态)。这段话就是从颜色绿、数量多、动态美三方面来写爬山虎的叶子。

师：我们再看一段话，男、女同学合作来读读。

(女生读：爬山虎刚长出来的叶子是嫩红的；男生读：不几天叶子长大，就变成嫩绿的。)

师：读了这一句话，你们又发现什么？

生：叶圣陶爷爷写了没长大的和长大的叶子颜色的变化。

师：能够关注到叶子颜色的变化，这得归功于叶圣陶爷爷连续几天的观察，在连续几天的观察比较中发现了叶子颜色的变化。

师：今天这节课，我们也要学学叶圣陶爷爷这些方法，仔细观察，把观察到的发现清清楚楚地表达出来。

这里抓住两个语例，分步介绍了观察中发现的两种方式：一种是抓住事物的几个方面来说，进一步感悟语段的结构方式；另一种是写出观察中的变化，按照一定的变化顺序。虽然两个语段都属于观察情况介绍，但是教师非常敏锐地发现了两种表达方式上的差异，分步揭示，前后对比，在学生的认知上形成比较大的冲击，学生也对不同的表述方式形成初步的印象，并且为下面开展观察活动做好了思想上、方法上的准备。

2. 聚焦观察，清楚表达

通过实物投影出示一盆刚发芽的绿豆，引导学生开展多角度观察，从学生的交流中随机点击"数量"、"颜色"、"形态"等观察视角，然后组织学生按照一定的顺序动笔写写自己眼中的绿豆芽。

师：近段时间，同学们都在实践一项活动——泡绿豆。绿豆泡得怎样了，今天老师带来了一盆，供大家观赏。（板书课题：观豆芽）请大家仔细观察，你看到了什么？

生：皮已经脱了，露出了里面的果实、种子。

师：哦，皮已经脱了，露出了里面的种子。这是他第一眼的印象。再看，你还看到了什么？

生：我看到了短短的茎。

师：是"茎"吗？老师提醒大家，这个时候不叫"茎"，叫（生："芽"）。

师：哦，芽短短的。他观察到的是芽的（生：形状）（在板书"形状"上画浪线标志）。

师：再观察，还观察到了什么？

生：绿豆的下半身都好像已经脱壳而出了，像一个伸懒腰的小朋友，我觉得每个绿豆上都好像有一个新的生命在颤动。

师：好厉害，他观察到的也是绿豆的形态，不过他再稍微加上一点自己的感受，听起就更有味儿了。再继续观察，除了形态以外，你们还观察到了什么？

……

师：同学们，大家刚才从这盆绿豆的数量、颜色、形态这三个方面，多角度地进行了细致的观察，收获了很多印象。所以，面对这样一盆简简单单的绿豆，我们也不愁无话可写。现在老师要求你赶紧动笔，把刚才的观察所得写下来。提醒你，写的时候你要思考先写什么，再写什么，然后写什么。表达得清清楚楚，有顺序。

生第一次动笔写片段，用时5分钟。

四年级学生对事物的感知、观察大多出于直觉，观察所得信息非常零碎、杂乱、互不关联，没有形成完整印象。所以当全班学生聚焦一盆绿豆，每个人看到的都是不一样的，而且每个人看到的仅仅是其中的一小部分或者一个方面，比如有的只关注到豆子的颜色，有的只关注到芽的长短，有的只关注到盆子里绿豆的数量，五花八门，杂乱无章。这是课堂的真实学情，教师没有回避，没有掩盖，直面学生观察上的问题，细心引领：看得不够全，就再看；说得不够准确，就重新说；稍微加上一点自己的感受，就说得更有味儿，让学生直接感知观察中提取信息、表达信息的过程。

总体来说，上述聚焦一盆绿豆的过程，既包含着多角度细致观察的方法训练，又为具体表达观察所得做了语言上的储备，更重要的是，通过这样完整、真实的观察交流，学生明白了观察与表达的关系，为下面的有序记录观察所得了充分的认知上的铺垫。

师：我们先来看看李浩升同学写的。大家注意听，他把绿豆的数量、颜色、形态写清楚了没有？

生：看，盆子里的绿豆！绿豆的数量很多，密密麻麻的。绿豆有一些没有脱皮，还是绿色的，有一些脱了皮，已经变白色的，还长出短短的芽。每颗绿豆的颜色半绿半白的，好像每一颗绿豆芽上都有一个新的生命在颤动。

生：写了数量。

生：还写了颜色。

师：他把观察到的情况基本上写清楚了。但是教师要对他提意见，你想对他提意见吗？

生：有点重复。"绿豆的数量很多"跟"密密麻麻"，"密密麻麻"就是数量多的意思。所以"绿豆的数量很多，密密麻麻的"中的"数量很多"可以不要。

生：我觉得还不够生动。

师：看来写文章大家都很关注生动。但是写观察作文，比生动更重要的是清楚。先追求写清楚，再努力写生动。像刚才同学说的，不重复，就是清楚的一个表现。我们再一起看看第三和第四句："还是绿色的"、"每颗绿豆的颜色半绿半白的"，这属于——(生：前后矛盾)，到底怎么回事，应该写明确；另外"半绿半白"就是颜色，所以直接改成"每颗绿豆都是半绿半白的"，语言更简洁。

再请一位学生进行交流，然后师生共同点评。

……

师：按照刚才我们明确的方法，现在请你再动笔修改一下你的语段，看看从几个方面来写，写清楚了没有，还有什么地方感觉不舒服？

教师选择两个学生的作业展示，引导学生一起评价，一起修改。评价的指向很明确，具有可操作性，主要关注两个方面：第一侧重表达的有序，看是否抓住豆芽的数量、颜色、样子等几个方面来写；第二关注表达的语言，看是否简洁明白、有条理。这两层要求，也就是学生参与评价的抓手，使学生参与评价能够有的放矢，有章可循。自主评价，呈现评价过程，不是为了给学生找一个评定，主要是为了以评促练，以评导练，是深化观察作文训练的一种方式。学生参与评价的过程，就是由表及里、由浅入深，不断端正、深化观察与作文的方法与认识的过程。由于评价指向清晰，定位准确，主体发挥充分，所以学生在评价环节上再次获得了十分充分的多角度观察、有序清楚地进行表达的观察作文体验。

3．连续观察，写清变化

教师巧妙地利用现代教育技术，把原本个体的、漫长的豆芽泡发过程通过大屏幕呈现在学生面前，变成可视的、具有一定延续性的公共观察素材。引导学生从数量、颜色、形状等多角度关注豆芽的变化，明确连续观察、关注变化，变化越大、描写越细的观察、表达要领。

师：刚才我们看到的只是绿豆发芽的其中一个阶段，想不想看看它的发芽全过程？老师也亲自养了豆芽，看着它一天一个模样，真的感觉这小小的豆芽身上也能见证一种生命的勃发。为了便于呈现，老师按照一天一张的速度给它拍照，做成了照片集，请你再细细地观察，看它哪些方面有了慢慢的变化。（教师边放幻灯片，边在旁边作一些介绍）

师：连续观察，我们一定要关注物体的变化，把它的变化写出来。没变化的可以不写，有变化的重点写。你看看这盆绿豆的数量有变化吗？

生：没变化。

师：没变化，不要写。颜色有变化吗？

生：有。

师：有，要写。模样有变化吗？

生：有。

师：模样是大变样，要重点写。注意写出豆芽的生长变化。（板书：关注变化）可以四人小组先交流，后动笔。

师：（5分钟后）请一位同学来读读他（她）的作品。大家注意听，看他（她）有没有写出颜色和模样的变化。

生：渐渐地，豆芽变样了，它好像刚刚化过妆，变成了亭亭玉立的穿着淡紫外衣的小姑娘，跟以前的它截然不同，我都认不出它来了呢。不仅颜色变了，连样子都变了。它以前那条短短的天线，跑得无影无踪了，变成了一根细树枝，很狭长，还长出了两片小叶子，绿油油的。

生：过了几天，绿豆芽一下子从小矮人变成了大巨人，茎不仅长高了，也变粗了，豆芽从原本洁白的颜色一下子变得白中带紫，还吐出了小巧玲珑的、绿得冒油的小叶子。又过了几天，原本光滑的茎变得粗糙了，叶子更宽更绿了，仿佛每一片嫩叶上都有一个新的生命。

……

连续观察是课堂上非常难操作的一个环节。教师把豆芽泡发的过程浓缩在几张幻灯片之中，给学生呈现了一个清晰、完整又富有连续性的豆芽生长过程，在视觉上首先引发学生的强烈兴趣。“连续观察”对于四年级学生来说，是一种全新的观察方式，所以教师“授受结合”，既直接明了传授连续观察和记录连续观察的方法，又安排时间进行现场实践。由于内容上有延续，方法上有提升，学生的练习积极性很高。再加上前面学习经验的积累和内化，学生对观察作文的表达方式逐渐熟练，从现场来看，不乏灵动和鲜活的语言表达。

教师最后布置续写观察日记，把本节课的训练主线延续到了课外。课内习得，课外运用，这是把知识变成能力的必然途径。

三、课例评析

小学生观察作文，承载多重训练功能，既是习作训练的一个载体，也是发展学生思维、培养观察能力的重要环节。练习把小学生观察能力培养、观察作文的训练,糅合在一起进行,这是教材编排上的一个特点,开展观察作文训练,必须要对此特点有清醒的认识。

四年级承担了第二学段大部分的观察作文的任务,观察作文的训练次数达六次之多,是学生观察能力训练的重要时期,突出观察方法、观察顺序和观察品质——边观察边想象的能力培养。所以在四年级的观察作文中,观察不仅是手段,也是目的。学生的课堂练习,要同时兼顾观察与作文两个视点,糅合观察与表达的训练目标,丰富两者的关联性体验。上述课例比较成功地展示了观察与作文训练的统一性和同步性,获得了比较高的练习效果。具体总结如下:

(一)开展专题性观察作文训练

专题训练的本质就是一课一得,一节课围绕一个中心或一个目标进行。观察作文的困难就在于既要“观察”又要“作文”,怎么解决好这里“观察”与“作文”两张皮或者两头大的问题,开展主线清晰的专题训练?上述课例告诉我们,四年级观察作文教学,首先要找准观察的训练点。再是抓住习作与观察的结合点。要立足观察、落实表达,确保观察与表达的高度一致性。上述课例,对豆芽多角度的观察,落实了从颜色、形状、数量等不同方面进行表达的结构方式;对豆芽成长过程进行连续性、比较性的观察,凸显了习作中抓变化写变化的表达方法,两者的同步性很强,课堂操作的关联度非常密切,学生几乎感觉不到“观察”与“作文”双线并进的课堂结构,获得的是真正融为一体的课堂体验。

(二)形成评练结合、以评促练的过程意识

实施评练结合、以评促练的过程性教学,必须具备以下两个要求:

一是教师具备将专题目标开发、转化成更精细更清晰的课堂操作要点的能力,如训练主题为“多角度观察事物”,实际操作上则包含“多角度观察”和“在多角度基础上连续性比较观察”两个层面,后者是前者的延续,能力要求比前者更进一层,课堂两个层面的观察练习呈现出非常严谨、科学的逻辑发展轨迹。

二是课堂采用“练—评—练”或者“再评—再练”的循环往复的教学结构。课堂必须基于事实,通过练习学生才能了解自己的真实问题,而评价只有基于真实的学情,基于真实的问题,才具有指导和深化学习行为的意义和价值, 修改才更有针对性和自觉性。上述课例学生经历了“练习—评价—修改—再练习”的过程,学生前后有三次动笔,每次动笔时间为五分钟左右,学生练笔时间约占整个课堂的二分之一。练习的能力要求也是逐步提升,从“尝试多角度观察和表达”,到“多角度观察,简洁明了有序地表达”,再到“多角度连续性比较观察,抓住变化表达”,层层递进,有序推进。

(三)保证学习主体的全程、全方位参与

上述课例,教师尽力开发学生的学习活动,课前组织学生在家里泡绿豆、观豆芽,课中组织学生提炼方法、评价作业、参与修改,课后布置学生延续方法、尝试观察日记,学生在过程中参与、尝试了多种学习方式,获得了丰富的学习体验。

(奉化市居敬小学　周慧娟)
(奉化市教师进修学校　卓超波)

【课例10】

《漫画作文》
——“漫画作文”有效练习的设计

一、问题呈现

漫画是一种雅俗共赏的视觉艺术，它不仅有画面的可视形象，而且有诙谐机警和隽永的语言，妙趣横生，发人深省，在高雅和逸趣盎然的气氛中，使学生在深沉的微笑中得到启迪。同时，又能激发学生想说的冲动，调动学生想写的欲望。漫画也为学生提供了一个活生生的习作体验环境，提供了取之不尽的习作源泉。

图·周月泉

在教学过程中，我发现孩子们描述画面内容并不难，难就难在用从漫画中所提炼出来的寓意来演绎相关联的事理，联系生活实际思考，拓展延伸至广阔的生活空间，弄清楚画面隐含着的意义方面。漫画作文是对小学生写议论文的一种启蒙。如何指导好学生进行漫画习作练习呢？本文试以人教版小学语文实验教材六年级上册第四单元《漫画作文》一课为例，谈谈小学漫画习作练习的指导策略。

二、课例描述

这次习作练习取材于漫画，内容如右上图。作者意在讽刺那些不懂得爱护树木、不懂得环境保护的“脑袋有虫”之人，是一次通过收集、欣赏、观察、想象来写自己的理解和感受的教学活动。旨在指导学生正确理解漫画，帮助学生了解和掌握观察漫画、解读漫画的方法，根据学生自己的感悟进行个性化表达的习作训练。

【教学目标】

1. 仔细观察漫画，用简练的语言叙述漫画的内容。

2. 结合漫画内容，联系生活实际，写出自己的理解和感受。

3. 通过习作，进一步感受人类的生存与周围的环境休戚相关、密不可分，知道应该投身环保，关爱家园。

【教学实践】

(一)营造浓厚气氛,激发审画兴趣

1．看图激趣

教师出示几幅漫画,请学生看后谈自己的发现,激发学生观看漫画的兴趣。

2．明白图意

(1)咱们书上这幅漫画也很有意思,同学们自己看看,仔细观察:图上主要有哪些人和物?他们之间有什么关系?交流所看到的画面。

(2)作者画这幅漫画的意图是什么呢?他要揭露什么?讥讽什么?同桌讨论,全班交流。

(3)关注:"这段木头里一定有虫……"到底"虫"是在木头里还是在这个人的脑子里?这虫到底是什么?

(4)由这幅漫画你联想到了什么?四人小组交流,推荐一名同学全班交流。

从了解漫画入手,从学生最感兴趣的三毛、龙凤双娃、唐老鸭、史努比、狮子王、奥特曼、大头儿子、西瓜太郎、唐老鸭等动漫人物入手,向学生讲述有名的漫画大师张乐平、丰子恺、华君武、乐小英、缪印堂、埃奥·卜劳恩(德国)等人的生平事迹,让学生体会漫画家的敬业精神,激发和培养学生对漫画的兴趣。

有了学习的氛围,原先惧怕作文的学生,对选材自由的漫画作文产生了兴趣,感触到了浓郁的生活气息;学生们就在课堂上跃跃欲试,心里有话可说,自然笔下就有文可写。

(二)指导解读漫画,学会有序表达

首先,要引导学生学会仔细观察,看清图上画了哪些事物。可引导学生从画面的主体——人物入手,根据人物的形体、相貌、服饰等,弄清人物的性别、年龄、身份;可以对画面中的人物起名;还要观察周围环境或依据画面上配的文字介绍,弄清事件发生的时间、地点以及和事件有关的物品。其次,要学会找事物之间的内在联系,分清主次——哪是主体、哪是陪衬。再次,要根据静止的画面内容,进行合理想象,使画面"动"起来,从而形成一个完整的小故事。通过以上三个步骤一步一步指导学生解读漫画,使学生学会欣赏漫画,触发学生的灵感,激发他们的想象力、创造力,那么碰到其他漫画作品就触类旁通、迎刃而解了。其教学步骤如下:

1．出示图片,整体感知

(1)这幅漫画上有哪些人和物?(人、鸟、树)(一个人在砍树。)

(2)请结合生活,谈谈人、鸟、树之间有怎样的关系。(树可以给人类提供氧气,鸟儿会为树捉虫……)

2．再看漫画

(1)请你们用一个词来概括"人、鸟、树"此时此刻的心情。

(2)说说你是怎么想到用这个词来形容的。

(3)此时,啄木鸟心里又是怎么想的呢?

(4)理解"这段木头里一定有虫……"

3．审题，明确写作要求

(1)学生读题，明确题意：本次习作可以根据漫画的内容，写自己的理解和感受，也可以借助漫画写一个故事，还可以写自己搜集到的有关珍惜资源、保护环境的其他漫画。

(2)四人小组交流自己搜集到的漫画，交流图意。

在课堂中，不仅要引导学生学会仔细观察，看清画面上画的事物，更要学会找出事物之间的内在联系，找出画面主角，并进行合理推测和想象，使静止的画面"动"起来，变成一个有血有肉的故事。这就需要教师在课堂上不断地引导，让学生在课堂上交流他们想到的故事。

4．把握画面主旨，表达真情实感

在初步解读画面内容的基础上，要进一步引导学生把握漫画画面的主旨，即反对人们做什么，希望人们做什么，这就是"因画生情"。这个环节关键要引导学生善于悟意、善于选点、善于引发。其教学步骤如下：

(1)教师也给大家带来了几幅关于环境保护方面的漫画。大家看一看。(教师展示几幅有关浪费资源、污染环境的漫画，请同学谈谈粗略的感受。)

(2)看完这几幅漫画，你能找出他们有什么共同点吗?

学生对森林资源的重要性肯定有一定的了解，但是他们的了解是零碎的、不系统的。适当给学生补些系统的相关知识，能为学生作文提供有力保障，学生说有所"据"，言之有"序"。

5．联系生活实际，深化主题

师导语：教师经常教育同学们，写好作文要善于观察周围的事物，练就一双慧眼，现在我想问问大家，生活中有没有类似的事情呢?

(1)出示思考题：由这幅漫画你联想到什么?(联系生活实际)先四人小组交流，再推荐同学全班交流。

(2)大组交流。

正面：

①节约用水(随手关水龙头、二次用水等)

②节约能源(使用太阳能、电动摩托车……)

③植树造林(谷文昌书记带领东山人民植树造林，造福东山的先进事迹)

④清洁家园(东山县开展清洁家园的活动后，东山的环境卫生有了很大的改观)

(3)这么多的事例，是不是要全写?(选取其中的一两个事例来写就行了，要注意事例的典型性、代表性)

反面：

①乱丢垃圾的现象(特别是一次性的垃圾袋、塑料袋、快餐盒、饮料瓶)

②破坏公物的现象(黄道周公园的体育器械缺胳膊少腿的现象)

③践踏草坪的现象("别踩我，我怕疼！"小草痛苦的呻吟声——广告语)

④排放污水、废气的现象(工厂排放的污水，汽车、摩托车排出的尾气)

由直观画面引发学生对这类现象的思考，并能对事情进行评价，是这次习作的目的。学生已经由表述故事内容,迁移到了体会漫画所表达的意义,用自己的话发表评论,已经有议论文的雏形了。

6. 类比学习,引导方法

这次习作是看漫画作文,我们说漫画的特征是引人开怀、发人深省、启人心智的,也就是通过漫画来告诉我们一些道理。那么我们可以用上哪些写作方法呢?回忆课文《只有一个地球》,其中有一段告诉我们:同茫茫宇宙相比,地球是渺小的。它是一个半径只有六千三百多千米的星球。这里用了——(生:作比较、列数字的说明方法)在群星璀璨的宇宙中就像一叶扁舟,又用了——(生:打比方的说明方法)还如,地球所拥有的自然资源是有限的。拿矿物资源来说,用了——(生:举例子的说明方法)我们在写作时也可以借助这些方法。

7. 练笔,试写初稿

(1)在作文时,我们可以根据习作要求,结合自己的喜好。可以直接写你对漫画的理解和感受,可以借助漫画写一个故事……

(2)角度可以有很多:鸟、树、人、旁观者……

三、课例评析

漫画作文是以漫画为基点,以作文为目的的习作活动。在课堂中引入"漫画",无疑是解决"当下"无材料可写的有效途径。这是因为漫画具有很强的现实性、生活性、趣味性和直观性,学生移情其中,必然有所感、有所思、有所乐,进而感到如鲠在喉,不吐不快,尽情表达自己的思想和情感已成为他们的需要了。怎样引导学生去走近漫画,欣赏它独特的幽默,受到智慧的启迪和高尚情感的感染呢?

(一)漫画作文要"趣"字当先

为激发学生的学习兴趣,一上课,教师就从了解漫画入手,从学生最感兴趣的三毛、龙凤双娃、唐老鸭、史努比、狮子王、奥特曼、大头儿子、西瓜太郎、唐老鸭等动漫人物入手,向学生讲述有名的漫画大师张乐平、丰子恺、华君武、乐小英、缪印堂、埃奥·卜劳恩(德国)等人的生平事迹,先给学生以视觉上的享受,调动学生的学习热情,具有强烈讽刺性和幽默性的漫画,对学生的视觉和心灵具有很强的冲击力。打开一幅幅生动有趣的漫画,生活气息就会扑面而来,学生喜闻乐见,趣味盎然。当学生畅所欲言说图意、说联想,还没有意识到是在学习时,教师已经在学生不经意间,引导他们进入了怎样读懂漫画的学习过程,达到"润物细无声"的境界。

(二)漫画作文要"真"字为重

漫画特有的"口吐真言"的表现形式,对于培养学生说真话、写真事的作文风格,培养学生的观察力、想象力和创新能力具有得天独厚的作用。本节课,教师在指导看漫画教学中,根据材料内容,想方设法地把学生带入到漫画中所描绘的情境之中,使学生触景生情,以情激趣,融入用语言文字所描述的情感氛围之中,给漫画配上自己的语言,做到图文并茂。引导学生把漫画看得清楚明了,然后引导学生在看漫画的基础上展开丰富的、合理的想象,让学生先想一想画面所反映的时间、地点,事情的起因、经过、结果,想象人物的外貌、语言、动作、神态以及周围所处环境的特点。另外，想想与图相关的画外音，以此来丰富画面的内容，补充画面的情节，由此及彼，以点带面，既符合画面的主题，又符合现实生活的逻辑，为学生的想象插上飞翔的翅膀。

有了前面的看、想还不够，要让学生用自己的语言把漫画表述出来，既培养学生的口语表达能力，又为写作打下良好的基础，因为说是写的前提，是无声想象的有声再现。当学生经过自己的思维加工，把漫画意思用自己的语言表达出来时，教师适时点拨，在表达形式上不予以限制，让学生畅所欲言，直抒胸臆。说的形式呈“百花齐放、百家争鸣”的态势，小组说、同桌说、个人说、全班说等，通过比较遴选，好中选优。

我们从课后学生交上来的作文看，学生都能从画面上的两个人物（啄木鸟和伐木者）任意选一人出发构思故事情节，充分发挥想象，编出较为合理的起因、经过和结果。故事揭示了环保的主题。评论式的要求概括图意准确、精练，发表感想能围绕中心发散开去，阐明破坏环境必将给人类带来的严重危害，指出保护现有资源是保护人类自身的唯一出路的道理。这次习作学生编写故事人物的语言及心理活动描写比以前更细致，更符合人物身份了。阐明道理的学生能够合理引用所搜集到的资料，说理更有说服力了，这都是孩子们进步的明显表现。

（三）漫画作文要“活”字为法

首先，要仔细观察漫画，弄清画面的含义，抓住画面的主体。“图”是直观形象的，而“文”是对图画内容内涵和外延的文字叙述。我们所看的图画，无论是内容简单的，还是复杂的，大都反映的是事情发展的一个瞬间、一个情节。其实图画中还包含着很多含义，这些含义在静止不动的图画上是不容易反映出来的。漫画作文中，画面的主体往往是人物。要从画面中人物的形体、相貌、服饰等，弄清人物的性别、年龄、身份；从人物的表情、动作，推测人物的思想面貌，以及他在干什么；还要观察周围环境，弄清事件发生的时间、地点以及和事件有关的物品。

其次，要根据画面内容，进行合理想象，使画面“动”起来，从而形成一个完整的小故事。画面上有人物，有景物，有色彩，但没有声音，也不会动。而漫画作文，则要求借助于图画提供的形象，联系自己的生活经验进行合理想象，把图上的人物写活，把事情的来龙去脉交代清楚。写人、记事、写景、状物不仅要有色，而且要有声；不仅要有事物的静态，而且要有事物的动态；不仅要有人物的外貌、神态，而且要有人物的语言行动及人物的思想感情。总之，要把静止的画面“活动化”，要把平面的事物“立体化”。但想象不是盲目的，要有目的，绝不能脱离画面，任意发挥。

最后，要认真安排内容，布局谋篇。因小学生一般词汇都比较贫乏，不会选择材料，难以谋篇。在教学这次漫画习作时，教师让学生从看图入手，带着“作者画这幅漫画的意图是什么呢？他要揭露什么？讥讽什么？”这样的疑问进入图的情境，再引导学生注意观察图画的方法和看图的顺序：可以先整体后局部，先主后次；由远到近或由近到远，从上到下或从下到上；由人到物或由物到人，既要看到图上有的，还要看到图上没有的，然后确定中心，明确写作重点。写作时就能抓住主线，详略得当，布局合理。在写作时，要按照从整体到部分、由远到近等顺序，做到言之有序；要抓住重点，突出中心；在语言表达上，既要有连贯的叙述，又要有形象的描写，达到生动、形象地表达画面的内容。完稿后，再对照漫画反复阅读，认真地加以修改。这样，一篇好的漫画作文就产生了。

通过以上几个步骤一步一步指导学生解读漫画,使学生学会欣赏漫画,以后碰到其他漫画作品就触类旁通,迎刃而解了。但是,如果只是到这一步还不行,还应掌握写作方法。

要善于悟意。怎样"悟意"呢? 一是要理解画面意义,正如阅读文字材料先要读懂文字的表现意义一样,审读漫画同样要摸清画了什么内容。二是联系现实生活思考,看看漫画有哪一方面隐含着的意义。漫画的画面意义与现实生活是直接联系着的。本次作文练习中的这幅漫画显然是抨击滥砍滥伐以及类似的损害资源环境的行为。所以除了具体描绘漫画的内容外,重点要放在保护资源、珍惜资源的重要性上,用学生自己的话说一说类似漫画里这种行为的害处。谈谈自己对保护资源、珍惜资源的理解,并适当提出自己的建议,也可以提出倡议,鼓励人们珍惜资源。更可以就此说开去,谈谈其他破坏资源的现象,说说如何保护这些资源等。

要善于选点。所谓"选点",就是确定写作的立意点,不是泛泛而议,面面俱到,而是抓住一"点",深入钻研。前面说过,一幅漫画的寓意可以多角度理解,在审读的时候理解角度固然越多越好,以便打开思路;但在确定写作内容的时候,就必须选取某一个角度而"不及其余"了。否则,文章内容驳杂,头绪众多,是不利于表达的。

要善于引发。所谓"引发",就是由此及彼地加以联想与引申,在画面意义的基础上联想到另一层新的内容。这节课,教师在课堂上引导学生"想",把他们的思维引到图画上,学生基本能抓住人物的表情和动作细心察看,猜测人物的语言和心理活动,使学生的思维跳出画面,使静止不动的画面变成个个发展变更的、活动着的"镜头"。在此基础上,教师通过让学生联系生活实际,顺理成章地归纳出立意时的注意事项,这样,如何立意,学生就更加清晰了。

(宁波国家高新区实验学校　陆青春　陈佳美)

【课例 11】

《小木偶的故事》
——引导学生讲故事

一、问题呈现

阅读教学应该关注学生阅读能力的培养。而略读课文教学，更是培养学生阅读能力的重要途径。《语文课程标准》指出：①“加强对阅读方法的指导，让学生逐步学会精读、略读和浏览。”②“学习略读，粗知文章大意。”③“学习浏览，扩大知识面，根据需要搜集信息。”这些都明确提出了在略读课文教学中要教给学生各种阅读方法，培养学生各种阅读能力。

在略读课文教学研究和实践中，我们认为：略读课文的教学过程，要从“教课文”到“教阅读”转变，从过度发掘课文的人文内涵转向重视学生的语言习得，把大量时间从用于内容分析转向培养学生的阅读能力。

二、课例描述

《小木偶的故事》是一篇略读课文，故事内容浅显，但对于四年级的学生来说，文本的篇幅有点长。为提高学生的略读能力，提高略读课文的教学效率，教学中，我们创设情境，采用学生喜爱的“讲故事”的教学形式，让学生在讲故事中提高理解、积累、运用语言的能力，实现语文综合能力的有效提升。

（一）一创情境，试讲简洁

课例：

师：同学们，在不同的情况下，我们讲故事有不同要求，有时我们要讲得简洁概括，有时要讲得具体生动（板书：讲简洁 讲生动）。下面，我们来看一段录像，看看这时候该怎么讲故事。（播放录像：姥姥想知道夏雪学的《小木偶的故事》是不是她小时候读过的故事）

生：应该讲得简洁一点、概括一点。

师：好，下面就请同学们快速浏览课文，用简洁的语言来讲讲这个故事的主要内容。

（学生自由练讲。）

师：谁来讲？

生:老木匠做了一个小木偶,并给他添了一个笑嘻嘻的表情。走出家门之后,小木偶碰到了小红狐……(说得不够简练)

师:这个故事里包含了4个小故事,你把它们都讲出来了。特别是第一个小故事用一句话就讲清楚了。请再重复一下。

生:老木匠做了一个小木偶,并给他添了一个笑嘻嘻的表情。

师:可是后面讲得不够简洁,后面几个小故事也能这样用一句话就讲清楚吗?自己再试试。

(学生再次练讲。)

师:谁来讲第二个小故事?

生:小木偶被小红狐抢走了背包,还被熊警察扔出去老远。

师:真聪明,一学就会了。第三个小故事,谁来讲?

生:小木偶觉得脑袋疼,小兔子不相信,老婆婆也不相信。

师:能不能把后面部分用"和"字连起来说?

(学生自由练讲。)

……

生:老木匠做了一个小木偶,并给他添了一个笑嘻嘻的表情……(把4句话逐句连起来讲)

师:她把4句话一句句讲下来,你听了之后,有什么建议吗?

生:可以在句子之间加上一些关联词。

师:你的建议真好!在句子之间加上一些连接语,就能把故事讲得更连贯,大家试试。

(学生在句子间加上了"后来"、"突然"、"最后"等词,让故事更连贯了。)

师:现在我是姥姥,谁把故事讲给我听?请你来——

师(扮演姥姥):今天,你学了什么啊?

生(扮演小雪):我们学了《小木偶的故事》。

师(扮演姥姥):《小木偶的故事》?这个故事我小时候好像听到过,但到底讲了啥,我记不清了,给我讲讲吧。

生(扮演小雪):好啊!老木匠做了一个小木偶,并给他添了一个笑嘻嘻的表情。在大街上,小木偶被小红狐抢走了背包,还被熊警察扔出去老远。后来,小木偶觉得脑袋疼,可是小兔子和老婆婆都不相信。最后,蓝鼻子小女巫把人类所有的表情都送给了小木偶。

师(扮演姥姥):哦,确实是我小时候听过的那个,你真能干,几句话就把这个故事讲清楚了。

在此环节中,教师播放录像片段,创设"将故事讲给姥姥听"的情境,明确方法,引导学生简洁、概括地讲故事。

1. 创设情境,明确要求

讲故事,不仅可以使学生充分体会到童话文学的情节美、表达美,也有助于儿童丰富词汇,锻炼表达能力,发展想象,培养创新思维。在基本扫清阅读障碍的基础上,李老师创设情境,有步骤地引导儿童练习讲童话故事。首先明确本课学习任务是讲故事,然后告诉学生在生活中、在不同环境里,要根据不同的需要讲故事:有时要讲得简洁概括,有时要讲得具体生动。

2. 提示方法,学习概括

在播放录像片段、创设将故事讲给姥姥听的情境、明确需要概括讲故事后,李教师要求学生快速浏览课文,用简洁的语言讲讲这个故事的主要内容。在交流过程中,教师引导学生理清课文脉络,知道故事由4个小故事组成,再指导学生将4个小故事各用一句话概括,然后连起来概括故事的主要内容,并用上合适的连接语。这样一步步指导学生将故事讲得既简洁又连贯,切实提高了学生语言的概括能力。

3. 再现生活,创演故事

在发展儿童的智能方面,"经验和接触是真正的导师"(卢梭),儿童对客体的认识是从实践活动开始的。因此,"演童话"是一种很好的教学方法,它可以为学生提供无限广阔的思维、想象和创造的空间。"演",也能促使儿童更主动地去理解文章,同时又在特有的情境之中进行生动的言语训练。

在学生学会概括故事的主要内容后,李老师创设录像中的情境,进行祖孙(师生)对话表演,使学生在不知不觉中走进了童话世界,融入了童话之中,成了童话中的一员,体验到了童话形象之美,这种体验是一般的阅读学习活动所不能达到的。

(二)二创情境,学讲生动

课例:

师:同学们,这时候夏雨回来了。(播放录像:妈妈让夏雪讲故事给她听)现在,又该怎么讲故事了呢?

生:应该生动地讲。

师:现在我们就以第三个小故事为例,来学习怎样把故事讲生动。要讲好一个故事,首先我们要记住故事的内容,老师给大家3分钟时间,看谁记得快。

(学生练讲)

生:(语气平淡)一只小兔子走过来,温柔地问……

师:谁来评一评?

生:她讲得很完整,不过还可以加上表情和动作。

师:你的建议很好。

生:如果把小木偶、小兔子、老婆婆不同的声音讲出来就更好了。

师:是的,最好不同人物能表现出不同语气。下面,我们先来练练小木偶和小兔子之间的对话,注意配上表情,加上动作。

(生练讲。)

师:同学们,"龇牙咧嘴"什么意思?

生:"龇牙咧嘴"是很痛苦的样子。

生:"龇牙咧嘴"指咧着嘴巴。

师:教师查了词典,词典里这样解释(PPT出示词义),大家一起读。

师：现在，你能把最后一句再来讲讲吗？

生：（作痛苦状）小兔子龇牙咧嘴地做了个痛苦的表情，蹦蹦跳跳地走开了。

师：讲故事就要这么有声有色，用这样的方法，请同桌两位同学合作，来讲一讲小木偶和老婆婆的对话，一人读提示语，一人读对话。

（学生同桌练讲。）

师：哪两位同学愿意上台讲？

（两位学生合作讲，其余学生评价。）

师："嘟嘟囔囔"这个动作演出来了吗？能联系上下文想想这个词的意思吗？

生：轻声地说。

生：在嘴里不停地唠叨。

师：对，"嘟嘟囔囔"就是轻声地连续不断地自言自语。请你再来讲讲最后一句。

生：真不像话，连小木头人都学着撒谎了，真不像话，太不像话了……

师：是啊，这就是"嘟嘟囔囔"。

师：同学们，讲故事的时候，除了可以加上表情和动作，我们还可以展开自己的想象（板书：展开想象）。请同学们展开想象，选择一句自己练习说一说。

（PPT出示第三个小故事，其中"小木偶痛苦极了"、"小木偶更加痛苦了"之后加横线，要求学生想象小木偶的心理活动。）

生：小木偶痛苦极了，心想：要是我还是一段没有脑袋的木头就好了。

生：小木偶痛苦极了，心想：为什么老木匠只给我一种表情呢，只有笑远远不够的。

……

师：同学们，只有笑是远远不够的，这时小木偶真正领悟到了这个道理。现在相信大家都能把这第三个小故事讲得更生动了。

（学生练习讲。）

师：谁愿意展示一下？

（一生绘声绘色地讲述，师生鼓掌。）

本课教学的重点在于指导学生学习生动地讲故事，这就必须取其一点，精教多练。在此教学片段中，教师创设"将故事讲给妈妈听"的情境，选取第三个小故事作为突破，抓住人物所说、所做、所思，引导学生创造性地具体、生动地讲故事，同时相机理解词语在语境中的意思，理解词语背后的意蕴，理解故事的感情色彩，感悟人物的品质，获得相应的言语知识。具体分为以下三个步骤：

1. 记住故事内容，培养记忆能力

教学中，李老师以第三个小故事为例训练学生生动地讲故事：先要求学生快速浏览课文，找出相关段落；然后要求用3分钟时间记住故事。这样，既训练了学生浏览、速记能力，又为下面讲好故事打下基础。

2. 配上表情动作，培养理解能力

在《小木偶的故事》教学研讨活动前，我们进行了阅读前测，发现有60%以上学生不理解“嘟嘟囔囔”、“龇牙咧嘴”的含义，读音上也有一定的困难。针对学情，以学定教。教学中，李老师有意识聚焦这两个词语，先让学生自由尝试讲，再抓住关键词，引导学生联系上下文、借助字典注释准确理解词语含义，指导学生讲好小木偶和小兔子的对话，并通过生动的语言、形象的动作表演出来，进一步加深了理解。在此基础上，教师要求学生同桌练讲小木偶和老婆婆的对话，教学由扶到放，层层推进。

3．补充角色心理，培养想象能力

在学生讲得绘声绘色，能配上表情、加上动作，充分合理地展开故事情节的基础上，李老师进而提高要求，启发并引导学生联系上下文，根据已有的情节展开大胆的想象，合理补充人物的心理活动，这既使故事丰实了，又让学生体悟到文本所包含的道理。学生在把握人物形象的同时揣测、理解人物的心理过程，通过大胆的想象产生丰富的感受、体验，从而把故事讲得更生动。学习过程中，学生语言表达水平有了明显提升。

（三）三创情境，赛讲故事

课例：

师：同学们，这节课我们练习讲了第三个小故事，学会了有声有色地讲故事，能配上表情、加上动作，并展开想象。课后我们可以运用这样的方法，练讲其他三个小故事。我们利用班队课时间，举行一次讲故事比赛，选出我们班的“故事大王”，到幼儿园给弟弟妹妹们送去好听的故事。好吗？

生（兴趣十足地）：好！

略读课文教学不可面面俱到，应该学会做减法，大胆取舍。在本课教学中，李老师引导学生以第三个小故事为例，精讲故事，而对于课文其他三个小故事的教学，则要求学生课后自主练讲故事。在课内阅读童话故事的基础上，学生一定会产生向别人讲故事的欲望，我们创造条件让学生在课堂上讲故事，再要求举行故事比赛，将课本中学到的童话故事讲给幼儿园小朋友听。

三、课例评析

语文教学要培养学生的阅读能力，这就要求教师先理清阅读能力的要素与结构。

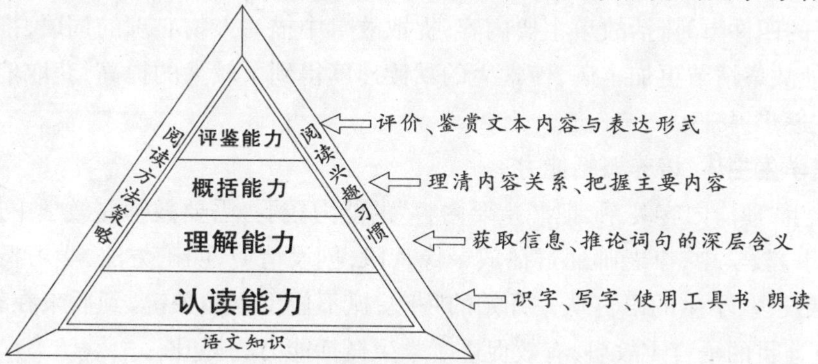

阅读能力的层级图

阅读能力由低到高可以分为认读能力、理解能力、概括能力和评鉴能力四个层级。每一层级阅读能力的发展都包括相应的内容，都以下一层级阅读能力的充分发展为前提，并形成金字塔形。语文知识、阅读方法策略、阅读兴趣习惯将四个层级的阅读能力包围其中，相互作用，相互影响。这为我们的阅读教学提供了一种思路，即阅读教学应指向学生阅读能力，教学应有助于学生阅读能力的提升。

在《小木偶的故事》教学中，我们以"讲故事"的教学形式展开，通过创设三个生活情境，在情境中学讲故事、练讲故事、赛讲故事，切实指向学生阅读能力的发展。这个教例对我们的教学有三方面的启发：

（一）回归阅读本体，培养理解能力

阅读教学不应该只是理解和记住课文的内容，不应该只局限于"内容分析"，而应该回归到阅读的本位，让学生通过课文的学习学会怎样阅读。在《小木偶的故事》教学中，教师多次创设情境，要求学生在不同情境下讲故事，把"讲故事"这一教学形式贯穿始终。课文只是个例子，通过这一例子，旨在引导学生学会用"讲故事"的形式来阅读故事、理解故事：在"试讲简洁"环节中，训练学生提取信息的能力；在"学讲生动"环节中，让学生理解"龇牙咧嘴"、"嘟嘟囔囔"等词的含义，并通过抓住文本中人物心理活动的空白处，引导学生想象补白，理解文本背后的道理。这样的教学，有效地提高了学生的理解能力。

我们认为，本课教学在培养学生理解能力时采取了以下策略：

1．依据年段目标，多法并举理解词义

小学生受到认识结构、思维能力的限制，不能准确理解词语意思，进而不能很好把握语段、篇章意思。我们应该依据年段学习要求，采取多样方法帮助学生理解词义，可以采取换词法、词素分释法、联系上下文理解等。

在上述教例中，李老师采取联系上下文、在表演中体验词义、结合字典注释进一步理解"龇牙咧嘴、嘟嘟囔囔"的词义，有效突破了本课教学词义理解上的两个难点。

2．准确获取信息，推断文本隐含情绪

在诸项阅读能力中，提取信息是最基本、最常用的能力，也是其他阅读能力的基础。因而，略读课文的教学要强化训练学生根据需要筛选和加工信息的能力。

在《小木偶的故事》教学中，李教师指导学生用较快的速度默读课文，提取有关信息（发生在小木偶身上的四件事）概括故事主要内容；提取故事中描写人物心理的词语，推断、想象人物的心理活动，使故事情节更加丰满，使学生的默读速度得到了较大的提高，获取信息能力、理解文本能力也在逐步提升中。

（二）回归学生主体，培养概括能力

四年级学生"理清内容关系、把握主要内容"的能力较弱，需要教师在教学中加以引领。在《小木偶的故事》教学中，李老师通过播放录像片段，创设情境，明确方法，学习概括地讲故事。从教例中不难发现，学生的语言从一开始的啰唆，抓不住重点和关键，到后来在教师引导下能用简洁、准确、连贯的语言讲故事，有效促进了学生概括能力的提升。

可以说,《语文课程标准》对培养学生概括能力有明确的渐进的教学目标,人教版小学语文教材也有一个相对系统的教学序列,体现了教学要求的层次性、递进性。表现在:

1. 14 次在"单元导读"中明确提出要求学生整体把握文本主要内容,其中第二学段 1 次,第三学段 13 次(占教学单元总数的 40%)。

2. 28 次在"课前连接语"或"课后练习"中明确提出要求学生整体把握文本主要内容。其中,第二学段精读课文 1 次,略读课文 15 次;第三学段精读课文 5 次,略读课文 7 次。略读课文要求整体把握文本主要内容的次数远远超过精读课文。这些体现了教材编写中"精而不全,略而不简"的思想,也与《语文课程标准》中"评价略读,重在考察能否把握阅读材料的大意"要求相吻合。可以说整体把握文本主要内容,培养学生概括能力是略读课文教学的基本任务之一。

当然,培养学生的概括能力要关注方法落实,关键是引导学生去体悟概括的方法。我们要根据年段目标,循序渐进、有针对性地培养。不同的年级、不同的单元、不同的课文,应该有不同的要求、不同的目标。

如在《小木偶的故事》教学时,根据年段要求、学生情况,我们还可以在理清人物关系的基础上,指导学生概括主要内容:

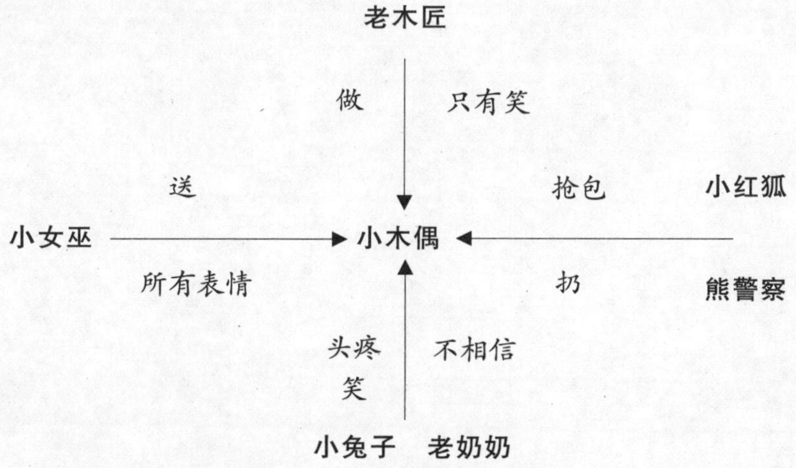

这样,注意了年段特征,遵循了学生学习规律,提高了概括能力。

(三)回归生活本体,培养评鉴能力

评鉴能力指评说文中人物、作者,提出观点,说明理由;评说文章观点与思想内容;评鉴精妙的语言与表达技巧,领会文章的表达效果与形式,从阅读中有意识地学习写作方法。语文教学中,我们要逐步培养学生评价、鉴赏文本内容与语言表达形式的能力。

如果说,"回归阅读本体"是引导学生学会阅读,"回归学生本体"是让学生成为阅读主体,那么"回归生活本体"则是阅读的根本,是培养学生利用阅读来满足社会生活需求,具备适应社会生活的能力。"讲故事"也是现代人必不可少的能力。

在《小木偶的故事》教学中,李老师指导学生根据生活需要讲故事,无论是简洁地讲,还是生动地讲,这些都是日常生活中所必须具备的素养;引导学生对文本内容与表达形式展开品鉴，指导学生在讲故事时，可在关键词句处配上表情或动作，在文本空白处时发挥想象；引导学生评价同学讲故事的效果。这些都切实提升了讲故事的质量，更培养了学生阅读品鉴能力。

（鄞州区东湖小学　李益友）

（鄞州区教研室　方亮辉）

【课例12】

《喜爱音乐的白鲸》
——进行有效的复述练习

一、问题呈现

复述,在语文教学中是指学生把读物的内容用自己的话说出来,是小学生语文能力的重要组成部分。复述可分为再现性复述、提要性复述和创造性复述。

受应试观念的影响,复述训练向来不为教师们所重视。学生的复述能力得不到训练,直接影响了其语文素养的整体提高。

复述,在不同的学段分别应该有怎样的要求?如何对学生进行扎实有效的复述训练?我们以三年级上册选学课文《喜爱音乐的白鲸》为例,进行了探索。

二、课例描述

(一)抓住体裁特点,梳理文脉,尝试提要性复述

课例:

师:能回答思考题了吗?——在这群白鲸身上发生了什么事?自己先试说一遍。

(生试说。)

生1:就是一群白鲸来到楚克奇海,被寒流给困在那里了。一个猎人发现了这件事,就向村庄去报信,人们赶来抢救白鲸,可是没有成功。然后又向当地政府发电报,政府派破冰船来开道,但是白鲸害怕破冰船,就挤到了一起一动不动,后来一个船员出了一个主意,就是用音乐去引白鲸,最后白鲸得救了。

师:你已经能把整个事情讲清楚了,但是还可以更简洁一点。这样吧,咱们先用两句话把事情发生的原因说清楚。自己先试试。

生1:一群白鲸来到北极的楚克奇海玩耍,玩着玩着连回家的时间都忘记了,还遇到了寒流。

师:起因到这里结束了么?似乎还没有说完整。再请一个同学试试。

生2:一群白鲸来到楚克奇海玩耍时遇到了寒流,回去的路被冰层堵住了。

师：这样就确切了。事情发生的原因我们可以说——起因。（板书：起因）请每个小朋友学着他的样子，把事情的起因说一遍。

（学生自由说。）

师：事情的经过谁也能用两句话把它说清楚？（板书：经过）

生1：猎人发现了这群遇险的白鲸，向村庄报信，人们纷纷赶来抢救白鲸，帮白鲸凿冰，还发电报给政府，后来直升机和破冰船也来了，还是没有救出白鲸，再后来，一个船员想到用音乐来引白鲸。

师：经过部分内容很多，不好说对不对。你看，这部分是不是说"人们用各种方法来抢救"啊？我送你一个词：想方设法。这样就简洁了，请你再试试。

生1：猎人发现这群遇险的白鲸后，人们想方设法进行营救。

师：结束了？还有补充的么？请你来。

生2：我想补充：人们想方设法进行营救，后来在一个船员的提醒下，用古典音乐来引路。

师：你的补充很关键。谁能把刚才两位同学说的合起来再说说？

生3：人们想方设法进行营救，后来在破冰船上播放古典音乐来引白鲸。

师：注意后一句的表达："后来用破冰船开道，用古典音乐引路。"再试试！

生3：人们想方设法进行营救。后来用破冰船开道，用古典音乐引路。

师：两句话，说清楚了。那么，结果又如何呢？谁来试试？（板书：结果）

生1：白鲸们终于得救了。

师：不错！这句话直接来自课文。把刚才同学们说的"起因、经过、结果"连起来，我们就能说清故事的主要内容了。谁来试试？

（学生练说。）

师：以后碰到写事的文章，就可以通过抓"起因"、"经过"、"结果"的方法来概括主要内容，这是一种非常好的方法。

《喜爱音乐的白鲸》是一个小故事，第2、3、4自然段交代了事情的起因，第5、6自然段交代了事情的经过，第7自然段交代了事情的结果，是一篇非常典型的叙事类的文章。这样的文章，在简要复述（概括课文主要内容）时，完全可以引导学生抓住"三要素"（事情的起因、经过、结果）进行练习。

课中，钱老师在学生自主尝试的基础上，引导学生分别说清事情的起因、经过和结果，然后连起来概括课文的主要内容。从学生的回答来看，复述得既全面又简洁，环节目标达成得扎实而有效。

在这一环节的最后，钱老师还进行了方法的小结：写事的文章，用抓"起因""经过""结果"的方法来概括主要内容，是一种好方法。相信，这样的训练，只要持之以恒，学生的简要复述能力，一定会得到很好的提升。

(二)凭借表格,梳理营救过程,训练再现性复述

课例:

1. 借助表格,梳理营救过程

师:整个事件的三部分,哪一部分写得最具体、最打动人心呢?这部分在课文的哪几个自然段?接下来就让我们把目光集中到这两个自然段。读一读,找一找,哪几句是写第一次营救?哪几句是写第二次营救?哪几句是写第三次营救的?分别用斜线标注出来。

(生自读标注斜线,然后师指名汇报。)

生1:第一次营救是到"前面的冰刚凿开,后面的冰又冻上了"为止。(师随机在大屏幕上标注斜线。)

师:那第二次营救呢?该到哪里结束呢?再请一个同学来回答。

生2:到"原来它们害怕这只高大的破冰船"结束。(师顺势在大屏幕上标注斜线。)

大屏幕显示如下——

(1)正巧一个猎人发现了这群遇险的白鲸,马上向附近的村庄报了信。(2)人们一听到这个消息,纷纷赶来抢救白鲸,还给它们带来好吃的。(3)可是天气太冷了,前面的冰刚凿开,后面的冰又冻上了。(4)人们立刻向当地政府发电报,请求援助。(5)直升机和破冰船来了。(6)在飞机的指挥下,破冰船开出了一条二十多公里的通道。(7)可是白鲸却一动不动地挤在一起,原来它们害怕这只高大的破冰船。(8)一个船员大声说:"白鲸喜欢唱歌,是海上的百灵鸟,放音乐试试,把它们引出去!"(9)船上响起了优雅的古典音乐。(10)啊,奇迹发生了!(11)白鲸成群结队地跟着破冰船游动起来。

师:看来,剩下的语段就是人们第三次营救白鲸的过程了。找得很正确,就是这样三次营救过程。画错的同学请赶紧订正。

(生对照检查订正)

(大屏幕出示表格)

	人们做了些什么	结果	原因
第一次营救			
第二次营救			
第三次营救			

师:(示意学生看大屏幕)每一次营救,人们做了些什么?结果怎样?导致这个结果的原因又是什么呢?带着这些问题好好默读第5、6两个自然段,把关键词圈出来。

(生默读,试着圈关键词,师巡视。)

师:第一次的营救过程,我们一起来完成。

师:写第一次营救的是这样三句话。(大屏幕出示表格和第5自然段)

	人们做了些什么	结果	原因
第一次营救			

(1)正巧一个猎人发现了这群遇险的白鲸,马上向附近的村庄报了信。(2)人们一听到这个消息,纷纷赶来抢救白鲸,还给它们带来好吃的。(3)可是天气太冷了,前面的冰刚凿开,后面的冰又冻上了。

师:我想请一个同学来读一读第一句话,其他同学思考,人们做了些什么?咱们可以提取哪些关键词?

生:正巧一个猎人发现了这群遇险的白鲸,马上向附近的村庄报了信。

师:这句话当中,哪个词在说人们做的事儿啊?

生:报了信。

师:把"了"字去了,报信,是不是更简洁?(把"报信"打入表格。)请同学们把这个"报信"一词在文中圈出来。

师:除了报信,人们还做了什么?再请一位同学来读读第二句话。

生:人们一听到这个消息,纷纷赶来抢救白鲸,还给它们带来好吃的。

师:从这句话当中,我们能够提炼哪些关键词?

生:带来好吃的。

师:简洁地说,就是"带吃的"。(把"带吃的"打入表格。)还有么?其他同学再来找找。

生:纷纷赶来。

师:这也是人们做的事。(把"纷纷赶来"打入表格。)

生:可是天气太冷了,前面的冰刚凿开,后面的冰又冻上了。

师:这句话当中,哪个词在说人们做的事儿啊?

生:(齐)凿。

师:凿什么呀?说完整。

生:凿冰。

师:对了。(把"凿冰"打入表格。)其实啊,这句话还包含了人们第一次营救白鲸的结果和原因呢,你能找出关键词来吗?

生:前面的冰刚凿开,后面的冰又冻上了。

师:很好,你把结果说出来了,那我就把"冰又冻上了"这几个字填入表格。那导致这个结果的原因是什么呀?谁能告诉我?

生:天气太冷了!

师:很棒!这个关键词就告诉了我们原因。(师顺势把"天气太冷"打入表格。)瞧,咱们通过读一读句子、找一找关键词的方法,把人们第一次营救白鲸的过程给理出来了。(大屏幕展示第一次营救过程的表格)

	人们做了些什么	结果	原因
第一次营救	报信　纷纷赶来 带吃的　凿冰	冰又冻上了	天气太冷

师:请同学们拿出自学卡,快速地将第一次营救过程记录下来。

(学生摘录。)

师:第一次的营救以失败告终,那么第二次、第三次呢?请同学们按照我们刚才的方法接着完成表格。

(生默读课文,圈画关键词填表。)

师:咱们来交流一下,谁来汇报一下第二次的营救过程?

生1:第二次营救,人们做的事是"发电报"。

(师在表格中打入"发电报"。)

生1:还有就是"凿冰船来开道"。

师:课文中说的是"破冰船",那咱们就用"破冰船"吧。(表中填入"破冰船开道"。)

生1:结果是"白鲸一动不动"。

师:非常好。(表中填入"一动不动"。)

生1:原因是"害怕破冰船"。

师:(表中填入"害怕"。)太棒了,活学活用,一下子就掌握了"读读句子,找一找关键词"的方法。

尽管人们动了不少脑筋,但第二次的营救还是以失败告终。谁接着来汇报?

生2:第三次营救,人们做的事情是"放音乐"。

(指导过程同上。)

(生对照表格,自行修改。)

最终形成表格如下——

	人们做了些什么	结果	原因
第一次营救	报信　纷纷赶来 带吃的　凿冰	冰又冻上了	天气太冷
第二次营救	发电报 破冰船开道	一动不动	害怕
第三次营救	播放古典音乐	跟着船游	喜欢音乐

复述训练的设计,可针对课文特点,或复述全文,或复述重点段,或复述重点句。本课中,钱老师选择了"复述重点段"这一形式,是基于这样的思考:

(1)课文是一个小故事,营救过程是故事的重点部分,描写具体。

(2)本课将选学课文当作略读课来处理,在学生略读全文的基础上,钱老师引导学生将目光聚焦到故事的重点部分——营救白鲸的过程,让学生借助自学卡中的表格梳理营救过程。这样对教材作剪裁,很好地体现了略读课文教学"精略相辅,略中有精"的教学原则。

(3)从学生的具体情况来看,三年级的孩子,刚开始进行复述训练,只复述营救部分,既抓住了文本的重点,又降低了复述难度,比较适合。

复述,要在理解文本、理清叙述顺序的基础上进行。为此,钱老师将营救过程分解为三次:第一次,师生合作,读句子,抓关键词填表梳理;第二、三次,让学生自主阅读,摘录关键词填表梳理。这里,钱老师由扶到放,给了学生足够的自读自悟时间。在集体交流之后,钱老师也留出足够的时间让学生订正,使环节目标落实得十分到位。

2. 凭借表格,练习再现性复述

师:同学们,你们看(师指着大屏幕上的这张表格),每一次营救,作者都是抓住"人们做了什么"、"结果"、"原因"这三个方面来写的,写得非常清晰,也很明白,让大家一目了然。接下来,请每个同学借助这张表格,用上里边的关键词,用自己的话来说一说整个营救过程。

生1:白鲸遇险之后,人们开始了第一次营救,一个猎人向村庄报信,人们马上赶过来给白鲸带来好吃的,还开始凿冰。可是前面才刚凿开,后面的冰又冻上了,因为天气太冷了。第一次营救失败了。第二次,人们向当地政府发电报,政府让破冰船来开道,可是白鲸一动不动地挤在一起,因为白鲸害怕高大的破冰船,第二次营救也失败了。第三次,人们在破冰船上放古典音乐,奇迹发生了,白鲸跟着破冰船游动起来,因为白鲸喜欢音乐,第三次营救终于成功了。

师:非常好。还用上了很自然的过渡语——第一次营救失败了,第二次也失败了,第三次终于成功了。谁还想再来说一说?

生2:一个猎人来村庄报信,村庄里的人纷纷赶来给白鲸送吃的,还帮白鲸来凿冰。但是前面的冰——

师:你也可以先说原因,再说结果。

(学生接着再练。)

再现性复述,因为是遵从于原文的复述,难度不高。再加上借助填入了关键词的表格,以及教师的点拨:每一次营救,作者都是抓住"人们做了什么"、"结果"、"原因"这三个方面来写,学生对营救过程的叙述顺序把握得非常好。从课堂上两个学生的复述表现来看,环节目标落实得十分理想。

三、课例评析

(一)转变观念,明确复述训练价值

这节课,教学目标明确而集中:借《喜爱音乐的白鲸》一文,训练学生提要性复述及再现性复述的能力。课堂40分钟,钱老师都围绕这一目标引导学生展开扎实而有效的训练。这样的行动,基于教学理念的转变——不以应试为中心,基于对复述训练教学价值的深刻认识。我们认为:

1. 复述能力为生活必需

在日常生活中，转述事情、讲见闻、讲故事、介绍一本书的梗概等，都要用到复述能力，因而，复述是一种需要着力培养的能力。

2. 复述训练可以提高学生的语言表达能力

复述，从形式上看，训练的是学生的口头语言。但究其实质，是转化运用书面语言，从而促进口头语言逐步向规范化方向发展。而口头语言能力的提高，必将作用于学生的书面语言，使其能更灵活自如地遣词造句，表情达意。

3. 复述训练可以增强学生的思维能力

学生带着复述任务阅读、听讲、思考，需要高强度的注意参与。这是一种有意识记的活动，能够提高他们的记忆水平；在复述过程中，为确保语言表述的流畅性、条理性和正确性，他们需要迅速对原文作出概括、判断，并同时对文字进行快速编码。所以，坚持进行复述训练有助于发展学生的记忆力、想象力和概括力。

（二）基于学情，把握复述训练要求

《义务教育语文课程标准》（2011 年版）对第二学段学生提出了提要性复述的要求：能复述叙事作品的大意。笔者认为，根据第二学段学生的学力，再现性复述亦可开始训练。因为再现性复述是对课文内容基本不作增减的复述，对三年级的孩子来说，难度不大。

那么，其他形式的复述，又分别在哪个年段进行呢？根据复述的定义、“课标”和人教版课程标准实验教科书的要求，我们对训练序列作了这样的安排：

复述类型＼年级		二年级	三年级	四年级	五年级	六年级
再现性复述		√	√			
提要性复述			√	√	√	
创造性复述	扩充课文情节		√	√		
	改变体裁			√	√	√
	改变结构			√	√	
	改变叙述顺序			√	√	
	改变人称				√	√

（三）根据目的，选择复述训练策略

不同的复述要求，可以相应采用不同策略。复述训练常用策略有以下几种：

1. 填空策略

有以下几种做法：

（1）教师根据课文内容自己编写语段，让学生填空，以概述课文主要内容。

（2）教师将语段中的关键词等信息用括号代替，引导学生再现性复述课文。

（3）在文本语言留白处加上括号，引导学生展开想象，扩充情节，进行创造性复述。

2．关键词串联策略

教师提取课文或语段中的关键词，出示在黑板或屏幕上，在学生阅读文本后，词扩句，句串段……逐步扩展，进行复述。

3．关键句串联策略

教师引导学生找出课文每一自然段的总起（总结）句，串联起来复述课文主要内容。

4．表格梳理策略

本课教学中的再现性复述用的就是这一策略，这一策略的运用能帮助学生梳理文本的脉络，使学生在复述时条理清晰，同时可以培养学生的逻辑思维能力。

5．列提纲策略

阅读课文时，引导学生梳理文脉，列出提纲，然后依据提纲进行复述。

6．连环画运用策略

教材中有插画，我们还可以让学生根据课文内容，在插图前后增加几幅图，让它变成连环画，再要求学生看图复述。

（鄞州区实验小学　钱妮能）

（鄞州区教研室　赵培敏）

【课例13】

《迷人的张家界》

——在景物描写中展开联想

一、问题呈现

不少写景的文章，作者经常在经意或不经意中营造出一种优美的意境，根据所见所感展开合理的想象，把景物状态、颜色、声音、气味通过想象得以形象的描摹，为读者勾勒出一幅情景交融的画面，让人身临其境。

为此，潜心学习这样的文本，教给学生联想、想象的方法，引导学生合理联想和想象，对培养学生形象思维乃至创新思维是不无裨益的。同时，这也是学生写景状物表达的需要。

然而，由于儿童受心智的局限，其想象的逻辑性和概括水平不会很高，不少学生在联想、想象中还存在着随意性、迟滞性。有时想象不具体，往往想到某一种事物即可，无法加以展开。所以，在第二学段，有必要借助文本进行相关表达手法的感悟与训练。日积月累，以期浸润式地、渐进式地提升其表达能力。

那么如何在写景中展开合情合理的联想呢？我们以《迷人的张家界》一文教学为例，力图解读其中的规律。

二、课例描述

《迷人的张家界》是一篇选读课文，配套的是人教版四年级上册第五组的教材。作为本组课文的补充，不难发现作者在写景方面最大的特点便是“看到实景，展开想象”。与《秦兵马俑》等语段将所见到的兵俑外形与联想巧妙结合的手法如出一辙。不同的是从人转变为景，相对来说想象与描摹更有难度。所以《迷人的张家界》在这里是对这种写作方法的一次延伸与拓展，是一个很好的语言习得与应用的范例。本文教学目标的确立，也主要立足于此，使整个组教学形成相对完整的一个训练体系。

具体课例展开如下：

（一）聚焦语段，发现写法

师：大家在阅读课文后，对金鞭岩有了哪些印象？

生1：我知道了金鞭岩高出峰林之上，十分陡峭。

师：哦，你发现了金鞭岩的样子，那么课文是怎么描写的？你能找出来读一读么？

生1：金鞭岩高出峰林之上，与其他山峰迥然不同，从山脚到山顶，像斧砍刀劈似的，只在它的顶上生长着几株苍翠的松树。

（随机出示文中的这个句子。）

生2：我知道了金鞭岩名字的由来。因为课文说夕阳映照下的金鞭岩，金光闪耀。

（随机出示：夕阳映照下的金鞭岩，金光闪耀。有如一支怒举的金鞭，直指云霄。）

师：原来金鞭岩的“金”指的就是——

生2：夕阳所带来的金光。

……

（随机出示这个句子。）

点评：

上述教学过程直面文本、披文入理，引领学生搜索文本信息，对金鞭岩有了一个整体的印象，对语段有了结构烙印，为后面语言表达特点的发现作了感知铺垫、整体观照，避免了阅读教学只见树木不见森林的现象，也避免跨越式的空降，没有形象感知就进行概念教学。

师：大家的收获可真不少。有了解金鞭岩样子的，有感受到它美丽的，也有了解金鞭岩名字来历的。你们看，我把大家刚才说到的语句整理成一段文字，读读：

在张家界处处可见的峰林之中，最使人难以忘怀的要数金鞭岩。金鞭岩高出峰林之上，与其他山峰迥然不同，从山脚到山顶，只在它的顶上生长着几株苍翠的松树。夕阳映照下的金鞭岩，金光闪耀。一座巨大的山峰紧靠着金鞭岩，这就是有名的“神鹰护金鞭”。

生1：也写出了山的陡峭，但总感觉少了什么。

生2：“神鹰护金鞭”写出了它的样子，但总感觉不生动、不形象。

师：老师把课文中那段文字也打在屏幕上，大家比较着读，发现了什么？

生1：老师的一段话少了作者的想象。

生2：课文中的用上了“像……似的”、“有如”、“酷似”这些词语。

师：（板书：“像……似的”、“有如”、“酷似”）看来作者还运用了丰富的比喻词。它提醒了你这是作者的想象。（投影：把想象部分字体变红。板书：所想）那么，剩下的黑色字这一部分就是作者的——

生：所见。

（板书：所见）

师生合作分别读所见与所想语句。

通过初步感知金鞭岩后，教师根据学生的发言自然生成了仅仅只有所见的描述方式，而将其与文中的表达两相对照，引发了两种不同语言图式的强烈冲击。学生发现了课文表达上的特点，这是认知上的强化。还要指出的是，教师在这里还引领学生感受并强化了比喻词的丰富性，为后面的想象表达作了有效的铺垫。

(二)品读语段,得意明法

师:同桌合作读一读,这一次要边读边思考,想象这些句子究竟带给我们怎样的感觉?

(同桌合作对读)

师:作者笔下融入如此奇妙的想象,带给我们什么感觉?

生:让我们有更生动的感觉。

师:“生动”其实是种很笼统的说法,能不能结合课文中的句子来说一说。

(随机品读第一处想象)

生1:比如像斧砍刀劈似的,这座山从中间劈开来非常逼真。

生2:我们家乡的山头是圆圆的。张家界的山像被斧子劈过,被利刀砍过,很陡峭。

师:好,你们感受到了山的陡峭、挺拔。现在你把这两个词写在这处想象旁边。

(生在练习纸上写批注:“陡峭”、“挺拔”,并感情朗读所在语句)

师:现在我们读读另外两处想象,你也能像刚才一样在句子旁写上你感受到的词语吗?

(生完成练习纸,见下图)

> 在张家界处处可见的峰林之中,最使人难以忘怀的要数金鞭岩。金鞭岩高出峰林之上,与其他山峰迥然不同,从山脚到山顶,像斧砍刀劈似的,只在它的顶上生长着几株苍翠的松树。夕阳映照下的金鞭岩,金光闪耀,有如一支怒举的金鞭,直指云霄。一座巨大的山峰紧靠着金鞭岩,巨峰酷似雄鹰,鹰首高昂,凌空展翅,一只翅膀有力地半抱着金鞭岩,气势磅礴,这就是有名的“神鹰护金鞭”。

批注的过程是一个文本发出刺激、学生接受内化的心理过程。教师根据学生的点评,借助学生个体的发言,顺势以作者的第一处想象为范本作批注,并辐射到整个语段。这样有梯度的练习,促使学生运用心理视线,凭借作者的联想复原山的外形特点。这不仅是学生语言与表象的自主转换过程,更是用真实的感受与文本进行创造性对话的过程。这个过程既是语感的培养,又是思维的训练。

学生交流批注:

生1:我在读第三处想象时,眼前仿佛浮现一只雄鹰紧靠着金鞭岩的画面,那鹰把头都抬起来了,很有气势。

师:对啊,这就是——

生(齐):鹰首高昂。

生2:我透过“凌空展翅”还看到了它把翅膀都扬起来了,那是多么的壮观。

师:(出示图片:神鹰护金鞭)作者的想象让我们如临其境,使我们看到了这处"神鹰护金鞭"的奇峰。

……

师:读着作者的想象,让我们仿佛看到了这神奇的山,感受到它的神韵,这就是想象的魅力。

学生继续交流批注。

(生:有感情地朗读第二处想象,读出了金鞭岩的气势。)

在这里,教师引领学生潜入语言文字,品词析句,不断涵泳,真正领会到想象的作用。这一环节的设置无疑是让学生从内心深处真正接纳"所见+所想"这种表达手法,或许同时孕育了主动拓展运用的意念,这无疑是习作的助推剂。

(三)推物及类,仿写运用

师:同样是想象,跟第三自然段的金鞭岩、黄狮寨相比有什么不同呢?

生1:第二段一座山都是用一句话想象,很简单,而金鞭岩、黄狮寨写得非常具体,不仅写了所见,还写了所想。把想象部分写得特别具体。

师:是啊,这里一座山峰一句想象。如果我们要将它想象具体,那该是一座怎样的山呢?以"身背草篓的采药老人"为例。

生2:这座山不像金鞭岩那样,它上头弯弯的,就像是老人的背是驼着的。

……

师:刚才有同学说通过省略号也可以看出山很多,我们一起去领略一下。(出示:"云海神龟"、"骆驼峰"等山峰图片)

师:我们也来写一写张家界的山,你可以从刚才的图片中选择其中一座,也可以从第二段那么多的山峰中选择一处,给它取一个名字,并仿照课文的第三、四自然段,不仅写上自己的所见,还要有自己的所想。

小练笔: 在张家界处处可见的奇峰之中,最使人难忘的要数(　　　　　　　　　　)。 ______________________________ ______________________________

附录学生习作:

生1:在张家界处处可见的奇峰之中,最使人难忘的要数"骆驼峰"了。几座山峰一座连着一座,有如一只正待出发的骆驼,昂首挺胸地遥望着茫茫沙漠。

生2:在张家界处处可见的奇峰之中,最使人难忘的要数"摩天楼"了。这座山与其他山峰迥然不同,穿过了迷迷茫茫的云雾,直入云霄。恰似一座巨型的摩天大楼巍然屹立,而山上那一道道刻痕组成的花纹简直是大楼的窗户,随时可以打开,让里面的客人一探外面的美丽景色。

……

三、课例评析

本课的练习目标聚焦于“感受想象魅力、根据山峰特点进行想象”，这是符合学生的认知特点以及学习规律的。

那么如何构建这一有效性的练习？本课例是个样本。细读课例，我们不难发现，有三点值得借鉴：

第一，练习需时间。充分挖掘文本的教学张力，重其重，略其略。引领学生充分感受典型举例的“金鞭岩”的写法，感受想象的丰富和传神，感受因有想象，景物具体而生动。而学习第二段的概述描写，仅通过与第三、四段的比照，解构了表达上的异同，既强化写景方法的认知点，又为学生补写“所见”找到了空白点，留足了时间点。第三段浓墨重彩，第二段举重若轻，为40分钟这个恒数，做了一个很好的时间成本运算。

第二，练习遵路径。感知“金鞭岩”，感悟“金鞭岩”，这些都是形象思维，都是形象感知。比较第二段写法，已经在促使学生进行形式抽象，进行形式架构，这是举一反三的必然经历。最后的选择性仿写，是习得性强化，是巩固性反刍，不在于小片段质量的优劣，重在图式的固化，并以写促读。这完全符合小学生的认知规律，形象在先，思维在后，表象在先，概念在后。这个练习的路径，所折射的就是学生的认知规律。

第三，练习有梯度。教师引领学生从“发现表达”到“感受效果”，从想象“身背草篓的采药老人”到“尝试运用‘所见＋所想’”，从“读句子想山形山状山势”到“看景写景，展开想象”，这精心设计的“小步子练习”，由表入里，循序渐进，使语言文字的训练扎实立体且水到渠成。学生的读、写、思能力综合得到提升。如果“看到实景，展开想象”对学生而言是座山峰，那么，这些小环节便是一级级的台阶。

（奉化市居敬小学　葛林高）
（奉化市教研室　张晨瑛）

【课例14】

《头脑风暴——抵制汽车尾气》

——强化习作思维训练

一、问题呈现

"比喻、拟人、夸张","呼应、总分、详略"、"倒叙、插叙、平叙",对于学生来说并不新鲜,在他们的作品中也不乏这样的实践经验,然而当我们问他们为何要这样谋篇布局、安排修辞,却又有几个学生能说得明白?审视当下的学生习作,我们在感叹学生作品华丽的同时,却常常为习作的思维质地贫乏而遗憾。你是否感觉学生往往善于抒情却不擅陈述?长于联想却疏于写实?注重感性却忽视逻辑?

从知识类型的角度来说,我们往往非常关注"事实性知识"的积累,却忽视了更为关键的"方法论知识"。诚然,习作教学应注重"真情实感"的激发与"言语形式"的运用,但更为关键的是要"知其然,知其所以然",因此"习作思维"的有效训练是习作教学不可忽视的重要内容。

二、课例描述

【教材解读】

本节习作教学以"汽车尾气危机"为教学内容,着眼当下的社会现状,有助于学生树立"社会人"的责任意识,唤醒学生的习作动机。六年级学生习作核心能力建立在一定的"言语表达能力"基础上,指向"逻辑思维能力"的锤炼和提升。因此,本课"写一封劝说信"的习作训练着意引领学生经历搜集素材、整理素材、裁减材料、列写作提纲,最后组织成文,有序地让学生经历一场习作逻辑思维的旋风,目的在于物化习作思维过程,掌握习作立意、选材、构思、表达的基本程序,培养学生习作整体把握意识。

所以在本课教学目标的设计上,我们以建构劝说书写作提纲为主要任务,侧重于学生在材料的搜集、整理、加工与运用方面的习作思维实践。

具体课例展开如下:

(一)造"米"训练,促成信息积累

课堂伊始,笔者创设了一个"帮助小勇劝说他爸爸放弃买第二辆汽车"的情境,引导学生对手头的材料先进行归类,并思考归纳材料类别的名称,写在小纸条上。学生们对手上的十张信息条目进行了细致的归类,大致概括出了"尾气成分"、"尾气危害"、"抵制尾气的措施"等方面。

"巧妇难为无米之炊",要让学生表达,首先得让学生心中有"米"。而"米"并非凭空而来,而是需要经过一系列"寻米"、"造米"的复杂过程。本环节,教师通过信息的"搜集"、"提炼"、"归类",促成了学生对表达语料的全面掌控。

首先是信息的搜集。教师在课前几天布置学生进行了有关尾气的实践调查活动,促使学生运用多种途径进行信息的搜集,如网络查询、亲友问卷、实地观察等,掌握了大量的第一手资料。信息的搜集不仅为学生提供了丰富的习作素材,通过一系列的实践活动更加深了对素材的直观感受,为习作奠定了材料基础和情感基调,激发了他们的表达欲望。

其次是信息的提炼。教师引导学生概括信息、提炼信息,使学生经历了一个信息整理与加工的系统过程,这是一个很好的槽刻过程。在这个过程中,信息在他们的记忆库中形成了清晰的映射,更有助于后期的筛检。

然后是信息的归类。教学之初,教师让学生对手头的信息条目进行了系统归类。在自主排列与同伴互助的归类过程中,信息在学生的脑海中形成相对系统的非连续性文本结构。

在这个过程中,学生经历一个素材积累、梳理、重组的思维物化过程,使传统的"取材"环节得到了有序的细化分解,学生操作便有章可循。

(二)选材训练,促成信息提取

笔者便以"危害"为例展开了一系列的习作材料"选择"的思维训练:

师:这么多的关于尾气的危害,我们去劝爸爸,是不是一条一条全拿过来。一怎样,二怎样,三怎样……

生1:这样太散了,爸爸可能会看得眼花缭乱。

生2:我认为可以根据它的危害进行分类,然后再分别概括。

经过学生继续头脑风暴,大家发现,都是指向危害的材料,但是表达的角度却不同。关于"危害",还可以分成"对人体的危害"、"对环境的危害"(包括对动植物、对气候等)。基于此,笔者继续引导学生选择。

师:那么所有的"对人体的危害"、"对环境的危害"都拿出来一股脑儿说给爸爸听吗?

生:挑取其中重要的。

师:你去劝这个老爸,准备挑哪几条?

生1:我准备选第一条和第六条。

师:你为什么挑这两条呢?

生1:因为……

生2:我会选择第二条和第五条,因为……

……

有的孩子单挑了有关“尾气对人体的危害”，认为如果是自己的爸爸，他非常注重养生，选择这些材料去劝说，最能打动他；有的孩子选择了汽车尾气对儿童的危害，因为他觉得爸爸最爱自己的孩子，选择这样的材料最能触动爸爸；有的单挑了有关“尾气对环境的危害”，认为爸爸是成人，具有社会责任感，选择环境材料最有说服力；有的认为应该两方面都选择，并侧重讲其中最能激发爸爸情感的信息，这样说理就具有全面性……

在这个环节，教师引导学生经历了一个非常有意义的思维过程。

学生的第一种思路是“全面性说理”。这类选材思路属于“理性思维占优”型。采用这种方式选材的学生往往思维缜密，会从不同的角度分别提取材料，以促成无懈可击、以理服人的表达。本课设计经历了好几次试教，从几次课堂实践来看，有的学生的选材细化到了对大气、对植物、对成人、对儿童的危害等全信息维度，学生根据自己所分化的角度分别提取材料，全面地证明尾气带来的实际问题，以此说服人。

学生的第二种思路是“典型性入情”。这类选材思路属于“感性思维占优”型。采用这种方式选材的学生感情丰富，往往会以直觉提取材料中最富有典型性的部分，以达到将心比心、情理交融的表达。如为了劝说成功，他们会换位思考，如果劝说的是自己爸爸，将怎样说服他，以引发爸爸的心理共鸣。

不管选择何种方式，只要能够自圆其说，教师就应该加以表扬与肯定。这折射出了教学的真谛，每个学生的发言与展示，都是教学资源。教师就是通过个体学生的思维暴露，来唤醒激发全体学生的思维，引发全体学生的思维碰撞，通过思辨，提升认识，提升思维质量。

(三)提纲构思，促成思维转换

在“取材”、“选材”后，便该“组材”了。我通过训练学生列提纲，以引导学生掌握“组材”的基本要领。

这个训练过程经历了两个基本步骤：

1. 出示“大勇”提纲，初步了解提纲

在课堂教学之初，笔者通过“小勇”与“爸爸”的留言条的比较，让学生发现“小勇”的劝说中存在着诸多的不足，并出示了“大勇”的劝说提纲：

(1)我坚决反对买第二辆车；

(2)我之所以反对的原因；

(3)解决接送问题的建议。

这份提纲虽然简单，但却给学生提供了一个提纲的基本雏形，使他们对提纲有了一个粗浅的认识。在之后自主编写的时候，才不至于束手无策，不置可否。

2. 自主编写提纲，交流明确要领

有了之前提纲雏形的帮助，学生的提纲编写过程相当顺利。然而，由于学生平日对提纲的接触并不是太多，必然会存在诸多问题。课堂上笔者进行了三个方面要领的指点：

(1)简练

师：列提纲可不能把这些条目原原本本地抄下来，我们要注意“简练”。这点很重要，你可以选择其中的几个词,或者其中的一两个短语来进行说明。

学生编写提纲前进行了反复提醒,然而还是有不少学生出现了语句冗长的现象。于是,笔者选择了其中一位同学的提纲,师生合作,进行了现场的修改演示。

(2)详细

笔者又选择了其中一份注明了“详略”与“说明方法”的提纲,引导学生发现其与其他提纲的不同。在比较中,学生们立即感受到了这份提纲的亮点。在点评与交流的过程中,学生明确了材料要用,更要知道怎么用,并在提纲中有所体现。据此,学生对自己的提纲进行了修改、补充。

(3)有序

最后,我把两份在材料选择上大致相同,但在排序上截然不同的材料放在投影上进行展示,学生很快发现了其中的“蹊跷”。我让这两位学生进行说明,她们对自己的结构安排说得有理有据,令人信服。由此,其他学生从她们的论说中,明确了表达前需要对篇章结构进行架构。

本环节教学,教师引导学生思考了习作提纲编写的三大要领,并落实了思维训练:

一是表达简练的训练。教师以错例引发学生思考,并进行了“实战”练习,在改、换、删的过程中,学生体会到简练的提纲更容易把握全文,理清思路。

二是表达序列的训练。同样的材料,在不同的文章结构中 会呈现出不同的逻辑关系,于是组织与表达的先后便也各不相同。教师通过呈现学生与虚拟爸爸的心理“交锋”,物化了学生材料重组的思维过程,使学生深刻领会表达有序的内在肌理。

三是表达详略的训练。教师通过学生作品的呈现,并通过学生表达用意的补充论说,让全体学生受益。有些材料适合运用数据,有些材料适合抒发情感,有些材料适合引用实例,通过学生头脑风暴式的交锋,强化了认知,提升了能力。

三、课例评析

如何物化习作的思维过程呢?写作心理转换理论给我们提供了基本蓝图。我国学者刘淼提出了“三级转换理论”:“第一级转换是从思维到内部言语的转换;第二级转换是从内部言语到外部口头言语表达的转换;而内部言语到外部书面语言表达的转换要经过二级转换过程并进入到三级转换。”

根据“三级转换理论”尝试推演可知,学生习作最终达成离不开“信息的输入(或唤醒)”、“语料的提取选择”、“思维外显为语言的转换”这三个基本过程,姑且称之为“‘三级思维物化’程序”。

(一)一级思维物化——信息的输入(或唤醒)

本课例,教师通过将信息搜集、提炼、归类的习作取材过程清晰物化,使学生的思维经历了“信息输入”的实践过程。同时,信息不一定是完全陌生的。在这个过程中,原本“沉睡”的信息也将被激活、唤醒。

当然,这种“信息输入(或唤醒)”的思维物化方式同样适用于小学阶段的记事文、写景文、状物文等。即便是抒写回忆的文章,我们同样可以通过实践性的活动帮助学生唤醒以往的记忆,再现头脑中的内部知觉。

(二)二级思维物化——材料的提取

第二级思维物化是对脑海中的非连性信息进行有针对性的提取，这个过程是学生对原始材料(包含内部言语)进行检索、提取、组合的复杂思维过程。

在信息归类后，教师通过创设课堂情境——“小勇的爸爸因为平时接送他们母子俩不方便,准备买第二辆车”,以引导学生思考如何运用这些信息对爸爸进行劝说。在思辨的过程中,学生发现不能把这些材料全盘地运用于劝说中,而应该经历一番选择。

而选择势必需要学生对所拥有的原始材料进行检索比较。本课教学以“尾气危害”为例让学生尝试选择,并且说明理由。学生自有不同的思维方式、性格特征、生活阅历,因而便会呈现出各不相同的选择方式。所以,不同的选材,没有孰优孰劣之分,教师应该把握、引导的是其间思维的合理性。教师难能可贵的就是把握了练习的核心——思维的合理性。通过学生各自的自圆其说,让他们感悟到不同的思维方式所带来的不同表达方式,领会其中的构思轨迹。这就是得法。

(三)三级思维物化——思维的转换

思维的第三级物化是借助课件媒体,分类呈现学生编写的提纲,其本质呈现的是学生对所选语料进行个性化组合的思维过程,这同时也是一个由内部言语转换为初级表达(结构化的书面表达)的物化过程。

呈现思维转换的形象化手段很多,如导图演示、提纲编写、表格罗列、图示标志等,通过简练的非连续性文本,对书面表达的基本路线进行通盘谋划。但无论何种手段,都不能忽视几个基本的关键点:一是表达形态,每种形象化手段都会有其不同的表达要求;二是表达序列,安排材料应自圆其说,言之有序;三是表达方式,详略安排、言说方法,都应该了然于胸,方能下笔有神。

本课例,教师通过师生、生生的交流对话,有效地将思维转换的过程以提纲的形式得以呈现,并在不断地比较与修改、论说与补充中,使学生得到了布局谋篇这一构思能力的有效训练。

(奉化市西坞街道中心小学　李维勇)

(奉化市教研室　张晨瑛)

【课例 15】

《我的童话我做主》

——童话作文的“练习”要切合想象的点

本文中的“练习”主要指学生在课堂上参与、实践语文能力的过程。“练习”是学生把学到的知识转化为能力的重要途径。作文课上有很多给学生练习的机会，包括听、说、读、写。那么该如何利用童话作文中的“练习”环节，支起童话作文想象的点，让“练习”更加科学和高效呢？

丹城三小徐老师以此为主题，在四年级两个班级两次执教人教版四年级上册第四单元习作《我的童话我做主》一课，经过一次次探讨和修改，终于让“练习”越来越切合童话作文想象的点。

一、第一次实践

安排的“练习”共有5处：

1. 导入环节，让学生说一说自己对童话的感觉。

2. 幻灯片出示几个经典的童话人物，让学生完成清单：

我想他当主人公	
他有这样的超能力	

3. 体会课文四篇童话的故事情节之后，让学生完成清单：

我想这样设置故事情节	变化1：
	变化2：
	变化3：

4. 两张清单交流之后，让学生看着清单具体编写故事情节。

5. 写完故事之后，让学生对着标准：自己的作文是否体现了一些道理，并修改自己的作文。

对课堂“练习”的评价：

5个环节的“练习”4次人人动笔，普及到了每个学生，让每个学生都参与到语文课堂实践活动中，并且所有的练习都围绕目标展开，均是为了实现目标，目的性很强。但是在内容的安排和选择上也存在一些不足：

1. 练习内容先后混乱；

2. 练习内容没有考虑学生特点；

3. 练习内容没有考虑童话特点。

本次课中的多次“练习”主要帮助学生选“主人公”，选“故事情节”。“人物”和“故事情节”是童话作文支起想象大厦的支柱，但是“神奇的语言”，比如夸张、拟人等修辞手法的运用，也是童话作文最重要的表达。在这次习作课中却没有考虑到，没有安排相应的练习环节。

二、第二次实践

“练习”环节发生的变化：

1. 设计练习，帮助学生明确童话的主题

师：我们深深地爱着童话，那是因为每一个童话故事都寄托了作者美好的愿望，带给我们启示，让我们终生受益。那么这一单元的童话故事带给我们哪些启示呢？

生1：《巨人的花园》让我知道，有快乐，有好东西要和大家分享，这样才能快乐。

生2：《去年的树》里的鸟儿珍惜友情，信守承诺，我很感动。

……

师：那么幸福到底是什么呢？

生：幸福是帮助别人，要劳动，做的事情对别人有用。

师：那么《小木偶的故事》呢？

生：（齐）笑很重要，但只会笑是不行的。

师：（出示课文启示）我们一起来读读吧！

师：这些启示就像一句句格言，耐人寻味。它们就是作者在童话中所表现的主题。（板书：主题）许多格言、谚语，都可以成为我们童话的主题。你有印象深刻的格言警句吗？比如珍惜时间的。

生1：少壮不努力，老大徒伤悲。

生2：黑发不知勤学早，白首方悔读书迟。

……

师：编好童话的第一步是有一个明确的主题。（板书：明确）请你选择一条最喜欢的格言作为自己童话的主题，写在草稿本上吧。可以从老师搜集的格言中找，也可以是自己喜欢的格言。

（学生自己在本子上写主题，写好之后，师生交流。）

2. 设计练习，帮助学生选择童话的内容

对于“练习”的评价：

1. 练习内容更加切合童话作文特点

三块练习均有动笔：第一块是帮助学生找自己作文的主题；第二块是帮助学生根据自己的主题选择相应的情节；第三块是帮助学生选择合适的写法。三块练习的目的都是为了突出童话作文“丰富、合理的想象”，童话的特点非常明显。

2. 练习方法更加科学

找主题、找情节都遵循“先明晰主题，再选择内容”这一规律。因为语言的学习在阅读课上已经进行过大量的渗透和迁移，因此作文课上只需在讲评的时候，帮助学生回顾一下或是提醒一下即可，练习的方法非常科学。

三、课堂实践的收获

童话作文课堂的“练习”不是简简单单地、随心所欲地听、说、读、写，它也应该考虑到童话作文的具体特点，切合童话作文想象的点。

（一）练习设计要有“主题”

童话作文中所有的想象都需要根据主题展开，主题是童话作文中想象的方向，离开了主题的想象就是乱想、瞎想。找准了童话作文主题的点，就相当于明确了想象的方向。

1. 从阅读内容中找主题

童话作文中需要主题，而主题是对自己生活、思想的提炼，往往具有一定的概括性。因此让形象思维大于抽象思维的小学生，自己去找主题有一定的难度。但我们可以在阅读中，帮助他们寻找适合自己的主题。

2. 根据要求提炼主题

主题，有时候也蕴含在习作要求当中，这就需要根据要求寻找主题、提炼主题。比如有这样一个习作要求：生活中，有时候与人方便就是与己方便，你赞同这样的观念吗？请你结合自己生活的某件事情或某个经历，谈谈自己对这个观点的认识。这样一个习作要求，如果写成童话，主题可以有：与人方便就是与己方便；与人方便不一定就是与己方便等。

3. 从生活中发现主题

首先，引导学生写下自己在生活中感触最深的一句话或一个道理，然后把这句话或这个道理作为童话作文的主题，再围绕这个主题展开合理、丰富的想象，让想象为主题服务。比如学生在学习中常常会做“三天打鱼、两天晒网”的事情，那就可以引导他们说出“学习不能三天打鱼、两天晒网，而应该持之以恒”的道理，然后把这句话写下来，作为一篇童话作文的主题，编一个童话故事。

（二）练习设计要切入“人物”

童话作文中的人物来自世间万物，广泛神奇，但在把他们作为童话作文的人物时，也应该遵循他们的特点。比如老牛通常有勤劳朴实的性格特点，因此把他们作为人物的时候，不能把滑头、狡诈的事情加在他们身上。又比如，蚂蚁爬得慢是特点，因此在想象情节的时候，就不能安排“健步如飞”之类的故事场景。找准人物的特点，能规范想象，让想象变得更合理！

（三）练习设计要切入“写法”

找准写法的点，可以撑起想象的框架。

1．找属于童话的写法

童话作文作为一种特殊的文体，它有自己特殊的表达方法。比如拟人的手法，使世间万物具有人的情思、动作。掌握这个写法，对童话作文的写作具有非常大的作用。找属于童话的写法，然后恰当运用，能使童话中的想象有所依附。

2．找来自教材的写法

让学生在教材中学写法，不但可以把繁杂的写法分解到课文中，减轻学生学习的难度。而且这样也充分利用了教材资源，真正做到了"课文无非是一个例子"。

3．找适合儿童的写法

各种表现方法、手法在童话作文中大量存在，能够起到表明主题、点明主题的作用。只有找准适合儿童的写法，才能真正将写法落实到位。

（象山县文峰学校城南校区　梁高英）
（象山县丹城第三小学　徐金盈）

第三章

综合性学习与特色学习

【课例 1】

《走进信息世界》

——语文综合性学习练习难点的突破

一、问题呈现

目前,语文综合性学习的练习设计出现了“语文味缺失”的现象,具体表现为:

(一)练习内容局限教材,忽视学习主题的拓展

(二)练习过程倾向单一,漠视学习能力的提升

(三)练习方式简单机械,缺乏灵活创新的思路

为何当前语文综合性学习的练习设计出现了以上问题?以《走进信息世界》为例,不难看出语文综合性学习在练习设计上的重点与难点:一是教材选编的几篇课文仅仅是为学生提供的阅读材料,目的在于提供信息,引起思考;二是在学习中,要让学生亲历信息生成、传播与运用的过程。

二、课例描述

基于这样的认识,笔者认为设计本组练习的关键在于搭建好信息平台,在这一平台中设计并进行具有语文味的练习,保证学生在语文的某一方面或几个方面有所提升,并取得比较理想的成效。下面结合笔者设计实践的两则练习加以具体阐释。

(一)设计一:凭借天时,因时而定

2010 年 5 月 1 日起,上海世博会拉开帷幕,这场距离宁波最近的“世界盛会”值得每一位宁波人期待;而“城市,让生活更美好”的世博主题口号,也正影响着我们这座城市的文明建设。本次综合性学习,我们将有效地借助“上海世博”这一信息平台,引领学生走进信息世界,共享“上海世博”带来的无限精彩。

【练习设计】

1. 请你点击上海世博会官方网站 www.cxpo2010.cn,了解上海世博会概况,如世博会召开的时间、地点、主题、会徽、吉祥物等,摘录自己感兴趣的内容。

2. 在以下四组实践主题中,各学习小组自主选择其中一项,按照具体要求开展学习实践:

(1)主题词:世界

通过上网、读报、收集参观券等途径搜集世博会上展出的中外国家馆图片资料,制作成PPT进行展示。

写一写你们最感兴趣的一处国家馆,可以介绍一下展馆的设计风格、象征意义等,并请描述一下你们看到这一展馆时的感受。(字数300字左右)

(2)主题词:城市

通过上网等途径了解上海世博会主题馆中设置的“城市人馆”、“城市生命馆”、“城市星球馆”、“城市未来馆”和“城市足迹馆”的具体内涵,制作成表格进行展示。

你们是如何理解世博会所提出的“人、城市和地球日益融合为一个不可分割的整体”?根据这一观点,搜集相关资料写一篇短文,用上搜集到的例子。

(3)主题词:和美

……

(4)主题词:生活

……

【具体操作】

1. 组织每一位学生通过上海世博会官方网站,了解上海世博会概况。

2. 引导学生组成学习小组,推选组长,选择实践主题,制订相应的综合性学习计划。

3. 各组员明确分工,教师及时关注每一小组的实践情况,作出相应的指导。

4. 各小组在自主学习实践的基础上,围绕主题,整理所获得的各项资料,完成每一项具体任务。

5. 各小组成果展示:或制作PPT,或编写手抄报,或进行情景导游等。

6. 保证活动时间。

【设计意图】

以上几项练习设计紧紧围绕“走进信息世界”综合性学习要求,并努力体现“四有”标准:

1. 有语文味:语文综合性学习离不开“语文元素”,作业设计时也充分考虑到训练和提高学生的语文能力,如介绍展馆特点、想象对话、写导游词等,让学生在实践活动中学习运用语言。

2. 有生活味:“信息”以时效为生命,以“信息”为主题的综合性学习也应与时俱进,每一年的学习都应有新意,不应固守教材的内容。本次综合性活动的安排颇占“天时地利”,贴近了学生的生活。

3. 有趣味性:以小组为单位开展活动,强调学生在活动中的团队合作,使学习成为了共享。此外,活动以“世界”“城市”“和美”“生活”为四大主题,供各小组自主选择,也增强了学习的趣味性。

4. 有挑战性:作业设计上并非要求学生只是单一地会查找资料,而是在搜集信息的基础上学会整理运用,使语文综合能力得到了检测与提升。因此,完成以上作业并非易事,而是需要大家齐心协力,“跳一跳,来摘桃”。

【学生成果展示】

如第一小组四位学生选取了“世界”主题进行实践活动。他们通过上网、读报、收集参观券等途径，搜集世博会上展出的中外国家馆图片资料，制成PPT进行展示，并完成了小组实践报告。

秀秀我的世博护照

几天前，我在网上浏览了上海世博会，游览了许多国家馆，简直是“不出家门，也可一览异国风情”。下面请允许我秀秀我的世博电子护照。说起这本世博护照，我可得意了！我的护照上已有了不少印章，我一数，有38个呢！其中我最感兴趣的还是如下几个：

“桉树树桩”印章

说起桉树，那可是澳大利亚的国树！澳大利亚馆的造型就活像一个巨大的桉树树桩，我老远地望见澳大利亚馆，就被它独特的样子给吸引住了！那枚印章则更有趣：在“桉树树桩”的图案上清晰可见澳大利亚国家版图……

“风筝屋顶”印章

世博园区内的墨西哥馆构思可谓别出心裁，地面一层竟以许许多多只“风筝”作为屋顶，走入地下才是展馆。所以，它的纪念印章图案也显得别具一格：左边是三只精巧别致的风筝，仿佛迎着风，在空中飞翔，体现着“放飞梦想”的主题……

“蕨草”印章

谁都知道依附在澳大利亚旁边的是有着“绵羊之国”美誉的新西兰，可在世博护照上，新西兰馆的印章却是一根蕨草！我可真是弄不明白啊！终于有一天，我找到了原因并想象了出来……

（二）设计二：依靠地利，因地制宜

近年来，借助我校毗邻月湖景区的自然优势，笔者在设计本组练习时，打破原有的语文课堂教学固定、乏味的格局，把课堂、活动场所设在月湖科技音像馆、大方岳第博物馆、天一阁等景点，把月湖景区所内含的人文、科技、艺术等知识内容融于语文学习与实践之中，并设计了一

练习主题	相关内容	达成目标
解说月湖景点	初步认识月湖十景。	培养解说与交往能力，激发热爱家乡、宣传家乡的情感。
“我”眼中的月湖名人	追寻名人成长之路，了解名人与月湖的故事。	培养立志奋发、不断进取的精神。
“我”听过的月湖传说	搜集整理月湖传说，品味历史及人文的深蕴。	学习积累与运用资料，激发热爱家乡的情感。
月湖建筑艺术探究	用童真的眼光搜索建筑特色，增强爱乡之情。	初步培养合作与探究精神。

续表

练习主题	相关内容	达成目标
月湖楹联文化初探	搜集整理月湖各景点中出现的楹联，学习欣赏。	培养赏析以及敢于质疑、敢于探究的品质。
月湖水利文化初探	了解“平”字水则碑亭遗址。	培养敢于质疑、勇于探究的自主探索精神。
书香幽幽天一阁	了解天一阁藏书楼的历史价值。	培养热爱家乡、保护文物的情感
月湖景区环保之我见	了解景区环保现状，开展月湖护绿活动。	培养保护环境、爱护绿化的情感。

系列的学习主题，见下表所列：

这样的设计将月湖景区创设为信息平台，充分挖掘了在月湖及其周围所形成的书院文化、藏书文化、水利文化、商贸文化、教育文化、儒学文化等文化内涵，并将其整合成容易为学生所接受与感兴趣的学习活动主题，为进一步组织开展实践活动提供丰富的资源。

具体任务设计如下：

1. 搜集有关月湖变迁的文字或图片资料；搜集月湖景区内文物古迹保护、修缮的相关资料（可选择其中一处）。

2. 自由组合成立若干个“月湖小小文保队”，分别命名为“月湖变迁研究小分队”、“文物古迹考察小分队”和“景区绿化养护小分队”等。

3. 各小组拟定月湖景区保护措施。

4. 各小组将各自的文保设想写成文字稿，如写一写导游词、倡议书等。

5. 各小组组织实践活动，在月湖景区内当一回小导游。

以小组为单位开展活动，强调学生在活动中的团队合作，促使语文学习成果共享。这样增强了学习的趣味性，使语文综合素养得到了进一步的提升。

下面以一个学习小组的一次探究活动为例来说明学习主题完成的基本过程：

1. 整理记录，筛选课题

以下是这一学习小组在参观了月湖景区，初步了解了月湖文化之后拟定的几组研究课题：

领域	研究课题	领域	研究课题
月湖景点	滋阴同乐大戏台的来历； 秦氏宗祠的建筑风格； “平则碑”的由来； 月湖新十景的形成……	月湖文化	天一阁藏书文化的形成； 贺知章诗歌对月湖文化的影响； “竹洲文化”溯源； 月湖对水利测量的影响……

2. 根据个人兴趣及特长确定学习主题

较大范围的课题筛选为进一步开展探究活动、撰写探究方案做了准备。在此基础上教师指导学生设计探究活动,撰写探究方案,让他们获得自主学习的本领;指导学生收集分析获得的资料,撰写小论文,培养他们研究总结的能力。

以下是这一学习小组成员之一自主制订的关于"研究秦氏支祠藻井的建筑艺术"的课题研究学习方案:

课题名称:秦氏支祠藻井的建筑艺术

研究目标:通过查阅资料等途径,了解秦氏支祠藻井的建筑艺术,对月湖文化有更深入的了解。

研究过程:a. 查阅资料;

b. 实地考察;

c. 走访管理人员;

d. 整理相关材料。

3. 考察研究与撰写小报告

学生根据方案进行资料的搜集与整理,并围绕主题撰写小报告、小论文。如上述这位学生在对秦氏支祠藻井经过了一段时间的考察与实践之后,写下了这样一段文字作为研究的成果:

秦氏支祠的戏台是秦氏支祠建筑艺术的集中体现,特别是它的藻井设计更为引人注目。穹形藻井由千百块经过雕刻的板榫搭接构成,盘旋而上,牢固精巧。屋顶的装饰极为精致,是艺匠们用手工精雕细刻而成的。这些矗立在屋顶上的雕塑作品无论是人物或动物,还是花卉都相当逼真。可见工匠们要把这种艺术效果反映出来,的确是一件不容易的事。

4. 成果展示与交流

每一次实践活动以后,教师鼓励学生用自己喜欢的方式向小组成员或是全体同学汇报成果。如作品展示、情境表演,还通过组织办手抄报、写简单的调查报告、写建议书等形式,延伸活动,展示成果。

如第一小组在进行小组探究活动之后,分工合作,完成了以下成果,向大家进行展示:

1. 秦氏支祠导游词

同学们一定都知道秦氏支祠吧,它坐落于风光秀丽的月湖西侧马衙街上,坐北朝南,门前为马牙漕,后面是天一阁。这座建筑物是1925年宁波钱业巨子秦际瀚为祭祀祖先而建,共消耗了20余万银元。祠堂以照壁、台门、戏台为中轴线,五间二弄,前后三宸,两侧置配殿、看楼,占地2.6亩,建筑面积2000余平方米。它的梁坊、斗拱、戏台藻井等处采用了大量的宁波传统艺术——朱金木雕、黄杨木雕、石雕及砖雕等建筑工艺,是宁波民居建筑艺术集大成之作。目前存有题材丰富的此类作品200多幅,整个建筑更显富丽堂皇,是宁波市幸存的建筑宝库之一。现已被开辟为"宁波民俗博物馆"。

秦氏支祠的戏台是秦氏支祠建筑艺术的集中体现,特别是它的藻井设计更为引人注目。穹形藻井由千百块经过雕刻的板榫搭接构成,盘旋而上,牢固精巧。屋顶的装饰极为精致,是艺匠们用手工精雕细刻而成的。这些矗立在屋顶上的雕塑作品无论是人物或动物,还是花卉都相当逼真,可见工匠们要把这种艺术效果反映出来,的确是一件不容易的事。

秦氏支祠的建筑特色充分地展现了工匠们杰出的智慧与才能,是月湖建筑文化的一枝奇葩。听了我的介绍,同学们如果感兴趣的话,不妨到此一游!

2. 月湖美(快板词)

月湖风景美如画,年年都有新景象。政府投资数亿万,月湖换上新容颜,南园北湖遥相应,十洲三岛展新姿。烟屿拂芦,松岛传书,传来阵阵书香;竹屿扶翠,月岛洒桂,洒下串串笑声;菊洲凝霜,芳草含香,吐出万千新气象;芙蓉初露,雪汀吟梅,声声吟唱月湖好风光。月湖景区变化大,三天三夜说不完。无论是本地人,外地人,还是外国人,看了都会翘起拇指连声说:“ok! ok!”

3. 小志愿者发出的倡议书

我们是一群学习、生活在月湖畔的“红领巾”。从小,我们就枕着柔和的月湖水入睡,听着外婆讲那月湖古老的传说慢慢地长大。月湖,我们的母亲湖,带给了我们那么多的欣喜,那么多的憧憬……不知从什么时候起,我们的心中就有了这样一个美好的愿望:等我们长大的那一天,一定要为我们得母亲湖做点什么!作为宁波城区第一大文化景区,月湖景区内有许多历史文化古迹,如烟屿楼、超然阁、书院遗址、南国书城天一阁等。它们像颗颗珍珠点缀着美丽的月湖,使月湖更具历史的风韵。这是前人留给我们的宝贵的文化财富,我们每个人都要好好爱惜。为此我们以少先队员的名义向大家发起倡议,希望我们自觉维护景区的美丽与整洁,爱护文物古迹,不在文物古迹上乱涂乱刻,不损坏文物,以实际行动为我们的母亲湖增添光彩!

三、课例评析

以上两则练习设计充分体现了综合性学习的“语文味”:

(一)实:练习内容离不开“语文元素”,设计时应充分考虑到训练和提高学生的语文能力。

(二)趣:练习过程强调学生在团队中的合作共享;为各小组提供自主选择的练习任务,增强练习的自主性和趣味性。

(三)活:“信息”以时效为生命,以“信息”为主题的综合性学习也应与时俱进。每一年的学习都应有新意,不应固守教材的内容;练习方式上并非要求学生只是单一地会查找资料,而是在搜集信息的基础上学会整理运用,使语文综合能力得到检测与提升。

综合性学习任务的设计将直接影响学生语文素养的提升。只有立足“语文”,有效引领,追求真实有效的学习成果,这样才能使学生真正享受到语文“大餐”的原汁原味。

(海曙区中心小学 凌虹)

【课例 2】

《遨游汉字王国》

——语文综合性学习练习设计初探

一、问题呈现

语文教材中"综合性学习"的板块，旨在引领学生直接地、广泛地接触语文材料，在语文实践中感受、理解、掌握和运用语文，提升语文素养。然而，纵观目前综合性学习的开展情况，停留于表面化现象比较突出，有的当作常规语文课来上，有的则又当作课外活动对待。显然，这两种态度是不恰当的。那么我们应该如何安排文本教学，如何组织学生开展各项活动，使学生的听说读写能力在活动中得到全面的提高呢？这就需要我们抓住综合性实践活动的"实践"与"活动"，设计并实施有效的练习，提高综合性学习的实效性。

二、课例描述

（一）教材分析

人教版五年级上册中《遨游汉字王国》是一个独立成单元的综合性学习。它的编排方式与其他各组课文截然不同，突破了以课文为主体的单元结构，改为围绕专题、任务驱动、活动贯穿始终的编排方式，其内容包括"有趣的汉字"和"我爱你，汉字"两大板块。

教学时，我们围绕"遨游汉字王国"这个主题，引导学生通过综合性学习，初步了解汉字的特点和发展历史，加深学生对汉字和中华传统文化的感情，提高正确运用汉字的自觉性。在活动中，培养学生策划和开展活动、查找和运用资料、采访和实地调查、记录素材和写调查报告等综合能力。

（二）教学目标

1. 策划并开展简单的小组活动，学会制订活动计划。

2. 通过了解汉字谐音的特点，体会汉字的有趣。初步了解汉字的起源，激发学生对汉字的兴趣。

3. 初步了解汉字的演变，学习欣赏汉字书法艺术，培养学生对祖国语言文字的自豪感；提高对纯正汉语的认识，养成防止和纠正写错别字的习惯。

4. 学写简单的调查报告。

(三)教学流程

序号	活动内容	活动地点	课时安排
1	激发兴趣,导学阅读材料	教室	2课时
2	制订和交流小组活动计划	教室	1课时
3	分组活动,整合资源	各组自定	4课时
4	根据活动方案,中期展示材料	教室	1课时
5	继续分组活动,整理资料	各组自定	3课时
6	各小组整理活动成果,撰写调查报告	教室	1课时
7	活动成果展示、汇报,朗诵《我爱你,中国的汉字》	教室	2课时
合计			14课时

(四)练习片段

片段一:激趣导学,任务驱动

1. 感知单元导语

思考:综合性学习的内容跟我们以往的单元内容有什么不同?学生浏览阅读后,进行全班交流。

2. 整体阅读,感受汉字的神奇

出示阅读要求一:

(1)认真阅读"阅读材料1-4",思考:这四个材料分别从哪个方面说明汉字是有趣的?有趣在哪儿?

(2)中国汉字除了上面四种有趣的现象外,你还知道哪些有趣的现象?

(3)阅读后,四人小组交流自己的想法。

出示阅读要求二:

(1)认真阅读"阅读材料1-7",想一想这七个材料分别是从哪些方面介绍汉字的历史和文化的?

(2)除了上述七个和汉字有关的历史和文化外,你还知道哪些?

(3)阅读后,四人小组交流自己的想法。

课内外一体的综合性学习,每完成一个活动都要以学习"阅读材料"为先导。但"阅读材料"不同于一般的课文,教学中不能以学习"阅读材料"为主,而要把"阅读材料"作为学生搜集、查找相关材料的例子,利用"阅读材料"的学习为活动的开展引路。全班分组后抽取其中一则"阅读材料",学生阅读了这些资料后,在小组合作交流中就能轻松地迈入汉字王国的大门。

片段二:制订计划,策划活动

1. 出示研究专题

	二级课题	三级课题
遨游汉字王国	汉字之源	汉字是这样产生的
		汉字字体的演变
		“福”、“寿”字形变化研究
		关于自己姓氏来源的探访
	汉字之美	访问书法名家
		汉字的魅力——外国人与汉字的故事
		搜集同学中的优秀书法作品
		民间书法作品欣赏
	汉字之趣	有趣的字谜:搜集字谜、编字谜、猜字谜
		汉字谐音及其妙用
	汉字之法	汉字识记好办法
		某某路不规范用字调查研究
		五(　)同学作业中常见错别字调查

2. 分组讨论活动计划

提示:讨论时要做好分工,如专人记录讨论结果,专人负责整理讨论意见,并形成完整的计划。

出示:

______小组活动计划

小组格言:______

组长:______ 副组长:______

资料保管员:______

组员:______

序号	活动时间	活动地点	具体内容	活动过程	展示方法	组内分工

学生在确定了研究主题之后,教师要落实好制订活动计划这一教学环节,引导学生按照计划有序开展活动,当然也可根据需要适当地进行调整。

片段三:交流展示,分享收获

1. 谈话导入,激发兴趣

2. 展示交流:字谜游乐园

(1)首先,我们从汉字的猜字谜开始。同学们在综合性学习活动中收集了不少汉字字谜,还有一些同学自己也编写了一些字谜呢。这些字谜由字谜组的同学负责，制作成了精美的字谜卡。接下来,就让我们进入字谜游乐园吧。

[活动说明:上一节课,字谜组的同学将大家收集和编写的字谜以及谜底集中进行了整理,并制作成了精美的字谜卡,然后在教室四周拉起了一条条的透明线(透明胶),将字谜卡片往上粘即可。]

(2)出示活动要求:每人拿一张答题卡进行答题;答题时间为15分钟;答题时按照顺时针方向转圈;不能偷看其他同学的答案;转完一圈后回位置,集体交换批改。

(3)交流体会,感受乐趣。

3．展示交流:谐音快乐营

(1)刚才我们游览了有趣的字谜游乐园,大家不仅通过猜字谜积累了汉字的知识,而且从中感受到了汉字的无穷乐趣。下面让我们轻松一下,进入谐音快乐营,再次感受汉字给我们带来的快乐吧。

(2)谐音组组织进行互动游戏:

游戏内容涉及歇后语、古诗、对联、笑话中的谐音。可以对答、找谐音字、说笑点等。

4．展示交流:汉字历史大揭秘

(1)同学们,汉字已经经历了几千年的历史,从最早的甲骨文开始,其间走过了一条有趣的发展之路。在人类一步步揭开汉字神秘面纱的过程中,也有着许许多多动人的传说。下面汉字历史组的同学和大家一起分享。

(建议:汉字历史组的同学把大家提供的材料统一进行整理,做好PPT进行展示。)

(2)说说看了这些展示的感受。

5．展示交流:故事会

6．展示交流:汉字规范营

(1)同学们,在我们的综合性学习计划中,安排了一次较大规模的社会调查活动。大家是如何开展这一活动的呢?请每个组的组长汇报一下活动开展的情况。(教师给予适当点拨和评价。)

(2)下面就请汉字规范组的同学给我们展示一下大家调查的错别字情况。

(展示前教师要有所指导,并注意展示时——

★形式多样:实物、照片、文字记录……

★内容全面:不规范字与规范字对比表;简单的调查报告;给有关部门的建议书……)

找错别字这一活动，学生非常感兴趣。通过社会用字调查和学生作业中常见错别字的调查,增强了学生规范用字的意识,为纯洁祖国语言文字做了些力所能及的事。更重要的是,通过仔细地查找街头错别字,大胆地与写错字的人进行交流沟通等活动,既培养了学生留心观察生活的好习惯,又锻炼了学生大胆与人交流、交际的能力。同时也真正体现了在生活中学语文、用语文的理念。这也正是语文教育的一大特点。

7．展示交流：书法欣赏

①同学们，中华汉字不仅是文明的使者，也是一种特殊艺术的重要载体。历来，书法作为一门艺术为众多文人墨客所喜爱。无论是古代，还是现在，喜欢书法艺术的人数不胜数。

②下面请书法组的同学展示。（主要展示古往今来的书法家的作品）

③其实，同学们经过一段时间的努力，写出来的书法作品也不错，我们已经把它们贴到了教室后面的学习园地上，欢迎大家课间去欣赏。

小组活动以后，要进行汇报和交流，这是更大范围的合作学习。交流的关键是全体学生的参与，要让每个学生反馈自己学习的成果，分享其他学生的收获。而在交流汇报之前，各小组共享了搜集到的资料，并进行归类整理，分成字谜、谐音、汉字历史、故事、汉字规范、书法六个类别。然后根据展示方案，各组自选一类进行再次整理，商讨展示方式并进行准备，大大提高了课堂的效率。

8．展示交流：诗文朗诵

9．总结回顾，拓展延伸

作业：以《我和我的伙伴们》为题写一篇作文，可以写一写活动中发生的事，然后对自己和伙伴们在本次综合性学习活动中的表现作一个简要地评价。

学生在活动中学会了创新，学会了包容，学会了鼓励，学会了合作……我想，这一切的一切远比掌握"对汉字的了解"这一语文知识，更具有价值，更具有深远的意义。这是语文综合性学习的魅力所在。而让他们把这些感受写下来，也正是一次回顾和反思的好机会。让我们的学生在活动中如鸟儿般自由飞翔，如鱼儿般尽情跳跃，感受语文学习带来的快乐与成功。

三、课例评析

从课例我们可以看出，语文综合性学习是整体建构语文素养的点睛点。

（一）注重设计，拓展学习空间

从本次综合性学习的流程和片段练习设计中可以看到，为了让学生感受祖国语言文字的博大精深，强调把学生的学习空间从教室扩展到校园、社区街道、网络等地方，使学生在广阔的空间里学语文、用语文，拓宽视野，丰富知识，砥砺能力。

首先，在设计中提供"资源导航"，引导学生索取"有趣汉字"的相关资料，防止学生迷失在海量的信息资源中，让学生有目的地寻找到调查、参观、采访的对象及实践基地。

其次，设计努力结合周边资源。例如联系学生生活的区域进行不规范字的调查研究、同学作业本错别字调查，还有不少学生调查了自己姓氏的来源，小组自由活动中设计一些参观、采访、实验、制作、展示、辩论、表演、调查、歌舞、绘画、摄影、录音、策划等学生喜欢的活动，力图优化学习的心境，增强学习的"休闲性"。这些都利于学生的多感官参与，使学生的语文学习活动更感性更立体，有效地防止知识的抽象化。

（二）抓好过程，突出方法实践

单纯地观察结果，无法了解学生在活动过程中分工与进度安排是否合理，每个成员是否都积极参与，合作是否愉快，材料来源是否规范。“走进汉字”综合性学习活动还安排了中期交流。在课堂实践中，教师鼓励学生克服交流活动过程中遇到的各种困难，处理各种偶然性事件，把整个活动的过程展现出来，然后引导学生对“过程”进行评价。

对年仅10岁的学生来说，如果把涵盖量如此大的、综合程度如此高的“走进汉字”活动主题直接推到每一个学生面前，是不切实际的。这次的综合性学习过程承认了学生个性差异的存在，凸现选择性，提出分级主题，创造条件让学生的个性在各自的最近发展区得到合适的发展。教师在教学中有意识地把这一大主题进行分解，然后在宏观调控之中，让学生自主选择。

实际开展的学习过程有多种学习策略、风格、方法和技术供学生选择，例如有的学习小组选择汉字之美的研究，教师就建议学生网络搜寻以增加研究的宽度，拓宽学生的研究视野；教师建议学生“请专家谈书法”以增加研究的深度，让专业的成果启发学生的研究视角；教师还建议学生“观看书画展”，让学生在理性探求的基础上丰富感性体验，使研究更立体。再以“观看书画展”为例，实施过程中同意三五成群同行，也允许父母陪同协助。

（三）多元互动，加强合作意识

在活动的开始阶段，教师就通过认同、激励等方式，告诉学生可以通过作文、图表、模型、广告产品、诗歌、表演、绘画、歌唱等方式来汇报自己的活动成果。考虑所进行的毕竟是语文综合性学习，有一个重要的前缀“语文”，因此，教师民主、平等地建议学生多采用一些富有“语文味道”的汇报方式。

在具体实践中，把学生的综合性学习变成齐心协力、目标一致的团体经历。学会接受科学、合理的分工，履行自己的职责。在合作组内，任何个人都不要企图包办所有工作和学习任务，也不要企图回避，什么事都不想做。学会不断调整自己在群体中的角色定位。个人在合作组中，有时是“组织者”、“策划者”，而有时是“协作者”、“表扬者”、“解释者”、“提问者”、“监督者”、“检查者”等，个人在不同的合作学习中善于扮演好不同的角色。这种团体经历无疑创造了更多的机会让学生领略到来自团体的温馨——接受对方的帮助与帮助对方；创造了更多的机会让学生意识到各种文化观念的存在，领略到他人的学习风格和学习策略的同时，促进自身的认知重构与完善。

（宁波市通途小学　姜菁华）

（江东区教研室　金晓润）

【课例 3】

《初识鲁迅》

——单元教学练习设计例谈

一、问题呈现

有一种说法一度很流行,"一怕文言文,二怕写作文,三怕周树人"。可见许多学生不太喜欢读鲁迅的作品。因为鲁迅作品对于中小学生来说,比较难懂,有时代和语言的隔膜。因此更因为鲁迅作品的教学也有难度。

如何让鲁迅启蒙教学更符合学生的年龄特点?对此,本文以六年级上册第五组"初识鲁迅"单元为例,阐述如何从单元教学角度入手,让鲁迅真正能走进学生的语文生活。

二、课例描述

六年级上册,围绕"初识鲁迅"这一主题编排了四篇课文《少年闰土》、《我的伯父鲁迅先生》、《一面》、《有的人》和口语交际·习作、回顾·拓展。四篇文章只有一篇是鲁迅自己的作品,其余三篇是不同的人写鲁迅的,这样就使鲁迅这一人物显得更加真实、丰满、生动。

(一)解读导语,构成学习序列

根据教材内容的安排,本组聚焦解决的问题:初识鲁迅,学习写人。梳理出"学文识人"的两条教学任务主线,以此为学生打开"鲁迅"这扇窗。

序号	教学内容	鲁迅本位	语文本位	课时
1	少年闰土	童年鲁迅;大文豪鲁迅	1. 描写人物的基本方法:外貌、语言、动作 2. 理解含义深刻的句子	2 课时
2	我的伯父鲁迅先生	伯父鲁迅: "为他人想得多,为自己想得少。"	1. 联系上下文或时代背景,理解含义深刻的句子 2. 描写人物的基本方法:神态、语言、动作	3 课时
3	一面	瘦但精神的鲁迅;关怀进步青年的鲁迅	描写人物的基本方法:外貌描写(瘦)对比手法	1 课时

序号	教学内容	鲁迅本位	语文本位	课时
4	有的人	俯首甘为孺子牛的鲁迅；爱憎分明的鲁迅	对比手法	1课时
5	口语交际：留在心里的印象 初次见面—相处过程—印象变化		借鉴《少年闰土》的第一段。 借鉴《一面》中抓住外貌的描写方法。 运用人物描写的其他方法。	1课时
6	习作五： 1. 用一两件事来介绍小伙伴，写出特点。 2. 续编故事。根据想象，把事情的经过和结果写清楚，写具体。		运用人物描写的基本方法，写出人物的特点。	2课时
7	拓展交流： 1. 学生心目中的鲁迅形象 2. 理解含义深刻句子的方法 日积月累：鲁迅先生的名言警句 趣味语文：鲁迅妙对	鲁迅形象统一整理 鲁迅名言 聪慧博学的少年鲁迅	拓展阅读鲁迅作品	2课时

（二）整组设计，达到分层成链

围绕教学目标精心选择教学内容，才能使语文教学更有效。在以教学目标为导向的前提下，单元整组设计练习需要教师认真分析《语文课程标准》、教科书，合理选择和组织教学内容以及合理安排教学内容的表达或呈现，这是实施教学计划的主体部分，也是关键的环节之一。

片段：单元整组预习

单元预习单

预习要求	《少年闰土》	《我的伯父鲁迅先生》	《一面》	《有的人》
给课文标上自然段序号。	（　）个自然段	（　）个自然段	（　）个自然段	（　）个自然段
朗读课文，读到流利为止。	（　）遍	（　）遍	（　）遍	（　）遍
难理解的词语，打上"？"	（　）个	（　）个	（　）个	（　）个
画出难理解的句子，打上"？"	（　）句	（　）句	（　）句	（　）句
通过思考和查阅工具书、资料能解决的问题擦掉"？"并批注。	（　）处	（　）处	（　）处	（　）处

预习课文一步一个脚印非常认真。我请同学给我评价：☆☆☆

评价人签名：（　　　　）

设计意图:通过以往的单元导学课以及对“单元导语”的解读,学生已经完全有能力在预习中读出单元主题以及语文学习的任务。因此,在布置预习作业时,要求学生根据“单元导语”,进行单元整组预习,初步感知整组课文,加强单元学习的整体性。将预习课文细化成一个一个步骤,学生很清晰地知道要干什么,应该怎么干,也给学生的自我评价提供平台。

片段:整组学习,初识鲁迅

1. 浏览整组课文,初识鲁迅

同学们,就让我们随着本组课文的学习,去认识、了解鲁迅吧!请你浏览整组课文,然后填一填这张学习单。

学习单

课文中描写鲁迅的句子	
课文中对鲁迅评价的句子	
浏览整组课文后我对鲁迅的印象	
我还想了解关于鲁迅的内容	

2. 学生交流反馈

这张学习单通过有针对性地引导学生读课文,从多方面、多角度去认识鲁迅,使学生对鲁迅有一些感性的认识和初步的印象。同时通过学生的反馈,让教师了解学情,以便在接下来的教学活动中能确定教学的重难点。

(三)片段集锦,凸显语文本位

片段:沉醉美好想象,感受文字——《少年闰土》

1. 检查朗读,理解生词

(1)出示词语:其间、单知道、家景、素不知道、无端、如许、希奇

(2)理解生词:鲁迅先生所处的时代正是文言文和现代白话文交替的时代,因此这些词语的意思同学们可能不太了解,教师带来了它们的解释,请你来连一连吧!

我会连

请你把下面的词语与正确的解释连一连

其间	只知道
无端	如此
希奇	从来不知道
家景	其中
单知道	无缘无故
如许	稀奇
素不知道	家境

设计意图：鲁迅先生所处的时代正是文言文和现代白话文交替的时代，因此有些词语的意思对学生来说有一定难度，设计“词语与词语意思连线”这一作业旨在快速、批量地解决这一问题，为学生的阅读扫清障碍，为学生接下来的学习奠定基础。

2. 了解文章写作顺序

读了课文，请你按照课文写作顺序给“相识、离别、回忆、相处”这四个词语进行排序。

3. 沉醉那美好的想象，初识闰土

师：说起这段回忆，的确是烙印在作者心中最深刻最神奇的记忆。（出示课件）请轻轻地读一读。

师：读着这个句子，你的眼前仿佛出现了怎样的画面、怎样的景象？闰土“捏了胡叉轻轻地走去”，把“捏”换成“握”行不行？为什么？引导感受色彩美、动静美、用词的精妙（如：捏）。

设计意图：这一练习设计体现了阅读教学“阅读—感悟—表达”的层次，让学生在阅读中感受到鲁迅作为“大文豪”对语言文字运用的功力，同时培养了学生的想象力，锻炼了口语表达能力，这是一个很好的语文实践活动。

片段：运用对比评析，理解全诗——《有的人》

1. 指导读课题，发现主标题与副标题的特殊之处。

2. 理解课题，在诗中寻找鲁迅的痕迹。

3. 这首诗用对比的方式体现了两种不同的人物形象。

（四）拓展交流，感受鲁迅魅力

片段：换位思考，感受人文情怀——《我的伯父鲁迅先生》

出示文章语句：伯父鲁迅先生在世的时候，我年纪还小，根本不知道鲁迅是谁，一位伯父就是伯父，跟任何人的伯父一样。

在小周晔的眼里，伯父到底是个怎样的伯父呢？回到课文的五件往事中去。自主学习，尝试完成练习。

在（　　　）时候，周晔看到（或者听到）（　　　　），就明白伯父是个（　　　）的人。

带着这个主问题，教师和学生以10岁侄女的视角，认识了一位受人爱戴、善解人意、幽默风趣、乐于助人、写文章不要命、为自己想得少、为别人想得多的人。

在教学中，要让学生有静下心来思考的时间和空间。这一作业设计，用简洁的一道题空题把课文中的五件事情串联起来，节约了教师具体分析、提问的时间，增加了学生自主学习、自主阅读的时间。

片段：单元回顾，感悟人生真谛——《有的人》

1. 同学们，通过对本组前几篇课文的学习以及课外资料的搜集阅读，我们对鲁迅先生有了更多的了解。

读了________，我深切地感受到鲁迅先生是一个（　　　　）的人。例：疾恶如仇；珍惜友情；同情弱者；为自己想得少，为别人想得多……

2. 背景介绍

1936 年 10 月 19 日，鲁迅先生不幸病逝于上海。他留下的遗言是“赶快收殓，埋掉，拉倒”“忘记我，管自己的生活”。然而，人们真的会忘记他吗？

第 18 课的第一小节是这样描述的（请翻到书本第 18 课第一小节）

13 年过去了，人们还在深深地怀念他，1949 年 11 月 1 日，是鲁迅先生逝世 13 周年的纪念日，诗人臧克家从香港回到北京，参加了纪念活动，目睹了纪念会盛况，有感而发，写下了《有的人》这首诗（出示臧克家的照片）。

听录音朗读全诗，感知全诗。

3. 请你根据自己所熟悉的鲁迅先生的言论、事例，任选一组，运用对比手法创作一组（课件出示语句及作品）。

有的人

……

三、课例评析

以单元主题为导向，如何设计学习反馈作业，从而切实提高课堂教学效率，是在“减负增效”的大背景下迫切需要解决的问题。

（一）形成单元教学的自觉性

以主题组织在一起的单元教学内容，本身就是一个具有内在联系和巨大张力的系统。教师要充分利用教科书的这一优势，树立整体教学观，深刻认识并合理运用同一主题下各部分内容之间的内在联系，让它们相互支持，互为资源，让每一部分内容的教学成为单元教学构成中的一个点。这个点在结构中既承前又启后，与系统中的其他点组合起来，发挥超越自身的强大的整体力量。

（二）构建练习设计的连续性

教学内容的连续性建立在“教学内容与课程目标一致、教学内容切合学生实际需要”的基础上，练习是教学内容连续性的重要呈现。

在围绕单元目标的同时，根据鲁迅单元内选文的特点，教师尝试分三种练习形式：引导型、帮助型、建构型，以此打通经典与学生的隔膜，让鲁迅真正能走进学生的语文生活。课例片段一和片段二的引导型设计重在将学生引向单元文本，使学生带着轻松的状态阅读；片段三和片段四的帮助型设计借助教师的文本阅读力，协同学生去发现文本的“亮点”；片段五和片段六的建构型设计则指导学生学习文章的三维内容，使学生自觉地建构语文能力，达到对单元主题更高的理解和更深的感悟。

（三）提高目标达成的实效性

教学目标是教学活动的出发点和归宿，是教学活动的灵魂。纵观鲁迅单元的教学过程，不难发现落实目标的一些有效举措：

提问检测。对于简单的识记类知识点，一般采用个体回答；对于应用性问题采用一人主答多人补充的形成；对于拓展性难度较大问题，先组织讨论，在讨论过程中教师适当加以暗示，使学生少走弯路。这个单元的教学，教师采用上接力课的形式进行教学研讨。从课堂观察看，教师让学生发言的面达到 75%以上，教师及时得到信息反馈，检验了课时教学目标完成的程度。

课上练习。教师想检测学生语文本体性知识是否达到目标要求，就采用边讲边练的方法，及时发现问题并解决。例如略读课文《有的人》的教学中，为了让学生掌握对比的写法，教师提供相关素材，学生现场进行仿写，并在检查中进一步纠正诗歌的押韵问题。这样，课堂效果明显，学生兴趣盎然。

课外作业。教师在进行单元教学的过程中，应做好作业清晰记载。例如，一位教师记录了每题的错误率和错误较高的学生名单。在讲评中做到有的放矢，把时间放在错率高和典型错误上，提高效率，从而提高学生学习积极性。

（宁波市李惠利小学　庄静娇）
（江东区教研室　金晓润）

【课例4】

《成长的故事》
——指导学生制订综合性学习活动计划

一、问题呈现

笔者在实践中发现，第二学段综合性学习的活动内容是贴近学生生活的，活动方式是学生感兴趣的，展示成果的方式也是学生经过努力可以达到的。但教材中的“活动建议”大多言简意赅，只有寥寥数语，怎样引导学生将其转化为鲜活的、可操作的活动计划？本文试以四年级上册《成长的故事》为例展示这一过程。

二、课例描述

【片段一】紧扣主题，明确活动要求

1．话成长，明方向

师：今天开始，我们将一起开展一项非常有趣的活动，去感受“成长”。别小看了这两个字，不细心发现，还真是说不清道不明。不信，考考大家，你能说一说什么是成长吗？

生1：成长就是节日那天为妈妈洗了一回脚……

生2：成长就是不断地问着稀奇古怪的问题……

……

师：每个人对成长都有不同的理解，成长的故事里有快乐，有痛苦，有幸福，有失落……但那些故事总能带给我们感动和启示，这才是最珍贵的。（板书：感动、启示）今天，我们就要去寻找那些感动我们的，使我们受启发的成长故事。（板书：成长的故事）

在上课伊始，我试图引导学生以一句句对成长的描述打开他们思维的匣子，明确活动的主题和意义。印象中一位学生在谈到“成长就是节日那天为妈妈洗了一回脚”时，他回想起了自己妇女节给妈妈洗脚的经历，谈到妈妈每天为她日夜操劳的情景，几度哽咽。具象的表达唤起了学生感性的表达，也让学生找到了情感的落脚点。既激起了他们表达的欲望、参与活动的热情，又明确了活动计划的主题。

2．读建议，理要求。

课件出示“活动建议”

组织交流：

生：用讲故事、写文章、编短剧、办手抄报等方式，展示学习的收获，这句话告诉我们怎么进行展示。

师：对，这是展示我们活动成果的方式，像这些讲故事、写文章、编短剧、办手抄报等都是我们学习语文常用的方式。

课件出示：展示的方式

生：要通过阅读、访问、写信等多种渠道了解别人“成长的故事”，这句话告诉我们怎样去了解。

师：对，这是我们了解人物的（生：渠道），这些也是我们学习语文的常用的方法，我们就要用这样的方法去了解人物。

课件出示：了解的渠道

……

课件出示：了解的人物。

教师小结：大家很能干，像这样，我们抓住这段综合性学习活动建议中的重点语句，通过学写批注的方式写一写自己的理解，就能帮助我们很快明确这次学习的要求和任务。根据我们刚才交流的，还没画全的可以把相关的重点内容画全，在旁边补上批注。

学生修改。

课件：

综合性学习

读了周恩来总理小时候的故事，你一定深有感触。让我们来回忆自己成长的经历，并通过阅读、访问、写信等多种渠道，了解别人“成长的故事”。可以了解伟人、名人的成长故事，也可以了解熟悉的亲人或小伙伴的成长故事。然后用讲故事、写文章、编短剧、办手抄报等方式，展示学习的收获。

了解的渠道

了解的人物

展示的方式

话成长，为整个活动奠定了情感基础，指明了学习主题。而“活动建议”，为学生开展综合性学习活动提出建议，明确要求。对于四年级的学生来说，如何从这样短短的几行文字中提取出重要信息，需要教师的引导和帮助。

【片段二】围绕要求，“例”中建构计划

1．猜人物，显价值

师：叶老师上一次教四年级的时候，就和其中一组同学共同完成了这样一个非常有趣，也很有意义的学习过程。总共三个步骤,想不想看一看我们是怎么开展这次活动的?我们就来做个“寻找成长,猜一猜”的闯关游戏。

课件出示情境题:第一关,猜猜了解的人物是谁呢?

生1:爱迪生。因为他一生的经历很坎坷,但最终他还是取得了成功,他的经历一定会给我们的成长带来很多启示,所以我觉得很有可能去了解爱迪生。

师:有理有据,也很有了解的价值,很有可能。

生2:我觉得有可能会去了解爷爷、奶奶,因为他们年纪大了,经历的事情也多,所以我觉得有可能会去了解爷爷、奶奶。

师:是的,更重要的是,他们的成长故事很可能会带给我们很多感动和启示。

……

教师小结:从华盛顿到爱迪生,从爷爷、奶奶到老师,大家猜得都很有道理,这些人都很有了解的价值,说明大家对我们这次学习的任务是很明确的。下面,揭晓谜底。

课件出示答案:少年周恩来。

师:我们小组把了解的人物定为少年周恩来。不过,大家虽然没猜到,但是你们所说的人物都值得我们去了解,都很有了解的价值。

2. 猜方法,理渠道

师:我们会通过什么渠道去了解呢?

课件出示情境题:第二关,猜猜我们会怎样去了解周恩来呢?

生1:我猜有可能会通过上网找视频去了解周恩来。

师:这是一种了解伟人、名人的好方法,比较简便,如果能通过网络搜集更多介绍周恩来的文字资料来了解,那就更好了,用我们学语文的方式来开展活动,你的语文能力也会更强。

生2:我猜有可能会到书城去买几本关于周恩来的书看,通过阅读来了解周恩来。

师:这也是一种了解伟人、名人的好方法。这种方式,我们用来了解身边的人比较常用,不过,首先要表扬你,你肯定是一位愿意接受挑战的同学,如果可以采访到,那将是很宝贵的资料。

课件出示答案:“百度”、图书馆、新华书店(教师同时出示百度查找资料、到图书馆找书、到新华书店买书的活动过程图片)

教师小结:这些都是了解伟人、名人的好方法。不同的人物,就要用不同的方法去了解,而且要选择我们最擅长、最喜欢的方法去了解。

3. 猜展示,明成果

课件出示情境题:第三关,猜猜我们会用什么方式把学习成果展示给大家呢?

师:先不急,小组讨论一下,用哪种方式把学习成果展示出来最有可能,也最合理。

学生小组讨论。

……

师:大家猜得都很有道理,办手抄报、编短剧、书籍主题展览、办网站都是展示了解名人后的非常好的方式。我们一组同学他们选择的是关于“少年周恩来”的手抄报编写。不同的人物用不同的展示方式，我们可以选择自己最喜欢、最擅长的方式，来展示我们的学习成果。

课件展示手抄报制作过程。

本课中学生需实践的了解渠道有阅读、访问、写信等，“活动建议”只是提供了一个获取信息的途径和方法，具体怎么做？有哪些简便、易行的阅读渠道？如何进行访问？写信的实用性有多少？有哪些注意事项？都需要教师采用合理的教学手段，拓展学生的活动思路，在学生大脑中形成感观印象。

【片段三】依托表格，生成活动计划

1．样表引路，拟订计划

师：这个活动有趣吗？（生兴奋：有趣！）其实啊，在行动之前，我们是制订了一个比较详细的学习计划的，正所谓有备才能无患，胸有成竹才能妙笔生花，我们整个学习过程就是按照这个计划进行的。

课件出示例表：

“寻找成长的足迹”学习计划

组长：方晗　组长任务：分配任务、组织讨论

了解			展示		
人物	原因	渠道	展示方式	具体分工	
少年周恩来	周恩来少年时代的经历对我们成长的帮助与启示	渠道：“百度”、图书馆、书城 内容：关于“少年周恩来”的故事、图片、影片等资料	“少年周恩来”手抄报	成员	分工
				方　晗	排版
				李　翔	美工
				计樱子	文字
				黄榆璇	抄写

师：看这份表格，大家是不是也跃跃欲试了？（生：是！）你们觉得对我们开展活动有什么启示？

……

师：对，大家考虑得很周到。那就让我们赶快行动起来，请组长拿出课前教师发下来的一张综合性学习计划，四人一小组讨论，试着先完成这份计划。同时请注意讨论时做到认真文明，不走动、不喧哗；安排合理，把计划填完整、填具体。

学生小组合作，讨论拟订计划，教师巡回指导。

在活动计划的制订过程中，我充分尊重学生的自主性，引导学生分组讨论。讨论过程中，学生思绪飞扬、主意不断，想了解的人物不拘一格，了解的方式合理、恰当，展示的方式生动、有趣。如果说前面“猜人物”、“猜方法”、“猜展示”的学习过程是举一反三，以例子为平台，引导学生充分想象活动过程，建构活动计划，那么拟订计划的过程就是举三反一，将丰富多样性活动拟为属于本组的一种活动规划。

2. 互动交流,修改计划

师:哪一组愿意给大家展示你们合作的成果?

……

师:首先表扬这一组同学,第一,合作效率高,他们最先完成这份活动计划,说明他们的讨论组织得很好;第二,书写工整,说明他们有很好的书写习惯;第三,组长交流的时候表达清晰、完整,说明他们对活动计划很自信,选的组长很有水平。掌声送给这一组同学,有没有同学要给他们提提建议?

……

师:对,只有活动前考虑得更周到、更合理,开展活动时才会更从容、更有序。我们这一组同学可以根据他们的意见再调整一下计划,好吗?

……

教师小结:各位同学,刚才大家通过小组合作交流,制订了符合本组组员兴趣、爱好、特点的活动计划,而且我们通过展示活动计划,互相帮助提意见,使活动计划更合理、更周全。接下来,请各小组根据我们刚才交流的,再看一看本小组的活动计划,进行完善。

学生分组自主修改,完善计划。

教师小结:同学们,详细、周密的计划是迈向成功的第一步。今天这堂课,大家通过自主阅读活动建议,猜想活动过程,合作制订活动计划,对活动过程已经有了一个整体的考虑和打算。相信同学们在接下来的日子里,一定能出色完成这项任务,有没有信心?

生:有!

师:在今后的两个星期左右的时间里,我们还有可能会遇到各种各样的困难和问题,都可以找老师帮忙,期待着大家的成长故事。

课堂上,我引导学生分别展示两组不同内容的活动计划,一组是身边的教师,一组是名人。因为这两类了解的对象在了解的渠道、展示的方式等方面有着诸多差异,因此指导也就具有针对性、代表性。课堂上,我放手让学生进行互评,很多学生对了解的方式、展示的方式等许多细节处都提出了不同的、中肯的意见,特别是注意事项部分,普遍考虑得十分细致,如:“采访”这一形式,有的学生提出要注意礼貌,要提前写好采访稿,要安排拍照和录音等。一个个金点子在交流中生成,这样的交流是学生对活动的投入,也是学生能力提升的标志。

三、课例评析

我觉得指导学生制订活动计划一般可以从以下三步入手:

(一)明确要求是前提

第二学段综合性学习都是与课文、习作或阅读内容相衔接的,“活动建议”中也往往包含了诸多要求与导向,给学生明确学习方向和任务造成一定困难。因此,教师首先应引导学生明确学习要求。

以本课为例,首先以“话成长”打开学生的思路,明确学习的主题。然后,通过自读“活动建议”，理清学习要求，明了学习方向。这样，学生就对活动任务有了基本认识，对活动计划的内容有了大概了解，这是制订活动计划的基础，也是今后开展活动应具备的很重要的一项能力。再如，三年级上册第五单元《了解生活中的传统文化》的综合性学习，首先应引导学生了解什么是传统文化，一般所指的传统文化有哪些？这就是明确了学习的主题。然后，还要知道可以用哪些方式了解传统文化？可以收集哪些资料？怎样展示活动的成果？这就是明确了学习的任务。如果说制订活动计划是开展综合性学习的前提，那么明确学习要求就是制订活动计划的前提，它犹如万里长征第一步，为整个活动的开展迈出重要的一步。

（二）有序建构是关键

本课例中，试图以“了解少年周恩来”为例子，梳理“定计划”的方法——引导学生明白，理解“周恩来”这样的名人，既可以从“伟人和名人”的角度解读，也可以从“亲人和伙伴”的角度趣谈，明确学习内容；进而通过师生对话，引导明白了解不同的人物，就要用不同的方法学习的道理，特别是要用自己最擅长、最拿手的方法去解读、剖析学习内容。这样，学生明确了“不同的人物用不同的、合理的、擅长的方法来展示”的学习方法和策略后，再具体化、形象化地重点进行“手抄报”、“故事会”、“编短剧”等学生易接受、易操作的展示方法的指导，确定了学习成果展示的方法和规则。事实上，通过这一例子，学生已经在心中建构起一个比较清晰的活动框架，即了解不同的对象，可以通过哪些不同的渠道，可以选择哪一种最合适的展示方式。所谓“醉翁之意不在酒”，例子只是给学生形象可感的活动展示，跳出例子，浮现在学生脑海里的、已经酝酿生成的、蓄势待发的活动计划才是那一行撩人心扉的“山水”。

（三）自主实践是落脚点

有了以上两步的铺垫和准备，活动计划的制订应是水到渠成的。当然，这个过程中，应该强调的是学生的亲身经历、直接体验，不要过分追求结果。所以，在学生分组制订活动计划指导过程中，教师要担任好引导者、评价者、合作者的角色，把握好指导的切入点，从各个环节中给予学生适当的点拨和引导。整个过程可以分为小组合作、交流互评、修改完善几个步骤。

有效的小组合作，可以让学生在发挥自主性的同时学会合作的方法。因此，教学中，我们可以组织学生以四人小组为学习组，试着完成学习计划。由于同一班级中学生能力相差大，在课堂教学时，要引导学生合理组建小组，每个小组由不同兴趣爱好、不同特长的“异质”群体构成，这样就可以取长补短。大多数的课堂问题都要求在小组讨论，就可以由相对能力强的学生主持，形成初步意见后再参与班级讨论。教师此时的角色是帮助者、指导者，指导小组学生如何顺利、高效地合作学习，引导小组学生合理安排，将计划表填完整、填具体。然后，选择有代表性的活动计划进行交流互评，让智慧激荡智慧，让思想点燃思想，不断丰富生成更为合理、更为周全的活动计划。

（余姚市大隐镇中心学校　叶建松）

【课例5】

《习作训练——缩写》

——基于单元整组教学第三学段缩写指导

一、问题呈现

缩写,是第三学段小学语文习作训练的一个重要内容。

如何利用例文学习缩写的方法,了解缩写的特点,运用各种方法进行有效练习,从而提升学生的分析、概括、表达等各项能力,这是笔者近期思考、实践的重点。

学生在综合运用这些能力的过程中,可能会顾此失彼,所以,充分的阅读、方法的指导和有效的练习非常重要。如何展开练习过程,把这项练习做得扎实有效?用哪些教学策略提高教学练习的有效性,做到条理清楚、内容完整?本课例试以五年级下册第五组课文《将相和》、《草船借箭》、《景阳冈》、《猴王出世》教学为例,谈如何指导学生进行概括、缩写的具体方法和策略。

二、课例描述

(一)教材解读

五年级下册第五单元的习作训练介绍了什么是缩写及缩写的作用,即"缩写是把内容复杂、篇幅较长的文章压缩,而能保留其主要内容,使人一目了然"。还对如何进行缩写提出了建议:一是读懂内容,抓住要点;二是围绕主要内容,删减改写。接着对本次习作提出了要求:一是要保留主要内容,二是语句要通顺连贯,三是在400字以内。

选择这一组进行教学是因为四篇课文均出自古典名著,故事情节曲折生动,人物形象栩栩如生,是训练学生概括课文主要内容的经典课例。其次,《景阳冈》和《草船借箭》的课后还安排了讲故事的练习,为后面进行缩写训练、提高学生的语言概括能力做好了铺垫。相比较而言,《将相和》的三个小故事有一定的独立性,比较适合进行概括小标题的训练;《草船借箭》故事的起因、经过、结果叙述得更清晰,文中的许多内容还前后呼应,具有故事的完整性和严密性,更适合让学生进行缩写训练。

(二)教学目标

1. 阅读整组课文,体会故事情节的曲折生动,感受人物形象的栩栩如生。

2. 学习缩写的方法，把较长的一篇课文概括成内容简洁明了、语句通顺连贯的文章。

3. 通过缩写练习，进一步提高学生的阅读、概括分析、综合理解的能力。

（三）教学练习设计描述

片段一：

1. 交流困惑，明确任务

师：在阅读本单元篇幅较长的作品或在向别人讲述这样的故事时，你们有什么困难？

（学生的困难可能有：人物较多，记不清说过什么做过什么；对话比较多，抓不住说话重点；有的语言不好理解……）

师：今天我们来学学怎样抓住要点，把较长的一篇文章变成比较简洁的一段话——缩写。

2. 自主阅读，初识要领

师：什么是缩写呢？请同学们读读教材中的第一段话，谈谈对这段话的理解。

（引导学生关注这几方面：篇幅上，把较长的文章缩短；内容上，保留其主要内容；效果上，一目了然。）

师：学会了缩写，对我们阅读、理解会有什么帮助？

……

3. 对比练习，发现特点

师：课文中给出了《景阳冈》的缩写，请同学们对照原文，看看缩写与原文有什么相同和不同，自己比较填表后在小组内交流，小组内选代表发言。

根据各小组代表的发言，师生共同进行整理和总结。

	原文	缩写
篇幅	两千多字	不到四百字，只有原文的五分之一
内容	饮酒—上冈—打虎—下冈	饮酒（简写）—上冈（简写）—打虎（详写）—下冈（没写）
表述	详细、具体	简洁概括、适当改写、语句通顺连贯

4. 组织讨论，习得方法

（1）突出重点

就《景阳冈》而言，打虎是文章的主要内容，最能体现武松的人物性格。所以，该部分内容详细一些，其他内容简略一些。让学生认识到，缩写前首先认真阅读，理解什么是文章的主要内容，什么是次要内容，主要内容要保留，次要内容要简单概括，这样才能突出重点。

（2）适当概括和改写

①次要内容适当概括

对比“饮酒”“上冈”两部分内容，引导学生发现课文用了很长的篇幅写了大量的人物对话和人物心理活动，缩写时，把武松与店家的对话写成叙述性语言，把武松的心理活动一笔带过，这样删减既交代了情节，又使语句简练。要注意，重要的人物和情节要保留，以便使文章故事顺畅。

②主要内容适当改写

对比“打虎”这部分内容,引导学生发现课文中在写“武松打虎”这一重要情节时,特别是武松的动作描写、老虎扑食的动作,都写得十分细致。缩写时,把原文中叙述得比较细致的地方,用概括叙述的方式表达出来,采用简化语言、削枝存干的方法进行概括性的叙述,使语言简洁明了。要注意,重点内容并不是照抄照搬或摘抄原文,而是要做适当的改写,这样文章才会前后连贯。

通过原文和缩写的对比,使学生对缩写有更直观的感性认识。两次讨论针对性很强,第一个讨论主要针对内容,保留其主要内容是缩写的最基本要求;第二个讨论主要针对如何表达,删和改是缩写的主要方法,正确的方法是缩写成功的保证。

片段二:

1. 总结策略,举一反三

师:刚才我们通过对比和讨论发现了缩写的一些好方法,课文中对如何缩写也给出了建议,请同学们自读教材中的第二段话,一会儿我们一起来交流缩写的方法。

师生共同总结:

多读文章	理清顺序
围绕内容	确定取舍
次要内容	浓缩删减
主要内容	改写保留
关照文章整体	通顺连贯

2. 实战演练,互评互改

师:要想成功地缩写一篇文章仅仅了解方法还不够。有这样一句诗“纸上得来终觉浅,绝知此事要躬行”,下面就按照我们自己总结的方法,试着缩写《草船借箭》。

(1)理清顺序,确定重点

学生自由读课文,理清顺序并概括内容:借箭原因—借箭准备—借箭经过—借箭结果。

组织讨论:每一部分中的哪些内容可以浓缩或者删减的?

借箭原因(次要)—借箭准备(次要)—借箭经过(主要)—借箭结果(次要)。

(2)根据要求,分类练习

练习概括次要内容,理清人物,说清事情。

“借箭原因”部分:学生先找出主要人物——周瑜、诸葛亮,然后用一两句话概括写出借箭的起因。围绕学生的这部分缩写,师生进行评改。

“借箭准备”部分:学生自行缩写,小组内互相评改。

练习改写主要内容,抓住要点,进行连缀。

反复读借箭经过部分,说说哪些要点不可少。

大雾、船一字排开、呐喊、曹操射箭、调转船受箭、驶回南岸。

(3)缩写实践,互评互改

学生先自行缩写，小组内互相评改，班级交流，教师进行习作讲评。

这个环节中主要做两件事：总结方法和缩写实践。通过上一环节的对比、讨论，再加上学生对教材的学习，总结缩写方法便成了水到渠成的事情。有了方法并不等于有了能力，能力的形成还需要不断的练习和实践。在《草船借箭》的缩写过程中，问题和困难难免存在，如果教师袖手旁观，势必导致学生对缩写的畏惧和受到习作失败的打击。教师适时地引导和帮助，会降低学生习作难度，使学生感受到习作成功的乐趣。

3. 推介作品，搭建平台。

师：同学们在课外都读了不少好文章，有的甚至是整本书，想不想把这些好作品推荐给大家？咱们在班级的展板上开辟一个"优秀作品推介"栏目，由同学们来推荐好书、好文章，怎么样？那么如何推荐这些好文章、好作品呢？

（学生可能会有一些好的建议，如缩写、拍照片、写读后感、摘抄精彩片段等。）

师：不少同学都提到了缩写作品，这样，既能让同学们知道作品的主要内容，又能引发大家的阅读欲望，是个不错的办法。我们的"优秀作品推介"栏目也就有鲜活的内容了。

4. 课外拓展，运用提高。

师：缩写自己喜欢的作品是一个必选内容，要求人人完成。其他的好方法，如拍照片、写读后感、摘抄精彩片段等作为自选内容，越有创意越好。相信，我们的"优秀作品推介"栏目在大家的努力下，一定会越办越好！

学生缩写能力的提高仅靠教材中的一次缩写练习是远远不够的，教师积极为学生搭建缩写实践的平台——开辟"优秀作品推介"栏目，不仅使学生的缩写实践成为一种实际的需要，也使学生的缩写本领有了用武之地。

三、课例评析

（一）交流阅读困难，激发缩写欲望

语文概括能力是最重要、最有用的阅读能力之一，也是衡量学生阅读能力的一个重要标准，更是阅读教学的一个重要内容。它涉及思维、概括、表达等多种能力，需要学生在短时间内对文本进行整体把握，主动汲取重要信息，并用自己的语言对信息进行重构，提纲挈领地进行表达，难度较大。在平时的课堂教学实践中，我们发现学生的概括能力比较弱，没有达成课标所规定的要求。缩写练习无疑是提高学生语文概括能力的一条重要途径。

本次练习虽然是学生在小学阶段的一次全新体验，但由于对缩写的认识比较模糊，所以学生习作欲望不高。教学伊始，我们设计了师生互动分享的口语交际训练环节，让学生充分交流在第五组课文学习中遇到的有关阅读和表达方面的困难。在此基础上，教师适时抛出话题，让学生感受到学会概括课文主要内容有助于提升自己的理解和表达能力，从而认识到进行缩写练习的重要性。

（二）对比原文例文，了解缩写要求

五年级下册第五组有四篇课文：《将相和》、《草船借箭》、《景阳冈》、《猴王出世》，每一篇文

章的内容都是迥然不同的，概括课文主要内容的方法也是丰富多彩的。为此，我们在指导学生缩写的时候，除了让学生明确三大评价标准——“简”（简明扼要地呈现文本内容，不拖泥带水，不重复啰唆，使人一目了然，言简意赅）、“准”（准确无误地浓缩文本内容，不失真，不偏颇，不使人产生歧义）、“全”（全面完整地反映文本内容，不遗漏，不丢失，要使没有阅读过这个文本的人也能对文本有一个大致了解）。之外，还要让学生尽量达成“重点突出、详略得当”的要求。当然，这些标准和要求必须通过具体的训练让学生自主发现、习得。

在片段一的教学中，我们设计了填表练习：先出示教材提供的《景阳冈》缩写范例，让学生拿《景阳冈》原文与缩写的文章进行对比阅读，发现两者在篇幅、内容与表述方面的不同之处，用关键词语进行概括，填写在工作表中。完成练习后让学生在小组内进行交流，组内推选出代表进行全班交流，教师适时进行点拨，学生总结提炼出缩写的特点，使学生对缩写有了更直观的感性认识。如果前面的练习是为了拉近学生与缩写这一新的概括课文内容之间的距离，那么后面的讨论环节则是针对如何表达作了巧妙的引领：对比“饮酒”“上冈”两部分内容，引领学生关注次要内容一定要高度概括；对比前后“打虎”内容，则是指导学生将主要内容作适当改写，这样缩写的文章才会通顺流畅。

（三）总结方法，进行实践

缩写是“概括课文主要内容”的其中一项训练。在片段二的教学中，我们安排了“先分后总”的练习环节：首先理清人物，说清事情，练习概括次要内容。让学生找出周瑜、诸葛亮这两个主要人物，用一两句话概括写出借箭的起因，师生进行评改；接着抓住要点，进行连缀，练习改写主要内容。让学生反复读借箭经过部分，说说哪些要点不可少。师生再次互动交流。最后再让学生进行自主缩写，教师进行练习讲评。我们可以看到，在《草船借箭》的整个缩写练习过程中，学生在教师适时地引导下，自己习得方法，自己得出结论，自主进行实践，他们真正体验到了练习成功的乐趣。这样的练习设计，是符合年段特点的。

（四）开展读书推荐，展示缩写成果

培养学生的缩写能力不是一朝一夕的事。它不仅靠我们在课堂教学中以教材为例子，给予方法的指导，给予实践的机会，更需要教师积极地为学生搭建平台，创设空间，不断地进行操练。如在最后的拓展环节中，我们积极为学生开辟“优秀作品推介”栏目，不仅使学生的缩写实践成为一种实际的需要，也使学生的缩写本领有了用武之地。在这样科学有效的训练下，学生的语文能力才能逐步提高，进而举一反三，最终达成目标。

（江东区朱雀小学　杨柳）

【课例6】

《思乡诗文一组》
——群文阅读教学如何体现语用特点

一、问题呈现

2012年9月，笔者接到任务，为市第七届“书香伴我行”活动拍摄一堂群文阅读录像课。由于之前只接触过单元整组教学和名著导读，面对群文阅读，真的是茫茫然而无从下手。因此，在搜集、阅读一些群文阅读案例和经验文章之后，有了一些心得，自编教材，试教了《思乡诗文一组》。后来，评课中，教师们对这堂课和我举证的“样板课”提出了质疑。

师1：一节课就那么40分钟，要让学生读三四篇这么长的文章，肯定是蜻蜓点水。我看有的学生读完全文都成问题，更别说读懂了。一味追求阅读量，那是不行的。

师2：我看选文有问题，像韩少功的《我心归去》，虽然是节选，但依然很难，对于五年级孩子来说有点不切实际。

师3：我看学生们是光读读过，然后大家都来说说思乡，五年级上册第二单元不是也学这个吗？我看问题在于，这堂课忽视了一组课文所共有的语用特点。如果能加强语言文字运用方面的训练，课堂就不至于走过场了。

……

当然，教师们在提出问题的同时，也积极地提出可行性方案。大家认为群文阅读，应首先基于学情精编教材，其次设计能反映语用特点的课堂练习，使学生在静心阅读和随文练习中，发现并汲取能为“我”所用的表达方法，从而有效提高感悟和表达能力。

笔者根据教师们的建议又进行了尝试。下面以《思乡诗文一组》群文阅读课堂实录的方式呈现教学过程，并就此环节出现的课堂练习作简要点评。

二、课例描述

（一）比较阅读，发现古典思乡诗词中“触景生情”的写法

上课伊始，教师引导学生简单诵读已学的《九月九日忆山东兄弟》、《泊船瓜洲》、《秋思》和《长相思》。

师：这四首诗词咱们都学过。可是老师总觉得好像有什么还没有教给大家，是什么呢？（学生们若有所思）——比较。以前我们学课文都是一篇一篇学的，如果我们把这些诗词放在一起，你会发现什么呢？四人小组讨论讨论。（板书：一组）

此时，孩子们兴趣盎然地交流起来，教师巡视、倾听。

为了降低门槛，学习的起点定位于已学的四首思乡诗词。教师设计了比较练习，引导学生发现其主题上的相似之处。利用已有知识作为学习起点，通过练习，小结归纳，为下一步自主探究、发现印证"触景生情"的表达方式做必要的准备。看来，课堂练习的起点不宜过高，应充分考虑学情，巧妙利用已有的知识储备来设计前学习阶段的练习，用它来牵线搭桥，逐步过渡到新知识的学习，再经过一两轮练习，有效建构新知识。

师：咱们再接着读一读，比一比，交流交流。（课件出示：谁？他在什么情况下思乡之情油然而生？他想起了什么？）

经过分享讨论后，同学们纷纷举手。

生：夜晚，纳兰性德被风雪声吵得无法入睡，思乡之情油然而生，他想起了平静祥和的故乡。

师：纳兰的故乡是那样宁静温馨。好，你接着说。（副板书：故园温馨）

生：张籍看到了萧萧的秋风，思乡之情油然而生，他想起了自己的老母亲，自己的孩子们。

师：接着说其他的诗。

生：是春风把江南两岸给吹绿了，勾起了王安石的思乡之情，他想到自己在家乡过着天伦之乐的生活。

……

教师小结：大家看，也许是一个特殊的——生：节日。也许是一处特别的——生：景色。也许是一件特殊的——生：东西、物品，都有可能触动游子们那敏感的神经，从而唤起心中浓浓的——生：思乡之情。（板书：景 情）

（有孩子看了板书后，突然举手。）

师：你想说什么？

生：触景生情。

师：哦？怎么讲？

生：因为他们都是看到了一段景色之后，就想起了家乡的亲人，想起了故乡的朋友，想起了童年的烙印，想起了故园的温馨。思乡之情油然而生。

师：好一个"油然而生"！（板书：触 生）看来，通过比较阅读，"触景生情"这种写法都被大家发现了。其实，这种写法在古代的思乡诗中特别常见，那现在思念家乡的文章当中，有没有类似的写法呢？让我们再来比较阅读，请大家打开课文《藕与莼菜》、《怀念》，快速默读这两篇课文，画出类似的写法。

有了第一次比较阅读作铺垫，这次练习就很自然地拾级而上。那么为什么要聚焦"触景生情"这一表达特色呢？细细想来，我们不难发现，思乡情感的产生常常是作者"触景"才自然"生情”的。同类的一组课文，其语用特点往往表现在其固有的表达方式上。以此类推，群文阅读的练习设计完全可以从文章表达方式的角度来切入，放大文本的语用特点，让其扎根于学生的脑海里，静待花开。

（二）快速默读，发现现代思乡文中“触景生情”的痕迹

生默读《藕与莼菜》、《怀念》（约7分钟）。

师巡视指导：我特别喜欢大家静静读书的样子，大家也可以带着问题读课文，边读边想：谁，在什么情况下，思乡之情油然而生，他想起了什么或做了什么？

生小组交流2分钟，教师继续巡视、倾听。

……

师：老师建议当一位同学读句子的时候，大家可以拿起笔，画下句子。刚才有同学发现，叶圣陶不光是由物想到了物，还由物想到了——人！有卖藕的人，还有买藕的人，这买卖的情境是一时半会儿就形成的吗？

生：不是。

师：你看，它已经形成了一种风俗。（板书：风俗习惯）它深深地刻在了他的心里。怪不得，当他在上海，喝酒吃藕的时候就——

生1：触景生情，他开始深深地怀念起故乡来。

生2：还有下面提到的，叶圣陶在吃藕的时候，还想起了故乡的莼菜。他文章里说，在故乡的春天，几乎天天吃莼菜。莼菜本身没有味道，味道全在于好的汤。但是嫩绿的颜色与丰富的诗意，无味之味足以令人心醉。（板书：美食记忆）

触景生情是很抽象的写法，怎样才能更好地被学生发现和理解呢？其方式方法还是要落脚于具体的语言文字。小学生还是以形象思维为主的，离开了语言文字而光讲写法，只会是南辕北辙。我们看到，这里的练习是基于学情的，它将概念转变成具象的、可感的形象。在这堂群文阅读课上，教师积极引导学生关注语言文字，运用互文比较的方式，以练代讲，积极引导学生进行自主合作，探究文本表达上的共性。练习不一定仅限于写写随堂小练笔，言义统一的思维和言之有据的表达也应该视为群文阅读不可或缺的一部分。

师：舌尖上的记忆忘不了啊。请大家再来看看雷锋太写的《怀念》。

生：他看到“一幢幢气势雄伟的高楼大厦拔地而起，平坦宽阔的马路贯穿其间，街心花园、沿河绿地，把这个城市点缀得娇嫣妩媚”时，就想起他的故乡。“故乡在一个江边小镇……青壮年人则围坐在一起讲故事、吹牛皮、唱戏文，有时一人挥着蒲扇帮几个人赶蚊子。”

师：谁能概括一下，他看到了什么，想起了故乡的什么？

生：他看到了城市中自由自在的生活，想起了故乡缺衣少食的生活。

师：刚才这位同学提到“自由自在的生活”，你觉得准确吗？

生1：我觉得城市的生活是“躲进小楼成一统”的生活。

生2：就是谁也不接触谁的生活。

师：嗯，再看看第二种生活。他们喝酒要——一起喝，乘凉要——坐在一起。谁接着说……

师：大家一定发现了雷锋太也喜欢——第二种生活，爱之深，情之切，怪不得当他看到钢筋水泥，躲进小楼成一统的生活，就情不自禁地想起故乡的生活来。大家看，这种“触景生情”的写法（指向板书：思乡诗文一组）不光古代的思乡诗中有，当代的思乡文中也有。我们把多篇诗文放在一起比较，就发现他们在写法上有类似之处。那思乡的文章有没有别的写法呢？让我们第三次比较阅读，走进《故乡的云》和《后院的绿草地》。

常言“知其然，知其所以然”，当学生发现两种迥异的生活，看似简单的一个问题——“你更喜欢哪种生活”，却让学生不知不觉完成了角色转化，无形中触摸到了作者雷锋太触景生情之根源——爱之深，情之切。正是出于对故乡的深情，才有可能触景生情。这就好比架一座桥，联结了现实和记忆，其建筑材料是浓浓的感情。在这节群文阅读课上，孩子们种下一颗触景生情的种子，等到单元习作《二十年后回故乡》时，一旦想象自己身在何处，是什么触动了自己心底的乡土情结？情感一上来，这个种子就开始萌芽了——可以预见，学生的习作中不难出现运用触景生情达到自然过渡的语段了！正是有层次的练习凸显了文本的语言特色，促成了阅读向表达的转化。

（三）第三次比较阅读，引导发现“借景抒情”的写法

生快读默读课文（约6分钟）。

生1：我发现《藕与莼菜》和《怀念》都是由一样景物想起了故乡的景物和事情，后面两篇不是。

生2：前面两篇都是触景生情的写法，后面两篇都是直接写故乡的景色的。

生3：我还发现前两篇前后都有对比，但是后面《后院的绿草地》和《故乡的云》没有对比，只是故乡的景色，还有他们的感情。（师板书：景　情）

师：你的意思是，后面两篇都是把自己的情感放在了景色或事情当中。大家说，令作者陈丹燕难忘的是什么呢？

生1：她最忘不了绿草地上的阳光、小小的雏菊，还有被晒黄的报纸、碎照片、狗尾草，哦，还有掉落的铜钱。

生2：她还忘不了故乡的陈皮。

师：什么味道？

生：又酸又甜。

师：能想象出来吗？陈丹燕把景色写得栩栩如生，让我们看到这样的景，就能一下子感受到她心中对故乡、对童年的怀念之情。（师板书：借　抒）再来看看，作者林红宾最忘不了的是什么？

生：他最忘不了故乡的云。

师：同学们，我们又读了一组课文，发现了新的写法。尽管写法有所不同，但不变的是——

生：不变的是对故乡浓浓的思念。

练习的意义在于使书面知识走向应用，进而达到熟能生巧。我们可以看到，有了前两次比较阅读训练，这次练习就很自然地拾级而上。学生开始逐渐印证思乡诗文中另一种共有的表达特点——借景抒情。此外，本课四篇思乡佳作：《藕与莼菜》、《怀念》、《后院的绿草地》、《故乡的云》,均来自人教版五上同步阅读《走进书里去》。难易程度适当,学生容易读懂,也能从中找到熟悉的表达方式,为有效练习提供了基础平台。看来,群文阅读要在精编教材上做做功课,下下功夫,从而使学生能“跳一跳,摘到桃”。

(四)引导质疑,想象填空,深化主题

师:是的,大家说得都对。多种多样的写法,唯一不变的是那一份——思乡之情。学到这里,看起来好像学得很圆满了,但是有人说,读书的最高境界不是读懂,而是能读出问题来。学到现在,你还有什么问题吗?

学贵有疑,引导学生自由质疑是一种很好的课堂练习。群文阅读中的练习不光可以互文比较,更需要提出问题。我们看到,此时教师已经有这种意识,但质疑环节还不够开放。质疑不仅局限于不理解的词语,还可以扩展到语句、情境、表达方法上来。在解疑环节中,教师的引导还可以更有针对性。比如,此处教师抓住学生的第一个问题,引导学生体会作者炼词造句、谋篇布局的好处上,可能效果会更好一些。

师:让我们把视野放开一些。不光是陈丹燕,所有的作者一旦想到美食、风俗、童年,想起故里乡亲、故园温馨,他浮躁的、不安的心也许就能平静下来了。有一位作家,他叫周国平,他在散文《家》中这样写道:“家是一只船……家在每个中国人的心中有着举足轻重的地位。”(教师配乐朗诵)此时,你可能会有更加丰富的感受。

[课件出示:如果游子是一只高飞的风筝,那么故乡就是(　　　)。]

生1:那么故乡就是放风筝的人。

生2:那么故乡就是牵着风筝的那根风筝线。

[课件出示:如果游子是一片飞舞的落叶,那么故乡就是(　　　)。]

生1:那么故乡就是落叶归根的泥土。

生2:那么故乡就是大树的根。

[课件出示:如果游子是(　　　),那么故乡就是(　　　)。]

生1:如果游子是一艘漂泊的船,那么故乡就是温暖的港湾。

生2:如果游子是一只小鸟,那么故乡就是它夜晚回去的巢。

生3:如果游子是一弯溪水,那么故乡就是孕育它成长的雪山。

生4:如果游子是蒲公英的种子,那么故乡就是它的花托。

此时,学生的表达丰富多样、异彩纷呈,掀起一个课堂小高潮。前30多分钟的情感积蓄在想象练习中,并由此得到了很好的释放,情感和表达如水乳般交融。由此可见,一项好的课堂练习,是为学生情感表达而准备的。如果离开了情感积淀,且放在了错误的时间,再好的练习设计也必然成为空中楼阁、墙角花瓶。

师:是啊,羁鸟恋旧林,池鱼思故渊,还记得诗人杨牧的《故乡》吗?

师生齐诵《故乡》。

师:今天我们学了《思乡诗文一组》,但远没有结束。因为大家在六年级时会学到季羡林的《怀念母亲》;在初中,你们会学到余光中的《乡愁》;在高中,你们还会学到老舍的《想北平》。随着年龄的增长、阅历的加深，大家对思乡也许会有更深的认识和感悟。

三、课例评析

《思乡诗文一组》对群文阅读中如何通过课堂练习，突出文本的语用特点，作了积极的探讨和实践。课堂上，依次展开了“互文比较”、“诠释整合”、“质疑探究”、“想象表达”等练习过程，使学生不但在40分钟内阅读了4篇美文，还结合具体语言文字发现了触景生情、借景抒情的表达方式，初步了解了情感和表达之间的内在联系，更留下了阅读期待。下面就群文阅读中练习的目的指向、方式方法、介入时机稍作展开。

（一）群文阅读的练习设计要凸显主体，指向语用特点

传统的群文阅读课往往侧重对一组课文的主题挖掘，仿佛在灌输文化而非学习语言文字。上述课例中，教师没有一味挖掘思乡主题，而是努力引导学生发现、理解思乡类诗文中自然巧妙的表达规律。其目的是借阅读更好地促进自我表达实践。可供借鉴的是，群文阅读在精选课文后，练习设计充分考虑年段目标、班级学情和文本语用特点。通过练习，学生们能发现文本表达规律，积累一些常用的表达方式，从而在口语交际、单元习作、周记练笔等自我表达实践时，潜移默化地运用阅读所得，提高表达的质量。

为了课堂练习能指向文本语用特点，可从以下几方面加以考虑：精妙的句式，即作者是如何通过恰当的句式、修辞等来表达自己志趣的。例如，四年级群文阅读《写景短文一组》，典型的构段，即考虑某些具有特色的构段方式，其目的是利用巧妙的构段来凸显表达的中心；三年级群文阅读《“总分”写法一组》，新颖的谋篇，即作者是如何通过整体的布局，推进情节发展，突出人物形象的；六年级群文阅读《微型小说一组》……

（二）群文阅读的学习过程要有层次，有梯度

为了消除阅读中的心理障碍，逐步达成本课目标，本课例从已学的4首古诗词出发，课上大部分的练习设计都弱化长文的干扰信息，直指4篇长文的语用特点。用练习直接引导学生运用浏览、默读等方式搜索有价值的信息，突出本课的教学重点，最后想象练习和情感朗诵深化了思乡主题。

练习展开过程中，教师还要注意评价。多鼓励，多做一些正面的引导，保护学生们的阅读热情，多留给孩子们一些静静读书的时间。本课例中，练习的评价多为引导孩子们发现言语表达的规律服务，促进孩子们交流分享自己的阅读收获，引导孩子们互相比较阅读中的发现和疑惑。

（三）合理区分群文阅读语用取向，重视介入时机

最后，探讨一下群文阅读的介入时机问题。根据不同的阅读目标，群文阅读教学的时机也会有所不同。

1．群文阅读的前置教学

本课例属于群文阅读的前置教学，即在4篇课文之后，单元习作之前。其目的在于通过本次群文阅读，深化对思乡主题的认识，并领悟思乡类诗文的表达规律。期待学生能在单元习作

《二十年后回故乡》中运用"触景生情"的写法,使单元习作中的想象表达趋于合理、真实;运用"借景抒情"的写法,使单元习作中的描述表达更加自然、真切。

前置教学的练习设计,更多倾向于阅读向表达转化。练习要紧紧围绕"以阅读促表达"的目标来展开,还可以在群文阅读过程中,穿插适当的口语表达和书面表达,评价时也同时侧重对当下表达方式的掌握和运用水平。

此外,此时的群文阅读不必脱离学生的课本,另起炉灶设计主题。完全可以发扬拿来主义,从本册语文教材中寻找值得挖掘的主题。群文阅读的教材无需另辟蹊径,东寻西找,完全可以利用人教版小学语文《同步阅读》,精选两三篇作为一课时的教材。这既是对单元学习的一种补充,又是一种提高,让学有余力的学生吃得更饱,嚼得更细,吸收得更好。

2. 群文阅读的后置教学

假如群文阅读后置于单元习作,那么群文阅读价值取向就将移位到复现并进一步深化单元主题,串联发现表达规律,并试图借鉴修改自己的单元习作,从而达到巩固表达方式的目的,甚至在此基础上能有自己的创新表达。

练习设计时,可以适当侧重对表达方式的运用层面。选文完全可以引入班内学生的优秀习作作为群文阅读的课文来使用。把学生习作和名家名作放在一起,不就更能传递一种信息——原来,我也能成为作家;看来,作家并不是遥不可及的,我身边的同学不也有名家的文风、文采了吗?可以想见,不久的将来,说不定自己学生的作品受到教科书的青睐,学弟学妹们也将踏着学长的足迹开辟自己的新天地呢!

（北仑区华山小学　王梁贤）

【课例 7】

“综合复习”

——让单元阅读教学复习课更有效

一、问题呈现

人教版小学语文教材六年级下册安排有一个综合复习单元。这个单元共安排了 9 篇材料，主要包括阅读、习作两块内容。关于这个单元的教学，很多教师都比较茫然。据我的观察，教师的处理方式有如下几种情况：

1. 课文讲读型。也许看到综合复习中的有些文章原本就是以前教材中的传统课文，如《养花》、《琥珀》、《狱中联欢》等，习惯性地把它们当作课文进行了讲读。有的将它们当成略读课文进行教学；有的则将它们当成精读课文，认识字词、理解内容、体悟情意一样不落。

2. 作业练习型。将综合复习当作一种课堂作业练习，学生阅读材料，完成相应的课后练习，然后加以批改讲评，予以反馈。有的则干脆把它当作一种课外作业进行布置。

3. 置之不理型。也许受到选学课文的影响，认为综合复习也是选择性的内容，再加上忙于复习应试，便把这块内容给忽略了。

以上三种处置方式，我认为均不妥。复习是语文教学中的一项重要内容，是将语文知识系统化、结构化的过程，也是学生语文技能提升的过程，将它简化为机械的作业练习固然不可，将它作为新课进行讲读同样不行。在复习课中，应充分发挥学生的主体作用，让学生自主梳理、自主归纳、自主练习、自主提升。但教师的作用同样不能缺位，吃透阅读材料、设计复习活动等工作需要教师的深度参与。

教师的主导作用如何体现？我认为，教师可以通过设计合宜的练习、指导学生的复习活动来体现，同时促进复习课的增值、增效。

二、课例描述

（一）组织复习

1. 梳理习题，发现知识点

(1)观察习题，归纳类型：浏览一下每篇材料后面的习题，可以分成几类？

(2)交流反馈

①理解字词;②理解句子;③概括文章主要内容;④理解文章主要观点或思想情感;⑤缩写故事;⑥发表评论或表达感受。

2. 写表格,形成细目表

目标	方法	内容
理解字词		《养花》、《中华第一龙》

(1)习题的类型体现了复习的目标,填写在表格的目标栏;内容栏填写承担这一任务的相关篇目;方法栏暂时不填,在专项复习结束之后,学生自行总结填写。

(2)交流反馈,对出现的问题进行评析,组织修改。

这一环节称之为"组织复习",其作用有三:第一,明确复习目标,纲举目张,使整个综合复习有的放矢,加强了复习的针对性,不致增加学生课业负担。第二,便于知识建构,对分散在各年段、各单元的知识进行归纳整理,形成系统,便于学生掌握。第三,利于良好习惯养成,对学生而言,有利于其养成总结、归纳的学习习惯;对教师而言,有利于其养成揣摩教材编排特点、知识体系的习惯,有利于提高教与学的效益。

(二)专项复习:概括段意

1. 旧文引路,唤起旧知

请概括下面四段话的主要内容。

1. 维吾尔姑娘更是漂亮得叫人不敢正视。密密的眼帘,深邃的目光,妩媚的笑容,像花儿般绽放在风沙里。那里的小伙子,热情俊朗,浪漫风趣。维吾尔姑娘小伙不单漂亮,能歌善舞也是出了名的。没有歌舞,维吾尔人的生活就不完整,歌舞已成了他们日常生活不可缺少的一部分。这种歌舞从来不受人员、场地和时间的限制,不论什么人,什么地方,什么时候,想跳就跳。——《和田的维吾尔》

2. 人总是要死的,但死的意义有不同。中国古时候有个文学家叫作司马迁的说过:人固有一死,或重于泰山,或轻于鸿毛。为人民利益而死,就比泰山还重;替法西斯卖力,替剥削人民和压迫人民的人去死,就比鸿毛还轻。张思德同志是为人民利益而死的,他的死是比泰山还要重的。——《为人民服务》

3. 局势越来越严重,父亲的工作也越来越紧张。他的朋友劝他离开北京,母亲也几次劝他。父亲坚决地对母亲说:"不是常对你说吗?我是不能轻易离开北京的。你要知道现在是什么时候,这里的工作多么重要。我哪能离开呢?"母亲只好不再说什么了。——《十六

年前的回忆》

4. 客家人是古代从中原繁盛的地区迁到南方的。他们的居住地大多在偏僻、边远的山区，为了防备盗匪的骚扰和当地人的排挤，便建造了营垒式住宅，在土中掺石灰，用糯米饭、鸡蛋清作黏合剂，以竹片、木条作筋骨，夯筑起墙厚 1 米、高 15 米以上的土楼。它们大多为三至六层楼，一百至二百多间房屋如橘瓣状排列，布局均匀，宏伟壮观。大部分土楼有两三百年甚至五六百年的历史，经受无数次地震撼动、风雨侵蚀以及炮火攻击而安然无恙，显示了传统建筑文化的魅力。——《各具特色的民居》

(1)学生自主概括段落大意，完成后进行交流，要求说出自己的思考过程。

(2)学生尝试总结概括段意的方法，教师进行归纳、提炼：

概括段意主要有两种方法：一是摘句法，摘录语段中的重点句子，比如总起句、总结句、过渡句等。二是提炼法，提取重点加以概括，寻找语段中的重点词语进行串联。比如语段 3；提取要点加以综合，将语段表达的几方面意思进行综合；比如语段 4，在概括时还应联系标题、上下文的意思，避免出现偏差。

板书：

概括段意

摘句法：总起句、总结句、过渡句　　关注标题

提炼法：提取重点概括　　重点词语　　联系上下文

提取要点综合　　几个方面

这一环节旨在通过练习来唤起旧知，为迁移运用做好铺垫。因而把这类练习称为“先导型练习”。编制此类练习有两个要求：第一，练习内容尽可能是学生熟悉的，以降低难度，便于学生知识的复苏。第二，复习课中的练习大多为了巩固和迁移已学的知识，练习应当按知识的类型进行编写，不同练习体现不同知识。

“先导型练习”实施时，要关注结果，更要关注过程。教师必须引导学生反观来路，梳理思考过程，由此总结出问题解决的方法。学生理解出现歧义，意味着方法运用存在偏差，教师应敏锐地发现其中的症结所在，组织讨论，深化认识。如果学生基础比较薄弱，练习可以安排在复习课之前，让学生预先完成练习并写下思维过程；也可以互相讨论，但须记录讨论过程。学生经过充分地思考、准备，课堂效率方能得到提高。

2. 迁移运用，巩固方法

请概括下面语段的主要内容：

1. 我爱花，所以也爱养花。我可还没成为养花专家，因为没有工夫去研究和试验。我只把养花当作生活中的一种乐趣，花开得大小好坏都不计较，只要开花，我就高兴。在我的小

> 院子里，一到夏天满是花草，小猫只好上房去玩，地上没有它们的运动场。——《养花》
>
> 2. 在河南省濮阳市博物馆里，陈列着一条用贝壳砌成的龙。别看它造型粗犷，样子像是蜥蜴，也没有艳丽的色彩，然而却是一件极其珍贵的文物。它是从当地一座五千年前原始社会的墓葬中发掘出来的，考古学家称它为“中华第一龙”。——《中华第一龙》

(1)学生自主练习，把段意写在书上。教师巡视，对部分基础薄弱的学生进行个别指导。

(2)学生基本完成后交流反馈，应该充分呈现学生的学习成果。教师的作用在于归类，区分正确概括和错误概括。对正确概括，关注同质异构现象，品析语言表达的优劣；对错误概括，找出问题症结加以辨析。

①总起句之辨；

②要点之辨。

(3)总结收获，及时交流

生 1：分析句子与句子之间的关系非常重要，能使我搞清楚哪些句子是主要的，哪些句子是次要的，概括时就不会搞错重点了。

生 2：句子在说什么，要用词语把它概括出来，重复的要合并在一起。

(4)继续迁移运用，熟练概括技能

①请概括《养花》、《中华第一龙》其他语段的主要内容。

②请概括《名碑荟萃》一文第 2~5 自然段的主要内容。

③请概括《智慧之光》一文两个故事的主要内容。

迁移运用是复习课中的核心环节，这一环节中使用的练习可以称为“迁移型练习”。迁移过程的推进应遵循循序渐进的原则，具体可以进行如下操作：第一阶段的迁移练习应选择难度稍低的语段，便于学生顺利提取旧知解决问题。第二阶段由于知识的进一步熟悉、巩固，练习语段结构可以丰富些，呈现多样化的问题情境，以促进学生运用知识的灵活程度，从而达到新的学习高度。

第一阶段的迁移练习，选择了《养花》、《中华第一龙》的第 1 自然段，文字较短，结构与“先导型练习”中的语段 2、语段 4 有些相似。《各具特色的民居》的第 2 自然段与《中华第一龙》的第 1 自然段都是介绍性文字，都有清晰的知识要点，尽管语意不同，但在概括上可以使用相同的方法。《为人民服务》的第 2 自然段与《养花》的第 1 自然段的比较如下：

《为人民服务》第 2 自然段与《养花》第 1 自然段的比较

(引子)死的意义有不同→引用司马迁的话说明有什么不同→围绕“轻”、“重”进一步阐明意义的不同→点明张思德的死重于泰山	(引子)爱花，也爱养花→由“养花”入手点明目的：不是为了成为养花专家，而是为了获得乐趣→以花草满院的景象表达养花的乐趣

迁移练习与先导练习材料的相似性便于迁移活动的顺利开展。

迁移练习不必平均使用力量，应当突出重点，突破难点。在概括方法迁移中，摘句法概括相对比较简单，而提炼法概括则相对难以掌握。因而，本环节第一阶段迁移着重进行提炼主要内容的训练。国外心理学家的研究表明，要使策略训练经受迁移检验，学习者必须清晰地意识到所学习的策略是什么(What)，它所适用的范围(Where)以及怎样(How)和什么时候(When)应用。学生迁移过程中暴露出来的问题，多半是对这4个“W”理解存在问题，必须进行针对性指导。教学中应引导学生注意解决这4个“W”，并且要让学生及时进行总结归纳，完善知识结构，扩展经验范围，提高经验水平，促进策略性知识的学习和迁移。

3．总结回顾，强化方法

(1)引导学生回顾自己的学习经历，谈谈学习所得，或强化旧知，或丰富旧知，有助于技能的形成，也有助于良好学习习惯的养成。

这次复习，你有哪些收获？写一写你收获的知识，记一记你解题的思路，也可以说一说自己在概括过程中遇到的困难……反思自身的学习活动，对你的进步非常有益，现在就开始吧！

(2)同桌互相交流之后，全班交流，互相学习。

(3)教师总结、评议，学生完成细目表中的“方法”一栏。

这一环节的练习，主要功能在于反省认知，引导学生对自己的认识过程和结果进行反思，因而这类练习可以称为“反思型练习”。

“反思型练习”的作用在于梳理思路、总结错误原因、沉淀成功经验、深化知识理解，使知识更具概括性、覆盖性，更有助于知识的巩固、应用，并转化为能力。上述学生1、学生2总结了自己成功概括的经验，阐述了策略的内容、使用的程序等，对策略的强化无疑有促进作用。学生3对同学提出的困惑进行了解答，互帮互助的气氛也有利于共同提高。

三、课例评析

“综合复习单元”课的构成可以用下图表示：

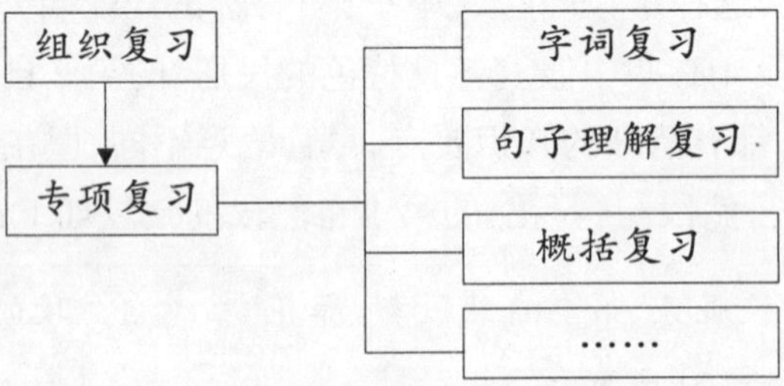

本课例主要呈现了组织复习和专项复习中的概括复习。复习离不开练习，练习如何开展才能使复习课增值？首先，应对综合复习有一个准确定位；其次，应采取合宜的教学策略。

(一)准确的定位

“综合复习”顾名思义即“综合”与“复习”。“综合”有两层含义：第一，复习内容的综合性，不仅指字、词、句、段、篇等语文知识的综合，还指分析与概括、理解与表达等语文技能的综合。第二，复习方式的综合，在复习过程中各篇材料不是相互独立、各自为战，而是互相联系、互相整合形成合力，共同完成知识巩固、能力提升的任务。“复习”也有两层含义：第一，既为复习，单元中的文本即是阅读练习的材料，而并非讲读的课文，也不等同于阅读作业中的材料。阅读作业材料是仅供学生操作的对象，不妨称之为“阅读题”，随意性较大；而复习材料则应比较严谨，是为了实现某些复习教学目标而提供的材料。通过教师有计划、有目的地处理，明确方法，提高效率，强化知识、技能的巩固或提升，指向全体学生，力求普通掌握。第二，既为复习，单元中的文本材料并非只能使用一次，而可以进行多次使用。只是每次使用时，所指向的目标与承载的任务有所区别，需体现复习材料的特点。

（二）合宜的策略

1．细心梳理，形成细目

复习是对知识、技能盘点梳理、巩固强化的过程，旨在构建起一个语文知识、技能体系。这是一个系统工程。因而，教师应当有一个整体观念。首先，应对小学阶段学生应当掌握的语文知识、技能进行细心梳理；然后对综合复习单元的阅读材料进行整体阅读，把握材料特点，认真分析哪些知识、技能训练点可以由哪些材料来承担，建立目标与内容之间的相互联系。由于受材料的质与量的制约，目标与内容不可能完全对应起来，而且学生的学习状况存在一定差异，所以可以根据材料特点及学生实际进行选择。

经过梳理，综合复习单元复习目标与内容细目列表如下：

复习目标			复习内容
阅读	字词	借助字典、语境理解词语意思	《养花》《中华第一龙》
	句子	体会句子表达的准确性	《琥珀》《看说明书做玩具台灯》
		根据语境理解句子含义	《狱中联欢》《生活是多么广阔》
	段落	寻找重点词句概括大意	《养花》《狱中联欢》《名碑荟萃》《中华第一龙》《智慧之光》
	篇章	寻找重点词句理解作者的主要观点或思想感情	《狱中联欢》《中华第一龙》《智慧之光》《养花》《生活是多么广阔》
表达	故事缩写		《智慧之光》《琥珀》
	搜集文本信息进行内容重构		《养花》《中华第一龙》《名碑荟萃》
	阅读文章，进行评论或表达感受		《智慧之光》《生活是多么广阔》《中华第一龙》

（注：《看说明书做玩具台灯》虽属于表达训练，但训练项目属于“表达的准确性”，故列在上面。）

这张细目表不能仅仅掌握在教师手里，还要把梳理结果以练习的形式传达给学生，使学生对整个知识结构、复习体系有一清楚认识。目标明确、内容清晰，有助于学生提高复习效率。

2．适度指导，获得方法

复习课不同于新授课，它是对已有知识、技能的复习巩固，因而不需要教师面面俱到、细致入微地指导。只需要教师去唤起学生的旧知，帮助学生梳理、提炼，然后引导学生实践运用加以强化。这由“唤起”到“强化”，其贯穿始终的是“方法”。教师要让学生获得方法，只有掌握了方法，学生方能举一反三、触类旁通，复习的功效才能真正得以体现。在学生获得方法的过程中，练习可以发挥如下功能：

(1)先导型练习，可以明确学习目标。创设问题情境，串联旧知，提出复习目标，有助于学生明确方向，提高复习效率。

(2)迁移型练习，可以促进巩固运用。提供一定量的复习材料，进行针对性指导，不仅便于学生熟能生巧，而且有助于归纳类化，促进方法精细化。

(3)反思型练习，可以点拨总结方法。在一个板块复习结束时，引导学生进行自我反思，总结自己的学习活动，获得学习的方法和规律。

在练习的设计、指导方面，教师应当把握以下两点：

(1)体现练习特点。先导型练习讲究一个“熟”字，熟悉的内容可以降低理解障碍，便于知识的唤起与概括。迁移型练习强调一个“序”字，由浅入深，由相似到相异，由单一到复杂，做到循序渐进。反思型练习着力一个“思”字，反观学习过程，叙述学习收获，剖析疑难问题，不论深刻与肤浅，有思考即有提高。

(2)注重练习诊断。练习指导不仅仅在于练习结果的正误判断，更在于方法、策略恰当与否的诊断。教师应有敏锐的策略诊断意识，从学生呈现的练习结果中发现其方法、策略运用时存在的偏差，并引导他们进行分析、思考，从而得到优化。

3. 相似训练，促成迁移

心理学研究表明，迁移活动成功与否，一看学习经验是否概括，二看学习材料是否相似。教师的复习指导已帮助学生获得了方法，方法即是经验的概括、提炼，这为迁移奠定了基础。此外，教师还应当提供一定量的相似学习材料进行练习，从而促成知识、技能的迁移。综合复习提供的阅读材料有不少属于相似材料，具有类似“异质同构”的特点。如《中华第一龙》一文，由介绍“中华第一龙”的形态特点起笔，引出龙作为一种图腾的产生过程、意义以及它在中华民族心目中的地位，按事物的几个方面介绍了“龙”这一艺术形象，加深对民族文化的了解。《名碑荟萃》一文同样按事物的几个方面介绍了西安碑林收藏的几方名碑，向学生展示了不同书法家的艺术风格，给学生以文化熏陶。这两篇材料均可开展搜集文本信息，组织整理进行综合表达(解说词写作)的复习训练。又如，《琥珀》与《智慧之光》两文都是叙事清晰、故事性强的作品，是进行概括主要内容、缩写故事训练的绝佳材料。教学时，整合这些相似材料，实现迁移，使复习事半而功倍。

综上所述，只要对综合复习单元有一个正确的定位，对复习内容有一个统筹安排、合理整合，并能将习得方法的思想贯穿始终，必定可以提升综合复习的实效，使复习成为真正意义上的复习，而非仅仅是各种题目的叠加。

(慈溪市周巷镇第二小学　许金苗)